新闻精品
是这样采写成的

XINWEN JINGPIN
SHI ZHEYANG CAIXIECHENG DE

最新修订本

刘保全◎编著

新 华 出 版 社

图书在版编目（CIP）数据

新闻精品是这样采写成的 / 刘保全著. -- 2版.
——北京：新华出版社，2017.8
ISBN 978-7-5166-3366-3

Ⅰ. ①新… Ⅱ. ①刘… Ⅲ. ①新闻采访 ②新闻写作
Ⅳ. ①G212

中国版本图书馆CIP数据核字(2017)第167799号

新闻精品是这样采写成的

作　　者：刘保全

责任编辑：赵怀志　石春凤　　**责任校对：**刘保利
责任印制：廖成华　　**封面设计：**臻美书装

出版发行：新华出版社
地　　址：北京石景山区京原路8号　　**邮　　编：**100040
网　　址：http://www.xinhuapub.com
经　　销：新华书店、新华出版社天猫旗舰店、京东旗舰店及各大网店
购书热线：010－63077122　　**中国新闻书店购书热线：**010－63072012

照　　排：臻美书装
印　　刷：北京明恒达印务有限公司
成品尺寸：170mm×240mm
印　　张：26　　**字　　数：**400千字
版　　次：2017年9月第二版　　**印　　次：**2017年9月第一次印刷
书　　号：ISBN 978-7-5166-3366-3
定　　价：68.00元

目录 CONTENTS

再版的话…………………………………………………………………… 1
一版前言…………………………………………………………………… 3

第一篇　关于采访

怎样发现新闻
——以“中国新闻奖”作品为例 ……………………………………… 3
沉下去得“蛟龙”　脚板底下出精品
——新闻精品是用脚这样采写的 …………………………………… 10
做好调查研究　源头活水滚滚来
——新闻精品在调查研究中诞生 …………………………………… 15
抓准问题就成功一半
——新闻精品是这样抓问题的 ……………………………………… 19
不同常人的观察　不同凡响的作品
——新闻精品中的观察技巧 ………………………………………… 27
问得新奇　问得得法
——新闻采访中“问”的艺术 ……………………………………… 31

弘扬时代正气 抨击社会弊端
——新闻精品是这样选择批评报道问题的 …………………………… 34

第二篇　关于写作

一、写作综述…………………………………………………………… 39

掌握精品特性　按特性进行采写 ……………………………………… 39

关于对“新闻精品”的再认识
——以“中国新闻奖”作品为例 ……………………………………… 42

求新——新闻精品写作之魂……………………………………………… 47

新闻精品这样满足受众心理需求……………………………………… 54

创新思维方式 成就新闻精品
——以“中国新闻奖”作品为例 ……………………………………… 60

谈新闻写作中的“概括”
——以“中国新闻奖”作品为例 ……………………………………… 64

抓特点成就新闻精品
——以“中国新闻奖”作品为例 ……………………………………… 70

团队合作是产生新闻精品的有力推手
——以“中国新闻奖”作品为例 ……………………………………… 74

新闻精品是这样选材的…………………………………………………… 76

遵循新闻规律
——新闻精品这样运用事实说话 ……………………………………… 82

善用新闻语言　写出新闻精品 ………………………………………… 88

美感催生新闻精品……………………………………………………… 100

引而不发　趣味无穷
——新闻精品中这样运用悬念 ……………………………………… 112

老主题是怎样写成新闻精品的………………………………………… 118

经济新闻如何才能出精品…… 123
调查性报道的特点及采写要求
——以“中国新闻奖”作品为例 …… 131
倡导人文性
——科技新闻精品这样拉近与受众的距离 …… 138
删繁就简三秋树 字斟句酌出佳篇…… 142
抓住特色采写，避免同质化新闻
——以“中国新闻奖”作品为例 …… 147
找准报纸的“卖点”写新闻
——以“中国新闻奖”作品为例 …… 151
数字在新闻中的作用与运用技巧
——以“中国新闻奖”作品为例 …… 158
新闻作品的感染力从何而来?
——以“中国新闻奖”作品为例 …… 165
要树立问题意识，要善于发现解决问题
——以“中国新闻奖”作品为例 …… 174
提升新闻作品影响力的四种途径
——以“中国新闻奖”作品为例 …… 182

二、消息写作……189

一语中的 巧妙点睛
——新闻精品的标题是这样制作的 …… 189
巧扮凤头抓人眼
——新闻精品的导语是这样写就的 …… 198
谈寻找新闻根据
——以“中国新闻奖”作品为例 …… 211
横看成岭侧成峰
——新闻精品是这样选取角度的 …… 217

精修绿叶扶红花
——新闻精品是这样运用背景材料的 …………………………… 224
剥长风 写短文
——新闻精品写短的十点经验 ………………………………… 238
新闻要新　时效不可缺
——新闻精品中的时效瑕疵析 ………………………………… 243
选活的事实 用活的材料
——会议新闻精品是这样写就的 ……………………………… 245
瞻言见貌有画面
——消息精品中的“蒙太奇”手法 ……………………………250
写好消息的“最后冲刺”
——消息精品是这样写结尾的 …………………………………253

三、通讯写作……………………………………………………258

精心选材 巧妙构思
——短通讯精品是这样写就的 ………………………………… 258
灵活多样　勇于创新
——人物通讯精品的写作特色 …………………………………262
剥茧“抽丝” 凤凰“落树”
——新闻精品是这样进行提炼的 ………………………………279
笔下带情实可贵
——新闻精品中的情感运用 …………………………………… 283
怎样采写深度报道?
——新闻精品展示的七点“诀窍” …………………………… 287
如何写好非事件性新闻
——以“中国新闻奖”作品为例 ………………………………292
灾害新闻的特点、作用及其报道原则
——以“中国新闻奖”作品为例 ………………………………299

时政新闻如何创新出佳作
——以“中国新闻奖”作品为例 ……306
成就报道如何才能出精品
——以“中国新闻奖”作品为例 …… 313
社会新闻的价值取向和采写技巧
——以“中国新闻奖”作品为例 ……320
抓好深度报道，增强报纸的竞争力和影响力
——以“中国新闻奖”作品为例 …… 328
问题性新闻的写作
——以“中国新闻奖”作品为例 …… 338
评介性稿件的写作
——以“中国新闻奖”作品为例 …… 342

第三篇 关于记者修养

新闻工作者理当学习、学习、再学习…… 349
新闻欲——记者成才的重要因素…… 351
激情——记者写出精品的力量…… 355
触景生情 有感而发 …… 358
新闻精品需要的十二种意识…… 360
新闻精品需要的创新思维品质…… 369
长期积累出佳作…… 374
道德高于山…… 378
非诚勿写…… 380
为实现中国梦奋发读书…… 383
媒体人当守好三条底线…… 385
新闻要有文化含量…… 388

修行律己　拼搏向前
——当下新闻人应有的心态 …………………………………… 391
敏锐的鹰眼 坚实的脚板 敬业的精神
——写在《新闻眼》出版之际 ………………………………… 394
应当“雄鸡报晓”勿学“乌鸦乱叫”
——鸡年寄语青年记者 ……………………………………396

作者自述与抒怀……………………………………………399

再版的话

《新闻精品是这样采写成的》出版以后，受到了读者的欢迎与厚爱。有同行、读者来信来电，对书中的内容提出种种意见，有点赞鼓励的，也有建议商榷的。在此，特向这些同志致以衷心的谢意。

时至今日，也还常有读者来信、来电，要求购买此书，这使我感到有必要对此书进行补充、修订。于是，我将书出版后至今近十年间，在继续探索新闻精品形成的规律、特点过程中写就的 26 篇文章，共计约 10 万字，经整理补充进书中，并删去原书中不够精练的部分文章。

这次修订，主要是补充第一版中不够充实、不够周到的地方。如怎样发现新闻；新闻精品如何寻找新闻根据；对“新闻精品”的再认识；抓特点成就新闻精品；如何通过新闻作品的感染力和影响力写就新闻精品；灾害新闻、社会新闻、成就报道、问题新闻、非事件性新闻等如何写出精品，等等。修改的目的是想使这本书的内容更丰富、更完善些，以满足读者在写作新闻精品方面的要求与需要。但限于时间和水平，可能还满足不了所有读者的要求，这只有留待以后研究此问题的同仁们来弥补。

作为本书的编著者，我要在此衷心地感谢新华出版社的赵怀志主任、责任编辑石春凤为此书出版付出的辛勤劳动。

作者 2017 年春

于北京高校望京花园住处

一版前言

新闻采访写作是一种复杂的脑力劳动，探索新闻特有的采访写作规律，是摆在我们面前的一个重要课题。笔者从全国新闻奖和第1—17届“中国新闻奖”众多新闻精品入手，对其进行深入考察和对比分析、研究后，发现它们在新闻采访写作中存在着一些潜在的规律，这些规律对于新闻采访写作，对于打造新闻精品都具有十分重要的方法论意义。于是将这些规律简要概括编著为《新闻精品是这样采写成的》一书。书中向读者一一介绍什么是新闻精品，新闻精品是如何抓问题的，是怎样进行访问、观察和调查研究的，是怎样求新的；新闻精品的标题、导语、背景、结尾是怎样写就的；新闻精品的语言、美感和角度是如何选择和运用的；新闻精品是怎样采写典型报道、人物通讯、经济新闻、会议新闻、批评报道的；新闻精品是怎样进行长期积累和精心修改出来的，等等。

书中的文章，曾先后在全国十多家新闻传播核心期刊上发表过，并受到广大读者的好评。现应读者要求结集成书出版，目的在于借以丰富我们的新闻采访写作基础理论知识，帮助记者（通讯员）、编辑及广大新闻写作爱好者提高新闻采写技能，以便写出更多的新闻精品来奉献给受众，满足受众对新闻精品的需求。

本书是《中国新闻奖精品赏析》一书的姊妹篇，前者是就某一篇中国新闻奖精品的采写特点而言，后者则是从整体上分析中国新闻奖精品形成过程所写。

由于书中的内容涉及新闻采访和写作两大学科，有的文章在谈采访时，又谈到写作；有的在谈写作中，又说到记者修养；还有的文章在论述时为了论述深刻，既列举了消息中的事例，又选取了通讯中的例子。故书中的分类，只能是个大概的。另外，还有几篇文章，虽不是直接谈新闻精品采写，但与此有关联，故也收入本书内。这是阅读本书时，需要提请读者注意的。

本书中涉及的新闻二字我还要做点说明。从新闻学来讲，新闻二字是指对新发生或新发现的事实的报道。从新闻体裁来说，它又有两种解释：一种是狭义的解释，即单指报纸、电台、电视台和通讯社每天发表的消息，不包括通讯、特写等其他报道体裁。因此，新闻也叫消息，消息也称新闻。另一种是广义的解释，是指报纸、电台、电视台和通讯社每天发表的各种新闻体裁与新闻报道的总称。本书谈到新闻二字的含义，除标明消息、通讯写作外，其余都是指后一种解释，即包括消息、通讯、特写、调查报告等新闻报道的各种体裁。

还有，书中的内容，是联系当时新闻采写中存在的实际问题，对应获奖精品的采写特点及经验所写，虽不像教科书那样具有系统性，但具有很强的针对性、指导性及示范、可学、管用的作用。因此，本书是培训记者（通讯员）编辑的辅助教材，是从事新闻教学与科研人员值得一读的参考书，也是新闻院校学生及广大新闻写作爱好者的良师益友，愿大家喜欢它。

当本书付梓之际，我要首先感谢两位新闻学泰斗。一位是我国著名新闻理论家甘惜分教授，他在 92 岁高龄，又不幸跌跤生病、神经受损病休之时，还应我之求，为本书题词。另一位是我国著名新闻史学家方汉奇教授，他也已是 80 多岁高龄的大师，在为新闻史教材繁忙审稿之中，也应我之求，抽出宝贵的时间来为本书题词，给本书以很高的评价，给作者以极大的鼓励，让人永远铭记。他们二位新闻界前辈，真可谓是菩萨心肠，“有求必应”，诲人不倦，让人敬仰。

借本书出版之机，我要衷心感谢曾刊登过书中文章的《当代传播》《新闻实践》《新闻爱好者》《传媒观察》《新闻与写作》等新闻传播核心期刊的编辑同仁，因为本书的集成，也包含有他们的辛勤劳动。我还要感谢新闻界从事新闻学研究的同行，因为本书中也吸取了他们不少的研究成果。最后需要感谢的是新华出版社新闻图书编辑室的黄春峰主任和王纪林编辑，他们为出版本书付出了辛勤劳动。

由于本书是作者近十年陆续写出的文章集成的，书中诸文的体裁有异，题材不同，写作时间有先有后，撰写时为了说明问题和讲清道理，有的论点、看法、个别事例及引文难免有重复。为了保存稿件因岁月留下的印记，现在出版时，不再进行修改，敬请读者见谅，并提出宝贵意见。

刘保全

2008 年春于北京高校

望京花园住处

第一篇

关于采访

怎样发现新闻
——以“中国新闻奖”作品为例

在一次新闻培训班上，我向听课的记者、通讯员提出这样一个问题：在新闻采写中，处于第一位的是什么？有人回答是写作。其理由是：同样的新闻源，同样的新闻素材，有人能写作新闻佳作来，有人则不能，可见写作是第一位的。我的回答是：积我从事新闻工作30多年的经历体验，结合我对“中国新闻奖”获奖作品的研究分析，我个人认为，在新闻采写中，发现一则新闻比写作这一新闻更重要。我很赞同长江日报报业集团潘堂林社长在《怎样发现新闻》一书中的观点：“生活中不是缺少新闻而是缺少发现，新闻记者的第一技能不是写作而是发现。”这正如大科学家爱因斯坦说的：“提出一个问题往往比解决问题更重要。”大艺术家罗丹也曾说过：“生活中并非没有美，而是缺少发现。”美国《塔尔萨论坛报》编辑鲍勃·福尔斯曼曾撰文说得更直接：“笔下功夫不强仍能当一名出色的记者。”这是经验之谈。

在报社的编辑部里，常常看到这样的情况，除了跑会议、领导活动的时政记者外，多数记者特别是年轻记者每天都在为缺乏新闻线索而犯愁。有的整天坐在办公室等电话，有的眼巴巴地等着主任分派任务，有的等着“捡漏”——时政记者跑不过来的动态活动，有的在外报里找观点，在本地找例子，有的在网上扒新闻，有的一筹莫展……新闻线索在哪里？怎样去发现新闻呢？从笔者对“中国新闻奖”作品的研究发现，可以从下述12个方面去寻找新闻。

从反常现象中去发现新闻。国外新闻界有个说法：“狗咬人不是新闻，人咬狗才是新闻。”过去我们一直批判这种观点。如果换个角度，从新闻的特性来说这句话是有一定的道理的。一切违背常规的、反常的、与众不同的事件，本身就是新闻，有时还可能是好新闻，对此千万不能麻木不仁，否则将与新闻失之交臂。

以第2届“中国新闻奖”消息三等奖的作品《全国药交会开幕式变成了“闭幕式”》一稿为例，在全国药交会开幕当天，记者前往现场采访。在采访过程中，发现开幕式会场来宾稀稀拉拉，一些主要业务交易场所和前几天爆满的宾馆、饭店也冷清下来的反常现象。是什么原因呢？职业的敏感驱使记者顺藤摸瓜进行深入细致的采访。最后了解到：由于市场竞争的加剧，人们不再按部就班地等待大会的安排，而是纷纷提前到会做起了生意。到大会开幕时，成交额已达10亿元，大部分代表已“打道回府”，从而挖掘出“药交会开幕式成了闭幕式”这一新闻中的新闻。文中向人们揭示了这样一个重大主题：发展商品经济不能按部就班搞花架子，必须进一步解放思想，在改革开放中充分发挥主动性和积极性。这篇消息见报后，一些到会的客户争相传阅当天的报纸；湖北一家药厂的业务员打电话告诉记者：他按时间表到会，却没有接到大业务，开头很纳闷，看了当天的报道后，“茅塞顿开”。他说报纸给上了“一堂课”。可见，这篇报道在社会上产生了强烈的反响。据一些业务部门的同志介绍，自“南京药交会”后，人们的竞争意识普遍增强，以至后来的各类交易会竞争越来越激烈。

依靠两条腿去发现新闻。记者是社会活动家。社会活动家的活动场所不应在报社的办公室、资料室，而应该在社会上，应把功夫下在两条腿上，放在“跑”上。记者对自己所负责的战线“横要跑到边，纵要跑到底”。所谓“横到边”，是指记者采访的面要宽，到机关要深入到机关的各职能科室；所谓“纵到底”是指到工厂的要深入到车间、班组，到商业的要到门店柜台，到农业的要深入到乡镇村组、田间地头，到军营的要深入到连、排、班。记者深入一步，新闻就冒出一批，“脚板底下出新闻”。这是千真万确的事实。

这方面的新闻佳作很多，可以说，绝大多数新闻佳作都是记者依靠两条腿去发现而采写成的。这里仅以第18届“中国新闻奖”通讯一等奖作品《走进卢氏土坯房》系列报道一稿为例，据“申报资料”介绍，河南日报总编辑亲自带队，组成精干的采访队伍，在卢氏县进行了多天的深入采访，从县委大院到深山农户，从干部到农民，从街道到乡村，记者终于发现了卢氏县土坯房的大量鲜活和生动的素材，最终写出了这篇既受到读者欢迎又受到评审专家青睐的新闻佳作。参与采写这篇通讯的记者讲：“可以毫不夸张地说，这是记者用两条腿跑出来的新闻。”这是经验之谈。

到开会的现场去发现新闻。对会议新闻很多人不愿看，其实对于一个优秀记者来说，会议完全可以称得上是“新闻资源的宝藏”。读者反感会议新闻有几种情况，一种是会议报道充斥版面，会议报道程式化、标题口号化、内容原则化、领导排名多；二是会议新闻大话、空话、套话多，可读性差。真正事关领导变动、国计民生、经济政治社会发展大计、老百姓利益相关等内容的会议新闻，读者关注度是非常高的。

利用“会议资源”进行的新闻报道有很多种：①对会议本身进行报道；②抓住会议中涉及群众或为群众所关心的内容进行报道；③对会场内外发生的“衍生新闻”进行报道；④从会议文件或领导讲话中获取的新闻线索进行报道；⑤对会上出台的

政策进行解读式报道等等。“中国新闻奖”获奖作品中的《人大校长纪宝成提出MBA教育不能言必称哈佛，东西方管理思想交汇与融合是方向》（第18届消息二等奖作品）、《地学科研愁的是“没人花钱”》（第17届消息二等奖作品）。《“院士崇拜”不可过度》（第16届消息二等奖作品）、《安全会上睡着了》（第14届消息二等奖作品）、《百万奖励赠给下岗工友》（第13届消息二等奖作品）等等。都是记者到开会的现场发现的新闻佳作。

到各种节气节日中去发现新闻。中国的节气节日很多，如传统的春节、元宵节、端午节、清明节等节日，三八妇女节、五一劳动节、八一建军节、十一国庆节等节日，环保日、节水日、粮食日、预防艾滋病日等，立春、夏至、白露、冬至等节气，这类报道虽属“应景报道”，从发现新闻的角度来讲也是不可忽视的。这类新闻由于日期固定，如果在节日来临之前搞好策划，创新思维，选好题材，是可以挖出很多与之相关联的新闻来的，对此不容小觑。

以第14届“中国新闻奖”评论二等奖作品《中国人过中国节》一稿为例，据“申报资料”介绍，2003年2月14日是西方情人节，长沙街头玫瑰价格猛涨，很多人彻夜狂欢；2月15日是元宵节，街头平静地亮起红灯笼。中西节日的对垒让人深思，联想到近些年来洋节的泛滥，传统节日的观念在人们心目中正在淡化，作者通过分析判断，认为洋节充其量不过是商家的节日，是炒出来的，无法在有着五千年文明史的中国落地生根；而中国的传统节日，是民族文化的重要组成部分，捍卫民族的传统文化，是媒体的职责。于是，在2月15日夜，作者一气呵成写出《中国人过中国节》一文。文章以民族传统节日为切入点，针对当前洋节泛滥、人们盲目跟风的现状，发出了“中国人过中国节”的强音，立意新颖、高远。联系到当年5月发生的“端午节”被别国抢注的风波，文章的警示意义更是不言而喻。

文章发表后，立即引起巨大的反响，国内多家网站予以转载。湖南省委宣传部《新闻阅评简报》给予高度评价，认为“这是合乎国情的倡导，有眼光，也有胆量，导向正确及时，是在‘情人节’‘愚人节’‘圣诞节’之类洋节之风不断扑面而来的时候，向国人提了个醒，难得！”

从广交朋友与别人聊天中去发现新闻。记者应是善于交友、与人聊天的能手。有经验的记者，总是善于广交朋友并从与别人聊天中去发现新闻。以第16届“中国新闻奖”消息二等奖作品《3000小考生“妖魔化”妈妈》一稿为例，记者在饭桌闲聊时获悉，湖北地区最有影响的“楚才杯”作文比赛中，很多孩子把逼他们培优的妈妈塑造成“母老虎”“河东狮吼”形象。后经调查统计，发现有3000名小考生在作文中“妖魔化”妈妈。记者据此成文，并围绕“构造和谐母子关系”这个主题，展开报道。

由于报道主题涉及一个困扰众多家庭教育的难题，关系到家庭的和谐，关系到国家、民族和家庭的未来，故报道见报后立即引起全社会的关注。人民日报、新华社、中央电视台等媒体先后进行了转载和跟踪报道。报道还引起教育部门的关注，并推出一系列落实素质教育的措施。

还有第 17 届“中国新闻奖”消息二等奖作品《九寨沟抑制无限扩张》、《2200 万元罚单开出 9 个月一文未到》等，都是记者从与别人聊天之中发现的新闻而写成的新闻佳作。

从社会热点中去发现新闻。社会的热点、难点本身就离群众近，群众的关注度高。作为一名记者，如果时时关注一个时期的社会热点问题、难点问题，找那些群众关心、领导关注、政府准备解决或通过努力能够解决的问题，把握好度，把握好时机，选准突破口进行报道，本身就是很好的新闻。

以第 7 届“中国新闻奖”消息二等奖作品《大屋陈乡“鸭官司”发人深思》一稿为例，这篇消息针对某些政府部门在管理中存在的形式主义这个群众关注的“热门话题”，通过一个乡政府为了开现场会，违反生产规律，要农民推迟售鸭，造成经济损失，进而引发农民向政府索赔这样一件具体事件，揭露了形式主义的危害。这一典型的“市场原则与形式主义交火”的事件，对行政部门搞“花架子”、瞎指挥，具有强烈的警醒作用。这就是从社会热点中去发现新闻的典型一例。

到政策信息资源中去发现新闻。我们党委机关报的首要任务毫无疑问就是要宣传中央和各级党委、政府的政策、主张、意图和中心工作。各级政府颁布的新政策、新法规，无疑是新闻报道的重要内容之一，也是记者发现新闻的又一个重要途径。记者只要认真研究中央文件、有关部门出台的新政，就知道采访报道向哪儿使劲，就会明确到什么地方去抓新闻、去抓什么样的新闻。

开掘中央文件和中心工作这座“新闻富矿”的方式很多：从文件中找“题眼”、找典型进行报道；对文件中提过的线索进行寻踪报道；对文件中涉及群众关心的内容进行摘要报道；对事关百姓切身利益的政策进行分析解读报道；配合中心工作策划报道，等等。据此所发现的新闻多是重要新闻乃至高质量新闻。

以第 16 届“中国新闻奖”消息二等奖作品《中国民航拟允许招募外籍飞行员》一稿为例，据“申报资料”介绍，记者在向民航总局官员了解有关飞行标准的一个政策文件时得到民航总局拟开禁招募外籍飞行员的消息，于是便进行深入采访。飞行员紧缺是制约我国民航发展的瓶颈，这一政策的出台反映了我国民航业在录用飞行员标准上的一个重大变革，尤其适合向海外读者传达这一信息。后经多方联系，采访到民航总局官员以及奥凯航空老总及为其工作的外国飞行员，最后写成了这篇报道。由于报道反映的主题是：迅速发展的中国经济不仅使中国人民受益，也给世界带来很多机会，包括就业。因此，本文发表后被西方主要媒体转载，反响强烈。这就是到政策信息资源中去发现的一篇新闻佳作。

从比较中去发现新闻。常言道："不怕不识货，就怕货比货。""有比较才有鉴别"。真与假、善与恶，美与丑，优与劣，新与旧，先进与落后，成绩与缺点，主流与支流，经验与教训等，总是相比较而存在的。毛泽东同志生前一再指出：记者要养成分析的习惯，"记者要善于比较"。比较，是分析研究客观事物的一种常用方法。新闻就是和旧闻比较而言的。报道中经常涉及的主流和支流，成绩和缺点，先进和后进，经验和教训等，也都是通过分析比较才能发现。增强新闻敏感，发现新闻，阐明主题思想，往往采用比较的办法。大量的新闻实践表明，有的事情，单独地去看并不能构成有价值的新闻，而如果记者运用"纵向"或"横向"进行比较，有价值的新闻便由此而产生。

以第 18 届"中国新闻奖"广播评论二等奖作品《"拒绝"与"重奖"引发的思考》一稿为例，记者到唐山曹妃甸采访，"意外"得知曹妃甸拒绝巨额污染投资项目，记者马上联想到不久前张家口赤城县大张旗鼓地表彰 10 家污染大户的事，并将这两件事进行"横向"对比，拒绝与重奖形成强力反差，激发了记者深入采访、及时报道的热情，于是这篇获奖作品由此而诞生。由于报道抓住曹妃甸拒绝污染投资、赤城县授予污染企业为"明星企业"称号正反两个典型，在鲜明的对比中层层剖析，报道播出后，受到了社会广泛好评，收到了很好的传播效果。

运用逆向思维去发现新闻。所谓逆向思维也叫反向思维，就是与众人不同、打破常规的思维方式，通俗地说就是"换位思考""反过来想""反过来看"。运用逆向思维去发现新闻的方法是：当别人头脑都发热时，自己的头脑要冷静；当大家都冷眼旁观时，自己要热情激荡；当大家都知道那是新闻时，你不要去凑热闹；当别人认为司空见惯没有新闻时，你最好琢磨着写一条新闻。只有这样，抓来的新闻才可能是"人人心中有，个个笔下无"，才可能是"意料之外，情理之中"，才能高人一筹。

以第 11 届"中国新闻奖"消息二等奖作品《生态失衡给人们带来麻烦——蜂蝶无处觅，忙煞众果农》一稿为例，给果树进行人工授粉，这是一件极为普通的事情，也是人们司空见惯的事，以往在一些新闻传媒上，还介绍过人工授粉致富的经验，可唯独没有人从生态失衡给果农带来麻烦的角度去思考，没有想到从这个侧面去说明保护生态环境的重要意义。本文作者的过人之处，就在于他运用逆向思维，既看到了别人看到的，更想到了别人没有想到的。

据介绍，作者在漫步梨园时，只闻到满园梨花的幽香，却听不到鸟儿的鸣唱，更看不到蜂蝶的倩影。于是遥想儿时，每当春季果树开花时节，不知名的鸟儿在树上欢快地鸣叫，无数蜂蝶在花丛中飞来飞去，那是一幅多么迷人的水彩画啊！可眼前只有美丽芳香的花儿在开放，没有鸟类昆虫与之相伴。本应由蜂蝶昆虫传授花粉的任务，如今却要由人来完成。再看看传授花粉的果农，男女老少搬着梯子、凳子，手拿器具，在树丛花海中爬上爬下，多么辛苦。这时作者想道：这种反常现象不正是人们忽视生态环境，生物链遭到破坏造成的吗？于是，一篇以农村生态环境保护重要性为主题的报道在脑子里形成。之后，作者又迅速采访了果农及农科所有关专家，使报道主题更加鲜明深刻，在新闻内容得到充实后，迅即奋笔疾书，一篇独家新闻由此诞生。报道刊出后，受到果农和当地农业部门的重视，他们决心吸取教训，今后要减少一般农药用量，大量推广生物农药，努力实现生态平衡。

从这篇获奖作品的采写过程，我们可以清晰地看到，采写新闻，光有正向思维还不够，还需用逆向思维才能发现独家新闻。

从读者来信、来电、来访中去发现新闻。读者来信、来电、来访是读者向新闻单位反映情况与问题，提出批评、建议与要求的渠道之一。它体现了读者对报纸工作的关心和监督社会生活的参与意识，是新闻单位与群众联系的标志之一。报社编辑部对读者的来信、来电、来访要认真对待，既可以将他们反映的情况和线索作为组织报道的依据，也可以选择有代表性的意见加以刊登，还可以将有些意见转交有关部门处理。有经验的记者，常常通过这个渠道去发现新闻。

以第 13 届“中国新闻奖”消息二等奖作品《5 万公斤鲜牛奶倒进农田》一稿为例，据“申报资料”介绍，4 月 25 日，记者从一份热线电话记录中得知沙市农场奶农倒奶的事件后，便迅速赶往农场。在现场，空气中弥漫着一股刺鼻的酸腐味，奶农们正把一桶桶豆腐脑似的变质牛奶倒进农田。记者与奶农促膝谈心，掌握他们在事件过程中的思想脉络。在基本了解事实后，并未满足于就事论事的报道，又先后对收购牛奶的力能达公司、宜昌喜旺公司，以及湖北农学院的专家和政府官员进行采访，同时对荆州市的奶制品市场进行了调查，力求查找倒奶的深层次社会经济原因，提出了帮助农民走有效供给之路的建议。报道于 4 月 26 日见报后，在社会上产生了巨大反响。武汉、河南、黑龙江的客商闻讯纷至沓来，不仅帮助沙市奶农解决了卖奶难题，而且在经济界和社会上引起了“过剩经济与市场经济相互关系”“如何做好有效供给”的大讨论，给众多农民和政府官员上了一堂生动的市场课。中共中央政治局委员、时任湖北省委书记的俞正声对稿件作出批示，众多新闻媒体进行了转载，收到了很好的传播效果。还有第 13 届“中国新闻奖”消息二等奖作品《潞城花三千万建了个“废厂”》、《2.3 亿元国资 6410 万元就卖了》（第 15 届消息二等奖作品）也都是记者从读者来信中发现线索后采写而成的新闻佳作。

从与通讯员联系中去发现新闻。在我国，有着在战争年代形成、新中国成立以后一直沿袭下来的“全党办报、群众办报”的传统，因此，各地、各单位都有党委宣传部或专门从事新闻宣传报道的通讯员队伍。这些部门和人员，他们既给新闻媒体投稿，又给新闻媒体随时反映新闻信息，或提供新闻线索。“中国新闻奖”获奖作品中不少稿件，就是由通讯员来稿或向记者提供线索而采写成的。像第 16 届“中国新闻奖”获奖作品中的《南沙耸起“数字礁堡”》（消息二等奖作品）、《溆浦 16 位选民联名要求审查代表议案》（消息二等奖作品）、《大一男生，背起母亲上大学》（通讯二等奖作品）等，都是这方面的成功之作。

从新闻媒介报纸、杂志、广播、电视、互联网中去发现新闻。在信息时代，人们获取信息的渠道是很多的，除了传统媒介报纸、杂志、广播、电视外，还有互联网的渠道。这些渠道都是社会信息传播的主体，一个国家的政治、经济、文化、科技、体育等各种信息，都会通过媒体这座立交桥向四处传播。因此，媒体不仅是公众不可离开须臾的信息中心，也是记者发现新闻的重要情报库。

具体说来，新闻报道中传播的各种信息，有利于记者耳聪目明：了解国内外大事，明白哪些是社会热点，哪些是问题焦点。而有时候，新闻报道本身也是一条新闻线索。比如：短消息中是否含有深度报道的价值？事实报道是否有评论的必要？一篇从 A 角度出发的报道，如果从 B 角度报道是否另有意义？异地的新闻现象或问题在本地是否也存在？个别现象是否普遍存在？……这些都是记者发现新闻的宝贵途径。

以第 15 届“中国新闻奖”评论二等奖作品《指责熊德明是社会的耻辱》一稿为例，据“申报资料”介绍，因为向总理反映农民工被拖欠工资而一举成名的熊德明，2004 年踏上代理维权之路。一些媒介对她代理维权多有批评。本文作者在了解了事情前因后果之后，认为这是一条值得报道的新闻。于是，作品站在“三农”发展、维护社会公正的高度，以流畅、充满对农民关爱的文笔，批评了一些舆论对农民自我维权的苛责。作者以论辩笔法，逐条批驳了针对熊德明的种种不当批评，从一个新的角度为农民说话。文章刊发后，在社会上引起较大反响，不少读者致电报社和作者，高度赞赏农民日报为农民说话的勇气，在一些舆论指责、挑剔熊德明时，农民日报和作者仗义执言，体现了主流媒体的社会公正性。

沉下去得“蛟龙” 脚板底下出精品

——新闻精品是用脚这样采写的

时下，“脚板底下出新闻”“脚板底下出精品”这样一句被新闻工作者信奉的至理名言，一个朴实无华的道理，却遭到了一些人的质疑和冷遇。这些人认为，在网络、通信设备高度发达的时代，再提“脚板底下出新闻”已经不合时宜了。在这种思想的误导下，一些记者靠从网上扒新闻，从别家报纸上摘新闻，从通讯员的来稿上窃新闻，从新闻发布会上“剪”新闻。难怪某报一负责人痛心疾首地说：最恨的是有的记者的“贪”“懒”“馋”。这些记者高高在上，不是大单位、大机关、大宾馆不去，没有好饭局不去，整天想的是赶场子、拿包子、拎袋子，写出的稿子不是应景，就是类同。这样枯燥无味、平淡无奇的稿件，报社的老总看了头疼，读者看了摇头，报纸在市场上卖不动。更为严重的是，一些假新闻、失实报道屡见“报端”。更可笑的是近几年来，我们有的地方每年都“评选”或曰公布“十大假新闻”。这在过去简直是见所未见，闻所未闻的事。从这个方面看，假新闻也好，失实报道也罢，为什么会层出不穷？究其主要的原因，就是我们有些记者没有下到基层，没有深入到社会实际生活中去，没有拿到新闻的第一手材料。假新闻、失实报道（别有用心的除外）的出现，说到底，就是新闻工作者没有沉下去采访，丢弃了“脚板底下出新闻”惹的祸。为此才有了本文的题目，“脚板底下出精品”。

事实果真像有些人说的“脚板底下出新闻”“脚板底下出精品”过时了吗？回答是否定的。东汉文学理论家王充在巨著《论衡》中说：“涉浅水者见虾，其颇深者察鱼鳖；其尤甚者观蛟龙。足行迹殊，故所见之物异也。”这段话说明，要擒“蛟龙”，就得到深水中去。同样的道理，记者要抓住“蛟龙”那样高质量的新闻报道，也必须沉到现实生活的“深水”中去。部分“中国新闻奖”的得主在谈到他们的成功经验时，都不约而同地说道：“脚板底下出新闻”“脚板底下出精品。”这就告诉我们，谁要想写出新闻精品，就必须践行“三贴近”，深入实际、深入生活，深入群众。舍此，别无其他捷径可走。

“脚板底下出精品”，也是新闻界前辈们在长期的新闻实践中总结出来的经验之谈，是指导我们采写新闻的诤言。不是吗？你看，大家知道，范长江写的中国新闻史上不多得的巨著《中国的西北角》，就是他用自己的两条腿，跑了2000多公里，历时10个月跑出来的，从而奠定了他作为一个名震后世的名记者在中国新闻史上的显赫地位。新华社前社长、著名记者穆青，据马艺撰文介绍说，在穆青后半生的30多年中，在河南一地，穆青就曾六访兰考，六下扶沟，六进辉县，四访宁陵，四上红旗渠，千里看麦浪，飞雪访农家……1993年秋冬，已经年逾古稀的穆青披着严霜，在中原大地奔走了22个县，行路近万里。他曾为采访焦裕禄，同冯健、周原一起，沿着焦裕禄走过的足迹，访问焦裕禄慰问过的农户。为采访长年累月与风沙搏斗的植树老人潘从正，穆青前后采访四次，前三次都是直接走进苗圃。正是这种不畏艰辛跑新闻的敬业精神，使穆青写下了《县委书记的榜样——焦裕禄》《为了周总理的嘱托——记农民科学家吴吉昌》《一篇没有写完的报道》等新闻名篇，让人百读不厌；他笔下塑造的十个共产党员的光辉形象，感人至深，长留读者的心中。

已评出的中国新闻奖获奖作品提供的下述跑新闻的经验，是值得大家学习和借鉴的。

只有迈开双脚深入生活，才能采访到鲜活的新闻事实。众所周知，新闻的主要特点是用事实说话，而事实应该是具体、生动、形象、真实的，如果采写者不迈开双脚深入生活，到新闻发生的地点去采访，又怎能发现和写出鲜活真实的新闻来呢。新闻的新鲜生动离不开作者的现场采访和现场情景的描写。

以第7届中国新闻奖特等奖作品《岗位作奉献　真情为他人》一稿为例，这篇人物通讯写的是北京市公交战线服务标兵李素丽的先进事迹。记者在接受采访任务后，先不同采访单位打招呼，迈开双脚以普通乘客身份乘车进行暗访。然后又跟随李素丽的车十余次，耳闻目睹了许多生动的素材之后，还采访了李素丽的同事及家人，从而掌握了大量的第一手材料，后又经多次修改润色而成。由于作者的深入采访，捕捉到许多鲜活的新闻事实，因而写出的报道读来真实可信，亲切感人。作者不仅把主人公满腔热情为乘客服务的言行写得活灵活现，还浓墨重彩地描写了李素丽把服务艺术化的过程和收到的良好效果，准确鲜明地反映在人物事迹的特点上，使作品主题上升到了一个新高度。报道刊出后，在全国引起了强烈反响，各行各业掀起“学习李素丽，岗位作奉献”的热潮，有力地促进了社会主义精神文明建设。报道收到了良好的传播效果，自然也就赢得了“中国新闻奖”评委们的眷顾和垂青。

只有迈开双脚深入现场，才能采访到感人的细节和场景，也才能写出有现场感的新闻来。新闻报道要成为精品，除了要舆论导向的正确性，主题思想的鲜明性外，还必须具有强烈的可读性和感染力。新闻报道中的现场感，是增强可读性和感染力的重要手段之一。要写出现场感来，记者就必须深入新闻事实发生的现场进行仔细、认真的观察，用自己手中的笔，将读者带到新闻发生的现场，让读者看到画面，听到声音，嗅到气味，感受到气氛，从而产生如临其境，如见其人，如闻其声的效果。

以第9届中国新闻奖消息一等奖作品《长江上游仍在砍树》一稿为例，文中有这样两段现场描写："见到江面漂浮着上游漂运下来上万根三四米长、脸盆般粗的木头，小舟左冲右突一个多小时后才驶离码头。行出不到1000米，数万根粗木密密麻麻地塞满了几百米宽的江面。""记者在几天的采访中看到，雅砻江下游两岸目前仅有些残次林木，水土流失严重。"如此强烈的现场感，自然就会在读者心中引起震撼：照此滥伐，长江上游的森林还能剩下多少？保护长江上游森林的重要性和迫切性，自然就会在读者心中引起共鸣。如果记者不迈开双脚深入现场采访，是决然写不出这篇新闻精品来的。范长江新闻奖得主、中国青年报记者中心副主任刘畅说："在我的意识里，记者应该永远站在一个地方，那个地方，是职业价值的所在，它叫'现场'。"这是经验之谈。

只有迈开双脚深入实际，才能抓到扎实的材料。那些习惯于跑会议、跑机关的记者（通讯员），从会议材料和机关的简报上抓新闻，这固然是获取新闻线索的一个途径，但要想抓到第一手材料，不跑向基层和新闻事实发生的现场，是很难写出高质量的报道来的。因为那些第二手、第三手材料，不一定能将那些新人新事、新经验、新问题反映上来。光靠这些间接的材料写新闻，就很容易造成抽象、空洞和一般化。有人将记者（通讯员）跑到机关去采访比喻为像看"索引"，而跑到实际生活中去采访是在看了"索引"之后去具体读"原著"。显然读"原著"要比看"索引"生动、有趣得多。

只有迈开双脚深入采访，才能弄到有关的背景材料，写出的报道才有深度。以第10届中国新闻奖消息二等奖作品《中国地铁列车今天穿过天安门广场》一稿为例，据介绍，为写这篇消息，作者进行了采访前的认真准备、搜集、积累了大量的相关信息，反复提炼筛选信息之魂和最佳切入点，甚至为写好这篇消息而专门购买了大部头的城市地铁专业理论著作，并对背景材料拟写了初稿。举行地铁开通仪式的当天，作者提前到现场观察、捕捉鲜活的信息，并抢在首发地铁列车到达天安门站后的第一时间把稿件发回报社编辑部。直到报纸签发印刷前的最后一刻，作者还对这篇消息的标题、导语、正文反复进行了字斟句酌的推敲和修改。最后奉献给读者的是一篇信息量大、现场感强、可读性高、具有独家新闻特色的新闻精品。

关于采访与报道深度的关系，“中国新闻奖”得主、经济日报总编辑庹震说：“脚‘深’方能文不‘浅’”；“脚底板下是什么？是泥土。泥土者何？百木秀气之本，百花香气之源。万木千草，浓绿厚荫，姹紫嫣红，无泥无土，如何来？营养在泥土里，记者‘深’不下去，新闻作品也就没有了‘活力’和‘魅力’。记者不深入基层，不知大众所需所求、喜怒哀乐，如何能写出动人心弦的好作品？”

只有迈开双脚深入采访，才能不断发现有价值的报道题材。以范长江新闻奖得主、《中国铁道建筑报》总编辑朱海燕的事迹为例，朱海燕同志为采写青藏铁路建设者的先进事迹，他不顾糖尿病、高血压、心梗等高原之大禁忌，连续5次走上青藏线，10次翻越唐古拉山，奔波150多天，从海拔2800米的格尔木，一站一站往前走。3400米，3800米，4600米，5072米，随着海拔的升高，每前进一步，他都是在大口大口喘气、大把大把吃药、大瓶大瓶吊水的过程中坚持现场采访，一路艰辛，一路壮歌，写下了80余万字的作品。其中《青藏铁路全线开工》《请过路吧　亲爱的藏羚羊》《中国铁路实现飞天梦》三篇作品，先后荣获第12、13、16届中国新闻奖消息二、三等奖。朱海燕笔下的一篇篇有关青藏铁路的报道，筑成了新闻中的一座高峰，那是他用生命打折的代价铸就的一篇篇新闻精品。朱海燕的事迹再次说明，“脚板底下出精品”不仅是新闻采写技巧问题，也是一个工作作风问题。它强调新闻工作者的职业主动性，体现其职业精神。“七分采访，三分写作。”只有深入、深入、再深入，才会有写不完的好题材，才会不断有新闻精品诞生。

迈出双脚深入采访，需要注意以下几点：

一是需要一步一个脚印，跑得扎扎实实。有的记者（通讯员）常常一天跑好几个地方，由于是“蜻蜓点水式”的飞跑，是走马观花，抓到一点表面现象就进行报道，因而写出的稿件就不可能有深刻的内容，有时还会出差错。尽管写的数量很多，但由于质量不高，故成功率自然就很低，更谈不上出精品了。

二是需要有目的、有计划、有准备地进行。“凡事预则立，不预则废。”不论做什么事情，事先有计划和准备就能成功，没有计划和准备，就做不成，做不好。新闻采访也不例外。以第12届中国新闻奖消息二等奖作品《义乌外来务工人员当选人大代表》一稿为例，2001年12月初，浙江外来民工较为集中的地区——义乌市大陈镇570多家个私企业5000多名外来务工人员，将首次参加现居住地的乡镇人大代表选举。记者捕捉到这一重大线索后，提早查阅了有关法规和背景材料，做了采访前的充分准备。稿件中写的："大陈镇是著名的'中国服装之乡'。据了解，在大陈镇8万多常住人口中，外来务工人员达3万多人"，"为方便外来人员参选，有关选民登记及资格证明等手续由乡镇选举工作委员会发函与他们的户籍所在地联系；被确定为正式候选人的派专人进行调查；并在外来人口密集的工业园区内划分选区，设立固定投票点和流动票箱"等背景材料，加上以"新闻链接"形式提供的法律依据，都有力地深化了新闻主题，增强了新闻的价值，从而使这篇报道受到了读者的欢迎和评委们的厚爱。

三是需要带着高度的新闻敏感，即灵敏的新闻鼻跑，一旦嗅到了"新闻味"后，就要跟踪采访，将新闻事实弄个水落石出。如果不带着灵敏的新闻鼻跑，跑也只能是白跑，再好的新闻线索也会从自己的眼皮下溜过去。以第11届中国新闻奖消息一等奖作品《法警背起生病被告》一稿为例，据介绍，2000年12月14日，该文作者在北京西城区法院看到一位法警背着一名生病的女被告爬楼出庭，职业的敏感，促使他迅速用相机拍下这一感人的瞬间。而后，报社又派出两名记者赶到法院采访当事人——那位法警及他所背过的女被告；同时，从有关部门了解到与此相关的司法界一系列变化；接着又采访了最高人民检察院的一位厅长，对此现象所包含的重要意义请他作了进一步阐释。最后写成这篇新闻价值很高的报道。设想一下，如果作者最初看到这个新闻线索的一刹那间，视而不见，充耳不闻，习惯性地而且毫不犹豫地一走了之，显然，就不可能有这条新闻精品的诞生。

四是既要跑上面，又要跑下面。只有这样，才能跑到真实、准确、全面的生动材料。以首届中国新闻奖通讯二等奖作品《李润虎的几幕人生》一稿为例，作者在采写这篇通讯时，跑到李润虎所在的部队，做广泛的调查研究，还同主人公一起生活了十多天，做倾心的交谈，以便准确理解和把握人物的心灵世界。之后又跑到上级领导机关，找集团军首长做深入的采访。由于作者跑的面广，从多层次多角度了解主人公的事迹，因而写出的报道具有内涵深沉、细节感人，并渗透着作者的人生体验和意境新解的特点。这篇报道被新闻界同行和读者认为是同一人物报道中写得最好的一篇精品。

五是需要有吃大苦、耐大劳的精神。要想采访地质队员，不上高山是体会不到他们那种情怀的；要想采访矿工，不下矿井是很难体验到他们那种艰苦的生活的；要想采访边防战士，不深入到边疆哨卡是很难理解干部战士的奉献精神的。

六是需要闻风而动，连续战斗。如果慢慢腾腾，再好的新闻，一旦失去时效，犹如将鲜花放蔫再卖，将鲜鱼变成臭鱼再出售，就会无人问津，失去其价值。只有闻风而动，发现新闻线索后就立即采写，才能受到读者的欢迎。

对于迈开双脚跑新闻，有人将它曲解为跑编辑部，跑熟人拉关系。这样跑的结果，必然陷入歧途，终将无好结果。我们应该警惕和摒弃这种不良的采访作风。

多彩的生活蕴藏着无穷无尽的新闻资源。记者（通讯员）只有牢固树立“脚板底下出精品”的观念，将脚板勤动起来，走出办公室、走出机关门，走向工厂车间、走向农村田间、走向施工工地、走向商店柜台、走向学校课堂、走向连队班组，并以满腔的热情拥抱火热的生活，大量鲜活的“大鱼”、带刺的“玫瑰”、流淌着露珠的“鲜花”，就会奔涌而来。新闻精品和名记者就会不断出现。

做好调查研究　源头活水滚滚来

——新闻精品在调查研究中诞生

加强深入调研，是新闻传媒创新的必由之路。信息时代给我国媒介带来了机遇，也带来了挑战。新闻本来就是调查的行业，新闻采访的过程就是调查研究的过程，调查研究是记者的基本功。新闻工作者只有以更扎实的作风进行调查研究，以更丰富而准确的信息为受众服务，才能真正赢得受众，正确引导社会舆论。

大量的新闻实践证明，调查研究能够帮助新闻工作者了解受众需求、把握受众情绪、倾听受众呼声、体验受众感情，从而进行有针对性和有效的新闻传播，它是新闻媒介赢得竞争胜利的基础。调查研究也是新闻工作者成才的必由之路，已评选出来的历届“范长江新闻奖”获奖者们的事迹，就足以证明这一点。新时期的调查研究工作要求新闻工作者要有高度的政治责任心和社会责任感，要不迷浮华，坚守职责，不畏艰险，乐于奉献，要打破传统的思维定式，跨越行业、地区界限，还要求记者在调查访问过程中，加强对话和切磋，在收集素材时重视思想的积累。

然而，在我们新闻队伍中，眼下有些人认为，现在已进入信息时代，通信工具也已“鸟枪换炮”，今非昔比了，再加上建立社会主义市场经济体制，实行商品经济，注重经济效益，记者主要应靠电话采访、用电脑写作，再也没有必要用两条腿去跑新闻了。在这种观点的驱使下，就出现了这样一些记者：

——他们不愿深入沸腾的矿山工厂、宁静的田野农舍、火热的军营哨所，更不愿意跋涉风雪高原、戈壁荒漠、海岛渔村，靠在报社办公室和机关招待所里，用电话进行采访或从简报及总结材料中找寻事例，摘寻锦句，便毫不费劲地写出“本报讯”或“本台消息”来。

——有的热衷于周旋在宾馆、酒楼、舞厅、剧场，或泡在订货会、展销会、洽谈会、新闻发布会上，在酒足饭饱，拿了礼品、红包之后，把从会上散发的宣传材料或通稿，稍加修改，便写出宣传某企业或推销某产品的“材料新闻”“请柬新闻”“麦克风新闻”“通稿新闻”。

——有的陶醉于觥筹交错，沉溺于醇酒妇人，即所谓“早上围着轮子转，中午围着桌子转，晚上围着裙子转”，专写名人隐私逸事和歌星、影星、球星、“大款”的行踪，美其名曰“趣味新闻”“体育新闻”“娱乐新闻”。

——有的利用记者的身份，在工商企业之间牵线搭桥，当起了掮客，为企业写“有偿新闻”，从中索取可观的信息费或回扣，等等。

这些人虽然数量不多，但这种作风，败坏了我国新闻工作者深入调查研究的光荣传统，损害了新闻工作者和党的新闻传媒在人民群众中的形象和声誉，难怪有的受众嘲讽这些记者是“材料剪贴员”，是嘴尖皮厚腹中空的山间竹笋，是池塘水面上的浮萍。

近几年来各传媒所揭露的一些失实报道，除极少数是记者、通讯员故意歪曲捏造的外，绝大多数是由于记者、通讯员调查研究的功夫没有下够，没有到现场去广泛深入的调查研究，而只听信于某些采访对象在办公室、招待所口头介绍的情况所致。以《每日新报》2001 年 6 月 26 日刊登的《母猫生狗》一稿为例，稿中写道：最近，到湘乡市栗山镇永安村七组村民张林松家来看热闹的人越来越多，他家的一只猫竟生下了一只狗。这只小母狗除脚爪有点像猫外，其他地方跟狗一模一样。猫妈妈似乎也没有觉得这个“女儿”有什么特别的地方，哺乳、玩耍，一视同仁。后《北京晨报》记者就此奇闻的真实性采访了中科院动物所科技处，该处有关专家认为：“这绝对是一条假新闻。”科技处的孙先生说，猫和狗分属于猫科和犬科，跨科是不能杂交的。当初《每日新报》的记者、编辑在发稿之前，如果像《北京晨报》的记者那样进行一下调查研究，也就不至于出现这起失实报道。

在新闻工作中之所以要强调做好调查研究工作，是因为自然界的事实，尤其是社会生活中的事实是非常复杂的，特别是在当今社会里，各种矛盾、各种利益交织在一起，要获得全面的、正确的认识，要弄清某一事物的客观规律性，不经过系统的、周密的（有时甚至要经过反复多次的）观察、比较、分析是不行的。没有投入就没有产出，经济活动是这样，新闻工作同样如此。新闻工作的投入就是深入进行调查研究。以第10届中国新闻奖消息二等奖作品《深圳部分外来劳务工劳动安全状况堪忧》（原载《工人日报》1999年3月13日）一稿为例。记者为了采写这篇不足千字的报道，曾前前后后进行了三个月的调查研究。每天，天一亮就揣着方便面、饼干和矿泉水上路，隐姓埋名深入到港台资企业、医院、出租房屋和法医鉴定等地查实情，挖材料。连春节都是和伤残工一起过的。因此掌握了大量证据式材料，录了几十盘打工者及法医工作者的含泪诉说，拍了几十卷伤残工人的照片，还取得了一万多个伤残者名单及伤残鉴定表。由于记者深入生活最基层进行调查研究，占有了充分翔实的材料，因此整篇报道很有深度和力度。报道见报后，在社会上引起了强烈反响。中华全国总工会、国家经贸委、劳动人事部等部委组成联合工作组赴深圳调查，解决了在300万外来劳务工中存在的劳动安全问题。一位老新闻工作者说："调查研究的功夫下得深，所采写的稿才能经得起实践和时间的检验，才能在读者中产生长久的影响。"这是经验之谈。

刘少奇同志曾说过："记者和编辑是调查研究的专业工作者""报纸上的一切文章都应当是调查研究的结果。"这是每个记者、编辑和通讯员都应该深思的问题。无数事实证明，毛泽东同志在《反对本本主义》一文中强调过的"没有调查研究，就没有发言权"的论述，至今仍没有过时。

凡是忠诚于社会主义新闻事业的新闻工作者，都把调查研究看作自己必不可少的基本功，调查研究也给予这些新闻工作者以深厚的回报。笔者翻阅第11届（2000年度）中国新闻奖的获奖作品，发现这些获奖作品有一个共同的成功经验是：作者不道听途说，不当"二道贩子"，而是靠深入实际、深入群众、认真进行调查研究才写出这些优秀作品的。仅举消息一等奖作品《法警背起生病的被告》（原载《北京青年报》2000年12月16日）为例，该消息的作者是在深入北京西城区法院调查时发现这一新闻线索的，而后报社又派两名记者赶到法院做进一步的调查采访，最后又采访到最高人民检察院的一位厅长。由于记者付出了艰辛的劳动，因此写出的报道有血有肉，形象感人。报道刊出后，从正面树立了司法工作者的形象，使人们从一名普通法警的行为，看到了中国司法体制改革所带来的深刻变化和中国法制建设的进程，同时也是对西方攻击中国人权状况舆论的有力回击。这篇报道的成功，证明了这样一个道理："涉浅水者得鱼虾，入深水者获蛟龙""花香来自泥土情。"记者要想写出有深度、厚度、力度的新闻作品，就必须在调查研究这个基本功上下苦功。

影响一些同志不认真进行调查研究的原因是多方面的，除前面所述的之外，目前还有这样两种糊涂认识需要加以澄清：

一种是认为“情况熟悉，用不着进行深入调查研究”。有的记者、通讯员同志认为，我对某地区、某系统、某单位的情况熟悉，不深入调查研究也可以写出报道来。笔者认为，这种看法是非常有害的。采访对象虽是本地区、本系统、本单位的人和事，但大多数不是自己亲身经历的，即使是自己亲身实践过的事，也不等于已经深刻理解了。另外，事物总是发展的，每个单位、每项工作和每个人的情况都在不断地变化着，随着时间的推移，过去了解的情况，又有可能有新的发展；原来熟悉的情况，又有可能变为不熟悉的了。因此，“情况熟悉”，仍需要进行调查研究。

另一种是认为“问题很简单，一看就明白，用不着进行调查研究”。以《广西身份证替代户口簿》（原载《武汉晚报》2001 年 9 月 21 日）一稿为例，报道说：广西将出台一项政策，以身份证制度代替户籍制度，并将逐步取消农村人口到城镇落户“农转非”计划指标限制。《武汉晚报》的记者从广西的部分媒体获知这一消息后，认为问题很简单，不经调查核实就草率发稿，然而，尴尬的是，随后不久广西壮族自治区公安厅户政部门有关人士在接受媒体采访时明确表示，媒体的报道是失实的。

要搞好调查研究，并不是一件很容易的事，它需要有正确的态度和方法。这主要包括：

——既要满腔热忱，又不能感情用事。恩格斯说过，愤怒造就诗人，但不能造就经济学家。如果在调查研究的过程中单凭感情用事，往往会得出偏激的，甚至完全错误的结论。实践中常常出现这样的情况，调查得出的结论是对的，但是写稿时滥用了感情，激昂刺激的用语过多，冷静的逻辑分析太少，这种稿件就不能使人信服，反而使那些本来就持怀疑或反对态度的单位和个人更加反感，也就难以发挥稿件应起的传播作用，问题也得不到解决。

——切忌先下结论，后找证据。记者、通讯员所进行的调查研究，同部队的侦察兵侦察敌情一样，无论是夸大敌情还是缩小敌情，都是不行的。要做到准确反映客观事实，就要遵照毛泽东同志曾教导过的，“一切结论产生于调查研究情况的末尾，而不是在它的先头。”应以对党对人民负责的精神，遵循新闻工作实事求是的原则，忠于事实，忠于真理，寻求科学的结论。

——不光要事例，而且要总和。列宁曾经说过：“如果不是从全部总和，不是从联系中去掌握事实，而是片断的和随便挑出来的，那么事实就只能是一种儿戏，或者甚至连儿戏也不如。”（《列宁全集》第 23 卷 279 页）这是为什么呢？列宁在另一处说，“社会生活现象极端复杂，随时都可以找到任何数字的例子或个别的材料来证实任何一个论点。”（《列宁全集》第2卷73页）每一个记者、通讯员都应牢牢记住列宁的这些话，不要为了证明自己的某个观点找例子，而是要掌握并分析事物的总和来形成观点，只有通过这样的调查研究写出来的稿件才是真实、准确的。

——要善于对所报道的事件或问题做宏观的即大范围的调查研究。要认识庐山真面目，要看清它的全貌和同全中国其他名山的不同之处，就要站在远一些的地方进行观察，从各个方面和角度来观察。要防止调查研究过程中出现的片面性，这就要求记者、通讯员要跳出局部的范围，对所报道的事件或问题做大范围的研究和分析。

——调查研究不能走马观花，要扎扎实实。既要“身至”，又要“心至”，走到别人没有到过的地方，深入到采访对象的心里，深入到受众心中，达到别人没有深入的程度，才能得到别人得不到的新闻。

“城里走，乡里走，山里走；握纤手，握绵手，握茧手；风也受，雨也受，气也受；伐恶效狮吼，逢喜魂相就，图一个天地无垢心无垢。”愿大家以“全国百佳新闻工作者”称号获得者、人民日报社的李新彦同志曾引用过的诗作勉励，深入实际，深入群众，让调查研究之花结出丰硕的果实。

抓准问题就成功一半

——新闻精品是这样抓问题的

抓问题，是记者（通讯员）常挂在嘴边的一个词。许多同志从走上新闻工作之路的第一天起就学着抓问题，干了几年、几十年，还在念叨着抓问题这个词。这个问题为什么如此重要？怎样才能不断提高自己抓问题的能力而写出新闻精品呢？结合第9届中国新闻奖部分获奖作品，本文仅从什么叫抓问题？抓什么样的问题？怎样抓问题？三个方面作如下探讨。

一、什么叫抓问题

要搞清楚什么叫抓问题，首先要弄清楚什么是问题。毛泽东同志在《反对党八股》一文中说：“问题就是事物的矛盾。哪里有没有解决的矛盾，哪里就有问题。既有问题，你总得赞成一方面，反对另一方面，就得把问题提出来。”可见，这里所指的问题，并不是单纯指工作中的缺点错误，而是主要指实际工作和实际生活中许许多多需要解决的矛盾。

翻开现在的报纸，经验新闻、综合新闻、典型报道、工作研究、记者述评、调查报告、采访札记等非事件新闻，读者之所以反应平淡，有的看了标题后就不愿再看内容了，其主要原因，就是报道没有抓准问题。具体说来，主要表现在：

一是抓的问题不是一碰就响的问题。我们的报道，如果不是反映的实际工作中迫切需要解决和人民群众最关心的问题，读者自然就不会关注。搞新闻的人常说，新闻就得碰响生活中绷得最紧的那根弦，指的就是要抓一碰就响的问题。

二是抓的问题指导性不强。工作中的问题，有具体业务问题，也有与业务工作相关的思想性、服务性问题。报纸上的新闻，不是相关的业务简报和文件，而是人们工作生活的指南。如果抓的是一些工作动态、生产过程、会议消息、一般性的领导人的活动等，读者自然就不感兴趣。

三是抓的问题不具有普遍意义。现实生活中，会有许多问题，一个问题该不该抓，关键要看它是否具有普遍意义。只有抓住带有普遍性的问题，报道才会受到广大读者的青睐。

能否抓准问题，是衡量记者（通讯员）业务水平高低，基本功扎不扎实的主要标志之一，也是记者（通讯员）写出精品的基础。

二、抓什么样的问题

一位多次参加过“中国新闻奖”评奖的评委对笔者说：“在评选得奖新闻时，常常把报道抓的问题是否准、新、深，作为评选的重要条件之一。一篇优秀的新闻作品，只要问题抓得准、新、深，即使文字写得稍逊色一点，仍然可以得奖。”针对这一点，我翻阅了第9届中国新闻奖部分获奖作品，觉得这些新闻精品在抓问题方面，有如下几方面的经验值得学习和借鉴。

抓广大人民群众普遍关注的问题。新闻媒体是党的喉舌，也是人民的喉舌，人民群众有什么要求和愿望，都愿向新闻媒体反映。记者（通讯员）有一个基本的出发点，就是要充分反映人民群众的利益，人民群众的吃、穿、住、行，油、盐、柴、米，看起来是一些“小事”，实际上都是非常重要的问题。新闻媒体只有经常报道人民群众关心的问题，才能保持同群众的紧密联系，也才能充分发挥舆论工具的作用。如市场物价、惩治贪污腐败、减轻农民负担、纠正行业不正之风、搞活大中型企业、交通、住房、社会治安、环境保护等问题，都是人民群众普遍关注的问题。如果新闻媒体上经常报道这方面的情况、信息和存在的问题，新闻媒体必然会受到受众的欢迎。第9届中国新闻奖获奖作品中的《中国科技竞争力真的上升了吗？》（原载《科技日报》1998年6月10日）、《国家大剧院建设思路存在诸多问题》（原载《人民政协报》1998年11月18日）、《令人心悸的“红包”》（原载《今晚报》1998年8月13日）、《塔河还能流多远》（原载《新疆日报》1998年9月20日）、《毛阿敏偷税案水落石出》（原载《中国税务报》1998年9月30日）等，都是这方面的成功之作。

抓带有倾向性的问题。这类问题，不是偶尔发生的，也不是个别的，是具有事物发展动向的问题。有的是新生事物的萌芽，有的是一种倾向的先兆，当前新闻媒体上还没有报道过，领导人的讲话和有关文件上，暂时还找不到根据，一部分人对此还持有不同看法，等等。记者（通讯员）及时把这些问题反映到新闻媒体上来，就能起到扶持新生事物生长，抑制不良倾向蔓延的作用。以消息三等奖作品《婚姻登记迈上神圣的红地毯》（原载《中国妇女报》1998年4月16日）一稿为例，记者以敏锐的洞察力抓住了一个在婚姻领域很有推广价值的好经验、好做法。在今天人们的婚姻观念不断更新，日呈多元化，有关婚姻方面的法律、法规、制度正受到挑战，而大操大办等婚姻习俗有所抬头的社会环境下，这一新颖举措不仅神圣了婚姻登记程序，在客观上强化了婚姻的严肃，同时倡导了婚事新办的文明之风，具有加强社会主义精神文明建设的深刻内涵。虽然这一举措只是一个地方的做法，但对婚姻领域具有普遍意义，对全局也具有指导价值。报道刊出后，在社会上引起了热烈反响，不少地方效仿此做法。还有通讯一等奖作品《请看法轮功是咋回事》（原载《齐鲁晚报》1998年4月1日）、通讯二等奖作品《“政府采购”向我们走来》（原载《经济日报》1998年5月27日）等，都是这方面的上乘佳作。

抓“热点问题”。所谓“热点问题”，就是人们议论纷纷的问题。一张不关注社会热点的报纸必定要遭大众的冷落，一个胸中无“热点”的记者，也是敬业精神差、责任心不强的记者。记者在真实地反映人民群众的呼声和要求的时候，应特别注意捕捉那些人们议论纷纷的问题，对其深入调查研究。人们对哪个问题议论纷纷，你就去抓哪个问题。抓住它进行报道，就能引起读者的共鸣。以消息三等奖作品《嵊州雅璜乡干部（民情日记）连民心》（原载《浙江日报》1998年12月2日）一稿为例，这篇报道针对新时期农村干群关系这一热点问题，抓住《民情日记》这一有效载体，报道了浙江嵊州雅璜乡干部转变作风，为民办实事的做法，具有很强的典型性和重要指导意义。稿件见报当天，省委书记张德江就指示要求全省各级党政干部向雅璜乡干部学习。中央“三讲”教育巡视组向全国推广“雅璜经验”。人民日报、中央电视台、光明日报等多家传媒转载转播了这篇报道。

抓棘手的“老大难”问题。现实生活中，有些问题，由于多方面的原因长期得不到解决，成为棘手的“老大难”问题。记者（通讯员）如果能抓住它进行报道，对吸引读者的阅读兴趣和问题的解决，无疑是会有很大的帮助的。以消息二等奖作品《投资33亿负债65亿，求洋贪大使河南两个重点项目严重资不抵债》（新华社1998年4月26日播发）一稿为例，长期以来，在我国的经济建设中，重复建设、盲目投资这一问题，一直是上下关注的棘手“老大难”问题。这篇报道，通过对中原制药厂、中州铝厂这两个典型的“无效投资”项目，巨额投资却换来巨额包袱的公开曝光，向人们揭示了如何避免重复建设、盲目投资这个“老大难”问题的解决途径。稿件播发后，中央电视台在新闻联播中三次转播，中央人民广播电台在整点新闻中滚动播出，人民日报配言论在要闻版头条发表。正在建设中的一些国家重点企业纷纷就如何吸取教训展开大讨论。报道收到了很好的传播效果。

抓首次出现、有新闻价值的问题。以通讯二等奖作品《老阿妈和她的国旗》（原载《西藏日报》1998年9月20日）一稿为例，这是一篇人物新闻，它以简明的语言，首次描述了一位藏族老阿妈每逢节假日坚持升国旗的事实，反映了藏族老阿妈对党和国家无比深厚的热爱之情。众所周知，达赖分裂集团和一些反华势力，不断在国外散布共产党在实行高压政策，藏族没人权、没自由，汉人压制藏族等各种谎言。记者选用一位藏族老阿妈和她升国旗的真实事实，有力地驳斥了这些谬论，无疑具有重大的新闻价值。稿件见报后，在社会上产生了很好的传播效果。

抓人民群众中有“疑点”的问题。以《浚县少年怀揣“两证”出学堂》（原载《农民日报》1998年6月1日）一稿为例，我国基础教育所面临的“高分低能”现象如何解决？在人民群众中存在着种种疑惑。这篇报道用河南浚县的教改事实给予了令人信服的回答。报道生动具体地构思出该县素质教育的主要做法、经验和成果，使人读后疑惑顿解。报道发表的当天就被中央人民广播电台、中央电视台摘播，受到了广大受众的青睐，后被评为消息二等奖。

抓事物发展中的新变化。任何一个事物，做任何一项工作，都不是静止的，停滞不前的。因此，记者（通讯员）采写新闻时，就不能总是老一套，要随着事物的变化，不断抓新情况、新问题，把同一主题的报道引向深入。这样就能使报道避免一般化、概念化的通病。以《长江上游仍在砍树》（新华社1998年8月19日播发）一稿为例，砍树毁林，破坏自然生态平衡，使水土流失，造成长江下游连年洪水不断威胁着两岸人民群众的生命财产的安全。这个问题已不是什么新问题了。但记者以敏锐的眼光，抓住抗洪时机，深入到长江上游的雅砻江、金沙江等主要支流进行了连续几天的现场专题调查，在掌握了充分的第一手材料，并采访了有关专家后，提出了“放下斧头，拿起锄头”，停止天然林砍伐，根治水土流失，保证大江大河安全的重要性和迫切性问题，使老主题焕发出了新意。稿件播出后，在全国引起强烈反响。国务院朱镕基总理看到报道后，立即向有关部门作出“停伐”指示，国家林业局向全国宣布长江上游天然林一棵也不能砍的规定。四川提前从 9 月 1 日起实施“天保”工程，报道直接促使川西少砍伐 15 万亩原始林。这篇报道荣获消息一等奖。

抓时效性强，稍纵即逝的问题。有人说，“今天的新闻是金子，昨天的新闻是银子，前天的新闻是渣子。”可见，时效的新与旧，对增强新闻的价值有着多么重要的作用。特别是那些突发性事件，只有快采快发才能不失掉新闻价值。以消息特等奖作品《九江段 4 号闸附近决堤 30 米》（原载《中国青年报》1998 年 8 月 8 日）一稿为例，这是九江决口后见诸媒体的首篇报道。8 条标有几时几分电头的短讯，从各个角度、逐步递进地将决口现场洪水滔滔、军民奋力抢堵的气氛，及时、真实地向读者作了报道。记者为了抢时效，不放过稍纵即逝的问题，在冲锋舟上，一边抢拍决口现场，一边用手机向北京报告现场实况。编辑部采用这种实况作转“播”的形式，在一版头条位置配大幅照片发表。由于是首次报道决口，具有很强的时效性和现场感，当天的《中国青年报》“洛阳纸贵”，受到了读者的广泛欢迎和好评。这篇报道在后来的全国抗洪报道评选中被公认为最杰出之作荣获一等奖。还有消息二等奖作品《战士李向群为抗洪抢险捐躯》（原载《湖北日报》1998 年 8 月 25 日）、消息三等奖作品《血肉筑长城，壮举励后人》（原载《战士报》1998 年 8 月 28 日）等，都是以极强的时效性在地方和军队中率先报道李向群的英雄事迹而取胜的代表作品。

抓“以小见大”的问题。鲁迅先生在《致赖少麒》一文中说：“太伟大的变动，我们会无力表现的，不过这也无须悲观，我们即使不能表现他的全盘，我们也可以表现他的一角，巨大的建筑，总是一木一石叠起来的，我们何妨做做这一木一石呢？”在抓问题写新闻上，我们应该学习鲁迅先生这个看法。综观“中国新闻奖”的获奖作品，历届都有不少这方面的成功之作。以第 9 届中国新闻奖消息三等奖作品《“下岗馒头”香飘遵义》（原载《贵州日报》1998 年 1 月 3 日）一稿为例，上街卖馒头是一种小事，而由下岗职工上街卖馒头却不是一件小事，它反映了下岗职工不向命运低头，重新实现人生价值的勇气。它折射出一种全新的观念，体现了一种自强奋斗的精神。记者敏锐地抓住“下岗馒头”四个字做文章，写出了一篇很有新意的报道，这令人耳目一新的“新闻眼”，一下子就抓住了读者。报道见报后，反响很大。人民日报、中央电视台、经济日报等多家媒体先后多次报道了遵义的“下岗馒头”，使很多下岗职工深受鼓舞，极大地推动了贵州及全国国企下岗分流和再就业工作。还有获奖作品《哈尼三青年获博士学位》（原载《民族之声》1998 年 8 月 2 日）、《青岛 14 名下岗工竞得道路保洁权》（原载《大众日报》1998 年 3 月 30 日）、《招募 20 名青年志愿者赴黔任教，两千鹏城儿女竞相报名》（原载《深圳特区报》1998 年 7 月 22 日）等，都是这方面的优秀作品。

三、怎样抓问题

著名记者安岗说：“记者应当对一切问题都感兴趣。记者不应该只在笔记上记上几个写文章的题目，他应该有几十个、几百个从群众中来的有普遍兴趣、有指导意义的问题。观察问题越具体、深刻，题目就越多。”这是经验之谈。抓问题在新闻采写中既然如此重要，那么怎样才能抓准问题写出新闻精品来呢？根据笔者以往从事新闻采写的体会，结合其他同志谈的经验，我认为主要应掌握以下诸点。

一是要眼睛向下，深入到实际工作中去抓问题。这就是说，要深入下去，不耻下问。要知道，坐在办公室、招待所闭门造车是永远造不出好车来的。一位老新闻工作者在他的回忆文章中写道：“生活是新闻报道的源泉，而深入生活则是记者的生命。只有到生活的激流中去，才能发现生活的底蕴；只有到生活底层的深处去采集，去考察，去发掘，去开掘，才能索取到报道的能量。”这是抓问题的经验之谈。它告诉我们，要想抓到问题写出新闻精品，必须到新闻发生的现场去，必须到“第一线”去，舍此别无他法。现实生活中，大量的问题都来自基层，来自群众。记者（通讯员）只有深入基层，深入群众，凭着新闻敏感，才能捕捉到有新闻价值的问题。

二是要“敢”字当头，勇于抓问题。当记者应该有压倒邪恶的力量。大凡有成就的记者（通讯员），都是敢于触及现实生活，敢于揭露矛盾，敢于迎着矛盾上的战士。如果遇到矛盾就绕着走，回避矛盾，那样是不可能采写出新闻精品来的。以消息三等奖作品《陵水怪事：学童竞领教师工资》（原载《海南日报》1998 年 7 月 14 日）一稿为例，这是一篇舆论监督的批评性报道，在采访过程中，记者遭到了来自当地某些领导的多方阻挠及一些单位的不予配合。记者迎着困难上，深入采访。在掌握了翔实、有说服力的材料后，立即写成稿件见报。之后又进行了跟踪报道，直到问题解决。中宣部《新闻阅评》评介说，报道激起了广大干部群众的正义感，对冲破某些保护网，推动机构改革起了很好的推动作用。

三是要开动脑筋想问题。采写新闻报道，是集观察、思考、运筹于一体的复杂劳动。

其中开动脑筋进行思考是关键的一步。只有经常动脑筋思考的人，笔下才有写不完的题目。以《困难之中显本色》（原载《解放日报》1998年6月26日）一稿为例，这是一篇很有针对性、很有分量、很有指导意义的深度报道。困难企业走出困境，党组织如何发挥作用？尤其是大量职工下岗的困难企业，如何搞党建工作？许多人心存疑虑。记者带着上述问题，选取了中国最古老的机器纺织企业，也是敲响压锭第一锤的典型企业——申新九厂，进行深入采访。由于思考的问题很细致，很深刻，因而写出的报道很好地回答了人们的疑问，并生动地反映了上海困难企业党委依靠职工，上下同心，扭亏解困的精神风貌。写党建工作容易“上天不着地”，此稿却见物见人见精神，读后令人回肠荡气，感奋不已。对国企改革有相当大的指导借鉴作用。此稿荣获通讯一等奖。

四是“反弹琵琶”找问题。就是运用逆向思维和求异思维的方式去找问题。有不少新闻事实，如果“正话正说”，按一般人的思维方式去构思采写，不仅不会有新意，可能还会让人反感。如果换个角度去思考，找出一个“出人意料”的问题和角度去采写，就有可能出奇制胜。以《“天和现象”》（原载《湖南日报》1998年3月26日）一稿为例，在国企改革中，一段时间，普遍认为“一股就灵”，把股份制当作改革的唯一方式。这时，该文作者运用“反弹琵琶”找问题的方法，通过对衡阳肉联厂搞股份制反而背上了亏损包袱的典型事例，给一哄而起的股份制热注入一剂清醒剂。报道针对“一股就灵”的时弊，对搞股份制失败的原因作了透彻分析，具有很强的指导教育意义。作品适时而作，造成了很大的社会轰动效应。许多国有企业在条件不成熟时原本打算进行股份制改造，看了报道后及时做了纠正。批评报道正面写，报道对象也易接受。这篇报道荣获通讯三等奖。

五是集思广益“侃”问题。这是一种七嘴八舌“议”问题的一种办法。它能弥补一个人思维有限的不足，有利于议论出新闻来。范敬宜同志在《经济日报》任总编辑时，就常常和大家一起“侃”问题。他在一篇文章中说：“一坐下来，侃侃而谈……天南海北，街谈巷议，大政方针，草木虫鱼，可以包罗万象，无所不聊，而许多题目、点子，也由此而生。……平时苦思冥想、搜索枯肠，了无所得的题目，在这无拘无束的气氛中，在这融洽无间的交流中，突如流星入怀。”这是经验之谈。

六是对比中去发现问题。基层的许多工作是周而复始的，反映这些工作的报道也常常有一定的重复性。因此，有的同志就感到这些常规报道无问题可抓。这种认识是不对的。诗人说，“年年岁岁花相似，岁岁年年人不同。”哲人讲，人不可能两次踏入同一条河流。辩证唯物主义认为，事物都是发展变化的，旧的矛盾解决了，新的矛盾又会出现，永无止境。这就说明，记者（通讯员）有抓不完的问题，关键是看我们能否注意研究事物运动的内在规律，进行纵的和横向的对比，从对比中去发现问题。只要我们在深入调查研究的基础上，由此及彼，由表及里地认真思索、对比一番，就不难找到今年不同于往年、现在不同于过去的新东西，从而抓出新问题来。

七是学会从不同角度去观察和思考问题。想问题、办事情，所占的位置不同，观点也就不同。“横看成岭侧成峰，远近高低各不同。”对同一个客观存在的人和事，由于观察、思考的角度不同，所得出的看法就大不一样。大量的新闻实践证明，学会从不同角度去观察和思考问题，就能抓住事物的新特点，就会有写不完的新问题。

八是学会研究“两头”，在“两头”的结合上抓问题。研究“两头”，就是研究“上头”和“下头”。研究“上头”，就是要坚持经常学习研究党的路线方针政策，国家的法律法规，有关部门的决策指示和工作思路与意图。站立点越高，研究得越深，问题就看得越准。著名记者艾丰说，“记者要想总理想的事”，其道理也就在此。研究“下头”，就是要研究基层干部群众在想什么、干什么、需要什么。基层干部群众普遍关心的问题，就是记者（通讯员）要抓的问题。实践证明，“两头”无论抓住哪一头都能做出好文章来。比如，“上头”有些重要决策未被群众所了解，这时抓住“下头”就能写出好报道。同样，在当“下头”有困难、有问题、有呼声需要“上头”知道时，就可以抓住“上头”写出好新闻来。当然，上下“两头”的本质上是统一的，能在“两头”结合上做文章最好，这样的文章上下认同，价值最高。

九是从积累的问题中抓问题。为什么有的同志碰到问题就能抓住，有的同志则不然，差别就在于脑子里有没有装问题。脑子里积累的问题多了，一碰到典型的人和事就会冒火花。这就是积累问题的好处。因此，记者（通讯员）同志，尤其不能忘记随身带个小本子，经常在上面不断记些问题，不断充实自己的“思想库”“资料库”“信息库”。积累久了，就会达到“厚积而薄发”和“左右逢源”的效果。机遇青睐那些有准备的人们。我们不经常研究问题，临时抱佛脚，那就难以奏效了。

十是加强理论学习，打好抓问题的理论功底。理论思维是一个合格的新闻工作者不可缺少的素质。有的记者（通讯员）之所以经常抓不住问题，原因之一就是缺乏理论功底；之所以在纷繁复杂的事物面前无所适从，无从下手，就是因为缺少分析、判断、概括、提炼的能力。江泽民同志号召全党学哲学，深入学习邓小平理论，我们新闻工作者首先要学好。没有理论指导，就不可能抓出重要问题来。

不同常人的观察　不同凡响的作品

——新闻精品中的观察技巧

有人问科学家："您的科学成果哪里来？"英国细菌学家、青霉素的发现者弗莱明的回答是："我的唯一功劳是没有忽视观察。"英国物理学家法拉说得更明确："没有观察就没有科学，科学发现诞生于仔细的观察之中。"

隔行不隔理。观察对于从事新闻采写工作的记者（通讯员）来说，也是极为重要的。可以说，没有观察，就不可能有好的新闻。一些名记者之所以能写出不同凡响的新闻作品，原因之一就是他们具有不同常人的观察能力。现实生活中常常出现这样的情况，平凡小事，人所共睹，有人有所发现，有人却视而不见，得失就在于是否进行了细心的观察。

纵观"中国新闻奖"获奖作品就不难发现，其中有很多作品都是作者通过观察发现题材，再经过仔细观察后写出来的。以第15届中国新闻奖消息二等奖作品《小平夹克衫感动三代人》一稿为例，据中国新闻奖参评材料介绍，这篇消息的作者为了写好这篇报道，在按要求做好大量"常规动作"的同时，至少三次全程跟随负责布置展览的龚青女士了解展览情况，并进行细致观察，从而独家获知了"夹克衫"的故事。如文中写道：

王先生是在女儿和外孙的陪同下，来到国家博物馆的。参观中，王老先生的外孙惊奇地发现，小平同志生前穿的一件夹克衫好像有毛病：夹克衫纽扣间距都是15厘米左右，但最下面一颗纽扣离衣服下摆只有四五厘米。显得非常不协调。找讲解员一问，王老先生和他的女儿、外孙三代人不禁齐声感叹：邓小平如此朴素随和，真是可钦可佩！

原来，当年邓小平视察南方之前，女儿给他买了这件夹克衫。回家试穿发现下摆长了一截。邓小平舍不得把这件新衣服搁置浪费，就让裁缝剪掉一截下摆。在整个视察南方期间，这件灰蓝色夹克是邓小平的两件主要外套之一。他就是穿着这件纽扣不协调的夹克衫，站在罗湖口岸，深情地眺望香港的。

听到这个故事，几位围过来的观众不约而同地鼓起了掌。负责布展设计的国博工作人员龚青女士眼眶都湿润了，她说，虽然这件衣服纽扣间距不协调，但和邓小平这位老共产党员朴实无华的作风是和谐一致的。

上述准确、形象、生动的描写，如果当时记者不深入到第一线进行细致的观察，而是待在办公室或招待所里，看材料，听介绍，这篇报道是难以从采访对象口中得到的。

这篇作品的成功，再一次证明了美国新闻学家曼彻尔说的："最优秀的新闻作品，往往来自记者的直接观察。"没有高质量的直接观察就没有新闻精品的产生。因此，记者是否深入现场进行直接观察，直接观察程度的深浅将直接影响新闻报道的成功与否。

范长江说过："报道的时候，别人提供的材料要尽量少用，只能占三分之一，其余三分之二则应是记者自己的积累和观察。"通过观察，可以打开思路，发现题材。以第8届中国新闻奖通讯二等奖作品《万亩苹果园缘何毁于刀斧》（原载《农民日报》1997年7月7日）一稿为例，1997年的中央农村工作会议，对农村经济工作作出明确布置，其中解决产业结构调整中产业趋同问题是重点工作内容之一。会后，记者到陕西省周至县采访，在村头路边通过观察发现大片大片苹果树被伐，敏锐地感觉到这里边可能有文章。于是，便在无人接待的情况下，主动出击，深入到果园、农户，与当地群众、干部交谈。记者用耳闻眼见的事实说话，写出了这篇现场感强的好报道。这篇报道用令人信服的事实，向读者展示了产业趋同的深刻教训。对各地顺利开展产业结构调整，发挥了较好的舆论引导作用。如果当时记者不深入到第一线进行细致的观察，而是待在办公室或招待所里，看材料，听介绍，这篇报道是难以从采访对象口中得到的。

然而，在新闻采访中，为什么同样进行观察，有的人能发现重要新闻，写出报道，能把读者带到新闻事实发生的现场，而有的人虽然也进行了观察，却写不出报道或写出的报道可读性很差，这里还有掌握观察的方法和要领的问题，主要有如下诸方面：

要做观察的有心人。《普通心理学》的作者彼德罗夫斯基指出：所谓观察，"是对周围世界对象和现象的有意的、计划的知觉"。这里的有意的、计划的知觉，就是指的要做观察的有心人，即所谓的"有意观察法"。新闻事实是客观存在的，它一视同仁，谁对它"有心"，它就会被谁发现和认识。如果无心，再好的新闻题材，也会视而不见，听而不闻，因此，记者（通讯员）要养成热爱生活，关心周围事物的习惯。

要带着广大读者、听众、观众的"眼睛"去进行观察。心中要装着他们所关心的"热点""难点""兴奋点"，即"眼睛一动，想到群众"。反之，如果只凭自己的好恶去观察，即使某些现象情景观察得很深，报道得很细，也不会受到读者的欢迎。

观察时要有好奇心。美国哥伦比亚大学新闻系教授麦尔文·曼切尔说："记者必须学会用孩童般的眼睛观察世界，他把每件事都看作是新鲜的，各具特点的。"新华社记者张伯达、韩晓晖对"陕西省小麦机械化'东进西征'收割活动开机仪式"好奇，采写出了鞭挞当前社会上普遍存在的形式主义时弊的第 8 届中国新闻奖消息二等奖作品《夏收何必搞仪式，小麦未熟遭剃头》；新疆日报社记者张郁对各族学生们同抹泪共哀思文新潮老师一事好奇，立即两次深入到学校教室进行观察，写出了反映民族团结的《挥泪别恩师，吟歌寄深情》（原载《新疆日报》1997 年 5 月 13 日）的独家新闻，这篇报道荣获第 8 届中国新闻奖消息三等奖。如果一个记者（通讯员）缺乏好奇心，那是很难观察到有新意的写作题材的。

观察要全面。所谓观察全面，就是要观察构成事物的各个部分和事物发展的全部过程，了解事物的全貌，这样才会抓住事物的特征。那种凭"一孔之见"写稿的毛病是观察的禁忌。为了使观察做到全面，可以采用"分割观察法"，即把整体事物分割成若干部分，然后一部分一部分地进行观察，还可以采用"换位观察法"，即变换观察角度，从不同方面、不同角度去观察同一事物或人物。

观察要细致。观察中，要防止浮光掠影，大而化之，粗心大意。应注意观察事物发展的各个阶段或构成事物各个部分的不同特点，找出那些区别事物差异的细微之处。从而更具体更深刻地揭示事物的本质。以第 8 届中国新闻奖消息一等奖作品《别了，"不列颠尼亚"》一稿为例，当时在香港回归纪念大会现场采访的记者，就中国的新闻单位而言，就有数十家，而本文的新华社记者，由于观察仔细，独具慧眼，才写出了比别人高一筹的新闻精品来。如文中写的："登上带有皇家标记的黑色'劳斯莱斯'""广场上灯光渐暗""绿树丛中""白色建筑""南海的夜幕""蒙蒙细雨""面色凝重的彭定康""雨越下越大""五星红旗伴着《义勇军进行曲》冉冉升起"等。你看，作者对新闻现场人物的表情，现场的色彩、音响等，观察得多么细致，让读者读后有如身临其境的感觉，从而有力地增强了新闻的传播效果。

观察要深入。有经验的记者（通讯员），总是善于入木三分，观察出隐藏在表面现象后面的东西，透过"现象"看出"本质"。因而这些作者写出的报道，不仅有广度，而且有深度，能揭示事物的规律性。以第 8 届中国新闻奖消息二等奖作品《白色皇冠拖着被撞伤者狂逃，众出租车怀着满腔义愤猛追》（原载《大河报》，1997 年 8 月 25 日）一稿为例，这是一篇将张金柱恶性肇事逃逸案第一次公诸报端的独家新闻。记者在事发后20分钟之内赶到现场，深入地进行了调查采访。由于记者在现场观察深入细致，消息主体在基本事实没有被权威部门核实的情况下，行文冷静客观，有目击证人证词，有医生的诊断，有现场的细节描写，事后证明这些新闻事实是扎实可靠、可信的，具有无懈可击的说服力。

观察不能带框子。无论对人或对事的观察，都不能凭主观印象，不能从成见出发，而应以客观实际为标准，客观实际是什么情况就写什么情况。

要掌握好观察的路线。我们看事物，总要遵循一定的规律，不能胡乱来，东瞅瞅，西看看，左顾右盼，目不暇接，热闹倒是热闹，到头来脑子里零乱一团，什么也捕捉不到。

观察与思考要紧密结合起来。观察并不是单纯地“看”，它从来都是与“想”联系在一起的。只看不想，等于白看，想而不看，便是空想。记者要善于对所观察到的现象进行分析综合、比较、判断，要思索自己看到的现象是真？是假？是不是看到了本质？有多大的新闻价值？现象与背景情况如何？要不要跟踪观察？这种情况如何报道？文字上如何表述？……实践证明，记者（通讯员）的头脑在观察中越活跃，思考越敏捷，观察的成效就越大。

观察要借助于“望远镜”和“显微镜”。客观事物是复杂的，有的现象反映事物的本质，有的不反映事物的本质。只有掌握了马列主义、毛泽东思想和邓小平理论的“望远镜”和“显微镜”，观察问题才能有远见，辨别真伪才有依据。因此，记者（通讯员）要加强对马列主义、毛泽东思想和邓小平理论的学习，加强对党的方针、政策的学习，以提高自己的观察能力。

要选择好观察的角度和距离。现实生活中的人和事都是很复杂的，是由不同的层次构成的。采访中，从不同侧面和角度、距离上观察，其结果常常是不一样的。这正如苏轼在诗中写的：“横看成岭侧成峰，远近高低各不同。”因此在观察中，如果观察的角度、距离选择得不好，不适当，就会影响到观察结果的准确性。

观察能力，是一种能动地发现客观事物及其特点和变化的能力。观察能力的培养，既要讲究方法，还要注意练眼功和积累知识。有一次，美联社一位记者与新华社的一位记者一同乘坐飞机回北京，一下飞机，美联社的记者请新华社的记者打听美国要人在北京的情况。新华社的记者感到奇怪。原来是因为停机坪上有一架涂有美国国旗的波音707飞机，这种飞机是美国的白宫专机。后来一打听，果然是白宫总统的高级顾问在北京访问。这位美国记者立即抓紧采访，写出了十来篇报道。要是美国记者的观察力不强，他就要漏掉这一重大新闻了。这就是对他长期练就的观察力和所积累的知识的劳动奖赏。所以，记者的观察力要在平时有意识地进行眼力训练和积累。

问得新奇 问得得法

——新闻采访中“问”的艺术

从事新闻采访，一般是离不开提问的，这是新闻界众所周知的道理。但是，要通过提问从采访对象的嘴里获得真实的事实和报道所要反映的思想，必须掌握提问的艺术。

现在有的年轻记者(通讯员)在采访中提问时,不讲究“问”的艺术,像警察查户口,或像法官审理案件，你问一句我答一句。例如当采访得金牌的运动员时，总是千篇一律地问道：“你当时是怎么想的？”答曰：“我什么也没想。”某电视台一年轻女主持在采访诺贝尔奖得主丁肇中时有这样几句提问，问：“您为何总能幸运地在人生关键时刻做出正确选择？”答：“……不知道。”问：“您认为天才和努力哪个更重要？”答：“这个……不知道。”问：“您为什么总愿意说不知道呢？”答：“这个……我真的不知道。”

显然这样的提问，除了“冷场”、尴尬外，是很难收到预期的访问效果的。对此，我想起了这样一个有趣的故事：

有一天，一个烟瘾很大的教徒问牧师：“祈祷时能抽烟吗？”牧师答道：“不能。”这位教徒不死心便换了一种方式问道：“抽烟时能祈祷吗？”牧师则爽快地答道：“可以。”

同一个内容的问题，由于问法不同，答案却完全相反。由此可见，采访中的提问，必须讲究艺术才能达到预期的目的。从大量的新闻采访实践来看，提问需掌握以下“问”的艺术：

要精心选择好提问的第一个问题，切忌初战失利。在军事学上，初战对以后的战斗影响是很大的。访问也一样，第一个问题提得好与否，直接影响到访问的深入进行和访问的质量。访问一开始提的问题，不但是记者感兴趣的问题，也应该是被访问者也感兴趣的问题。例如有位记者在采访琵琶演奏艺术家刘德海时，他提的第一个问题是关于“木头孩子”。“木头孩子”是人们对刘德海热爱琵琶如子的美称，它反映了刘德海对事业执着的追求，刘德海一听这个名字，就勾起了对往事的深沉回忆，便滔滔不绝地谈了起来，从“木头孩子”的由来谈起，叙述了他艺术生涯中许多趣闻逸事，记者因此成功地写出了有关刘德海的四篇报道。

著名记者周原说：“记者提问，一开口就要让人觉得你这个记者是有思想的，提的问题是有价值的，这样，他谈问题就不好打马虎眼，想三言两语搪塞也搪塞不过去。一个问题抓住他，给他一个深刻的印象，他就会觉得你不是吃闲饭的，不是来玩的，逼着他去思考。”这是经验之谈。

从一些有经验的记者（通讯员）谈的体会来看，采访中提的第一个问题，最好以知情人的身份进入，例如访问一位作家，最好先问：“您最近发表的大作经历了多长创作时间？”如果访问的是位科学家，不妨一开口就问：“您十年前提出的设想现在是否得到证实？”如果访问的是位运动员，可以先问：“你在创造了新的纪录以后，现在又在做些什么努力，”这样以知情人的身份进入话题，常常会收到巨步顿缩，无拘无束，谈话投机的好效果。总的原则是：要根据访问对象的生活阅历、专业和文化程度、性格和情趣爱好等，选择他最熟悉、最喜欢、最容易谈吐的话题进入提问。

问题要提得具体，切忌笼统。某青年报一记者去采访著名电影导演张良。记者问：“能否请您谈谈对这次评奖结果的看法？”张答：“这个问题太大。我不好回答。”一位随团出访的记者在向一群外国中学生提问时，问道：“你们对中国有什么了解？”学生们面面相觑，无言以答。在场的《经济日报》原总编辑安岗在一旁解了围，他把话头接过去问道：“你们知道中国有一条长江吗？”学生们一齐举手；又问：“你们知道中国有一个孔子吗？”全部举手；再问：“你们知道毛泽东吗？”答：“知道。”气氛一下活跃起来。

问题要提得简明，切忌别啰里啰唆。现在人们的生活、工作节奏加快了，人们珍惜时间的观念也加强了。因此，记者（通讯员）在采访中提问时，一定要有时间观念，要讲效率，问题一定要提得简练。特别是对一些高级领导人的采访，对国家首脑的采访，记者只能争分夺秒，见缝插针。在这方面，国外一些记者的经验是值得我们借鉴的。一次，日本《读卖新闻》的一个记者听说邓小平同志不再兼任副总理了。这个记者在小平同志接见外宾最后送走客人时，挤上前去问：邓小平副总理，听说你要辞去副总理职务，是真的吗？这个问题由于提得简洁明快，小平同志愉快地做了回答。这个记者由此而采写出一条独家新闻。

问题要提得使采访对象感兴趣，乐于接受采访。如同打开了“话匣子”，使对方情不自禁地倾吐发自肺腑之言，甚至讲得眉飞色舞，绘声绘色。切忌使采访对象难堪而拒绝回答。例如著名相声演员姜昆，一次他到湖北十堰巡回演出，不少记者登门采访。由于姜昆当时正在进修电大课程，便对记者的采访一一谢绝。这时，有一位女记者根据这个情况，再次叩响姜昆的房门说："姜昆同志，我对您演出的节目有些意见……"姜昆一听是为自己的节目提意见而来的，便很有兴趣地热情接待了她。这位女记者因此而写出了一篇题为《姜昆在追求什么？》的好报道。受到了读者的青睐。相反，越南战争期间，阵亡的美军官兵的灵柩由他们的家属陪同，用飞机从越南空运回国。在机场上，一位美国记者向一位阵亡的军官妻子问道："听说，有两颗子弹打穿了你丈夫的前胸？"那位本来就悲悲戚戚的妇女，忽然一腔怒火，气呼呼地钻进汽车，"砰"的一声关上车门离开了。这件事给记者一记清醒棒，在提问时，不要哪壶不开提哪壶。否则，就难免遭到冷遇或吃闭门羹。

所提的问题要"因人而异"，一把钥匙开一把锁，切忌千人一法，一锅煮。著名美国记者斯诺在采访中提问时，就善于"因人而异"。他在采访毛泽东同志时，问："你认为在什么条件下，中国人民才能够消灭和打败日本的军队？你认为这样的战争要打多久？"这样的问题，除了身居领导岗位的人，一般人是难以回答的。而斯诺在向普通群众提问时，则问得细小而具体。下面是他同一个15岁的"红小鬼"小号兵的谈话，问：你为什么要参加红军？小号兵回答时讲到他的两个哥哥也参加了红军。斯诺问他们的地址，小号兵说不知道。斯诺就改问："农民喜欢红军吗？"答："喜欢。"问："但是说实在的，你怎么知道他们喜欢红军呢？"小号兵讲了一阵子自己的亲身经历。这样的提问，一般群众都能对答如流，采访中就不会出现"相对无言"的窘境。

提问中要因势利导，切忌钻牛角尖。著名数学家哈代曾经这样说过："任何一个傻瓜都可能提出使任何聪明人都解答不了的难题。"采访提问中，如果钻牛角尖，就会将我们的思路引向死胡同，而无助于得到所需要了解的问题。诸如提出"先有鸡还是先有鸡蛋"之类的问题，莫说是一般的采访对象，就是专家学者也难以回答。

对于自己不懂的行业进行提问时，应多用闭合式，忌用开放式。所谓闭合式提问，也就是限定被访问者回答的范围。这个问题的选择，也必须是大多数外行人都普遍关注的答案。《人民日报》记者王楚在采写武汉市经济体制改革的报道过程中，他不懂经济，提问时就常常避开经济的"狭窄"含义，要求被访问者谈"花絮"，并且多问"人""人的思想""人与人之间的关系"等各条战线都存在的共性问题，寻找共同语言。当谈话一旦离开"轨道"运行，出现答非所问时，要想办法巧妙地将话题引回自己所选定的"轨道"，以免使采访变为漫无边际的聊天。

弘扬时代正气 抨击社会弊端

——新闻精品是这样选择批评报道问题的

党的机关报是党和政府的喉舌，同时也是人民群众的喉舌。在坚持正面宣传为主的前提下，有选择地、适当地开展批评报道，实行新闻舆论监督，对于弘扬正气，抨击社会弊端，推动两个文明建设，具有其他报道所不可替代的作用。

那么，在进行批评报道时，应如何选择问题呢？从第 8 届中国新闻奖获奖作品中的报纸、通讯社系统十余篇批评报道来看，应从下述几个方面去进行：

一是选择人民群众最关心，要求最强烈，又是党和政府最重视并急于解决的问题。报纸是办给人民群众看的，读者是否关注，是选择批评报道问题的前提之一。批评报道要想获得广泛的舆论共鸣和良好的社会传播效果，就要想群众所想，急群众所急，帮群众所需，选择群众普遍关注的问题，选择群众街谈巷议，议论最多的问题。以第 8 届中国新闻奖消息二等奖作品《夏收何必搞仪式，小麦未熟遭剃头》（新华社 1997 年 5 月 30 日播发）一稿为例，报道针对当前社会上普遍存在的形式主义弊端，选择陕西省农机局主办的一个“小麦机械化‘东进西征’收割活动开机仪式”这一典型事例，运用充足的事实，将形式主义的表现、危害昭示于众，使搞形式主义者汗颜，使广大读者读后拍手称快；对于那些热衷于此道者起到了警示作用，从而发挥了新闻舆论的监督和引导作用。

二是选择既触及社会矛盾，又利于社会稳定的问题。在选择批评报道的问题时，要遵循江泽民同志在全国宣传思想工作会议上指出的原则：“舆论监督应着眼于帮助党和政府改进工作，解决实际问题，增进人民团结，维护社会稳定。”在新闻传媒上开展批评，不是为了展示和渲染落后现象，而是为了克服工作中的缺点，巩固党和政府同人民群众的联系，增强人民群众前进的信心，加快改革开放和社会主义现代化建设的步伐。

批评报道如果不触及社会矛盾，就会失去战斗力，就不能广泛影响受众。对在建立社会主义市场经济体制中出现的问题，受众是十分关心的，也会很自然地产生一些不同看法。新闻传媒有选择地把不同的意见反映出来，并引导受众全面、辩证地认识这些问题，最后形成统一的看法，就会在政府和群众之间架起一座相互沟通、相互信任的桥梁，使党的方针、政策深入人心。人民群众了解了问题的全面、真实情况，也会为政府分忧解愁，增进相互间的理解和支持。因此，在选择批评报道的问题时，既要勇于反映受众关心的“热点”问题，又要善于疏通、化解，帮助人民群众解除疑虑，树立起克服困难的信心。以第8届中国新闻奖通讯二等奖作品《万亩苹果园缘何毁于刀斧》（原载《农民日报》1997年7月7日）一稿为例，报道及时抓住当时农村经济生产活动中存在的重大矛盾，反映了当时农村经济发展过程中产生结构趋同现象造成的严重恶果，生动地揭示了市场经济中“看不见的手”的巨大作用。报道刊出后，中央电台、中央电视台当日摘播，之后又入选中宣部编辑出版的《新闻报道精品选》，在全国引起了很大反响。

三是选择有典型意义的群众共同关注的问题。目前报纸上有一些批评报道，在选择问题时，只注重具体的社会现象和局部的工作症结，忽视了从宏观上去分析问题的实质和对大局的影响，结果往往事与愿违，为一时一事，损害了人民的根本利益和长远利益。因此，批评报道在选择问题时，应树立全局观念，加强宏观思考。这就要求记者（通讯员）要吃透上级的精神和意图，经常对照实际工作，进行认真分析，从而正确判断是非得失，确定报道是否具有典型性，是否是人民群众普遍关注的问题。以《夜探“虎”穴》（原载《福州晚报》1997年11月20日）一稿为例，利用电子游戏机进行赌博，是全国部分大中城市普遍存在的问题，群众对此深恶痛绝。《福州晚报》记者顾伟抓住这一典型社会问题，勇敢地对有此问题的部分娱乐场所进行了暗访，最后采写出了这篇报道。报道中有确凿可靠的新闻事实，有受害者强烈的社会呼吁，有以国家明文规定为依据所进行的分析，它为受害者提供了明令遵守的政策规定，为广大群众呼吁禁赌提供了舆论支持。报道似一组集束炸弹投向了不法分子。稿件刊出后，福州市职能部门联手行动，一举捣毁了进行赌博的游戏机，有效地遏制了这一赌博现象。采写这篇报道的记者顾伟，曾遭到不法分子打“黑枪”的威胁和恐吓。这篇报道以它良好的社会传播效果，荣获了第8届中国新闻奖通讯二等奖。

四是选择既有解决的必要性，又有解决的可能性的问题。批评报道不能“有闻必录”，不是所有的问题都能拿到报纸上进行公开批评。选择批评报道问题时，既要考虑人民群众的要求和意见，又要仔细分析党和政府有没有条件解决，能不能在短时间内解决。当前我国正经历着由计划经济向社会主义市场经济转轨的过程。在此期间，社会各个领域都在发生深刻变革，各种权力和利益的再调整与再分配，引发了诸多的社会矛盾和问题，旧的还未彻底解决，新的又出现了，各种矛盾和问题交织在一起，解决起来有相当大的难度，需要一个较长时期的过程。

报纸的读者分布在各行各业，文化层次不同，生活环境不一样，经历不同，反映的问题也自然就多种多样。许多应该解决的问题，不一定都能解决，这里，除了主观原因之外，还有受客观条件（包括自然条件）的制约，不是群众提的没有道理，而是没有正确的解决方法，有关部门还无解决问题的实际能力（包括人力、物力、财力等），解决的时机还不成熟。因此，就不能片面地强调“必要”“合理”，而忽视了客观可能性。即使能够解决的问题，也有个轻重缓急和主次之分，有些需要立即解决，有些一时还无暇顾及、需要过一段时间腾出手来再处理。因此，要认真区别什么问题可以批评，什么问题暂时还不能批评。比如当前群众关心的职工住房问题、社会治安问题，物价问题、贪污腐败问题、行业不正之风等，有些是历史形成的，短时间还难以彻底解决，有些是体制转轨带来的，改革中不可避免的。这些问题是多种因素造成的，只有各方面共同努力创造条件，才能逐步加以解决。如果脱离了这种现实，把暂时还无法解决的问题在报纸上横加指责，不但不能促使问题的解决，还有可能激化矛盾，引起思想混乱，给日后解决问题增加难度，造成更大的被动。因此，批评报道在选择问题时，一定要顾及既有解决的必要性，又有解决的可能性这两个方面。

第8届中国新闻奖获奖作品中的《雷州水利局官职大批发》（原载《南方日报》1997年10月15日）、《沿海地区重婚纳妾》（原载《中国妇女报》1997年2月19日）、《奇闻：洋烟当“门票”》（原载《北京日报》1997年5月13日）等报道所选择的问题，就既有解决的必要性，又有解决的可能性。报道刊出后，使所批评的问题，都迅速得到了纠正和解决。以《沿海地区重婚纳妾》一组系列报道为例，这组报道所选择的问题，是我国目前的婚姻法治理力不从心的问题，它的最大价值就是对“重婚纳妾”这一非常突出的社会问题首次系统、深入、全面地进行分析与揭露。报道刊出后，得到了中宣部、全国妇联、民政部有关领导的肯定，在社会上引起了大的反响，对于新婚姻法的进一步修改和完善起到了积极的促进作用。

第二篇

关于写作

掌握精品特性 按特性进行采写

社会主义市场经济的发展，给新闻事业带来了机遇，也带来了挑战，更加剧了竞争。在日益激烈的新闻竞争中，一个“多出精品、快出人才”的口号，在各新闻单位，叫得越来越响亮。不少新闻单位把“多出精品”作为重点工作来抓。然而，何谓新闻精品？目前已出版的几本新闻学辞典中，都查不到答案。笔者参考目前报刊上已发表的关于新闻精品的一些解释，结合一些大家公认的新闻名篇和已评选出的“中国新闻奖”获奖作品的实际情况，认为作为新闻精品，应具备下列 7 个特性。

——舆论导向的正确性。舆论乃众人之议论，它是社会一定范围内的多数人，对某种事态或问题公开表达的一种带倾向性的意见。由于这种带倾向性的意见具有公开性，因此当它一旦同舆论的主体——人民大众相结合，便会产生一种强大的精神力量。这种精神力量乃是物质力量无法替代的。在新闻界，悠悠万事，导向为大。把握正确的舆论导向，坚持用正确的舆论引导人，这是无产阶级新闻工作的党性原则决定的。我们的所有宣传报道，都应做到“以正确的舆论引导人”。作为新闻报道中的精品，它应对一个时期的政治、经济、文化及社会生活做出正确的反映和引导，是把导向性和可读性巧妙结合起来，进而增强宣传报道的吸引力、感染力和说服力的上乘之作。

——主题思想的深刻性。在改革开放年代中出现的新人、新事、新问题、新情况，无不涉及方方面面的问题。如今的读者不仅想知道发生了什么新闻事件，而且还想知道与新闻事件相关的一些问题，如前因后果、来龙去脉、重要意义等。为此，新闻精品应从全方位、多层次、多角度去表现新闻事实，使之具有一定的深度和广度，以满足读者的要求。大量的新闻实践表明，出精品，最重要的是出思想，有了思想深度，也就是在理论水平、政策水平、思想水平等方面胜人一筹。精品是高水平、高质量的结晶，是权威性、指导性、吸引力、感染力的统一。每一篇精品的诞生，都是作者挑战自我，在主题思想上拒绝平庸、拒绝浅薄、拒绝平淡、拒绝大路货的结果。

以第5届中国新闻奖一等奖作品《爱心无价》（原载《羊城晚报》1994年3月30日）一稿为例，以往写军人家属的报道，远不止这一篇，应该说是很多的。但很少有像这一篇的主题思想如此深刻。这是一篇关于好军嫂韩素云的连续报道中的重头稿和代表作，报道以感人的笔触描写了广州各界自觉救助韩素云的故事，通篇深刻地向人们揭示了在市场经济条件下构建互助和谐的人际关系的萌芽和趋向，昭示了“人世间还有比金钱更重要的东西，金钱有价，爱心无价”的价值观。报道刊出后，在社会上引起了强烈反响，并使这话题迅速成为当时受众关注的社会热点。受到中宣部、全国记协的赞扬。新闻界同行普遍称赞它是一篇同类新闻主题的佳作。

——表达的客观、公正和全面性。记者（通讯员）的任务是传播新闻信息，一个称职的记者（通讯员）既不是吹毛求疵的批评家，也不是啦啦队队长。记者（通讯员）不是机器人，他们有自己对新闻事实的思想感情和判断能力，以及由此形成的观点、态度、情绪。因此，纯客观的报道是不可企求的。但这并不是说记者（通讯员）可以用自己的观点随意渲染新闻事实。表达是自由的，事实是严肃的。实践证明，有些新闻如果缺少必要的分析和解释，如果没有一些相关的意义的阐发，这些新闻就说明不了什么，就不能起到应发挥的作用。在这种情况下，记者（通讯员）就需要细心地解释新闻事实，使问题明白透彻，做到客观、公正、全面，避免带个人偏见。用莎士比亚的话说，一个好的记者是“最诚实的历史记录者。”特别是一些批评报道，要成为精品，更需要注意表达上的客观、公正、全面性。像“中国新闻奖”获奖作品中的《读者你猜：他的职称……》（原载《羊城晚报》1990年5月29日）、《救救老师，救救孩子》（原载《光明日报》1992年12月23日）、《谁来为农民说话》（原载《贵州日报》1993年12月4日）、《王府井，你就容不下一家书店》（原载《科技日报》1994年10月13日）等，都是这方面的成功之作。

——独特鲜明的个性。新闻的个性化，是当今世界新闻发展的必然趋势。从一定意义上来说，没有个性就没有新闻，谁要想使自己所采写的新闻成为精品，谁就应该顺应这个时代的潮流。对此，人民日报原总编辑范敬宜在《编采业务》（1996年5月15日）上撰文说：对新闻记者来说，最忌的就是缺少个性，也可能文章主题很好，结构很严谨，文字也很漂亮，就像一个人似的，长得漂漂亮亮的，但是看完以后，留不下什么印象来。可是，也有一种人并不是特别美，但是他有一种魅力，看完以后给人一种印象，闭上眼睛就能想起这个人。所以我要求记者有自己的个性，这特别重要。我过去常讲一句话，叫“人不求全，文不求同；以全求人则天下无可用之才，以同求文则天下无可读之章”。千文一面，那种文章没法读。对一个记者来说，除了作品导向正确、思想深刻、表达清楚等这些基本的要求之外，再一层要求就是要有自己的个性，要有那种与众不同的精神，而且逐步形成自己的风格。范敬宜同志进一步举例说：同样写长城，就有各种不同的写法，要在个性上聚焦。写八达岭长城要写它的雄伟，写金山岭长城要写它的秀美，写司马台长城则要写它的险峻。可见，独特鲜明的个性更是新闻精品必具的风格。

新闻精品的独特鲜明个性，我认为主要表现在这样几个方面：从报道内容上来说，它是其他新闻媒体未曾得到或未曾报道过的，是“人无我有”的，具有很高新闻价值的新闻事实，是独家优先发表的新闻。从地区特色上来看，它应是所在地区拔尖的，而在全国又是能叫得响的，即有人所称的新闻“土特产品”。从采访的观察角度上来看，它应是超越一般记者（通讯员）、编辑的视野所看到的那部分新鲜的事物和问题。从写作技巧上来讲，它应有独特的结构、新颖的角度、不落俗套的标题和导语，并写出地方特色、行业特点、民族风格，富有吸引力和感染力，是可读性很强的佳作。

——语言的规范和生动性。唯陈言务去。准确严谨、简明扼要、鲜明生动，是新闻语言的基本要求。作为新闻精品，语言上的要求则更高。它必须有一定数量的新鲜生动、特有的语言，而且很规范，让人读起来流畅上口，听起来形象感人，而不是满篇陈词滥调和大话、空话、套话，也不是学生腔和文件语言。无论记者（通讯员）写什么，都应是语言的“监护人”，应维护语言的规范和神圣。实际上，不论记者（通讯员）是否意识到，他们除了是新闻事实的报道者、把关人外，还是语文教师，向受众传播优美而纯正的语言。因此，语言的规范和生动性，应是一篇新闻精品必不可少的条件。这里，用得上托尔斯泰的一句名言：“当你每次拿起笔来在墨水瓶里留下血和肉的时候，你才有资格进行写作。”这就是说，新闻精品应该是有血有肉之作，是呕心沥血之作，是精雕细刻之作。要做到这些，就要求记者（通讯员）平时要注意学习和积累语言，在采访中要注意搜集新鲜生动、感人的语言，要有文学素养，要学习新闻修辞学、新闻美学。郭沫若有诗云：“胸藏万汇凭吞吐，笔有千钧任翕张。”只有掌握了丰富的词汇，写作时又反复推敲，遣词用字就不会出现吃别人“嚼过的馍”，所写出的报道自然就会不同凡响，受到读者的青睐。

——内容的永存性。今天的新闻，是明天的历史。新闻是“易碎品”，这是对一般的和大多数的合格新闻作品而言的。但作为新闻精品，就不能是“易碎品”，它必须在方方面面都要经得起时间的考验，它应具有长期的保存价值。像毛泽东同志撰写的新闻名篇《中原我军占领南阳》《我三十万大军胜利南渡长江》，王匡写的《西瓜兄弟》，张明写的《桌上的表》，穆青写的《县委书记的榜样——焦裕禄》，《中国青年报》记者写的《为了六十一个阶级兄弟》，等等，尽管作品发表的岁月距现在已久远了，但至今读起来仍栩栩如生，感人至深。可见，作为新闻精品必须具有强大的生命力，必须具有长期保存的意义和价值。

——传播的广泛性。作为新闻精品，它应该是在发播之后，就很快成为受众的"街谈巷议""单位话题"的内容。新闻精品对新闻市场的占有率应是很高的。具体表现在发行量（尤其表现在报纸的零售方面）、转载量（被其他单位转载）、传阅量（同一条新闻被多少人传阅）、引用率（被受众讲话和写文章所引用）、反馈量（受众来信、来电对某条新闻的反应）等，这些指标越高，表明传播效果越好，在受众中产生的共鸣就越大。纵观历史上的新闻名篇和已评选出来的历届"中国新闻奖"中的精品，其传播的广泛性各项指标，都是比较高的。例如首届"中国新闻奖"荣誉奖作品《人民呼唤焦裕禄》（新华社 1990 年 7 月 8 日播发）一稿，首都各报和地方报纸都在显著版面予以全文登载；有的报纸还为此配发了评论。中央有位领导同志称赞这篇报道"写得好"。许多地方的党政领导干部对照自己找差距。河南省一些地区的党委还专门布置学习这篇文章。又如第 4 届中国新闻奖一等奖作品《武钢近 7 万人不再吃"钢铁饭"》（原载《长江日报》1993 年 2 月 10 日），消息发表后，在国内外引起很大反响，美国纽约时报、香港经济新闻报等国内外、境内外数十家新闻传媒对此作出反应。再如第 5 届中国新闻奖一等奖作品《李登辉连续发表分裂祖国言论，引起两岸中国人严重关注》（新华社 1994 年 6 月 14 日播发）一文，大陆就有 35 家省以上报纸采用；台湾、香港和海外报纸，普遍转载并加评论。由此可见，传播的广泛性是新闻精品的重要标志之一。

关于对"新闻精品"的再认识

——以"中国新闻奖"作品为例

刊登在《新闻研究》2012 年第 2 期上的《关于对新闻精品的一些认识》（以下简称《认识》）一文中说："打造新闻精品"'似乎成了当前新闻界的口头禅。然而，深究下去，什么是新闻精品，有没有新闻精品，如何打造新闻精品，对于这些问题，长期以来在理论界、实践界似乎都还比较模糊，人们的认识并不一致。

一种是“否定说”。有学者认为，从传统的理论角度来说，新闻中是没有精品的。因为“新闻”和“精品”这两个概念是相互矛盾的。在《现代汉语词典》中，精品有两层意思：一为精良的物品；一为上乘的作品。新闻不是物品，只能是作品。“上乘的作品”都有哪些呢？一般人们都认为存在于艺术范围内，是经过创作者呕心沥血精心创作，反复加工和打磨，并且经过了时间的考验，沉淀下来被广泛认可的那些优秀作品。比如：文学作品《简·爱》《战争与和平》《红楼梦》等，永久发人深省……而新闻呢，一是新，二是快，是易碎品，又是快餐式，本质上与“上乘之作”的要求是相抵触的。

事实果真如《认识》一文中所说的那样吗？回答是否定的。下面笔者谈几点自己的看法，与《认识》一文的作者商榷。

一、提出新闻精品的时代背景与意义

江泽民同志在1994年1月全国宣传思想工作会议上指出：“宣传思想工作，必须以科学的理论武装人，以正确的舆论引导人，以高尚的精神塑造人，以优秀的作品鼓舞人，不断培养和造就一代又一代有理论、有道德、有文化、有纪律的社会主义新人，在建设有中国特色社会主义的伟大事业中发挥有力的思想保证和舆论支持作用。”为了做好“以优秀的作品鼓舞人”这一工作，各新闻单位纷纷提出要多出精品，快出人才。人民日报社、光明日报社、中央电视台等单位，还提出开展新闻精品年活动，并把1996年定为新闻精品年。之后，树立精品意识，铸造新闻精品，就成为新闻界的热门话题。有人认为，新闻精品战略的提出，是改革开放以来中国新闻界提出的最具魄力的口号之一，也是最具实际价值与意义的重大举措之一。

我们的社会当时正处于由传统的计划经济体制向社会主义市场经济体制转变时期，经济体制改革的影响所及，不仅限于物质产品的生产与流通，精神文化产品的生产和消费领域由之引发的变化同样引人注目，特别是作为党、政府和人民喉舌的舆论工具，面临着引导、服务与自我发展的双重任务。新闻精品战略，正是在这样的大背景下提出的。其意义主要表现在如下三方面：

一是实施精品战略是培养新闻人才的需要。改革开放以来，新闻事业兴旺发达，新闻工作者贡献巨大；但是也要看到，我们这支队伍，无论在数量上还是质量上都还不能适应新形势的要求。面对现实，我们的当务之急是要通过实施精品战略，培养合格的新闻事业接班人。

二是实施精品战略是改变新闻业务现状的有力措施。新闻业务的现状呼唤实施新闻精品战略。这个现状，可以从以下三个方面看出：1. 从1—22届“中国新闻奖”的评选来看，在获奖作品中，还有部分稿件，存在着这种那样的缺陷，还称不上真正的精品，特别是报社、通讯社的消息类的作品，1、4、5届的一等奖都空缺了一个名额。消息写作呼唤多出精品。2. 从当前报纸的版面和电台、电视台的声屏、荧屏来看，真正深得受众欢迎的新闻、专栏、节目还为数不多。以报纸上的新闻为例，从题材、内容上来说，有一部分新闻，读者并不感兴趣；从写作技巧上来看，干巴、枯燥、乏味、空话、大话、套话充斥其间，缺乏吸引力和感染力，传播的社会效果自然就不好。受众呼唤多出可读性强、可视性和可听性好的新闻佳作。3. 在商品经济大潮的冲击下，我们有一部分记者，不注意钻研新闻业务，不深入调查研究，因而写出的报道，有的在真实、准确性上出了问题。近几年来，中国新闻出版报和《新闻记者》上，每年都公布十多起大的假新闻。受众呼唤新闻传媒要提高新闻报道的质量，要多出新闻精品。

三是实施精品战略是提高竞争力的关键环节。在市场经济条件下，新闻作为一个特殊商品，也必然参与市场竞争，随着新闻市场成熟期的到来，可以说，新闻市场也已从卖方市场向买方市场转化，市场呼唤品质优良的新闻作品。我们的报纸、电台、电视台，要在受众中树立起良好的形象，要使自己的新闻报道有好的传播效果，就需要在提高宣传质量上下功夫。而开展新闻精品战略，多出名记者、名编辑、名主持人，就是繁荣报纸、广播、电视事业和提高竞争力的关键环节。

由上述可见，《认识》一文中说的：“打造新闻精品”长期以来在理论界、实践界似乎都比较模糊，人们的认识并不一致的说法是不符合现实的。如果新闻精品不存在了，那么，开展新闻精品活动16年来不是在白干吗？从中央部委直至县级宣传部、各传媒单位的领导，经常提及的开展新闻精品活动不就是无源之水、无本之木吗？这无论从常识上、思维逻辑上是无法讲通的。

二、新闻精品的含义及基本特征

何谓新闻精品？在众多关于新闻精品的解释中，比较有代表性的有下列三种：一是人民日报社原社长邵华泽的解释，他说：所谓新闻精品，首先导向必须是正确的；第二，主题应该是中央所关注的、群众所关心的；第三，写作上应当有创新，有独到之处；第四，稿件的处理，包括版面安排、标题制作等，都要强化处理。总之，新闻精品必须是指导性与可读性相结合的作品。

二是人民日报原总编辑范敬宜的解释，他说：所谓新闻精品，一是舆论导向正确，对一个时期政治、经济、文化及社会生活做出正确的引导；二是抓住中央关注、群众关心的热点问题，能引起较大的社会反响和产生积极的效果；三是采写上下了功夫，富有吸引力、感染力。

三是从“中国新闻奖”获奖作品来看：首先，新闻精品必须反映时代精神，有紧扣时代脉搏的主题。其次，新闻精品必须有过硬的新闻事实。能体现新思想、新经验、新风貌、新趋势等，当然也包括时效新。再次，新闻精品讲究宣传艺术，要思想性和艺术性相统一，具有强烈的感染力。在作品结构、表现手法、语言、标题、导语等方面应该鲜活、不落俗套，往往有潜移默化的效果，能吸引人阅读。普遍认为，是不是精品，不能以刊登在报纸上的位置、版面去衡量，也不能以某位领导人的点头或摇头为准，检验精品要靠实践，靠群众认可。新闻精品是高思想含量、高信息含量、高文化含量的作品。新闻精品概念所包含的主要内容应有这样几个方面：新闻作品有为群众认可的实践价值，为专家认可的专业价值，以及为历史认可的史实价值。

由此可见，什么是新闻精品，有没有新闻精品，如何打造新闻精品在理论界、实践界认识并不模糊，而且非常清楚；认识并非不一致，而且是比较一致。

三、新闻精品的永存性

作为新闻精品，不仅要深刻地反映现实，而且要经得起历史的考验。我国通讯名家的名作不胜枚举。例如：黄远生的《囍日日记（其一）》，邵飘萍的《我国与世界战局（一四）》，范长江的《动荡中之西北大局》，彭子冈的《毛泽东先生到重庆》，等等，均可称得上是被历史认可的新闻精品。

今天的新闻，是明天的历史。新闻是“易碎品”。这是对一般的和大多数的合格新闻作品而言的。但作为新闻精品，就不能是“易碎品”，它必须在方方面面都要经得起时间的考验，它应具有长期的保存价值。像毛泽东同志撰写的新闻名篇《我三十万大军胜利南渡长江》，新华社记者写的《延安庆祝日寇无条件投降》《上海严冬》，魏巍写的《谁是最可爱的人》，穆青写的《县委书记的榜样——焦裕禄》，中国青年报记者写的《为了六十一个阶级兄弟》等等，尽管作品发表的岁月距现在已经久远了，但至今读起来仍栩栩如生，感人至深。可见，作为新闻精品它是具有强大的生命力的，并具有长期保存的意义和价值的。

由上述可见，《认识》一文中所说的新闻是“易碎品”，又是快餐式，本质上与“上乘之作”的要求相抵触的认识是站不住脚的，是不符合历史事实的，是与广大新闻界同仁的认识相左的。新闻精品的存在是不容争辩的客观事实。

四、中国新闻奖是优秀作品的最高奖

在《认识》一文中说：“中国新闻奖是新闻精品……广大读者却根本不买账，更不要说经得起时间的考验。”众所周知，“中国新闻奖”是经中央批准常设的全国优秀新闻作品最高奖。每年评选一次，由中华全国新闻工作者协会主办。自1991年至今已评选22届。开展中国新闻奖评选活动，旨在检阅我国新闻工作年度业绩，展示新闻战线“三项学习教育活动”成果，发挥优秀新闻作品的示范引导作用，推动新闻媒体与新闻工作者坚持正确的舆论导向，落实“三贴近”要求，提高作品质量，促进新闻媒体多出精品，多出人才，推进新闻事业更好地为人民服务、为社会主义服务、为全党全国工作大局服务。

在已评选出来的“中国新闻奖”作品中，够得上新闻精品的不在少数，如消息作品中的《北约野蛮轰炸我驻南使馆》（第10届消息一等奖）、《别了，“不列颠尼”》（第8届消息一等奖）、《永远和人民在一起——献给顽强奋战在抗震救灾最前线的中国共产党人》（第19届特别奖）等等，都是有血有肉之作，都是呕心沥血之作，是精雕细刻之作，是具有独特个性之作，是闪烁着时代光辉之作，它们都有传世的价值。能说这些作品不是新闻精品吗？能说广大读者根本不买这些作品的账吗？能说这些作品经不起时间考验吗？

对此，笔者再谈一个事实，即笔者对历年来评选出的“中国新闻奖”作品撰写过几百篇评析文章。这些文章除在全国十多家刊物刊登外，还应读者要求由新华出版社、人民日报出版社先后编辑出版《中国新闻奖精品赏析》《获奖评论赏析》《获奖通讯赏析》三本书，还有一本由彭朝丞同志编著的《获奖消息赏析》，目前在北京的几家大书店销售，当当网上在热卖。其中有两本还进行了第二次印刷。

五、关于新闻有“三难”就很不容易成为精品了吗

《认识》一文中还说：“新闻这个品种它确实面临一些难处：一、难以保证清白。新闻与政治有无法脱开的关系，再纯粹的新闻都会多多少少找出政治的影子。有了政治因素，新闻也就难以经得起时间的考验了。二、难以保证客观。新闻是有选择的，无法完全复制事实，再好的新闻作品可以说都是记者的‘断章取义’，西方记

者笔下的新闻也是如此。三、难以保证品质。新闻是信息，是对某个事实的快速反应，有电话连线采访，有现场口播新闻，要求新闻作品像文学艺术品一样细心打磨，显然是不现实的。‘有遗憾’是新闻作品的通病。有此‘三难’，新闻成为精品就很不容易了。”

由文中可见，《认识》一文的作者认为，新闻要成为精品，就要“保证清白”，新闻与政治脱开。这种认识是不符合我国新闻事业的性质和新闻规律的。“要政治家办报”，是我们党的新闻工作一贯的指导思想，马克思主义新闻观认为，新闻作为一种意识形态，从来都是从属一定阶级和政治集团，总是直接或间接地反映其政治立场、政治主张和政治观点的。无论在什么社会制度下，办报都是一种政治行为，办报人当然要最能代表本阶级、本集团的利益。在当前复杂的国际国内形势面前，多种矛盾、多重关系、多种利益，互相交错，彼此影响。在我们新闻队伍中，出现了淡化政治、脱离政治、忽视政治的倾向，有的人陷入了“搞市场经济可以不问方向道路”的误区。现在有部分人价值取向上发生了扭曲，拜金主义、享乐主义和极端个人主义思想滋生蔓延，职业道德严重滑坡已成为社会普遍关注的问题。受众批评目前某些媒体低俗风：“明星取代了英雄，美女挤走了学者。”至今仍在新闻传媒上频繁出现的一些格调不高的报道，一些津津乐道于豪门、贵族、歌星、影星和少数暴发户的高消费、高享受及某些错误观点、提法的官传等等，都属于没有按“政治家办报”原则办事，没有从政治上、大局上观察处理问题而发生的舆论引导上的失误。实践证明，如果对一些带政治性、全局性、发展性的问题，不用政治的眼光去审视、评判、定位和抉择，就容易出现误导，就难以实现服务祖国、服务人民的目的，就不能服务于改革的大局。

关于《认识》一文中的另外“两难”，在前面新闻精品的基本特性及新闻精品的永存性中已基本涉及了，受文字所限，在这里就不再赘述了。

求新——新闻精品写作之魂

江泽民同志在视察人民日报社时说：“新闻事业是常干常新的事业，是有着广阔的驰骋空间的事业，在坚持党的新闻工作的基本方针和原则的前提下，新闻工作者应当不断开拓新的报道手法，不断写作有新意的优秀作品。”这段精辟的论述，对于新闻写作出精品，有着重要的指导意义。常言道："鱼吃跳，猪吃叫"；"宁吃鲜桃一口，不吃烂杏一筐"。新闻本姓新，求新是新闻写作的规律决定的，求新是新闻的主要特征和写作新闻的第一要求，是新闻生命力所在，也是时代的需要和受众的呼唤。

著名记者、新华社原社长穆青同志在《新闻要抓新和实》一文中说："新闻要指导实际工作。但是，实际工作是不断前进、不断发展的，不能老是报道那些人们早已知道的老情况、老问题，总是说千篇一律的老话。我们要随着实际工作形势的发展，不断研究新情况，提出新问题，宣传新人物，介绍新经验，在'新'字上努力下功夫。"这是新闻写作出精品的经验之谈。

目前，在我们的新闻传媒上，部分报道存在着"浅""平""旧"和"呆板"等毛病，严重影响了它的指导性和服务性作用的发挥。要克服这些问题，进一步提高新闻报道的质量，采写出新闻精品，就必须在"求新"上下功夫。

从第9届中国新闻奖部分获奖作品的采写实践和推荐单位介绍的经验来看，"求新"出精品，主要应在下述几个方面去努力：

——在报道的时效上求新。新闻要讲究时效，是由社会经济规律所决定的。马克思在《政治经济学批判大纲》（草稿）中写道："一切经济最后都归结为时间经济。"这个"时间经济"，指的是节约时间。这句话的含义是说一切经济，归根结底是劳动者在一定的时间内求得最高的劳动生产率。新闻传媒上的报道是反映经济基础，并为经济基础服务的，当然要讲节约时间，重视新闻的时效性。作为新闻精品，新闻的时效必须是新的，是最"快"的，是抢出来的。这就要求第一线的记者（通讯员），在新闻事实发生后的最短时间内写出质量最好的新闻来。第二线的编辑同样要快速编稿发稿，使传媒上的新闻充满时效上的新鲜感。

如消息二等奖作品《克林顿总统公开重申对台湾"三不"原则》（新华社1998年6月30日播发），当克林顿在上海图书馆与市民座谈，提到美国对台湾的"三不政策"时，在场的记者立即意识到这是一个重大新闻，并立刻用手机报告北京的编辑，使后方得以及时抢发中、英文等6种文字稿件。由于这是个突发新闻，原来并没有列入对内发稿计划。但记者认为克林顿的声明符合对我有利的原则，应不失时机地对内报道，就立即找到在场的外交部负责人，根据笔记很快整理出一篇对内稿，请当时在上海的外交部副部长杨洁篪审定。杨副部长此时已陪同克林顿参加下一场活动，记者又立即赶往他下榻的宾馆，在第一时间拿到了审定稿件，并及时将稿件传回总社。稿件播发后，由于内容重要，时效极强，立即被国内外多家新闻媒体采用，收到了很好的传播效果。

——在报道的事实上求新。新闻是新近发生的事实的报道。报道的必须是新鲜的事实。那种只要“符合宣传主题，具有指导意义”，就不管是否“似曾相识”和内容陈旧的思想和做法，是对新闻要新的本质的一种漠视。报道只有在捕捉新鲜事实上做文章，才能避免千篇一律、千人一面，甚至是空洞说教的现象。所谓新鲜事实，就是人民群众中新近发生的有报道价值的事实，就是事物变动中值得传播的新鲜信息或“独家新闻”，就是受众普遍关注的问题。以消息三等奖作品《百名职工为“官”请命》（原载《工人日报》1998 年 7 月 24 日）一稿为例，过去人们只听说过“为民请命”，而本文报道的为“官”请命就是一个新鲜的新闻事实。作者当天在山西省委门口看到请愿的队伍后，立即连夜赶往请愿队伍所在的临汾地区进行采访。群众上访请愿是一个很敏感的问题。上百名职工群众为一个落选的好干部鸣不平而上访请愿，这个新鲜事实，该不该报道？怎样进行报道？这篇报道做出了很好的回答。实践证明，这个报道不仅没有引起负面效应，相反，对凝聚新时期的干群关系起到了很好的作用。稿件见报后，很多读者找到作者或给工人日报社打电话、写信，称赞记者和报纸主持公道、敢说真话。同时，报道也有力地促进了问题的解决。

在对一些老主题如何出精品的问题上，选用新鲜的事实写作，尤为重要。例如报道保证大江大河安全的重要性和迫切性的消息一等奖作品《长江上游仍在砍树》（新华社 1998 年 8 月 19 日播发）、反映新时期农村干群关系的消息三等奖作品《嵊州雅璜乡干部（民情日记）连民心》（原载《浙江日报》1998 年 12 月 2 日）、报道勇于实现下岗再就业精神的消息三等奖作品《“下岗馒头”香飘遵义》（原载《贵州日报》1998 年 1 月 3 日）等，都是这方面的成功之作。

——在报道的立意上求新。受众不仅对新鲜的新闻事实感兴趣，而且对新闻事实背后蕴涵的新鲜思想、新鲜见解、新鲜思路同样感兴趣。因为这些新鲜的思想、见解、思路，对他们的工作和生活具有强烈的指导性、启示性和服务性。以消息三等奖作品《婚姻登记：迈上神圣的红地毯》（原载《中国妇女报》1998 年 4 月 16 日）一稿为例，记者以敏锐的洞察力抓住了一个在婚姻领域很有推广价值的好经验、好做法。今天，人们的婚姻观念不断更新，日呈多元化，有关婚姻方面的法律、法规、制度正受到挑战，而大操大办等旧婚姻习俗也有所抬头，消息报道的这一新颖举措不仅神圣了婚姻登记程序，在客观上强化了婚姻的严肃性，同时倡导了婚事新办的文明之风，具有加强文明建设的深刻内涵。又如消息三等奖作品《首例双肺移植获成功》（原载《中国医药报》1998 年 5 月 16 日），双肺移植成功，在世界上还为数不多，在亚洲截至目前能够存活超过100天的尚属首例。这篇消息，除抢先报道了这一重大突破外，还及时反映了我国医学工作者知难而进，刻苦攻关的精神，同时剖析了人们的器官移植上的传统观念，提出了器官移植作为一项社会工程的复杂性。

上述两篇报道之所以获奖，原因之一就是在立意上都具有新的意境。要做到这一点，需要记者（通讯员）既对国家建设的大政方针了然于心，又对基层及各方面的情况烂熟于胸，并具有一双特有的“新闻鼻”和“新闻眼”，敢于和善于发现新情况，研究新问题，从基层工作的普遍中发现特殊，从正常中发现反常，从渐变中发现规律。

——在报道的角度上求新。“横看成岭侧成峰，远近高低各不同。”同一个新闻事实，由于选择的报道角度不同，所表现出的效果就大不一样。新闻报道要写出精品，就应当精心选取最能反映新闻事实本质、对受众的工作和生活具有强烈的指导性和服务性的最佳角度去挖掘和写作。大量的新闻实践证明，有些报道的题材并不新鲜，但由于报道的角度选取得好，即抓住了新特点，贴近了受众的工作和生活，因而受到了受众的青睐，以消息一等奖作品《明传人民币贬值，实为投机谋暴利》（原载《中国日报》1998年8月30日）一稿为例，人民币不贬值的文章自1997年亚洲金融风暴以来，已有不少这方面内容的报道了，而这篇消息改变以往宣传不贬值的报道角度，首次以正面出击的方式，把矛头直指国际炒家在香港的投机活动，第一次指出国际基金造谣人民币贬值意在打击港市，趁香港股市出现“过山车”般波动之际，获取不义之财。报道发表后，立即被国内外多家传媒转载，受到了广泛的好评。

——在报道的方式上求新。报道的方式方法只有新颖活泼，才能使读者常看常新。在新闻采写中，同一内容，可以有不同的表达方式。随着新闻采写经验的不断积累，新闻的写作形式和表现方法，也日趋多样化，记者（通讯员）可以根据实际情况灵活地运用不同的写作形式和表现方法，给人以变化感和新鲜感。事实证明，记者手记、特写、述评、调查、新闻分析、访谈录等，都可以用在同一内容的报道上，以充分体现和发挥各种写作形式和表现方法的优点、长处，使报道丰富多彩。消息特等奖作品《九江段4号闸附近决堤30米》（原载《中国青年报》1998年8月8日）首次报道抗洪抢险中的江堤决口。由于这则消息“公布了灾情”，在当时受到批评，但后来在全国抗洪报道评选中，这则消息被公认是最杰出之作，荣获一等奖，在后来的“中国新闻奖”评选中，又荣获特等奖殊荣。这篇报道还以报道方式的新颖、独特而受到新闻界同行的称赞。消息以“实况转播”的形式，分8个时间段的电头，即由8篇相对独立的小稿组成一篇800字的消息在头版头条位置配大幅照片刊出。

消息发表的当天，《中国青年报》“洛阳纸贵”，备受广大读者的欢迎。

写作形式和表现方法是为内容服务的。在不违背新闻写作基本法则的前提下，在写作形式和表现方法上，应大胆尝试，勇于求新求异，敢于独树一帜、别开生面，努力追求多样化、新颖化，切忌呆板单调，防止简单化、模式化。要开展进行式报道，及时、真实、具体地反映不断变化着的时间事实，少搞结论式、总结式的报道。要摆脱平面写作，多写立体新闻。不只是写事、写经验、写问题，还要写人、写思想、写对话，使新闻作品尽可能有现场感、跳动感。要提倡自然、轻松的散文笔法，增强报道的可读性和感染力。

——在报道的语言上求新。惟陈言务去。准确严谨、简明扼要、鲜明生动，是新闻语言的基本要求。作为新闻精品，语言应力求清新、新颖、新鲜。一篇新闻精品，总得有几句鲜活而又富有个性的语言，让人读起来流畅上口，听起来形象生动、感人。

具体说来，一是要将那些空话、大话、套话、文件语言，诸如“成绩喜人”“效果显著”“深受欢迎”之类的词语舍弃。二是要将那些表示时间概念含糊之词，诸如“前不久”“近来”“最近”删去。三是要将那些不实之词，诸如“誉满全球”“逢人便夸”“完成产值几千万元”及“办了几十件好事”等赶走。

报道语言求新，就要多用简单的陈述句，少用复合句，尽量以概括力强的词句、高度凝练地叙述新闻事实。还要勤于修改，“写完后至少看两遍，竭力将可有可无的字、句、段删去，毫不可惜”（鲁迅语）。

报道语言求新，就要注重文采。从审美观点来看，“新”往往和“美”联系在一起的。清代李渔说：“新也者，天下事物之美称也。”新闻语言求新，就要以新鲜别致为贵，不能让那些老气横秋的语言充斥版面，而要从生活的原野上采撷带露珠的鲜花，从群众口语中采取有生命力的词汇，将那些表现时代和事物特征的语言、表现人物个性的语言搬到报纸上来。消息三等奖作品《大雪压境成孤岛，突破封锁去应征》（原载《战旗报》1998 年 12 月 10 日）以极具时代感、地方特征和“兵味”的语言，报道了在大雪封山、交通阻断、与外界隔绝的典型环境中，石渠县党政军民排除万难，为国送兵员，68 名藏族青年爬雪山过草地、热血从军的感人事迹，讴歌了广大人民群众和藏族青年的拳拳报国之心。

——在报道的深度上求新。改革开放年代中出现的新人、新事、新问题、新情况，无不涉及方方面面的问题。如今的读者不仅想知道发生了什么新闻事件，而且还想知道与新闻事件相关的一些问题，如前因后果、来龙去脉、重要意义等。为此，新闻精品应是从全方位、多层次、多角度去表现新闻事实，使之具有一定的深度和广度，以满足读者的要求。大量的新闻实践证明，出精品，最重要的是出思想，有了思想深度，也就是在理论水平、政策水平、思想水平等方面胜人一筹。精品是高水平、高质量的结晶，是权威性、指导性、吸引力、感染力的统一。每一篇精品的诞生，都是作者挑战自我，在主题思想上拒绝平庸、拒绝浅薄、拒绝平淡、拒绝大路货的结果。通讯三等奖作品《“天和现象”》（原载《湖南日报》1998 年 3 月 26 日）是经济报道中的一条鲜活新闻。它针对“一股就灵”的时弊，给一哄而起的股份制注入一剂清醒剂。作品除叙事清楚、文笔朴实外，对搞股份制失败的原因做了透彻分析。如文中写的：“企业搞股份制必须要有前提条件：要有能占领市场的好产品，要有一个开拓进取的好领导班子。”“不按规范运作，改制却不转制，重‘股’轻‘管’，是股份制改造失败的重要原因”。报道刊出后，社会轰动，湖南省体改委的负责同志评价这篇报道抓了一个非常好的反面典型。许多国有企业在条件不成熟时原本打算进行股份制改造，看了报道后及时做了纠正。批评报道正面写，在同类型题材的报道中，这一篇不仅有新的深度，而且有着强烈的指导性。

——在报道的标题上求新。新闻报道在成为精品的过程中，需要作者、编者给它制作一个亮丽的“眼睛”，达到“题好一半文”的效果。

作为新闻精品，它的标题必须是新颖诱人的。它应是能使读者“一见倾心”“一目了然”的。以第 9 届中国新闻奖评选出来的通讯社、报纸部分的 30 篇消息和 30 篇通讯的标题为例，精彩的有：

一、对偶式标题

《肉血筑长城壮举励后人》（《战士报》1998 年 8 月 28 日）

《明传人民币贬值实为投机谋暴利》（《中国日报》1998 年 8 月 30 日）

《运筹帷幄挥师三江》（《解放军报》1998 年 9 月 2 日）

上述标题，把数字相等，结构相近的两个句子排列起来，双双对称，标出新闻事实，由于句式整齐、音韵铿锵、节奏鲜明，让人读来朗朗上口，便于记忆和传诵。

二、夸张式标题

《四百壮士战洪魔》（新华社 1998 年 8 月 28 日）

《九江城哭了……》（《工人日报》1998 年 9 月 16 日）

这类标题，形象化突出事物的特点，表达出的强烈感情，具有极强的感染力和吸引力。

三、呼告式标题

《长江上游仍在砍树》（新华社 1998 年 8 月 19 日）

《采沙毁堤何时休》（《光明日报》1998 年 5 月 22 日）

《请看法轮功是咋回事》（《齐鲁晚报》1998 年 4 月 1 日）

《英雄不该孤独》（《中国妇女报》1998 年 4 月 23 日）

上述标题，采用呼告辞格，抛开读者，由作者、编者直接对着所写的人和事物提出意见、建议或问题，此类标题具有强烈的感情色彩，很容易引起读者的共鸣。

四、口语式标题

《灾区欢迎三种人》（中新社 1998 年 8 月 23 日）

《有个好人叫“罗锅”》（《西安晚报》1998 年 8 月 10 日）

上述标题，运用生动活泼的口头语，易记易懂，读来亲切。

五、疑问式标题

《中国科技竞争力真的上升了吗？》（《科技日报》1998 年 6 月 10 日）

《谁留住了李建忠》（《黑龙江日报》1998 年 10 月 23 日）

《兴奋点从何而来？》（《四川日报》1998 年 5 月 19 日）

上述标题，在题中提出疑问，引起读者思索，吸引读者去阅读内容，寻求答案。

六、惊异式标题

《陵水怪事：学童竞领教师工资》（《海南日报》1998 年 7 月 14 日）

《百名职工为“官”请命》（《工人日报》1998 年 7 月 24 日）

《婚姻登记：迈上神圣的红地毯》（《中国妇女报》1998 年 4 月 16 日）

上述标题，对惊奇、异常的新闻事实采用惊讶、诧异的语气制作，有利于表现令人震惊的新闻事实。

常言道：“看书先看皮，看文先看题。”读者打开报纸，要看什么，先看什么，取决于标题。它是报纸给予每个读者的“第一印象”。有人称：标题是报纸的“广告”“窗户”“索引”。读者从标题中大体可以判断出新闻的价值及可读性。可见，制作好标题是多么重要！

新闻精品这样满足受众心理需求

报纸、广播、电视、因特网每天以新闻、评论、专题节目、连续剧等多种形式，叩击着广大受众的心扉。它们或为受众送去信息，或劝说受众确信一个观念，采取某一行动，或给他们带来一份轻松，或为受众提供服务，等等。所有这些，或多或少，或显或隐，或自觉或不自觉地包含着对受众的某种引导。但是，当这些传播媒体在考察他们的传播效果时，却发现受众的心扉并非是轻易能够开启的，以致他们许许多多的愿望在传播的中途就失落了。可见，受众的心理直接影响到新闻的传播效果，受众心理对新闻写作提出了不少要求。

关于心理学在新闻传播学中的运用，已有新闻界同仁撰写了有关论文及专著进行阐述。受众心理与新闻写作有什么关系呢？笔者在翻阅第 13 届中国新闻奖获奖作品时，发现谁要想写出让受众青睐的新闻佳作，就必须满足受众如下几点心理要求。

——求新心理。新闻是新近发生的事实的报道。受众阅读、观看、收听新闻时，总是希望最早看到、听到最新的东西，“先睹为快、先听为快”是人们获取新闻时共同的心理状态。心理学的反射原理证明，越是新的东西，越能激发人的愉快心理，越能促使人对外界刺激物给予足够的重视。这里所说的“新”有两层含义：一是时效性强，二是内容新鲜。新闻时效性越强，内容越新鲜，就越能满足受众的求新心理。以第 13 届中国新闻奖获奖的报纸、通讯社系统的 37 篇消息来看，在满足受众求新心理上是做得比较好的。先说新闻时效，在 37 篇作品中，属于今日新闻的有 6 篇；属于昨日新闻的有 13 篇；属于前天新闻的有 5 篇；属于 3 天之前的有 4 篇；还有 9 篇的新闻时效是前不久、最近、目前、现在等模糊时间概念，约占 1/4，受众对此不满意，需要加以改进。从内容上来看，都是新鲜的新闻事实，其中属于独家新闻的有 23 篇，约占 2/3；其余 14 篇虽看不出属独家新闻，但内容都是新鲜的。

——求短心理。求短心理反映了受众生理和心理的双重需要。心理学实验证明，精短的文字比冗长的文字更容易为受众了解。短新闻可以为受众提供视觉和思维上的方便，反之则会引起受众眼睛疲劳，引起受众心理上的紧张情绪。以报纸为例，因为人在阅读时，眼球是忽停忽动地跳动，每次只能看清六七个字，这样，过长的新闻就需要多次视觉位移，才能将完整的信息传送给大脑，视觉负担就会加重，心理上也会发生烦躁和厌倦。第 13 届中国新闻奖的 37 篇报纸、通讯社的消息，其字数都比较符合受众求短的心理需求。500 字左右的有 3 篇，800 字左右的有 28 篇，其余 6 篇全部在 1000 字以内。消息二等奖作品《布什与江泽民会谈时第一次明确提出反对台湾“独立”》（中新社 2002 年 10 月 25 日电）一稿，全文只有 377 个字，真可谓言简意赅，自然为受众和评委所青睐。

——求近心理。受众总是对发生在自己周围的、同自己密切相关的新闻更为关心，这就是求近心理。求近心理影响受众对新闻的选择和好恶。了解了这一特点，我们就要有意识地从接近受众的角度来采写新闻，以缩短新闻与受众的心理距离。一般说来，受众更关心本地、本部门的新人新事新变化。在新闻中突出接近的因素，更能引起本地受众的关注。上海、广州的报纸应突出上海、广州的新闻，才能满足上海、广州受众的“新闻欲”。像获奖作品中的《壮丽的发展诗篇——从数字看上海巨变》（载《解放日报》2002 年 9 月 28 日）、《10 名“瞎眼”评标专家被清出局》（载《深圳特区报》2002 年 9 月 4 日）、《我省交通图五年七变》（载《河北日报》2002 年 8 月 10 日）等，都是这方面的代表作。

——求实心理。受众的求实心理表现在两个方面：一是不虚假，即真实；二是不花哨，即平实。真实是新闻的生命，只有真实才能获得受众的信赖；伤害了受众的求真心理，则会使受众对新闻媒体产生信任危机。花哨也是新闻写作的大敌，花里胡哨、矫揉造作、故意卖弄，只会让受众望而生厌。新闻要求“实”，关键还是新闻的内容要真实。此外还应注意不要为了引人注目而故意夸大。像获奖作品中的消息一等奖作品《我省交通图五年七变》一稿，把普通群众的切身感受同交通建设的巨大成就紧密联系起来，把抽象的概念写成了让受众看得见、摸得着、感受得到的实实在在的变化，从而增强了报道的贴近性和感染力。通讯一等奖作品《壮丽的发展诗篇——从数字看上海巨变》一稿，全文选择了 8 组极有说服力的数据加以阐述，既反映了宏观经济状况的飞跃，又捕捉到了微观市民生活的变迁；既体现经济建设的辉煌成就，也描述了城市管理、社会事业的巨大发展。实实在在的 8 组数字从 8 个视角向受众呈现了一幅上海 13 年沧桑巨变的立体图景，可谓要言不烦，事实充分，说服力强。消息三等奖作品《马尾向马祖紧急试供水》（原载《福建日报》2002 年 5 月 5 日）一稿，文章以事实说话，语言朴实简练，事实充分有力，全文不到 700 个字，没有政治说教和空洞议论，让人看后感到亲切可信，更坚信两岸是一家，祖国要统一。

——求深心理。据调查，受众对新闻媒体上那些四平八稳、较为一般化的新闻视而不见，不会产生较强的求知欲望。相反，如果能够把新闻中深层的、本质的东西旗帜鲜明地揭示出来，那么这样的新闻不仅会给受众留下较深的印象，而且可能在受众内心深处引起震动。在信息时代，每天新闻铺天盖地，人们接受信息的欲望已大大得到满足，这个时候，他们最需要的是有深度的信息，想知道信息下面隐藏的东西，希望自己能在思考中进步。因为任何事件都有现象、本质之分。新闻如果能够实现从现象到本质的飞跃，就可以最大限度地满足受众的求深心理。什么是深刻？深到多少算深刻？我看触动了心灵就是深刻，触动得心痛、心热、心醉，食不甘味，夜不得寐，那就是十分深刻了，那就进入了一种余音绕梁三日不绝的蕴蓄痴醉的高境界了。像消息一等奖作品《看个“咳嗽”要掏1065元》（原载《武汉晚报》2002年8月10日）一稿，从一个普通患者的经历入手，抓住连医务人员都说“药开多了”的个例，揭示了卫生体制改革的一个关键问题：医疗卫生行业把挣钱放在第一位，并从深层次上揭露了“大处方”背后的“医药回扣”的腐败之风。报道见报后，在社会上引起了强烈反响，一时成了“热点话题”，多家媒体转载了这篇消息，收到了良好的传播效果。消息二等奖作品《广东着力解决农村困难家庭子女读书难》（原载《人民日报》2002年5月7日）一稿，运用背景材料，对新闻事实作补充、说明、对比、衬托和解释，使受众从广东着力解决农村困难子女读书难的举措中，感受到了党中央“三个代表”重要思想在具体贯彻落实，体现了社会主义制度的优越性，这一举措是深得民心之举。通讯二等奖作品《幽默精辟妙谈“三个代表”》（原载《羊城晚报》2002年11月11日）一稿，运用层次递进，下功夫向纵深写好几个“回合”的方法，通过“三个代表”是防“左”思想武器、“三个代表”少一个也不行、依法治国和以德治国相结合、先进文化也要“百花齐放”4个“回合”，写出了“你无我有”“你有我新”“你有我深”的内容，通篇对“三个代表”的内涵及重大意义作了精辟而深刻的解读，是深入宣传“三个代表”重要思想的代表作。该文刊发后被众多媒体广泛转载，在国内外产生了积极而深远的影响。

——求活心理。“活”即活泼。受众喜欢轻松活泼、形象生动、富于变化的新闻。这种新闻不但可以给受众以新奇的感觉，还会给受众带来心理上的愉悦。像评论二等奖作品《再反一次党八股》（原载《宁波日报》2002年5月28日）一稿，文中运用概括技巧，将文章写得形象生动。如文中在对“八股新闻”的概括时写道：“会议没有不隆重的，闭幕没有不胜利的，讲话没有不重要的，鼓掌没有不热烈的，领导没有不重视的，看望没有不亲切的，进展没有不顺利的，完成没有不圆满的，成就没有不巨大的，工作没有不扎实的，效益没有不显著的，班子没有不团结的，群众没有不满意的，问题没有不解决的，决策没有不正确的，形势没有不大好的，信心没有不增强的……这类‘八股新闻’，在会议和领导活动的报道中，出现的频率最高。”这些形象生动的概括，读来兴趣盎然，令人赏心悦目。消息二等奖作品《广东着力解决农村困难家庭子女读书难》（原载《人民日报》2002年5月7日）一稿，报道在新闻的开头这样写道：“我们常常轻松而随意地使用座无虚席来形容观者的众多、来烘托场面的精彩。新中国的义务教育为追求座无虚席，筚路蓝缕奋斗了半个世纪。如今，座无虚席在广东省的每一所农村中小学的课堂上成为现实。去年秋季以来，广东已基本做到没有一个孩子因贫困失学、辍学。对于广东省委、省政府来说，这4个字并不轻松，因为它承载着全省88.8万名贫困中小学生书杂费全免的义务教育；这4个字沉甸甸，因为它意味着从今以后全省每年须支出3亿多元的财政专款。”可见，这条消息的导语打破了多年来多数消息写作的老模式、老腔调，将作者对所报道的事物的喜悦之情、讴歌之意跃然纸上，一开始就将受众牢牢吸引住，起到了“立片言以居要”“凡起句如爆竹，骤响易彻”的作用。可见，写的是很活的。通讯三等奖作品《朱镕基：“你的牛皮也太大了吧！”》（中新社2002年3月6日电）一稿，报道抓住“两会”期间的现场气氛，反映领导人与其他代表一同审议的生动场景，写出了人物的鲜明个性和会议民主、求实的精神。如文中写道：

“你的牛皮也太大了吧！”。朱镕基终于忍不住插话了。

今天下午，国务院总理朱镕基和往年一样，“回家”参加了人大湖南代表团的分组审议。民营企业家梁稳根在发言时，急切地想让总理知道自己的远大抱负，不过，他却遭到了朱镕基善意的“一瓢凉水”。

梁稳根认为自己的企业在电力设备制造上很有优势。朱镕基盯着兴致勃勃的梁问：“我问你，你现在做了多大的电力设备？”

“我们还没做”，梁稳根不好意思地说。全场听众大笑，朱镕基也禁不住乐了。

朱镕基劝梁说：“我肯定你做不出来，因为全国能做六十万千瓦（电力设备）的已经有三家了，设备都过剩，你到哪去找市场呀？”

梁稳根显然没有意识到朱镕基对电力设备行业如此熟悉，有点语塞，但又不甘心，想进一步解释。朱镕基接着提醒梁说：“作为一个企业家，首先要观察市场，我不知道你的成功之道是什么？”

全场又大笑。

这样的会议新闻，一扫过去干巴、枯燥的顽症，写得活泼自然，现场感强。报道播发后，被海外十多家媒体采用，国内外网站也有多家转载，并做了突出处理，收到了良好的传播效果。

由上述事例分析可见，新闻要满足受众求活的心理，就要按照老百姓喜闻乐见的方式和老百姓关心的话题去写作，让受众读起来朗朗上口，听起来娓娓动听，看起来津津有味，讲起来人人乐道。

——求证心理。新闻要使受众感到可信，不仅需要记者努力去获得真实、可靠的材料，而且要让受众感到记者所报道的新闻内容是可以证实的。新闻如果是真实的，是应该可以证实的。但由于记者写作时的疏忽或编辑的处理不当，常常也可能使真实的新闻丧失或削弱可证实性，从而影响新闻的可信度。新闻传播主要是传播客观存在的真实信息。因此，对作为新闻源的事实、信息必须作充分而具体的交代。事实不充分、不具体，不仅影响新闻的信息量，而且也影响新闻的可求证性，从而削弱新闻的可信度。作为一条新闻，应尽可能把必要的新闻事实，即新闻界常说的“新闻五要素”：何人、何事、何时、何地、何故交代清楚。这些要素如缺少，就会使新闻显得含混、不清晰。笔者在翻阅第 13 届中国新闻奖未获奖的报纸、通讯社的 44 篇消息时，就发现在这些消息中，写有“有人说”“大家说”，而不写说话人的具体姓名，即使实有其人其事，也使受众感到不可信。因为这是受众很难求证的。有的消息没有交代新闻来源，有的缺少某一个新闻要素，如有一篇报道一个展览会的消息，消息写得很生动，但看完报道后，文中却找不到展览会在什么地方举办的。相反，所有获奖的新闻，在这方面就没有明显的缺陷和漏洞。据一位“中国新闻奖”的评委讲：凡参选作品，如缺少某一新闻要素，就不能入选。这个要求我看很符合受众心理，也是深得受众欢迎的。

——求尊重心理。毛泽东同志在《要分析，不要片面性》（见《毛泽东新闻工作文选》197 页）一文中指出：“当着自己写文章的时候，不要老是想着‘我多么高明’，而要采取和读者处于完全平等的态度……你的架子摆得越大，人家越是不理你那一套，你的文章人家就越不爱看。”从心理学的角度来说，人一般总有自尊，不大喜欢经常受别人的教训和开导，而喜欢朋友式的平等地促膝谈心。作文你若摆出政论的架势，哪怕你说得天花乱坠，别人也会退避三舍。大量的新闻实践证明，凡是用平等、愉悦、商量、规劝、服务等方式写出的新闻作品，或充满人文关怀的新闻，受众都是比较喜欢的。相反，采用说教、训斥、居高临下，受众就会持排斥心理。纵观第 13 届中国新闻奖获奖的消息、通讯、评论的 87 篇作品，在满足受众求尊重心理上是做得比较好的。在这些作品中，看不到板着面孔的说教，诸如开口“必须”“不许”，闭口“要求”“禁止”等受众讨厌的、不尊重别人的词语。以评论二等奖《金杯银杯，不如百姓口碑》（原载《吉林日报》2002 年 12 月 21 日）一稿为例，这篇评论的作者毕政，是吉林日报社的总编辑，他在文章中，并没有以领导者的身份来对待受众，也没有以居高临下的口气对受众讲话，而是以平等的态度对待受众，文章以清新、亲切、自然的口气围绕主题，娓娓道来，层层递进，少有说教的痕迹，文中的观点、思想很容易被受众所接受。

——求美心理。过去一说到“美”，好像总是文艺副刊的事，与新闻无关。其实，新闻也需要美，因为新闻担负着提升人的文化品位和精神品格的重任，尤其是在这个改革开放、人民亟须提高审美水平的年代。没有美的新闻是缺憾的新闻，浪费题材，又达不到预期的目的。爱美之心，人皆有之。一篇美文，自然就会受到受众的青睐。作为传播信息的新闻，仅向受众提供新闻事实是不够的，还必须将新闻事实运用艺术的手法完美地表现出来，才能称得上是佳作。大量的新闻实践证明，一篇新闻佳作，除事实新鲜外，还应写得精彩，字里行间溢出文采，读来朗朗上口，让人爱不释手，使人在获得信息、受到教育的同时，也得到美的享受。新闻的美，通常表现在结构美、真实美、朴素美、简洁美、语言美、描述美、节奏美等诸方面上。以消息二等奖作品《请过路吧亲爱的藏羚羊》（原载《中国铁道建筑报》2002 年 8 月 17 日）一稿为例，这是一篇报道保护藏羚羊的美文，通篇报道文采飞扬，透出一个“美”字，首先是标题美。消息在引题中，一个“欢迎‘孕妇’来，不舞彩旗”；一个“喜送‘母子’去，不敲锣鼓”，排比对偶，标得多么形象生动，标得多么富有动感美、形式美和意境美。“这段青藏铁路又成‘无人区’。”看了引题，一幅藏羚羊安详迁徙的生动画卷立刻展现在读者面前。主标题：“请过路吧，亲爱的藏羚羊”。标得多么亲切，如诗如画，真切感人。一声“请过”，一句“亲爱的”的呼唤，可谓妙笔生辉，让人心驰神往，标题的感染力将读者牢牢吸引住。

其次是导语美，消息的导语是一则拟人式导语。文中将藏羚羊比做人来写道：“昨晚，约有 500 只藏羚羊带着刚满月的儿女们，通过可可西里青藏铁路建设工地，向黄河源头的扎陵湖、鄂陵湖迁徙。”多么富有诗情画意啊！这种形式的写法，是将动物当作有情感的人来表达，赋予它人的思想感情和形象，让它具有人的声情笑貌。运用这种形式写导语，可以尽情抒发作者的思想感情，使读者也受到某种情感的感染；也可使导语文字生动形象，吸引住读者，还能制造一种气氛，给人一种异乎寻常的感觉；更能唤起人们的联想，捕捉新闻的意境，体味它的深刻含义。

第三是细描美。如文中写的：“为不惊扰这些可爱的精灵，可可西里至五道梁一线，铁路夜间停止施工，拔走彩旗，灯光休眠，机器熄火；作为高原生命线的青藏公路，过往车辆在夜间停驶 3 个小时。这里又呈现一种远古洪荒的宁静，只有高原的夜风为这群母子结成的队伍送行。”

潜伏下来的观察哨称："跨越铁路线，母藏羚羊若无其事，像跨过自己家的门槛一样；小羊羔紧依着母羊，流露出一种莫名其妙的惊喜。"这些细描将受众带到了新闻发生的现场，感受到新闻的"原生态"，乐趣无穷。

第四是语言美。这篇消息在语言的运用上，就比较新鲜活泼、生动形象，值得学习和借鉴。如文中写的："刚满月的儿女们""可爱的精灵""这里又呈现一种远古洪荒的宁静，只有高原的夜风为这群母子结成的队伍送行""像跨过自己家的门槛一样；小羊羔紧依着母羊""小羔羊满月后，再由母羊呵护着返回原栖息地""一个多月，两万只小羔羊诞生在那块神秘的'天然产床'上""有'羊绒之王'之称，因此，也带来杀身之祸""精心爱护每寸绿草，善待每一种动物""可爱的小宝贝得到妥善的保护""正在恢复野生动物天堂的动人景象"，等等，读来亲切、自然、赏心悦目，既是一种美文的享受，又受到文中新闻事实的感染。

创新思维方式 成就新闻精品

——以"中国新闻奖"作品为例

近年来，新闻媒体上无论是人物新闻还是事件新闻，同质化现象都比较严重，主要表现在出现某一新闻事件或新闻人物时，众多新闻媒体常常一哄而上，"狂轰滥炸"，"炒"得沸沸扬扬。有人将这种现象称为"飞蛾效应"，将新闻媒体喻为争先恐后"扑火"的飞蛾。这些报道大多角度相似，观点相近，提不起受众的阅读兴趣，传播效果大打折扣。从历届"中国新闻奖"获奖作品来看，要想采写出新闻精品，就要创新思维方式，打破思维定式，改变写作模式，摒弃一成不变的审视观察点，摆脱单一思维方式，从平面转向立体，从单向转向多维，将横向与纵向、发散与收敛、前瞻与后馈、静态与动态巧妙地结合起来。下面以"中国新闻奖"获奖作品为例，就新闻采写中常见的几种思维方式进行分析。

第一，求异思维。美国心理学家吉尔福特曾根据人的不同思维方式，将思维分为求同思维和求异思维。求异思维是从新的信息中产生信息；从同一来源中产生各种各样为数众多的输出。求异思维也称作发散性思维，就是沿着各种不同的方面去思考，重组眼前和记忆系统中的信息，产生新的信息。在现实生活中，很多问题都是有多种答案的。一般在深度报道中，记者对一个问题总要从多个角度、多种渠道寻找答案，摆脱既有的“思维定式”，把握问题的特殊性，使思维富于创造性、多向性、灵活性。

求异思维是记者必须具备的基本素质之一。对新闻题材的开拓和对新闻品质深度、厚度和力度的追求，与记者思维取向有着密切的关系。在新闻实践中，记者要主动、灵活地运用发散思维，找出报道对象与众不同的特点，找出正在发生的新变化，找到全新的报道视角和切入点，才算是成功的新闻报道。否则，人云亦云，容易落入窠臼，再好的新闻也变得平淡无味了。

以第 24 届“中国新闻奖”通讯特别奖《“三北”造林记》一稿为例。以往关于“三北”造林的报道，媒体播发过不少，但都缺乏深度和厚度，可读性和感染力不强。而这篇通讯的作者，运用求异性思维，找到了新的报道角度和切入点，并像电影“蒙太奇”镜头一样，把造林人物的肖像、衣着、神态、心灵、氛围、环境以及事情发生、发展的过程，活灵活现地呈现于报道的字里行间，写出了“三北”造林这一慷慨悲壮的历程，写出了一部改造环境的史诗。报道被 1380 家中外媒体刊载，在海内外引起强烈反响。

第二，创造性思维。新闻工作本质是一种创造性的工作，新闻记者的职业特点就是不断探求新情况，研究新问题，善于发现鲜为人知的新鲜事实，善于总结当前各种社会矛盾的新鲜经验，善于捕捉给人以启迪的各种新思想、新观点，善于探寻体现事物发展规律的新趋向。

创造性思维是一种勇于探索求知、敢于提出新问题新见解、进取性的思维方式，充分体现了人类思维所特有的能动性，是打开记者发现力的“魔盒”。新闻活动就本质来说是一种创造性的活动，从发现新闻，选择材料，提炼主题到表现等一系列过程，都需要思维的创造性，追求“独家”“唯一”和“最好”，与他人有所不同而独具慧眼，不断有新的发现、新的见解、新的角度、新的突破。

以第 22 届“中国新闻奖”通讯二等奖作品《永远不要算计工人》一稿为例。以往报道多停留在企业关爱员工，合理增加工资，救助困难职工等方面，逐渐形成了定式。而这篇通讯的作者，运用创新思维选择了一个全新的视角，从理论和实践相结合的角度上阐述和验证工人与企业主的关系，反映用制度化的形式创建多方长期共赢的和谐局面。如文中提出的确定职工享有利润大头，且精确到百分比；在没有额外增加投入的情况下，用生产资料共享形式提高员工的参与度。这两项制度安排既规避了用工荒，也让职工真正成为企业的主人，从而确保了企业的长期竞争力。同时，这篇通讯还让受众看到了一个既懂管理，又能平等对待员工，还能从不多的个人所得中拿出一半用于公益事业的企业家形象。报道无论对于解决用工荒，做大做强中小企业，还是树立新时期企业家形象，建设和谐社会都是有价值的。文中提炼出的“永远不要算计工人”“不要把自己当老板”等语录式的警示语，都使人深受启发，过目难忘。

第三，逆向思维，也称反向思维。正手弹琵琶你会他会，反手弹琵琶千里难挑一。逆向思维通俗地说就是“唱反调”，其最显著的特征是“反其道而行之”，是一种从相反的方向去考察事物的方法。你如此这般，往往就能发现更新、更深的东西。新闻是变动着的事物的信息，事物的变化有质变和量变两种形式，相对于旧质和常量而言，新闻信息的新质和非常量就是对常规现象的一种超越，一种“反常”，新闻的本质属性决定其具有反常特征，这就要求记者从平常事物潜藏的反常现象中抓出鲜活的新闻来。

以第 19 届“中国新闻奖”通讯二等奖作品《那一夜，我们没有采访》一稿为例。据“中国新闻奖”参评材料介绍，2008 年 5 月 12 日四川汶川大地震发生的当晚，中国新闻社三位记者李安江、郭晋嘉和杜远立即冒雨前往灾区现场。13 日凌晨，他们抵达当时还没有救援队伍进入的绵竹汉旺镇，目睹了震后惨状。是采访还是救人？他们选择了“救人”，以致没有完成原计划中的采访任务。在与后方编辑部沟通过程中，意识到“那一夜我们没有采访”本身就是新闻。于是，三位记者便以第一人称的表述方式，报道了他们勇闯灾区，竭尽所能运送、救助伤员、拯救生命的现场。报道被多家媒体采用，被新闻界同行称赞，这是新闻人在新闻道德与社会责任冲突时，以人道主义关怀为第一的新闻伦理成功范例。

第四，追踪思维。亦称因果思维。如果说逆向思维是“反其道而行之”，那么追踪思维就是顺水推舟、顺藤摸瓜，按照原思路往前再迈一步，刨根寻底，穷追不合。任何事物都有其原因、结果和本质，有其自身发展规律和脉络，通过结果可以探出原因，通过表象可以发现本质。作为记者，不应满足于对事件性新闻的一般性报道，而应紧紧抓住事件令受众感兴趣、有价值的东西。

以第 23 届“中国新闻奖”消息二等奖作品《成立年余未获任何捐赠，发出千余邀请无一应答》为例。据“中国新闻奖”参评材料介绍，贵州省教育发展基金会成立一年多来发出了 1000 多份邀请函，却始终没有一个人或者单位回应，遭遇“零捐助”的尴尬。这仅仅是“郭美美”事件的影响吗？记者就此追根求源，从基金会成立、人员设施配备、制度建立到运作方式、资金筹措等等，抽丝剥茧般层层深入写成这篇报道，让读者明白基金会为何成立年余无人捐赠，并引导公众恢复对慈善机构的信任和支持。报道效果显著，不仅帮助贵州省教育发展基金会募到了2200多万元善款，还在经历“郭美美”事件后，唤起了网民及社会各界对公益慈善的爱心重拾、信心重塑。这就是记者成功的追踪思维。

第五，比较思维。即对客观事物进行纵向横向对比，进行多角度、多侧面、前后左右的透析。这种思维能够拓宽新闻报道的空间与深度，比如甲地发生的事情可以与乙地的事情作对比；今天发生的事情可以同过去发生的事情作对比，找出事物的特别之处或潜在的闪光点与意义。第20届“中国新闻奖”通讯二等奖作品《一样的田野，不一样的收入》、第16届通讯二等奖《大寨，十年后再次光芒四射》；第13届消息一等奖《我省交通图五年七变》等都是运用比较思维获得的成功之作。

第六，前瞻思维。这种思维方式是以事物将来发展变化的可能状态或理想状态为标准，对现实状态和发展趋势进行调整的一种思维形式，具有独立性、前瞻性、能动性、可能性、调整性、模糊性特点。以第14届“中国新闻奖”消息一等奖《非典型肺炎病原是衣原体？》为例，据消息作者撰文介绍，该报道反映的是2003年春抗击非典斗争中围绕非典病因是否为衣原体的争论而写的消息。非典突然袭来时人们极度恐慌的重要原因就是病因没有查清楚。2003年2月18日下午，国家疾病预防控制中心（CDC）突然宣布非典的致病原因是衣原体，并由新华社发出通稿，当晚中央电视台《新闻联播》进行了报道。

事情至此，似乎可以松一口气，毕竟非典元凶现形了。事实也是如此，第二天几乎全世界所有媒体都报道了这一消息。但《南方日报》记者看到新华社通稿后感觉与广东专家讲的不一样，于是打电话找专家听取他们的意见。没想到专家都坚决反对，有的情绪还非常激动。他们认为国家疾病预防控制中心仅凭两例尸检报告并不能完全证明广东发生的非典也是由衣原体引起的，否则为什么临床治疗采用抗衣原体的药没有效果呢？而且从患者情况看，更像病毒性肺炎。接着他们列举了若干理由。

记者还了解到，省卫生厅当天下午专门召集广东专家研究国家疾病预防控制中心的结论。一个问题摆在了记者面前：是同国家疾病预防控制中心保持一致，还是实事求是地报道广东专家的意见？记者向报社和部门领导汇报了了解到的情况，报社决定如实报道两方意见。《非典型肺炎病原是衣原体？》这篇消息稿就这样见报了。

应该说，对北京专家和广东专家两方观点都了解的记者不仅仅是这篇消息的作者，但为什么别的媒体都刊播新华社通稿了事呢？原因可能在于发布消息的主体是国家疾病预防控制中心，发布的媒体是新华社，都是权威机构。所幸的是，这一新闻线索没有在作者手中夭折，而是由作者转给了部门和报社领导，使新闻链条得以延续。能做到这样，作者觉得关键是独立思考，笔者认为还应加上“前瞻思维”。没有“独立思考，前瞻思维”共同起作用，就不可能有这篇新闻佳作的诞生。

无数新闻实践表明，要创新思维方式，就必须打破“思维定式”。尤其是下述三种思维定式是必须要打破的。

一种是唯书本。牛顿说过：“我之所以比别人看得更远些，是因为我站在巨人的肩膀上。”但现实生活中很多事例表明，书本知识越多，不等于创新能力越强。在我国新闻界有不少“中国新闻奖”及长江、韬奋新闻奖的得主及名记者，他们并不是新闻专业毕业的，有的还没有本科学历，他们甚至没有受书本影响。所以，就新闻采编人员而言，对所学的东西一定要灵活运用，一切以时间、地点、条件为转移，不能让书本上的东西成为创新的桎梏，不能成为书本的奴隶，而应成为书本的主人。另一种是权威定式。古人云：“学贵有疑，小疑则小进，大疑则大进。”对于权威要尊重要敬畏，但不盲从。《非典型肺炎的病原是衣原体？》就充分说明了这一点。再一种是经验定式。经验是前人对成功与失败的总结，可以学习借鉴，但不能迷信和照搬。空城计中的司马懿之所以中计，就是因为经验定式所致。

从事新闻工作，首要的是要学会怎样去思考。思维创新是个大课题，是激烈的新闻竞争中媒体制胜的有效途径，也是成就新闻精品的“法宝”。

谈新闻写作中的“概括”

——以“中国新闻奖”作品为例

新闻写作的实践表明，写新闻离不开概括。那么，何谓“概括”呢？《现代汉语词典》是这样解释的：所谓概括是指“把事物的共同特点归纳在一起。”

一、概括的两种基本形态

概括是新闻写作中不可缺少的表现手段，是驾驭新闻语言不可缺少的表现手法。事实是复杂多样的，内容是丰富多彩的，而新闻的篇幅却是有限的。写新闻不可能事事举例，事事详写，面面俱到。要在有限的篇幅里容纳丰厚的新闻内容，必须讲究概括，注重对事实的概述。

事实是外化和表浅的，而新闻却要求透过现象，反映事实的本质，显现新闻的价值。要想使新闻在准确反映事实的基础上出思想、上层次、有深度，有可读性和感染力，就必须讲究概括，注重使用概括性语言。因此，概括性语言不仅要概括新闻事实，也要求作者的思维成果在新闻作品中得到反映。

一般来讲，概括的内容都是抽象的，是第二性的。但是由于人们的抽象方法不同，概括内容的表现形式不同，概括也是有区别的，往往表现为两种常见的基本形态，即“抽象概括”与“形象概括”。

抽象概括就是抽象事实，概括本质；在语言表现上，抽象概括的内容理性色彩浓厚。以第22届中国新闻奖通讯一等奖作品《守望精神家园的太行人——红旗渠精神当代传奇》一稿为例，这篇作品立意高远，意境深邃，以磅礴的气势，细腻饱满的笔触，通古博今的底蕴，将红旗渠精神置于中华民族精神成长的时空坐标中，提炼概括出“难而不惧，富而不惑，自强不已，奋斗不息”的时代内涵和当代昭示，形成凝聚和激发民族精神的舆论新高地，谱写出一曲感天动地的优秀华章。这种归纳性概括是抽象概括的一种，这里的语言则表现为不直接表述事实的概括性语言。

形象概括就是借助形象，概括本质。在语言表现上，形象概括的语言感性色彩浓烈。比如有个单位植树造林、绿化环境搞得好，我们根据这样的客观事实，可概括成：“春有花，夏有荫，秋有果，冬有绿。”四季俱在，简洁明快，形象可感，多么美好。

无论是抽象概括还是形象概括，在新闻写作中都离不了。但由于新闻的特性所决定，新闻写作中还是应该注意多运用形象概括。以第16届中国新闻奖消息二等奖作品《台账压垮“小巷总理”》一稿为例，文中在导语里写道：“上面千头线，下面一根针，可针眼那么小，哪里穿得进那么多线？”网师社区居委会副主任许卫亚如此感叹。记者在她的办公室算了本账：6人组成的居委会，至少要做60本文字台账。稿件在标题上将居委会主任形象概括为“小巷总理”；把上面各级领导、各个部门往下布置的大量“差事”形象概括为“上面千头线，下面一根针，可针眼那么小，哪里穿得进那么多线？”道出了社区居委会工作的繁忙、辛苦与不易。这样的“形象概括”，使稿件更具新闻性、典型性，给读者留下难忘的印象。

二、常见的五种概括方法

（一）在提炼事实过程中进行概括。新闻事实往往表现为一个过程。过程是复杂的，从头到尾地写来，势必拉长篇幅，如果细细道来，也无必要；但使用这一事实、表现这一过程时，又不能不点出事实梗概，而且最好还要写具体、出形象、有动感。达到这一写作要求的一个好办法就是在提炼事实过程加以概括。还是以《守望精神家园的太行人——红旗渠精神当代传奇》一稿为例，文中的五个小标题：太行之梦——一个永不坠落的理想；太行之气——一派正大沛然的气概；太行之力——一种滴水穿石的坚韧；太行之爱——一首奉献当代的颂歌；太行之魂——一曲民族精神的咏叹。五个小标题高度概括出太行人的红旗渠精神在当代的传奇。作者在浓缩事实过程中使用的概括性语言，既生动、形象，又有节奏、韵味和思想。让人读后，印象深刻，回味无穷。

（二）抓住事实关节点进行概括。从最新事实的综合中，或从一件事实的多侧面截取出最有价值的关节点，或“一鳞半爪”进行概括，造成“一峰突显”，吸引受众跟踪觅寻“神龙”的全貌。运用这种方法概述事实，有点类似于元代词人马致远写《秋思》：“枯藤老树昏鸦，小桥流水人家，古道西风瘦马，夕阳西下，断肠人在天涯。”把关键的景、物、人作为“关节点”，一一鲜明点出，构成一幅“驿外断桥边，黄昏独自愁”的画面，给人以“冷冷清清，凄凄惨惨戚戚”的形象和“怎一个愁字了得”的情感。

以第 8 届中国新闻奖消息一等奖作品《别了，不列颠尼亚》一稿为例，报道在导语里写道：“在香港飘扬了 150 多年的英国米字旗最后一次在这里降落后，接载查尔斯王子和离位港督彭定康回国的英国皇家油轮‘不列颠尼亚’号驶离维多利亚港湾——这是英国撤离香港的最后时刻。”导语中抓住事实关节点进行概括出一特写镜头，由远到近，由物到人，由静到动，展示了新闻的关键场景，传递了主要新闻信息，同时揭示出中华民族在这一特定历史时刻的自豪感的新闻价值。抓“关节点”概括，关键处着笔，点跳意连贯，笔简内容丰，具有抽象性、意会性，然而却展现了主要的新闻内容，恰当表达和表现了新闻的主题，很受读者青睐。

（三）在对比中进行概括。“对比概括”是新闻写作中常见、常用的一种手法。对比概括不仅可以概括内容，还可以烘托气氛，增强效果等等。对比为什么能起概括作用？从根本上说，事物间存在着普遍的对比、对照关系；一事物的发展也不可能在一个层次上，总会呈现“落差”。揭示对照关系，揭示落差关系，就容易显示出客观事物的内容或进程。

对比概括的方法有多种多样。①不同事物间的对比概括。例如《八卦话题“打败”抗日老兵》（第 21 届中国新闻奖通讯二等奖作品）、《王玉欣照顾邻居，四维搬家计划》（第 20 届中国新闻奖消息三等奖作品）；②同一事物间的对比概括：例如《同是造纸厂，盛衰两重天》（第18届中国新闻奖通讯三等奖作品）、《一样的田野，不一样的收入》（第20届中国新闻奖通讯二等奖作品）；③反差对比概括。例如《短短一个月，“拒资”十亿元》（第20届中国新闻奖消息一等奖作品）、《体育设施好了，学生体质弱了》（第19届中国新闻奖消息三等奖作品）等，都是这方面的代表作。

（四）抓取共有特征进行概括。写新闻最忌讳拉拉杂杂，面面俱到的事实罗列和思想层次平推的材料堆垒。这是现在许多新闻作品越写越长，越写越“水”的一个通病。克服这一通病的一个重要方法就是概括使用材料，注意抓住众多的人或事中共有的特征加以概括，进行概括性表述。

以第20届中国新闻奖通讯一等奖作品《今天，我们豪迈受阅》一稿为例，文中有如下概括性描述：

△清晨，东方，从古观象台一路向西，8000多名官兵和500多辆战车绵延2公里多，像一条凝固的铁流，等待着国庆60周年阅兵的庄严时刻。

上午10时，天安门广场，56门礼炮齐鸣60响。人民英雄纪念碑下，200名国旗护卫队员拱卫着五星红旗，迈着169个正步走向国旗杆基座。

169步，寓意从1840年鸦片战争至今169年的不平凡历程。

169年，为了祖国的独立、民族的解放，多少英雄儿女血沃中华！

“敬礼！”五星红旗冉冉升起。“起来，不愿做奴隶的人们……”长安街上，受阅官兵引吭高歌，声震长空。

△空中受阅梯队，横跨长空75公里，雄风万丈，气势磅礴。

60年风雨，一甲子辉煌。56个方阵，象征56个民族。人民军队与共和国一起进步，一起成长，一起走向中华民族的伟大复兴。

此时此刻，追思与缅怀，光荣与梦想，决心与信念，在同一时空汇聚，都凝结在这情感的峰巅，抒写在这壮美的画卷！

在上述概括描述中，作者并没有去写一个个故事，却蕴藏着众多的故事。事实是概括的，数字是抽象的，但事实又是具体的，过硬的，生动感人的。可以说，数字中凝结着受阅部队所有官兵的汗水、泪水和精神，反映出人民解放军的整体训练素质和训练水平。这样抓住共同特征进行的概括，可谓“以一当十”，以少胜多。

（五）抓住典型符号进行概括。以第17届中国新闻奖通讯一等奖作品《英雄赞歌——记独臂英雄丁晓兵》一稿为例，这是一篇震撼人心、洋溢着高昂革命英雄主义的力作。文中的主人公丁晓兵是一个有许多“典型符号”的人物。不抓住典型符号进行概括，就写不好这个典型。作者在文中紧紧抓住“独臂英雄”这个典型符号，放在人们最赞赏、最熟悉、最能反映丁晓兵“社会定位”的事迹上。无论写他参战时的英雄表现，还是写他身残志坚、不懈奋斗、顽强拼搏、不为“名”累，都从革命英雄主义出发，都注重体现他的战斗精神、牺牲精神和乐观精神。如文中所写的几个小标题所概括的：出征——为了祖国；进行——直面困难；突围——超越荣誉；战斗——中国军人；敬礼——向着人民。都充分揭示了人物自身的核心观念和典型符号。让人读后受到感染、振奋和启迪。

三、概括中需要注意的几个问题

（一）概括要真实准确。新闻中概括性语言所标示的新闻事实，实质上是经作者过滤或加工过的事实，新闻反映事实，概括务求真实准确。概括性语言的准确性要求至少包括：要立足于真实准确地概括事实，不能走了样；要准确地、恰如其分地揭示新闻事实的蕴意或价值，既不能抽象过高造成“思想拔高”，也不能过于表面化、“纯客观”化，缺少择取和揭示；要准确地反映事物的内在逻辑及联系，不能因概括“乱点鸳鸯谱”，或者是“盲人摸象”式地将局部当整体而失真；要准确地遣词用句，不能因词使“事”走形走样，因表达害意歪曲等等。下面两则导语就概括得真实准确：三枚金牌，二枚银牌，四枚铜牌，中国选手在今天进行的第五届世界杯技巧赛的全能比赛中，一举夺得九枚奖牌。

（二）概括要具体生动。新闻写作中尽管离不了“抽象概括”，有时需要运用理性的、抽象的概括性语言表达。但总的说来，新闻写作是事实的表述，事实的展现，是靠具体事实说话，靠事实显“形”示“理”。所以，新闻中的概括要具体，概括性语言要注意多用动词、“现形”词，努力达到形象性、可感性。

概括要具体、出形象，可以借助于给人以形象感的事与物，用具体的概念取代抽象的概念。

以第 17 届中国新闻奖通讯一等奖作品《闪耀在手术刀上的道德光芒——记医德高尚医术高超的好军医、北京军区总医院原外一科主任华益慰（上篇）》一稿为例，文中有如下几段概括得既具体又生动的描写：

△从医 56 年，患者再贫穷，手术风险再大，他总是挺身抢救——“谁推我们也不能推，谁不治我们也治”。

△从医 56 年，他有一个从没破过的规矩，就是不收红包——“贪财图利，乘人之危，根本不配当医生”。

△从医 56 年，他总是一诺如山，一丝不苟，对患者极端负责任——“病人躺在

手术台上，就是把生命托付给你”。

△从医 56 年，他始终视患者如亲人，让每一名患者如沐春风——“高超医术能治病，暖心的笑容也治病”。

上述概括，作者借用广播、电视“同期声”的手法，既具体又生动。它生动展示了通讯主人公全心全意为患者服务的崇高医德。让人读后，浮想联翩，敬佩之情油然而生。

（三）概括要简洁凝练。古人写文章很注意简洁凝练。我在编纂《写作趣闻集》（广西人民出版社 1982 年出版）一书时，书中搜集到这样一则小故事：一天，翰林学士欧阳修和几个同僚出游。一个同僚骑的马跑得很快，在路上踏死了老百姓的一只狗。应该赔偿。欧阳修叫下官赔了钱，又叫那位同事将此事记录下来。同事写道：“有犬卧通衢，逸马蹄死之。”欧阳修看了说道：“文字不够凝练。”顺手拿过笔来，删去了几个字，变成“逸马杀犬于道”六个字。比前面用十多个字要简洁凝练多了。简洁凝练的概括是重要的修辞手法之一。

所谓简洁凝练，就是指概括性语言要像军队中食用的战备“压缩饼干”那样，体小质重，营养丰富。我们常说，最好用一句话把您所要报道的主要新闻事实说明白，同时要点出其意义和价值，这种高难度的要求，恐怕只有多用简洁凝练的概括性语言才易实现。

概括要达到简洁凝练的要求，一是选用的事实要典型，简言道出，一语中的；二是多用表现力强的语言，话中有话，“潜台词”丰富。

还是以第 20 届中国新闻奖通讯一等奖作品《今天，我们豪迈受阅》一稿为例，文中写道：

△铁阵，如山如岳。口号，如海如潮。受阅三军身上，流淌着红军、八路军和新四军的血脉。他们来自沃野平畴、深山密林、滔滔海洋、万里蓝天，汇集中国陆海空三军和人民武装警察部队、民兵预备役部队等全部武装力量的精华。

△这是人民军队走过从机械化向信息化建设转型的 10 年风雨征程，第一次向祖国、向世界全面展示新面貌、新阵容。

△沙漠型、山地型、丛林型、两栖型、海洋型、空降型……受阅官兵色彩斑斓的新型数码迷彩戎装，仿佛祖国广袤多姿的壮丽国土。与 10 年前相比，这支队伍中增添了国防生、直招士官等“国防新军”的身影，具有侦察监视、引导打击、潜水登陆和空中渗透能力的特种兵方队，更是首次成建制亮相。

△天翻地覆慨而慷。今天，天安门广场铁流浩荡，宣告当代中国军人捍卫祖国

主权、维护祖国统一的坚强意志，展示震撼世界、蓬勃向上的“中国力量”！

上述概括性新闻语言，简洁凝练，蕴意深刻，内容丰富，穿透力强，给人以美感，使新闻的传播效果倍增。

抓特点成就新闻精品

——以“中国新闻奖”作品为例

时至今日，新闻界给新闻精品下了不少定义。纵观这些定义，普遍比较一致的看法是：精品，就是“精良的物品”、上乘的作品；而力作，则是“精心完成的功力深厚的作品”。结合历届“中国新闻奖”作品来看，这些新闻精品有三点共同之处，那就是①作者付出了辛勤的采访写作劳动②作品在质量上有独特的事实和见解③发布后受到了受众的广泛好评并收到了很好的传播效果。本文就抓特点成就新闻精品作如下探索。

何谓特点？特点就是事物的特殊之处，就是这一事物与别的事物的不同之处。世界上的万事万物由于所处的地点、时间、条件的不一样，必然存在着千差万异，而这种差异是事物本身固有的，它是事物自身发展规律和本质特性所决定的，是客观存在的。可见，每个事物都有其自身的个性、特点。新闻要出精品，就必须抓住事物的个性、特点进行采写。在注意观察事物的共同点时，就要下功夫去研究和表现其特点，就是人们常说的通过个性反映共性，从特殊去反映一般。无数新闻采写的事例说明，抓住了特点，就能揭示事物、人物的个性与本质，就能真实反映多姿多彩的社会现实生活，就能使报道奇峰突起，生动传神，对受众有着强烈的吸引力，就能收到很好的传播效果。在事件性新闻越来越难做到独家、各家媒体同质化越来越严重的当下，抓特点写新闻是成就新闻精品的重要妙招。

抓什么样的特点呢？

第一，要抓新闻事件的特点。世界上每时每刻都在发生数不清的事件，但是，并不是每起事件都具有传播的价值，只有那些具有特点的事件才具有报道的需要和传播的意义。事件涉及的内容很多，只有那些具有时效性、新鲜性、重要性和普遍性的事件，才能受到受众的关注。以《中共中央党史研究室主任披露，7 常委参观〈复兴之路〉出行不封路》（第 23 届消息一等奖作品）一稿为例，当时参加听“学习十八大精神”辅导报告的有多家媒体的记者，在京的新闻媒体中，会有一些人早就知道或听说过“7 常委参观《复兴之路》出行不封路”之事并写出了这件事的有关报道，为什么没有引起受众关注呢？其主要原因就是那些报道没有抓住这件事的特点，写了同质化的一般报道。而《长江日报》记者瞿凌云懂得，“弱水三千，只取一瓢饮”。自然这一瓢是最有价值的一瓢。他紧紧抓住事件的特点即领导的“亲民作风”、政坛出现的新气象，社会关注的热点，使事件呈现的新闻主题思想得到了升华，揭示了新闻主题的深层意义，凝聚了正能量。报道刊发后，反响强烈，中央政治新气象广受赞誉，人民网、新浪网、凤凰网、中国网络电视台等各大网站在首要页重要位置转载。海外媒体也纷纷参加转载和评论。人民网和新华社在转播的同时，还发表评论，报道引发持续关注和热议，为推动落实中央“八项规定”创造了良好的舆论氛围。可见，这篇具有鲜明特点的报道收到了很好的传播效果。“中国新闻奖”的评委们，慧眼识珠也让人佩服。

第二，是抓新闻人物的特点。每个新闻人物，由于年龄、身世、职业、性格、经历、思想、爱好、兴趣及外貌、生理特征等等的不尽相同，必然各具自己的特点。就像《水浒传》里的 108 将一样，就具有 108 副面孔，各自有各自个性。作者施耐庵将其刻画得栩栩如生，惟妙惟肖。我们在报道新闻人物时，就应该学习和借鉴其这种表现手法。“中国新闻奖”作品中的《人民呼唤焦裕禄》（首届荣誉奖）、《领导干部的楷模——孔繁森》（第 6 届特别奖）、《教育局长的好榜样》（第 12 届通讯一等奖）、《索玛花儿为什么这样红——记优秀共产党员、木里县马班邮路乡邮员王顺友》（第 16 届通讯一等奖）等都是由于抓住了人物的特点而取胜的代表作。以《索玛花儿为什么这样红——记优秀共产党员、木里县马班邮路乡邮员王顺友》一稿为例，作者张延平在报道中紧紧抓住人物的人性美和高尚情怀这个特点，运用“蒙太奇”手法，将人物形象、人与马的亲密特写镜头、人物的朴实无华的语言，像电影、戏剧中的一幕幕场景，展现在受众面前，无疑对受众的视觉、听觉有着强烈的冲击力和引人入胜的作用，因而报道播发后好评如潮，反响强烈，使人久久难以忘怀。

第三，抓时代特点。新闻记者是人类历史事件的见证者和记录者，新闻作品抓时代的特点应是新闻人的自觉追求。早在现代传媒诞生前的一千多年前，唐代大诗人白居易就曾说过：“文章合为时而著，诗歌合为事而作。”时代的特点主要应包括：时代的变迁、时代精神、时代特征、时代声音、时代代表性人物等，像“中国新闻奖”作品中的《武钢近 7 万人不再吃钢铁饭》（第 4 届消息一等奖作品）、《扬州经验的特殊意义》（第 5 届评论一等奖作品）、《百姓心中的丰碑》（第 15 届通讯一等奖作品）等，都是“合为时而著”的代表作。这些作品虽然已过去很久了，但今天读来依然能够从中感受到强烈跳动的时代脉搏。

抓时代特点需要记者敏锐的观察力和深邃的洞察力。诚如美国报界巨子约瑟夫·普利策所言：“倘若一个国家是一条航行在大海上的帆船，新闻记者则是站在船头的瞭望者。他要在一望无际的海面上观察一切，审视海上的不测风云和浅滩暗礁，及时发出警告。”要做一个站在船头的瞭望者，这就要求媒体记者具备积极的参与意识和担当精神。翻阅“中国新闻奖”的前身“全国好新闻”作品，其中的《从邮局看变化》（1980 年作品）、《中南海的春天》（1981 年作品）、《就是要彻底否定“文革”》（1984 年作品）、《关广播现象》（1987 年作品）等，正是记者敏锐捕捉并记录了时代的特点。这些报道推动了后来的一系列改革举措的出台和实施，使我国的经济建设逐步走上飞速发展的康庄大道。清代学者刘熙载在《艺概·诗概》中说过：“山之精神写不出，以烟霞写之；春之精神写不出，以草树写之。”社会转型期的社会风貌和时代精神，常常是一些类似“山之精神”“春之精神”等不可见、不可闻的“虚物”，它必须借助类似“烟霞”“草树”等可见、可闻的“实物”来表现。这是抓时代特点值得学习和借鉴的笔法。

第四，抓地方特点。艺术界有一句名言：越是民族的，就越是世界的。把这句话套用在新闻采写中，应该就是：越是地方的，就越是全国的。我们的国家幅员辽阔，地理条件、环境差别很大，有高原、湖泊、沙漠、大山、平原、草地、沼泽、戈壁、海岛等。我们又是一个多民族的国家，56 个民族各有不同的风土人情、生活习惯及民族个性，这为我们抓地方特点，创造了良好的条件。像“中国新闻奖”作品中的《洞庭湖长大五分之一》（第 12 届消息一等奖作品）、《火车首次跨越“世界屋脊”》（17 届消息一等奖作品）、《珠三角民企老板百亿砸向“低碳产业”》（21 届消息二等奖作品）、《红山嘴，大雪将封山》（第 22 届通讯一等奖作品）、《一水激活万水流——吉林省“河湖连通”工程走笔》（第 25 届通讯一等奖作品，以下简称“走笔”）等都是抓地方特点的成功之作。

以《一水激活万水流——吉林省“河湖连通”工程走笔》一稿为例，记者抓住吉林地区“河湖连通”这一特点，用当地民谣、民歌、诗歌、俗语，进行今昔对比，报道运用讲故事的手法，将吉林地区“河湖连通”的前前后后的变化，生动、形象地展现在受众面前，让人读来很有地方味，又有普遍指导意义。报道刊发后，在社会上引起强烈反响，受到了广泛关注和好评。

第五，抓行业特点。如今的社会，究竟有多少行业，一时难以说清楚。我看少不了三百六十行吧，行行都有特点。在采写各行各业的事和各种岗位上的人时，必须联系行业特点，写出各自的个性，防止千篇一律，千人一面。从客观上看，工业、农业、商业、知识界、军队、服务业、个体劳动者等，本来就各具鲜明的特色。各条战线上涌现出的新事新人，所处环境不同，工作性质不同，又有各自的行话和术语，为我们抓行业特点提供了方便。像“中国新闻奖”作品中的《六百勇士斗死神，雷场放飞和平鸽》（第5届消息一等奖作品）、《昔日伐木建功，今朝栽树“还债”》（第5届消息二等奖作品）、《王封矿四千余职工实现“整体转移”》（第7届消息三等奖作品）、《下岗职工竞得道路保洁权》（第9届消息二等奖作品）等，都是以写出行业特点而取胜的新闻佳作。

以《六百勇士斗死神，雷场放飞和平鸽》一稿为例，这是一篇以军队行业为特点的报道。消息选择当今世界的主流是和平与发展为主题，报道在我国当前进行的改革开放、建设有中国特色的社会主义的今天，需要有一个和平的环境。中国人民解放军在昔日的西南边疆战场上，以和平使者的身份、冒着死神的威胁，在雷场上清除战争的痕迹，放飞了象征和平的鸽子。这个主题，是全国人民乃至全世界都极为关注的问题，因而具有极高的新闻价值和吸引读者的魅力。如文中一开始在导语中写道：“云南边防扫雷部队在新中国成立45周年前夕，向祖国和人民放飞一只和平鸽：提前3个月完成云南边疆大面积扫雷使命，将全部清除雷障的262平方公里和平土地移交给边疆人民。”仅仅70多个字，就以最有新闻价值的事实，揭示了鲜明而重大的主题：中国人民解放军是一支爱好和平创造和平的军队，是维护和平的重要力量。还有文中最后引用的工程兵专家的话：“云南边境扫雷面积之大，雷种之多，条件之苦，方法之高，速度之快，消耗之小，均在中外扫雷史上少见，创造了具有中国特色、世界水平的扫雷经验。”六个排比句，读来酣畅淋漓，一气呵成，很有行业特点，令人惊叹。

要想抓出特点写新闻，关键在于两点：

一是善于发现，深入挖掘。常言道：“巧妇难做无米之炊。”没有好的新闻素材，是绝不可能写出有特点的新闻来的。具有特点的新闻素材，并不像河滩上面的石子，俯拾皆是，而往往像蚌壳里的珍珠，不仅淹没在水里，而且裹着坚硬的贝壳。要获得它，就应像采金工一样，深入崇山峻岭之处，在坚硬的岩石上敲敲打打进行发现和挖掘。从某种意义上来说，采访的深度决定能否挖掘出有特点新闻素材的关键。有特色的新闻素材历来都是痛苦的产物，要想获得它，就必须比别人流更多的汗水，而且应像韩信点兵那样，“多多益善”，以备写作时筛选。

还是以前面提到的《索玛花儿为什么这样红》一稿为例，这篇作品的成功，正如作者所言，根源在于她跟采访对象王顺友一步一个脚印地走了一遍缠绕在大山之巅的马班邮路，好几次都命悬一线。由于作者善于发现和深入挖掘，她看到了别人没有看到的东西，感觉到了别人没有感觉的采访对象的情感，听到了别人没有听到的声音和言语，最终才写出了独具特色的新闻精品来。

二是巧妙构思，精心选材。采访得来的材料常常大于作品实际需要字数的几倍、十倍甚至几十倍，面对这样多的原始素材，就要运用孙子作战的办法，“以一当十”“以少胜多”。进行精心挑选，将那些富有特点的素材筛选出来，而后巧妙构思，突破常规写新闻，运用古人所说的：“凡文章高手，或言人人之未言，或言人人所未能言。前者人人心中有，能独具清声；后者人人心中所有而笔下所无，能别开生面。”

团队合作是产生新闻精品的有力推手

——以“中国新闻奖”作品为例

过去人们常把记者称为“自由职业者”。“自由”者，各自为战也，认为记者在组织上是集中的，工作中是相对独立的。一名记者的成功与否，完全取决于他个人的素质和能力。这在信息渠道比较单一，报纸版面不多或电视频道有限的年代里，名记者、名编辑和名专栏确有一定的号召力和影响力。但在媒体激烈竞争的时代，新闻报道的竞争已不再是单打独斗的比拼，而是媒体整体水平的较量。能不能抓到独家新闻，能不能在同题报道中突出特色，能不能在日复一日的社会经济生活中发现新的亮点；还有选择什么题材、确立什么角度、提炼什么主题、采用何种表现方式，最终能不能采写出新闻精品；版面上如何突出处理，需配发什么言论，选择什么时机发表，如此等等，都需要运用团队的智慧和力量。

大量的新闻实践表示，新闻工作者只有融入团队，才能展示出个人的才华和价值，也只有通过团队成员的分工和协作，才能实现新闻工作者个人的职业理想和追求。可以说，在新闻领域，“个人英雄主义”的时代已经过去。一家媒体或一个新闻板块，它可能在受众中很有影响力，但受众认知的只是这家媒体或这个板块，而不一定知道它的记者或者编辑。事实也是如此，一家有持续影响力的媒体或一个受人瞩目的新闻板块，往往就是集体智慧的结晶，是团队和合作的成果。

综观现已评选出的1—25届“中国新闻奖”作品，其中有相当多的新闻精品都是由团队和合作推出的质量上乘的佳作。请看下列两例：

例一，《三峡大坝昨下闸蓄水》（第14届消息一等奖作品）一稿，据“中国新闻奖”参评作品推荐表及湖北日报总编辑撰文介绍，为了报道好这一重大新闻，2003年5月下旬，湖北日报派出一位副总编辑、多名部主任、十多名业务骨干组成报道组进驻三峡坝区，成立了前方报道组进驻三峡坝区，成立了前方报道指挥部。怎么报道呢？设计了多种方案，又听取了专家的意见。最后决定用多电头消息报道。1日当天，在下至宜昌、上至奉节200多公里坝区、库区8个有代表性的地点部署8名记者采写首日蓄水的现场报道。各点记者按要求将现场报道陆续发回前方指挥部，前方编辑精心组合、编辑稿件，24时许，驻大坝中控室的记者将当时情形口头报回指挥部后，前方编辑手头的消息随即定稿发往编辑部，并于2日在一版头条见报。报道发表后在湖北新闻界和广大读者、特别是三峡建设者中产生了较大反响，许多同行和读者称赞这篇稿件策划到位，以非同寻常的形式记录了非同寻常的大事件，堪称消息报道佳作。专家们称其“在表现方式上有很强的创新，是实践‘三贴近’的可喜尝试。”该报道在“荆楚在线”刊用后，新浪、搜狐等门户网站纷纷予以转载。该文获第21届湖北新闻奖消息类一等奖。显然，如果没有靠前指挥，仅靠一两个人的力量，难以全景式记录这一划时代的变迁。

湖北日报副总编辑雷刚在谈到组织这一报道的体会时说：“一般来说，新闻采编是一种个体性较强的劳动，但随着现代传媒飞速发展、新闻竞争日趋激烈，它越来越体现为一种集体性的创造。在重大战役性新闻报道中，由于受个人活动范围、信息渠道和精力的局限，单个记者无论多么出色，其能力和作用都是十分有限的。‘单兵作战’的采编方式既不能满足受众对重大新闻事件方方面面的信息需求，更不能适应激烈新闻竞争的需要，如今的‘新闻战’早已升级为团队较量、集体比拼。”这确实是经验之谈。

例二，《中国国家主席与艾滋病人握手》（第15届消息一等奖作品）一稿，据“中国新闻奖”参评作品推荐表及《中国记者》刊文介绍，为采写这篇稿件，新华社副社长、常务副总编辑何平就亲自参与了策划与部署，事先做了精心的安排。第一，负责采访中央领导人活动的常备记者在一线报道，不断地提供现场素材；第二，安排记者收集海外专家对胡锦涛主席看望艾滋病人并握手这一信息的反映，对艾滋病防治团体相关人士进行补充采访；第三，安排专门的英文撰稿人，将三方面材料融合在一起由周效政、刘思杨、樊曦三人合作写成消息。报道全面揭示胡锦涛主席此举的历史意义。稿件不仅在时效上全面领先海内外媒体，在深度、背景和后续跟踪等各方面也更加全面、准确。稿件播发后，美联、法新、路透等主要西方通讯社立即予以详尽转播，并在“世界艾滋病日”播发的全世界综合消息中多次引用，100 多家海外媒体刊用。如果没有团队和合作，稿子当然可以发，但不会像现在这样产生广泛的影响。可见，团队和合作，确实是产生新闻精品的有力推手。

像上述这样的例子，在“中国新闻奖”作品中可谓举不胜举，这里就不再赘述了。从这些新闻精品产生的过程看，有意识、有目的、有计划地进行采访、写作、编辑、组版，是产生精品环环相扣、不可缺少的。特别是对某些重大题材、重大事件、重大典型的报道，由于涉及面广，内容多，难度大，光靠作者一个或三两个人会显得势单力薄，需要媒体的主要负责人及相关部门的领导、责任编辑，共同研究、策划。当然，新闻事实是不能通过“策划”制造出来的，但新闻报道的产生是可以策划也应当策划的。通过策划可以使新闻价值获得升值，为新闻精品的形成和问世创造必要的条件。真可谓“团结就是力量”。团队和合作，必定会使新闻精品频出。

新闻精品是这样选材的

新闻写作中，在主题思想和结构大体确定之后，就是选材了。比起其他文体来，新闻的选材尤为重要，这是因为新闻必须完全真实，必须用事实说话。用事实说话，就要用具体的材料写新闻。离开了具体的材料，只能说空话，那就不成其为新闻了。因此，有经验的记者（通讯员），总是极为重视新闻的选材的。

常言道：“巧妇难为无米之炊”。“米”，就是材料，无米，再巧的妇人也做不出饭来。古人曰：“立言要在于有物”“作文须是靠实”。这“物”和“实”就是材料。没有材料，自然“难以立意”“难以为文”了。没有材料，再能干的记者（通讯员）也写不出新闻来。记者（通讯员）在写作之前，必须通过采访，占有各种各样的材料，如书面的材料、口头材料、自己观察得来的材料、别人思考出来的经验材料，等等。占有了新鲜的、详尽而充足的材料，再加上作者善于思考，善于“加工”，就能从中形成思想、观点，就能提炼出具有划时代精神的鲜明、深刻的主题，就能写出生动感人的妙文佳作来。如何去占有材料呢？从新闻精品提供的经验来看，具体说来，主要应占有如下几方面内容的材料：

——占有现实的、历史的材料。因为现实是历史的继续，历史是现实的前身。要了解新闻事实的意义与价值，就不能忽视对历史材料的占有。在新闻中有了今昔对比，往往说服力更强。

以第 14 届中国新闻奖消息二等奖作品《今天火车登陆海南》一稿为例，文中运用回顾历史法、比较对照法、来龙去脉法，从历史材料苏东坡、海瑞写起，又写到张之洞、孙中山曾提出“筑铁路至海南腹地”的设想；还写了日本侵略者为掠夺财富，在八所一带用 4 万中国人的生命筑了 200 公里的铁路；最后写到现实的问题是因交通不畅，使海南的物流不顺，引进外资逐年下降，瓜果蔬菜因为运力不足烂在地里，旅游本来可以接待 2000 万人的能力也只能接待 1200 万人，等等。

由于作者占有了历史的、现实的材料，在消息背景中向读者交代，从而向读者传播了历史知识，开阔了眼界，增长了见识，使读者看到了新闻事件的起因，事件发生、发展的条件，从而凸显了新闻事件的重要意义，开掘了新闻事件的深度，满足了读者求深的心理要求，使整条消息很有深度，其新闻价值倍增，使消息的传播效果得到了提升。

——占有正面与反面材料。生活中的真、善、美，总是同假、恶、丑的东西相比较而存在的。写新闻就要重视新旧、正反材料的占有和对比。比第 8 届中国新闻奖消息二等奖作品《寂寂烈士坟，纷纷春雨泪》一稿为例，作者对事件进行了 8 个月的追踪采访，在占有了正反两方向的材料后，选择在清明节当天见报，文中写道：

昨天，一场纷纷扬扬的春雨，泪水似的洒落在银河革命公墓公安坟场的烈士墓碑上，令近在咫尺的豪华墓园与黄土一堆的烈士坟形成了强烈的反差，扫墓者不禁为之心碎。

在这里长眠的先烈，有在国民党统治时期牺牲的地下党工作者，有建国初期对敌斗争牺牲的干警。公安部门自 50 年代末把坟场移交公墓后，烈士墓基本没有修葺过，一些墓已成了无主墓，这些散落在 200 平方米荒坡上的烈士坟墓，不少已称不上“坟”，也不像“墓”，有一些仅在凹凸沙石草丛中露出半块石碑而已。

可是，相邻的某墓园却长年翠柏、鲜花簇拥，拜祭先人的香烛散发出缕缕清香，墓园每穴 2.4 万至 3.1 万元，可安置 600 多穴，大部分已售出。不少到该墓园的扫墓者都会拾级来到烈士墓前，双手合十三拜，还会烧上三炷香。显然他们的心也在流泪，烈士为建立共和国无怨无悔倒下，现在，大地繁花似锦，该让他们与我们一道分享胜利的甜蜜了。

报道见报后，拨动了读者的心弦。被读者称为弘扬主旋律并有很强政治性和宣传效果的好稿件。

——占有具体、生动的材料。从某种意义上说，新闻是“事学”，没有事实便没有新闻。而事实必须是具体、生动的。在报社编辑部里，经常可以看到有些稿件，材料是新鲜的，写作角度也选得好，但就是写得不具体生动，故编辑也只好不用了。大量的新闻实践证明，要将新闻写深写活，只有占有具体、生动的材料才能办到。

以第12届中国新闻奖消息一等奖作品《洞庭湖长大五分之一》一稿为例，按理说，对洞庭湖，记者太熟悉了。正常年景，他们会跑上四五趟，遇上洪灾，一次蹲守就是两三个月，可以说，没有哪个堤垸，哪条水系，甚至哪个湖汊，他们没有去过。如果作为一般的稿件处理，坐在报社里便能写出稿件来，但为了让新闻在选材时，有具体、生动的材料，他们带着洞庭湖蓄水面积扩大后是什么样子？它是如何变化的？湖区人民有什么反应等问题，又前后3次下洞庭，跑了湖区10多个县市。为了探寻“扩大”后的情景，他们还到退田还湖的垸子去实地考察，清晨和傍晚去观察鸟类的活动。为了了解30万移民的生活情景，还跑了7个移民新镇，召开座谈会，到农家访问，记录下移民的生活情景。消息中写的生动的对联：“平垸引洪还洞庭浩浩荡荡，移民建镇让百姓世代安康”，就是记者在深入采访时获得的。在深入基层实地采访的基础上，记者还多次上门向有关单位的领导和专家请教，并查阅有关历史资料。“功夫不负有心人”。他们在占有大量具体、生动素材后，经过反复推敲，几易其稿，最终写成这篇新闻精品。

现在报纸上有的新闻，之所以可读性差，不受读者欢迎，其原因之一是记者（通讯员）在写作过程中，尽管已经占有了大量的材料，但没有很好地选材造成的。具体表现在：材料和观点脱节，即所选用的材料说明不了新闻的主题；有的角度虽然可以，但没有紧紧围绕所表现的角度来选择材料；有的作者唯恐材料少了不能说明主题，便事无巨细地将材料一并罗列，搞七拼八凑的“大杂烩”，结果使本来一些具有特点和个性的材料反而被淹没掉了；还有的在表述材料时，大量使用概括性的语言，使本来具体、生动的材料变得空洞不完整了，等等。

究竟如何进行选材呢？在一篇报道中，是否材料多多益善，越多越好呢？回答是否定的。选材要突出“精严”二字，正如古人所云：“选材贵于精严”。这里也用得上唐代诗人刘禹锡在《浪淘沙》中写的“千淘万漉虽辛苦，吹尽狂沙始到金”的诗句。新闻的选材，就是漉沙见金。综观“中国新闻奖”作品，其新闻选材有下述经验和做法是值得学习和借鉴的：

一是选择与主题紧密相关的材料。选材要根据新闻主题的需要来取舍，凡与主题关系密切的材料，能有力地说明、烘托、突出主题者就选用，反之，与主题关系不大或根本无关系的，不能说明、烘托、突出主题者，则应毫不可惜地剔除。这方面俄国作家契诃夫有句名言："要知在大理石上刻出人脸来，无非是把这块石头上不是脸的地方都剔掉罢了。"对于写作中的选材，说得何等深刻！

二是要选择新闻事实本身重要的材料。如中国新闻奖作品中的《火车首次跨越"世界屋脊"》（第17届消息一等奖作品）、《全国人大高票通过〈反分裂国家法〉》（第16届消息二等奖作品）、《中国国家主席与艾滋病人握手》（第15届消息一等奖作品）、《三峡大坝昨下闸蓄水》（第14届消息一等奖作品）等，就属于这类题材。

三是要选择针对性强，具有现实指导意义的材料。以第13届中国新闻奖消息一等奖作品《看个"咳嗽"要掏1065元》一稿为例，医生开"大处方"是经济体制转型之后医疗卫生行业出现的一个群众反映强烈的问题：医疗卫生行业是把挣钱放在第一位，还是把老百姓少花钱看好病放在第一位。揭露这一问题往往很难，难在不容易抓到具体事实。这篇消息的作者从一个普通患者的经历入手，抓住连医务人员都说"药开多了"的个例，化解难点、平中有奇、小中见大，揭示了卫生体制改革的一个关键问题，最终将"大处方"背后的"医药回扣"黑幕公之于众，暴露在阳光之下。

报道刊发后，在社会上引起强烈反响，成为武汉市一时热议的焦点话题，群众纷纷举报遇到的类似问题。武汉市卫生局于报道的第二天即派出调查组进驻市儿童医院，第三天召开了全市各大医院院长会议，要求各单位引以为戒，自查自纠，市儿童医院对当事医生做出了解聘的处理。武汉市卫生局纪委还组成专门班子对全市各大医院的处方进行抽查。在各方的努力下，"大处方"现象在武汉得到了有效遏制，广大市民纷纷来电、来信称赞《武汉晚报》这组舆论监督报道抓得好。

由于"大处方"现象针对性强，具有现实指导意义和普遍性，这篇消息见报后立即引起了全国几大媒体的高度关注。新华社连续报道了此事；《人民日报》除报道此事外还配发了《开处方要实事求是》的评论；《羊城晚报》、《报刊文摘》、新浪网等报刊、网站也相继转载了这篇消息，在受众中引起了强烈反响，收到了很好的传播效果。

四是要选择事情新鲜、异常、读者普通感兴趣的材料。这里说的新鲜、异常、感兴趣的材料，是指那些新近发生的、尚不为读者知道的事实和观点，它具有强烈的现实性和启发性；是指那些虽不是新近发生的但通过作者改变角度，巧妙活用会使之具有新意的材料。这些材料能引起读者的兴趣，能吸引人、鼓舞人、感动人。

如中国新闻奖作品中的《研究生蔡成龙回乡当农民》（第17届消息二等奖作品）、《3000小考生“妖魔化”妈妈》（第16届消息二等奖作品）、《包起帆的“金牌”究竟属于谁》（第15届消息二等奖作品）、《濮阳数十干部隐瞒身份申报“劳模”》（第14届消息二等奖作品）、《5万公斤鲜牛奶倒进农田》（第13届消息二等奖作品）等就属这类题材。

五是要选择典型的材料。人们认识事物，总是通过个别来反映共性，通过个别来表现一般，来反映事物的全貌和本质的。一篇报道的篇幅有限。内容不能包罗万象，什么都写，因而就有一个选材要典型的问题。只有选用典型材料，才能有力地说明问题，论证观点，表现主题。所谓典型的材料，就是对所报道的事实来说，是能反映其特征、本质、个性的材料。只有这些材料，才能给读者以深刻的印象和强力的感染力。以第13届中国新闻奖消息二等奖作品《10名“瞎眼”评标专家被清出局》一稿为例，这是2002年发生在深圳很有影响的一个新闻事件，题材重大。工程投标市场是深圳市政府极力推行的三大有形市场之一，一直是社会各界关注的焦点。工程招投标市场能否实现“阳光交易”，关系到政府的形象。深圳工程招投标市场运行以来首次查处工程串标行为，并且一次将涉案10名专家全部清除出局，表明政府敢于“动真格”，一切破坏“游戏规则”的单位和个人将难逃厄运。这篇消息在选用典型材料上是成功的。如文中对两公司的违法行为的揭露时写道：“发现投标单位中国华西企业有限公司和深圳市建业建筑工程有限公司的标书大量雷同，有的标书文件竟出自同一台打印机”，“并经调查取证查实：中国华西企业有限公司和深圳市建业建筑工程有限公司相互串通投标，已构成违法”；还有对“瞎眼”评标专家的揭露:“参与两次评标的5名经济专家和5名技术专家,无视投标文件中出现大量、明显的雷同现象，仍推荐涉嫌串通投标的单位为中标候选人，没有认真履行职责。”上述材料，既典型，又事实清楚，证据确凿，无懈可击，说服力强。对违法公司及“瞎眼”评标专家的处理得人心，顺民意，发挥了舆论的监督作用。

六是要选真实、准确的材料。各类新闻报道的写作，对材料的真实性和准确性都有严格的要求。所谓真实，是指选用的材料必须具体实在，实事求是，符合客观实际，反映事物的本质和主流。所谓准确，就是文章中的所有内容，必须确凿无误，可靠可信。真实准确是新闻的生命，它关系到新闻的传播效果和社会影响，也关系到作者本人的人品、文德和文风。凡属于新闻文体的报道，必须是客观存在的真实情况，涉及人物、事物、时间、地点、情节、对话、引文、数据以及历史、背景材料等，都不能有丝毫虚假，不能有杜撰虚构、夸大缩小、胡编乱造。新闻的真实，不能与小说、电影、戏剧等文学创作中的艺术真实混为一谈。对此，列宁有过这样一段精彩的论述："在社会现象方面，没有比胡乱抽出一些个别事实和玩弄实例更普遍站不住脚的方法了。罗列一般例子是毫不费劲的，但这是没有任何意义的或者完全起相反的作用，因为在具体的历史情况下，一切事情都有它个别的情况。如果从事实的全部总和、从事实联系去掌握事实，那么，事实不仅是'胜于雄辩的东西'，而且是证据确凿的东西。如果不是从全部总和、不是从联系中去掌握事实，而是片面地和随便地挑出来的，那么事实就只能是一种儿戏，或者甚至连儿戏也不如。"（《列宁全集》第23卷第279页）

七是选材要少而精。一位从事新闻工作多年的老同志在谈到选材时讲了这样一句话："风流不在衣着多。"说明选材贵在精当。宋玉在《登徒子好色赋》中描绘他东邻的那个美女，长得"增之一分则太长，减之一分则太短，着粉则太白，施朱则太赤。"这当然是夸张之词，只能是想象中的人物。但从中可以得到启示：选材是否也能选得多少适宜，恰如其分呢？有经验的记者（通讯员）在选材时，总是避免韩信点兵"多多益善"，而是采取孙子兵法，"以一当十""以少胜多"。那种认为材料多了总比材料少好的看法，往往是事与愿违，适得其反的。

八是要选取新鲜的材料。新闻本姓"新"。因此选材时，要处处突出一个"新"字。如内容必须是新鲜的，带露珠的；从时效上来看，最好是今天或昨天发生的事。对那些时过境迁的材料，尽管很典型、生动，也要舍得割爱。

此外，根据常见的选材问题上出现的一些毛病，我认为要选好写作材料，还应注意下列几点：

1. 不能鱼目混珠；
2. 不能移花接木，牵强附会和贴标签；
3. 不能喧宾夺主和只要鲜花，不要绿叶；
4. 不能与党和政府的现行政策相抵触；
5. 不能违反法制；
6. 不能泄露国家机密；
7. 不能宣扬落后的意识；
8. 不能渲染凶杀、色情和淫荡；
9. 不能有低级趣味和猎奇；
10. 不能暴露侦破手段和传播犯罪伎俩。

遵循新闻规律

——新闻精品这样运用事实说话

用事实说话，这是中外新闻界公认的报道基本原则之一，是新闻的本质属性所决定的。新闻靠事实影响受众，新闻的本源是事实。新闻工作者最主要的基本功就是要善于用事实说话。对此，中国记协原主席吴冷西曾指出：现在我们有的记者不会写新闻，特别是不会用事实写新闻。他以徐州酒厂女工吴继玲，在粉碎葡萄时一只手被机器轧断后，在各方大力协作下送到上海抢救的报道为例说，这件事本身就已十分感人，足以说明社会主义制度的优越性了，但记者偏偏加上一笔："真是社会主义好啊！"似乎不这样写，别人就不晓得。吴冷西说："这是新闻写作的败笔。"也就是说，记者、通讯员应尽量把自己的观点用事实表达出来，让读者、听众、观众从大量的新闻事实中自己去得出结论。新闻写作应遵循它自身的客观规律——让事实说话。

伟大的科学家巴甫洛夫在《给青年们的一封信》中这样说："要研究事实，对比事实，积聚事实。鸟的翅膀无论怎样完善，但若不借空气支持，是不能使鸟体上升的。事实就是科学家的空气，没有事实，你们永远也飞腾不起来。"事实对科学家是如此重要，对新闻工作者来说也不例外。新闻是事实的综合，其特殊价值和独特作用，就在于用事实来说话，用确确实实的事实来感化、影响受众。

写新闻就是要写事实，用事实说话。这个道理记者、通讯员都知道，但确实是说起来容易做起来难。不知始于何时，一种虚夸浮躁的文风悄悄进入了我们的一些新闻作品中。生动、丰富而准确的新闻事实，变得无足轻重，甚至可有可无，或者干脆可以为着"思想的需要"而刻意虚构一番。于是，一些新闻作品在某种意义上变成了记者的感觉、感受之类的文字，而且被冠以"软化""新闻改革"等美好的称谓。笔者认为，不是不要软化和改革，也不是不要记者独到的感受和感觉，更不是不要思想和见解。这些永远是一切创造精神劳动的精髓和发展动力。但新闻毕竟是新闻，它的质的规定性决定了它的生命之"根"永远只能是：事实。

从目前报纸上的一部分新闻来看，在用事实说话上，存在的问题不少，突出表现在：有的新闻把生动的事实变成了死板的概念和笼统的叙述；有的让那些令人生厌的套话、大话和空话把事实淹没了；有的则用尽人皆知的议论代替了事实；

还有的用突然转折省略去了事实，等等。以某报刊登的《威海市外向型经济形成气候》一稿为例，文中写道：威海市“地理位置优越，物产资源丰富，发展外向型经济有得天独厚的条件”，“为吸引外资，威海市制定了一系列吸引外商投资的优惠政策，并加强了经贸队伍建设，努力提高办事效率，搞好各方面的服务”，“在发展对外贸易过程中，他们在发挥资源优势的同时，加强了科研成果和技术的引进，努力提高产品的高技术含量，建立起了以拳头产品为导向，多元化、多层次的创汇商品生产体系。”文中写的优越在什么地方？物产丰富的特色何在？读者看了之后，不知所云。优惠政策的内容是什么？外贸队伍是如何建设的？提高办事效率的措施是什么？稿件对此只字未提，只是空话、大话和套话一大串，毫无意义。还有“高技术含量”“多元化”“多层次”等概念加概念的叙述，使人难以理解，望而生畏。

产生上述问题的原因，主要是：

其一，新闻事实本身已经能够说明问题了，记者、通讯员仍担心受众不了解其事实的意义，于是便加上大段的议论，结果成了多此一举。精彩的事实被冲淡、被淹没了。

其二，有的年轻记者、通讯员对新闻报道必须用事实说话这个新闻规律，思想上不明确，误以为在稿件中多发点议论，多讲点道理，就观点突出，思想性强。

其三，记者、通讯员采访作风不深入、不扎实，没有深入实际、深入基层、深入到群众中去调查和掌握那些新鲜的、富有说服力、活生生的具体材料，没有去调查事物的历史和现状，而只在领导机关里转转，在文件堆里抄抄，在新闻发布会上记记，在网上看看，结果必然是素材搜集不充分，没有选择的余地，只好“米不够，水来凑”。

其四，有的记者、通讯员不善于表达事实，不是在分析事实、反映事实上下功夫，而只是在观点、角度上下力气，致使稿中大观点套小观点，新概念套旧概念，事实和观点随意捏在一起，形成概念加例子，观点和事实脱节。

此外，有的记者、通讯员心中没有装着受众，写新闻只讲动机，不讲效果等，也是不注重运用事实说话的原因之一。

在新闻写作中，如何才能做到用事实说话呢？

首先，要提高对新闻要用事实说话重要性的认识，这是前提。新闻来源于客观事实，事实是新闻的基本内容，没有事实，也就没有新闻。客观存在的、确凿无误的事实，是最有说服力、感染力的。所以用事实说话，是新闻报道的重要特征。延安《解放日报》在《从五个 W 说起》一文中说："笼统抽象的话语，只能给人以模糊的概念，只有事实，具体确切的事实，才能予读者以经久不衰的印象，真正生动地教育读者。事实愈具体，感人愈深，说服力愈大。往往千百篇一般性的报道，效果还顶不上一篇具体确切的实地纪实，其道理也就在这里。"伟大的革命导师在新闻实践中都十分重视事实的报道。列宁在《论我们的报纸》一文中强调："用生活中的生动的具体事例和典型来教育群众。"毛泽东同志为《政治周报》写的发刊词中说："我们反对敌人的方法并不多用辩论，只是忠实地报告我们革命工作的事实"，并且指出，《政治周报》的体裁"十分之九是事实的报道，只有十分之一是对反革命派的辩论。"大量的新闻实践表明：只要向受众如实报告了事实，受众是很容易从新闻事实中获得信息，受到感染、教育，从而得出正确的判断的。这叫作事实和盘托出，精义不言自明。

其次，要提高新闻敏感，深入进行采访，这是用事实说话的基础。要发现新鲜的、典型的事实是件不容易的事。但只要我们深刻领会党的方针、政策，摸准受众跳动的脉搏，就可以提高对新闻事实的判断力，就能抓住那些最重要、最有意义、最能吸引受众兴趣的新闻事实加以报道。发现新鲜的、典型的事实，主要靠记者、通讯员深入基层、深入实际做艰苦细致的调查研究，像沙里淘金那样花力气去寻找。

对获第 12 届中国新闻奖消息一等奖作品《洞庭湖长大五分之一》的作者来说，洞庭湖他们太熟悉了。正常年景，他们会跑上四五趟，遇上洪灾，一次蹲守就是两三个月，可以说，没有哪个堤垸，哪条水系，甚至哪个湖汊，他们没有去过。为了真正了解洞庭湖蓄水面积扩大后是什么样子？它是如何变化的？湖区人民有什么反应等，记者又前后 3 次下洞庭，跑了湖区十多个县市。为了探寻"扩大"后的情景，他们还到退田还湖的垸子去实地考察，清晨和傍晚去观察鸟类的活动。为了了解 30 万移民的生活情景，跑了 7 个移民新镇，召开座谈会，到农家访问，记录下移民的生活情景。在深入实地采访的基础上，记者还多次上门向有关单位的领导和专家请教，并查阅有关历史资料。他们在占有大量生动素材后，经过反复推敲，几易其稿，最终写成这篇新闻精品。可见，记者、通讯员要想采写出新闻精品，就要在提高新闻敏感，深入进行采访，在捕捉新鲜、典型的事实上下功夫。

第三，要用典型的事实"说话"。用事实说话不等于简单地罗列事实，而应该选取最能反映本质、体现主题，最有代表性、最能说服人、打动人的事实说话。这就是要用典型的事实说话。那么，在大量的、各种各样的事实面前，如何筛选出重要的、典型的、生动具体的事实来呢？新闻实践告诉我们："比较法"是个重要的方法。把今天同昨天比，此物同彼物比，这个单位和那个单位比，在比较中常常可以发现差异，发现变化着的新情况，抓住涌现出来的典型事实进行报道。以首届中国新闻奖二等奖作品《读者你猜：他的职称是……》为例，作者通过对一些人虽有突出的实际成绩，但由于没有学历，没有论文而职称很低，而有些获得高级职称的人，实际工作成绩并不突出的比较，选择了一个典型事例，揭露职称评定中重学历、论文，不重实绩的不合理现象。文中写道：

近日，他又前往法国巴黎，指导在那里兴建的一座“中国城”的施工。这项在世界上称得上规模宏大和极具特色的工程，全部建筑、装修设计均出自这位自学成才者之手。

——他参与设计的“顺德旅游贸易中心”，吸取香港“新世界”的格局和广州白天鹅宾馆的内庭特色，设计得气魄宏伟，外国游客见了连声称赞“不可思议！”

——采用并列式庭园组合处理，体现岭南庭园艺术风格的珠海宾馆，曾获国家优秀设计银质奖。他是该工程的主要设计者之一。

——集城郭之雄、园林之美于一体，成为珠海游览一景的“九洲城”，曾获省优秀设计三等奖。他也是主要设计者之一。

——由他主持设计的顺峰山仙泉宾馆、海南琼苑宾馆等，都以其诗情画意和非凡气派，令人赞叹不已！

从以上内容可以看出，这是一篇用事实说话的佳作，通篇没有发表什么议论，完全用事实来说明职称与水平、能力、成绩不相符合。问题点到即止，发人深思。

第四，运用组合事实来“说话”。记者深入新闻事件现场采访，带回大量素材，经过提炼，上升为一个概念、一种思想，或一条经验，然后以这个概念、思想作指导，从素材中选择出受众感兴趣的、能反映报道对象本质特点的并符合报道主题思想的材料加以有机组合，写成新闻报道。这样，受众在接受新闻报道的同时，也就自然地接受了报道思想。

以第 10 届中国新闻奖消息一等奖作品《“天体大十字”预言宣告破产》一稿为例，据介绍，新华社国际部在 1999 年 8 月初就给有关分社去电，要求他们对 8 月 18 日到期的“天体大十字”预言进行跟踪报道，以弘扬科学精神，批评“末世论”。新华社驻巴黎、东京、伦敦、华盛顿分社的科技记者进行了大量采访，搜集了许多专家的意见和普通人的反映，并在第一时间将稿件发回。与此同时，国际部科技编辑室的记者在国内采访有关权威人士，包括北京天文台、紫金山天文台的天文学家和中科院院士何祚庥。编辑将全部材料精心雕琢，最后组合形成了这篇驳斥“天体大十字”谎言的有力佳作。

第五，精心挑选鲜活的事实来“说话”。众所周知，构成新闻的最基本要素，是最新鲜、最感人的事实。只要把事实写鲜活了，稿件的生动性和可读性也就有了。写事实，并非平铺直叙地讲事情的过程，而是要截取事实中最能反映新闻主题、最能打动人心的那一段。这就像采茶姑娘一样，要摘嫩生生、毛茸茸的茶叶尖儿，别把枯黄的老叶子也摘进筐内。这说起来容易，做起来可就难了。面对采访得来的一大堆素材，到底选取哪一件哪一段写入稿中，是颇费心思的。这就要用识别新闻价值的眼光去判断和筛选，要紧紧围绕新闻主题去取舍材料。

获第 5 届中国新闻奖消息二等奖的作品《陆家嘴金贸区一派沸腾》，是一篇成就性报道。采写成就性报道，最容易碰到的是“平”，而这篇消息写得比较活，有较强的可读性。主要原因是作者较好地解决了如何挑选鲜活新闻事实的问题。作者围绕陆家嘴不同凡响的开发气势和开发水平选取事实，用“中国唯一以‘金融贸易区’命名的”“有 67 幢高层和超高层的高标准大厦开工”“形成了沿江商务区、陆家嘴浦东南路金融区、张杨路商业街、竹园内贸区、龙阳物流综合区 5 个功能区域”“经过英、法、意、日、中 5 个国家规划大师的精心设计、30 多位国际规划专家的三轮方案深化，形成了具有世界一流水平的陆家嘴中心地区规划”“完成了包括越江隧道、有轨交通、运行系统、公交车辆在内的最终方案成果报告”等等。这些经过精心选取的鲜活事实，说明陆家嘴金贸区正像一位外国商人在参展后预言的：“这里将是 21 世纪的国际资本市场！”读来实实在在，很有说服力。

第六，选取独特的事实来“说话”。受众喜欢独家新闻，而独家新闻从内容上来说，是它的事实独特，是“人无我有”的新闻事实。但并非任何一条“人无我有”的新闻事实都能成为独家新闻，它必须是具有共同兴趣、特别新颖的、能够产生积极社会影响的新闻事实。像中国新闻奖获奖作品中的《珠海出了科技富翁》（第 3 届消息三等奖）、《英文村的“战斗”堡垒垮了》（第 10 届消息二等奖）、《浙江贫困农民依法享有最低生活保障》（第 12 届消息一等奖）、《看个“咳嗽”要掏 1065 元》（第 13 届消息一等奖）等，都是选取独特的事实来“说话”的成功之作。

第七，克制自己的情感，准确记录和表述新闻事实。面对战争、灾难、事故现场的惨状，记者的震惊、悲愤之情是可想而知的。但记者必须克制自己的情感，真实准确记录和客观表述新闻事实。

以第 10 届中国新闻奖消息一等奖作品《北约野蛮轰炸我驻南使馆》为例，以美国为首的北约，在 1999 年 5 月 7 日午夜，悍然用导弹袭击我驻南使馆，造成使馆人员重大伤亡和馆舍严重破坏。面对这一粗暴践踏国际法及外交史上极为罕见的事件，当时使馆内唯一幸存的中国记者吕岩松，冒着敌人随时可能再次袭击的危险，面对被炸使馆的惨状，强忍着巨大的悲愤，在事件发生后仅15分钟，便用手机向国内发回了使馆被袭的消息：“至少造成3人死亡，1人失踪，20多人受伤，馆舍严重毁坏”，“至少3枚导弹从不同方位直接命中我使馆大楼。导弹从主楼五层楼顶一直穿入地下室，使馆内浓烟滚滚，主楼附近的大使官邸的房顶也被掀落”。这则消息所产生的巨大冲击力、震撼力，正是来自记者克制自己的悲愤情感，对事实真实、准确的记录和表述。世界上其他新闻传媒，在数小时之后才发了相关报道。这篇消息，以其独有的新闻时效、真实准确的新闻事实，在全世界产生了重大影响。

第八，要概括好新闻事实。在很多情况下，新闻事实并非都是完整的故事，需要作者对它进行归纳和概括，简洁明了地说明新闻内容，使受众对所报道的新闻事实有一个总体印象。

第13届中国新闻奖消息二等奖作品《广东着力解决农村困难家庭子女读书难》便是将若干新闻事实在实践“三个代表”重要思想的具体行动这一主题思想统帅下，对材料进行组织安排和概括。如文中运用了纵横交错的写法：从横向看，在“广东”这个空间背景下，把不同地区、部门、单位发生的同类事件加以综合概括，以反映全貌；从纵向看，消息层层深入加以叙述，既报道了新闻事实，又写出了其产生的原因——它是“体现‘三个代表’重要思想的具体行动”。消息还运用了点面结合的写法：一方面，运用面上的材料，勾出轮廓，使受众对其所报道的事物有一个整体的认识；另一方面，它又运用点上的材料，穿插一些经过精细挑选的生动事例，给人以具体、形象、深刻的印象，使这篇综合消息既有概括性，又能具体化，增加了所报道内容的广度和深度。

此外，运用事实说话要本着少而精的原则，做到一滴水珠见太阳，通过一个事例说明一个道理。还要学会借口定论和叙中出论，即在叙述事实过程中，通过当事人的口来褒贬是非、得出结论，在叙述事实的过程中就把论点表达出来，不必再用作者的话或别人的口外加评论。

以上着重谈了记者、通讯员怎样遵循新闻规律，运用事实说话的问题。对编辑而言，也同样有这个问题。比如在选编稿件时，要挑选那些事实充分、内容新鲜的作品，在修改稿件时，要大刀阔斧地删去那些空洞的概念，而对生动的新鲜事实则要笔下留情。在组织稿件时，提醒记者、通讯员要深入采访，在精选事实上下功夫。

总之，“遵循新闻规律，运用事实说话”，已是广大受众要求改进新闻写作的一个急切呼声。新闻工作者应该行动起来，采取有力措施，克服新闻报道中空洞、抽象和“概念化”的毛病，使新闻报道真正为受众喜闻乐见，充分发挥好它传播信息、教育娱乐、服务生活和引导舆论的作用。

善用新闻语言　写出新闻精品

写新闻报道，就得运用语言，要想写出新闻精品，就要善于运用好新闻语言。运用语言是一门艺术。大量的新闻实践证明，同样报道一件事或一个人，词语丰富的人，写出来的新闻就有声有色，有血有肉，具有可读性和感染力；相反，语汇贫乏的人，写出的报道就干巴、枯燥，令人厌读。

何谓新闻语言？目前还没有一个权威性的说法。有人认为，要说有一种专有专用的、独立于语言宝库之外的新闻语言，那是不存在的。但是在文字表达中，不同的文体有不同的特性，不同的表达方法，形成了各自的语言特色。各种文体的语言既有共同之处，又有自身的特殊之点。从这个意义上来说，确实存在着新闻语言。中国人民大学新闻学院蓝鸿文教授给新闻语言下的定义是“通过新闻媒介，向人们报道新近发生的事实，传播具有新闻价值的信息时所使用的语言”（见蓝鸿文、马向伍《新闻语言分析》）。笔者同意这个看法。

一切文章对语言的基本要求都是准确、鲜明、生动的，新闻自然也不例外。新闻语言最基本的要求是真实、明白、简洁、生动。具体说来，它的特点可以概括为以下“十要”和“十不要”：

一是要真实，不要虚假。新闻是新近发生的事实的报道。这是至今多数人认可的新闻定义。真实是新闻的生命。新闻要真实，不仅要求把新闻事实写清楚，新闻中的“五要素”（即五个 W）不能有误，一是一，二是二，丁是丁，卯是卯，不能有半点含糊和虚假。使用语言表达时要准确，即遣词、用字、造句都要符合新闻事实的本来面目，合乎逻辑，做到概念清楚，判断准确，推理正确，褒贬得当，合乎语法要求，引用群众语言要符合人物的身份，说话要实实在在，讲究分寸，留有余地，不要虚夸和说绝话，也不要硬拼凑四言八句和顺口溜，给人以不实之感。更不能像文艺作品那样虚构、塑造。

20 世纪 60 年代初，北京有一家报纸刊登题为《北京工业品质量普遍提高》的新闻。周恩来同志看到后，把这家报社的领导找了去，语重心长地说，“普遍”这是毫不例外的意思。你们北京的工业品的质量是不是毫无例外地提高了呢？周恩来同志抓住“普遍”二字，一针见血地指出了新闻报道事实要真实准确，不许夸张渲染。

如今是多媒体的时代，新闻语言的融合成了一种必然趋势。海量的信息和丰富多彩的社会生活，使受众的阅听习惯和思维方式发生了很大的变化。为了适应受众的这种多元的、全新的心理与思维变化，新闻工作者不能仅限于用单一的报纸、电视、广播或网络语言来报道，而要结合报道内容、媒体特点和受众需求，采取融合的新闻语言来传播，如纸质平面媒体文字的视觉化、图像化，广播语言的文字化，电视语言的广播化、口语化，网络语言的整合化等。新闻语言的融合，既体现了当下新闻媒体对传统新闻语言的挑战意识，又表达了媒体个性张扬、自我发展的诉求，同时提升了新闻媒介的竞争力，适应了受众新闻思维变化和受众心理需求。但不管如何变化，要真实不要虚假，是对新闻语言最基本的要求。

关于这一点，在历届“中国新闻奖”的评选中，得到了充分的体现。一位多次参加评选工作的评委对笔者说，有的参评作品，其主题思想、构思技巧、传播效果都是比较好的，但由于文中有个别地方给人以不真实的感觉，结果被淘汰出局。有的作品，由于文中有个别错字，结果由一等奖改为二等奖。这些经验教训值得从事新闻采写工作的同志学习和借鉴。

二是要明白，不要含糊。新闻要写得明白，让读者一看便懂，不能让读者看后如雾中观花。用语不要模棱两可，更不能让人猜谜，甚至产生歧义。在新闻中使用“某省、某县、某厂”等含糊不清的字眼，读者是很反感的。在新闻时间上，不要使用“最近”“前不久”“今年以来”等打马虎眼的字眼来以旧闻充新闻。这样做，有时还会导致新闻失实或带来麻烦。例如南京某报因在一条新闻中用“最近”，闹出了一场风波。事情是某汽车总厂一司机在 1980 年 8 月因违法被逮捕，由于认罪态度好，于 1981 年 3 月获释。可这家报纸于 1981 年 8 月报道这件事时，说这一司机“最近”被依法逮捕。汽车总厂领导看到报道后打电话问有关部门是否最近还要逮捕这个司机？有关部门感到莫名其妙。这个司机和家属看了报道后，以为要重新处理，非常紧张。作者发现这个问题后，赶紧到司机所在单位去解释、道歉，才消除了这场误会。

善于用明白、清晰的新闻事实发表“无形的意见”，是所有“中国新闻奖”获奖作品的特色之一。以第 9 届中国新闻奖消息一等奖作品《长江上游仍在砍树》一稿为例，这篇消息全文 600 余字，分 5 个段落，每一段都是具体的、毫不含糊的、扎扎实实的事实，是记者在新闻事实发生的现场，以自己的眼睛为“摄像机”，以耳朵为“录音机”，把那些进入自己视角，具有新闻价值的新鲜事实“摄入和录入”其中，及时奉献给受众的记录性报道。为使报道明白、清晰，作者没有忽视向受众交代所有重要新闻事实的来源，如文中写的“攀枝花市一位林业干部告诉记者”“世行专家组成员、四川省林业科学院研究员刘仕俊说”等，都有力地增强了新闻的可信度和权威性。由于它明白如画，极具感染力，报道播发后，在社会上引起了强烈反响。时任国务院总理的朱镕基看到报道后，立即向有关部门作出“停伐”的指示，国家林业局向全国宣布长江上游天然林一棵也不能砍，谁砍就拿谁是问，并严厉指出违背自然规律的乱砍滥伐，是“吃祖宗饭，造子孙孽”的行为。报道受到受众的欢迎和评委们的厚爱，自然就在情理之中，荣获最高奖是实至名归。

三是要具体，不要空泛。语言是形式的载体，然而在这个信息充斥视听、传媒竞争激烈的时代，新闻语言又确乎在左右着受众对于新闻的选择和接受程度。人们越来越没有耐心看抽象概念堆砌而成的新闻，越来越厌烦抽象、空泛。以整个社会生活为观照对象的专业属性决定了新闻并没有一套相对独立、自成体系的语言系统，于是，条线报道专业术语泛滥、政策宣传摆脱不了官腔官调的现象屡见不鲜，新闻的生动性和贴近性在这样的语言包裹下丧失殆尽。

新闻报道的对象是人和由于人的活动所形成的各种事件。不管人也好，事也好，都是有形可感、有物可托的具体事物。记者（通讯员）的任务就是要根据宣传报道的任务和传播新闻信息的要求，将采访得来的材料如实地、具体地展现在受众面前。新闻规律要求用事实说话，所报道的事实要客观、具体，不用空泛的语言。记者（通讯员）的责任是向受众介绍新闻事实，让受众看完事实后自己去判断和下结论。切忌事实不够，议论来凑，不要一点点事实，一大段议论，用空话、套话充斥报道，要力戒新闻文章化。

概念化的语言与新闻是格格不入的，因为这样的语言往往没有特定性。比如有的记者（通讯员）一写起先进人物的事迹，便是“工作积极”“埋头苦干”“公而忘私”；一写到人多，就是“人流如潮”“人流如织”“熙熙攘攘”；一写到工作进展，就是“初见成效”“成效显著”“取得了重大突破”“取得了阶段性成果”。不是这类词不能用，用得太多，就成了套话、空话，使得整个报道模式化。这些抽象的概念，读者看后，会感到不具体、不实在，又怎能从中学到具体的东西呢？郭沫若曾这样说过：“语言除掉意义之外，应该要追求它的色彩、声调、感触。同义的语言或字面，有明暗、硬软，响应与沉抑的区别，要在适当的地方用适当的感触的字。”这种“用适当的感触的字”，说的就是具体化的写作方法，这个方法对新闻写作来说也是同样适用的。

“用事实说话”是中外新闻界所公认的新闻写作基本要求之一。大量的新闻实践证明，用事实说话应该做到：用具体的事实说话、用实实在在的事实说话、用完整的事实说话、用最有权威的事实说话、用有情趣的事实说话，报道要力求客观，倾向要自然流露。以第13届中国新闻奖消息一等奖作品《看个“咳嗽”要掏1065元》一稿为例，这篇消息在叙述新闻事实过程中，通过当事人的反映来褒贬是非，借他人之口来做定论。如文中写道：“有医务人员小声提醒杨先生，‘你的药开多了。’”“该院负责人就此表示：陈教授的行为肯定是有差错的，院方会根据院内质量管理条例对其进行处理。”还有文中写的：“杨先生见药开得很多，病历上字又看不懂，便问孩子得的什么病。陈教授说，‘按我开的药吃就行了。’一划价，药费加治疗费765元，加上验血费300元，共1065元！”“既然孩子是过敏性体质，为什么还要给孩子开这种药呢？……再深入解读药品说明书：6盒‘贝亚宁’可用5个半月！”“病历上处方药品数量比购药处方单上少”，等等。这些通过深入细致采访得来的具体、实在、完整、有权威的事实，具有很强的说服力，有力地增强了新闻价值。

四是要通俗，不要晦涩。常言道：“话须通俗方传远。”新闻是写给受众看的、听的，媒体的受众是多层次的，文化水平也各不相同。有人主张，新闻稿要使15岁左右的中学生能看懂、听懂。

翻开现在的报纸，无论大报、小报、产业报，都有一些新闻存在着不通俗的毛病。一是术语、行话及难于理解的生产技术过程多；二是方言土语和生造的词汇僻字多；三是简古，半文言半白话的现象也时有出现。为此，要求用语要通俗有趣，不要晦涩费解。要深入浅出。“深入”就是对问题的认识要深刻，要能透过现象抓住本质，抓住问题的关键。“浅出”，就是用最简明、最形象、最好懂的语言，把最生动的事实，复杂的经济现象，深奥的科技知识和革命道理报道出来，以便于受众理解和接受。为此，要求用语口语化，话怎么说，新闻就怎么写。分析问题要多用对比手法。有人总以为文字越高深越好，用词越生僻越显得有学问，其实用简单的词去表达复杂的意思，才是记者（通讯员）的文笔功夫。

要使新闻语言通俗，不晦涩，从第1—17届中国新闻奖获奖作品提供的经验来看，需要始终注意以下几点：

1. 不用或少用生僻字词。有经验的新闻工作者都喜欢把生僻字词比喻为新闻报道吸引受众的“拦路虎”。生僻字词用在平面媒体上，会令人对这条新闻望而生畏，避而远之；用在听觉媒体中，会令听者深感一头雾水，不懂其意，不知所云。

2. 不用或少用公文语言。公文是公务文书的简称，也称文件，如命令、决定、通知、通报、报告等。公文有公文的专用语。平实，是公文语言的特点。目前，我国新闻媒体中用得较多的公文语言模式有三种：一是常用“该”；其次是“为了……”“必须……”；再就是常用“第一……第二……第三……”罗列。这些字或句式用在公文中很合适，因为公文本身的性质决定了公文的用语应严谨明了，但这类字和句式出现在新闻报道中就使报道枯燥、乏味，失去可读性。之所以出现这种情况，原因在于有些记者（通讯员）热衷于泡会议、跑机关，把别人现成的通报、通知、通稿等公文拿到手里稍加修改就当作新闻给发了。这样写出来的新闻报道，难免公文味儿十足，可读性差。

3. 慎用古汉语。古汉语有简练、词汇丰富、表达方式多样、句法整齐、声音和谐等诸多特点。写作新闻报道会常常借鉴古汉语的这些优点。新闻报道中，偶尔引用一两句“子曰”“诗云”，可以增强内容的分量，信手拈来的一些文言词语放在新闻报道中，有时会起到很强的调节作用。但借鉴使用时，要讲究水到渠成，顺理成章，能够恰当地表达其深刻含义。使用古汉语是否妥当，可以把耳朵当成尺子量一量，凡听起来生硬，不能令人听后即知其意的，就要考虑舍去。

4. 尽可能避免技术性、业务性很强的术语和行话。实在非写不可的，就要作些必要的解释，提供必要的背景材料，还可运用比喻使新闻通俗化。

5. 要善于巧妙地向读者展示现场情景。现场情景可以给读者以看得见、摸得着的感觉。人们认识事物总是从具体的东西开始，具体的东西最容易为人们所理解和接受。以第 14 届中国新闻奖通讯一等奖作品《目击杨利伟飞天归来》一稿为例，虽然场面壮阔，航天工程的技术性强，但由于记者注意抓住一些典型画面和细节作重点的现场描写，把瞬间发生的事情像电影镜头一样，清晰地再现给受众，使人犹如身临其境，自然一看就明白了。

6. 要掌握一定的基础科学知识，否则是难以达到通俗化的。因为记者（通讯员）对所报道的内容没有透彻的了解，就跳不出技术业务圈子，不能驾驭自如，就只能听别人讲什么写什么了。

五是要生动，不要枯燥。有人把新闻语言与枯燥、干巴、乏味相联系，其实这是一种对新闻语言的误解。新闻语言也要求有文采，要生动活泼，切忌干巴、枯燥、乏味；要有生动传神的细节描写。那些富有浓郁生活气息的群众语言，形象逼真的比喻，寓意深刻的典故和引语，等等，都是新闻报道所需要的。

长期以来，对于客观报道的片面理解让文学修辞方法在新闻写作领域备受冷落，其实，在充分尊重客观事实的基础上，适当运用比喻、拟人、排比、对偶等修辞手法不但无碍新闻真实性原则，反而能增强新闻的可读性甚至震撼力。

要使新闻生动不枯燥，还应在语言表达的生活化、形象化上下功夫。即新闻作品的语言要具有清新、活泼的口语特点，具有浓郁的生活气息、鲜明的民族特色和地方色彩，充分运用有表现力的群众语言。要逼真地描绘事物的特征和形象，能表现出人物的语气、声调、情感、神态、性格，能再现环境的气氛和情景，并善于构成一幅幅有情有景、有声有色的画面，形象逼真，生动感人，去吸引受众，打动受众，引起受众的思考和共鸣。

新闻要生动、不枯燥，还应注重写出文采来感染人。刘勰在《文心雕龙·情采》中讲："圣贤书辞，总称'文章'，非采而何？"古人认为：说话要动听，就得讲究辞令；文章要耐看，就得讲究文采。孔子说："言之无文，行而不远。"倘若文章没有文采，怎么能吸引人看，又怎么能传之久远呢？大量的新闻实践证明，作为一篇新闻精品，不仅要主题深刻，内容丰富，而且要手法新颖，写得精彩，字里行间溢出文采，让人读来朗朗上口，爱不释手。

何谓文采？文采指文章的文辞风采，是构成文章风格和质量的要素之一，属于表现形式的范畴。它是作者的才情禀赋、精神气质、思想性格、语言藻饰、表现技艺、光泽色彩在文章中的有机统一和综合反映。文采飞扬的文章，往往给人以色、香、味、声的感觉，给人以美的艺术享受。因此，人们总是喜欢那些富有文采的文章。中国新闻奖获奖作品中的《东方风来满眼春》（第3届通讯一等奖作品）、《百姓心中的丰碑》（第15届通讯一等奖作品）、《索玛花儿为什么这样红》（第16届通讯一等奖作品）等，都是以文采出生动、出感染力，而受到受众欢迎和评委们青睐的。

六是要简洁，不要繁杂。在改革开放、大力推进市场经济的今天，人们的生活、工作节奏大大加快，信息需求量也成倍增长。受众要求在最短的时间内获得最丰富的信息，所以，信息越快越好、越精练越好。在报业已进入"读图时代""读题时代""厚报时代"的今天，在报纸、广播、电视、互联网等多种传媒并存及相互争夺受众有限的业余时间的严峻现实面前，这就要求我们的新闻要简洁，不要繁杂。当然，鉴于客观实际的需要，我们没有理由排斥长篇有内容的新闻作品。然而，我们确实有必要在思想上改变一下因袭的观念，即所谓凡是长的、复杂的才是重要的、才有震撼力、才有分量，也就是新闻重要性跟篇幅大小成正比这一观念。

新闻报道的写作规律要求记者（通讯员）用最快的速度把最重要的事实告诉读者，因此必须采用简洁明了的笔调写作。著名文学大师高尔基说："要写得简练紧凑，写最重要的东西，而且要写得像钉子钉进木头那样，一切都钻入读者的心中。"

新闻贵在言简意赅，没有废话。冗长繁杂的新闻，只能令读者望而生畏。

简洁，绝不意味着简单，而是大匠运斤，就简生繁，一字千金。要使新闻简洁，下述几点可作借鉴：

一条新闻只报道一件事实或只写一个人物。在叙述时，应直接写事实，不要做过多的解释和议论，必要的背景材料也应尽可能地简练，少用附加的修饰语，少来些繁杂的叙述和累赘的描写，尽量运用白描手法。

记者（通讯员）对所报道的新闻事实，要有深刻的理解。深入方能浅出，得心才可能应手。语言的简洁，绝不仅是笔头的功夫。作者只有对所采写的人和事及内在联系了然于胸，有真知灼见，才能对语言有准确的选择和精巧的加工。有的记者（通讯员）写的稿子之所以语言啰唆，拖泥带水，一个重要的原因往往在于对所报道的事实，缺乏本质的了解，重点没有抓住，只知道这个单位先进，这个人先进，但没有弄清究竟先进在哪里？不知道哪一方面、哪一点或哪一件事更为突出，具有普遍意义。这样，就不可能用最少的笔墨、最经济的文字、最简洁的语言，写出先进单位和人物的鲜明特点。要学会“挤水分”。农民收获粮食，总是晒干扬净，抛弃那些多余的东西，方可入仓进库。要使新闻语言简洁，就得设法挤掉语言中的“水分”。就是那些多余的副词，空洞的形容词，不必要的顺口溜和四六句，意思重复的语句等。

在要简洁不要繁杂方面，中国新闻奖获奖作品中的《全国药交会开幕式成了“闭幕式”》（第2届消息三等奖作品500字）、《“周易研究所”值得研究》（第6届消息二等奖作品400字）、《浙江：今年高考无“状元”》（第8届消息三等奖作品400字）等，都是这方面的代表作。

七是要新鲜，不要老套。新闻要新，不仅要求内容新，时效新，表达技巧新，而且要求语言也要新，切忌照搬套话，人云亦云，拾人牙慧，否则像“没商量”“将……进行到底”“都是……惹的祸”等别人嚼过的馍多了，会使你的报道黯然失色。只有“言人之所未言”，才能给读者留下深刻的印象。古人云，“惟陈言之务去”。作为记者（通讯员），写新闻应敢于创新，独出心裁，要写出人人心中有，个个笔下无，要写出浓厚的生活和时代的气息来。新闻语言只有新鲜，让人看时如春风扑面，才能赢得读者的青睐。

现在，我们不少新闻传媒上的语言，太“模式”、太正统，因而显得太陈旧、太呆板，不新鲜，记得有位外国记者曾感叹，中国新闻媒体上的文字，尽管中央与地方相隔万里之遥，但只要就同一事件写新闻、发评论，使用的语言，几乎都差不多，甚至连开头结尾，章法结构，也都几乎一样！这实在是一个“奇迹”，正因为如此，我们的新闻，也就失去了新鲜活泼的生命力。新闻天生是“喜新厌旧”的，即使内容很新鲜，但语言太陈旧、老套，照样不受欢迎。

要想写出新闻精品，语言新鲜是取胜的原因之一。以第13届中国新闻奖消息二等奖作品《请过路吧亲爱的藏羚羊》一稿为例，这篇消息在语言的运用上，就比较新鲜活泼、生动形象，受到评委们的青睐。值得学习和借鉴。如文中写的：“刚满月的儿女们”“可爱的精灵”“这里又呈现一种远古洪荒的宁静，只有高原的夜风为这群母子结成的队伍送行”“像跨过自己家的门槛一样；小羊羔紧依着母羊”“小羔羊满月后，再由母羊呵护着返回原栖息地”“一个多月里，两万只小羔羊诞生在那块神秘的‘天然产床’上”“有‘羊绒之王’之称，因此，也带来杀身之祸”“精心爱护每寸绿草，善待每一种动物”“可爱的小宝贝得到妥善的保护”“正在恢复野生动物天堂的动人景象”，等等，读来亲切、自然、赏心悦目，既是一种美文的享受，又受到文中新闻事实的感染。怎样才能使新闻语言做到新鲜不老套呢？从一些新闻精品来看，主要应抓住这样几点：

1. 与时俱进，吸收具有时代特色的新鲜语言。新闻记者应学会在语言上善于“追赶时尚、捕捉流行”，用富有时代感的语言诠释新闻事实。一个时代有一个时代的语言，新闻语言的魅力，时代特征是个重要因素。新闻总是在求新的，它的表述语言也应是鲜活的，有个性的，并随着时代进程不断更新。也就是说，新闻语言总在不断变化和充实丰富。它反映、记录和交流当代社会的新变化，自然会随时反映和吸取当前社会新的健康的流行的用语来传播新闻信息，领风气之先。

2. 在现实生活中捕捉具有新意的语言。记者（通讯员）在采访中，接触各种各样的人，在同他们的交谈中，应随时注意捕捉那些具有新意的语言，将它们如实写入报道中。

3. 将人民群众中富有新意、体现新精神而又有鲜明特色的群众语言直接写进新闻中。群众的语言往往是既生动又新鲜，既通俗又有形象感。将这些原生态的语言去粗取精后运用到新闻写作中，定会令新闻新鲜可人。

4. 从采访对象和背景材料中概括、提炼出精彩的新鲜语言。古人作诗作文，讲究“篇中炼句，句中炼字”，“吟安一个字，捻断数茎须”，达到“语不惊人誓不休”的目的。这种精神，值得我们在运用新闻语言时学习和借鉴。

八是要朴实，不要粉饰。所谓朴实就是朴素和实在，不刻意雕琢，不矫揉造作，不摆官腔，这是新闻报道特有的风格。以第17届中国新闻奖消息一等奖作品《火车首次跨越“世界屋脊”》一稿为例，该是华丽辞藻的用武之地吧，像高山、湖泊、草原、蓝天白云，还有藏羚羊、牦牛、野兔、野马、野骆驼等，该有多少可描写的啊！但作者还是以朴实的叙事为主，仅用了“世界为之瞩目”“扎西德勒”“梦想成真”“为沿线风光陶醉”“重写历史”“世界最高的线路”“跻身世界民族之林”“不仅是经济繁荣”等，就将这一举世瞩目的壮举，生动地展现在受众面前，让人感到朴实而自然。这种朴实的文风是值得学习和借鉴的。西方新闻学认为，选用形容词要特别当心。新闻语言要像李白诗中写的：“清水出芙蓉，天然去雕饰。”那种认为“三分人才，七分打扮”，全靠“笔下生花”的写作观点是要不得的。有人说，“如果按照自己的讲话方式写稿，你就成功了一半”，这是经验之谈。美国著名记者雷迈尔·莫林在谈到他一次采写凶杀案例时，老板曾告诫他说：“用不着费脑筋去写它。让事情本身说话……词汇用得越普通越好。”“不要咬文嚼字。要把细节都提供出来，但是不要用形容词去渲染。这件事本身说明了问题，它不需要你添油加醋。”新闻语言由华丽返回朴素，才具有感染力。

古人云：自得方为贵。“自得”并非天生，而是在实践中锤炼出来的。驾驭语言的能力，也得多练、多学。学什么？从哪里学？自然是向书本学，读前人的优秀作品，但不是照搬照抄，寻章摘句，而是领会其精神，增加语汇。比如读诗歌、文艺作品，可以使你懂得炼字炼句的技巧；从戏剧中，可以学习写对话的艺术；学习快板、相声，可以使你的文章向口语化和富于韵律感方面跨进一步。不过，更要注意多向生活学习，向群众的语言学习，群众的语言是极为丰富的。作为记者（通讯员），在采访中，特别要注意向采访对象学习语言。只有这样，你写出来的东西才更符合那个环境，更具有鲜明的个性和浓厚的生活气息，才具有强烈的时代色彩。

九是要有情，不要冷漠。心理学原理告诉我们，要想增强新闻宣传的说服力，除了依靠诉诸理性（即摆事实，讲道理）外，还需要诉诸情感，用感情和情绪去打动人心。特别是那些面向千百万群众的宣传，更需要诉诸情感。唐代大诗人白居易说：“感人心者，莫先乎情。”我们每个人几乎都有这样的感受，当你在欣赏一篇好的新闻作品时，往往会感到有一股无形的力量在冲击着你的心扉。这种力量就是作品的内在魅力，而以情感人就是这种魅力的具体表现。我们知道，新闻打动人心的基础是真实而具体的事实。然而，记者那些准确表达事实而又富有情感的新闻语言，那些依据事实而发的带有情感的谈吐，都会与受众的心灵产生情感的碰撞。

“作者不动情，读者何以动情”。看看著名记者穆青成功的经验：他在谈到采访焦裕禄的感受时边哭边说，会场上也一片抽泣声。他说，记者的感情是始终溢于胸中，时时流露笔端的。正因为他与主人公架起了深知深解的桥梁，才能使读者交织在感情的漩涡之中，深受感动和教育。由此可见，记者的感情、笑声、哭声，受众都会感到、听到、看到。只有把人物的事迹融进记者的血液，从记者的血管里流出来，才算得上记者的作品。

中国近代著名报人梁启超，人称“为情而造文”的大师，他所撰写的新闻言论“笔锋常带感情”，感情充沛，富有煽动性。其写作手法被誉为风靡一时的“时务文体”，对当时的社会以及报纸业务都产生了广泛影响。范长江采写的新闻通讯集《中国的西北角》《塞上行》，也是以浸透着激昂的爱国家、爱人民的情感而长留读者的心中。新中国成立以来出现的《谁是最可爱的人》《县委书记的榜样——焦裕禄》《领导干部的楷模——孔繁森》《索玛花儿为什么这样红——记优秀共产党员、木里县马班邮路乡邮员王顺友》等为代表的一批优秀新闻作品，其中的语言都洋溢着火热而崇高的情感，并分别在各个时期激励着千千万万的受众。

新闻的情感是通过新闻语言表达的，新闻语言是新闻报道的物质外壳，它肩负着向受众表述新闻事实、传递新闻信息的特殊使命，是构筑新闻报道的最基本元素。情采兼具、意蕴丰厚的新闻语言能吸引受众，感染受众，唤起人们心灵深处的那一份情致，给人以美的享受。以第6届中国新闻奖特别奖作品《领导干部的楷模——孔繁森》一稿为例，文中所写孔繁森第二次受命进藏，临行前与年近九旬的老母亲依依告别时的一段描写：

要走了，孔繁森默默地站在母亲面前，用手轻轻梳理着母亲那稀疏的白发，然后贴在老人的耳朵旁，声音颤抖地说：

“娘，儿又要出远门了。到很远很远的地方去，要翻好几座山，过好多条河。”

“不去不行吗？”年迈的母亲抚摸着他的头舍不得地问。

“不行啊，娘，咱是党的人。”孔繁森的声音哽咽了。

“那就去吧，公家的事误了不行，多带些衣服、干粮，路上可别喝冷水……”

想到也许这是同年迈多病的老母亲的最后一面，孔繁森再也抑制不住内心的感情，“扑通”跪在母亲面前：“自古忠孝不能两全，娘，您要多保重！”说完，流着泪给母亲深深磕了一个头。

在这段描写中，作者通过细腻感人的语言，深情地表达出孔繁森的组织性之强和他的亲情美的情操与品格，给受众以情感美的享受。

那么怎样使新闻语言文情并茂、情感浓烈呢？大量的新闻实践证明，通过锤炼感情色彩词语、直抒胸臆、借景言情等表达手段，就能使新闻语言具有真情实感。

十是要和谐，不要僵硬。新闻语言的本质规定性和核心价值应是规范的语言、人文的语言、和谐的语言。然而，伴随着媒介市场化的改革，受经济利益的驱使，目前，新闻语言中出现许多不和谐的因素。其主要表现是：

1. 使用过时的语言。随着时代的前进和社会的发展，富有生命力的新的语言不断产生，而一些语言因僵硬带有封建色彩或政治色彩而逐渐退出历史舞台。如果继续使用僵硬的带有封建色彩或政治色彩的语言，不但不能增强新闻语言的表现力和感染力，反而会影响新闻的传播效果，甚至会使报道产生负面影响。例如一些媒体在新闻中把县领导称作“县太爷”，散发着陈腐的封建气味，与时代风尚格格不入。还有《港一小撮议员围攻梁锦松》《留住李铁“清洗”肇俊哲》《郭跃“抢班夺权”首度封后》等，其中使用的“围攻”“一小撮”“清洗”“抢班夺权”之类的情绪化语言，带有浓厚的“文革”色彩。这些都不利于今天的民主法制建设，不利于精神文明、政治文明建设和创建和谐社会。

2. 使用低俗的语言。现在是一个充满竞争挑战和危机的时代，也是一个媒界娱乐为王的时代，“作秀”无处不在的时代。一些媒体为追求“卖点”吸引受众眼球，迎合少数人的心理需求，在新闻报道中使用庸俗、不健康的语言，使新闻语言变得油腔滑调，粗俗不堪。例如“某地‘小姐上市’”等低俗的语言。还有一些贬损性、侮辱性的语言常常见诸报端。如“败类”“傻 ×”“荡妇”“王八蛋”“猪头”“考霸”等等，这些低俗化、贬损性的语言不仅损害了新闻报道的客观公正原则，还降低了媒体自身的文化品位和公正形象，更重要的是给社会、给受众造成了不良的影响和后果。

3. 使用歧视性的语言。如地域歧视，在一些新闻报道中出现的“乞丐村”“小偷村”“艾滋村”等。又如身份歧视，把进城务工农民称“乡巴佬”，把环卫工作称作“粪头”，把搬运工称作“棒棒”“扁担”。再如性别歧视，称女人为“性感尤物”“红颜祸水”“风骚”“狐狸精”等。

4. 使用暴力语言。这一点在体育比赛的报道中尤为突出。如“复仇”“杀戮”“拼死”“击败”“打翻”等屡见不鲜，这些充满血腥气的语言，显然与奥运精神、促进安定团结、和谐相处的目标相去甚远。

当今社会已经进入了信息全球化的时代，在中国迈向经济强国的进程中，在创建和谐社会的时候，作为一种影响力巨大的语言——新闻语言，应讲究和谐，摒弃过时、低俗、歧视、暴力等僵硬的语言，使之成为社会语言的引导者，先进文化的传播者，和谐社会的推动者。

以上，我们从语言的一般规律出发，研究了新闻语言的一些特点。那么，新闻语言和其他文体的语言到底有没有什么区别呢？应当说，区别还是有的，虽然不大好区别。现简单归纳如下：

一、新闻语言和文学语言。我们认为新闻语言和文学语言之间至少应该有两个区别：一是要真和实，而不能想象夸张。以比喻为例，新闻里的比喻，它是取自现实，注重实在。《解放军报》在一篇报道中，有这样一段描写："在方圆不过六百平方米的阵地上，共落下八百多发炮弹和燃烧弹，这就是说，不到一张饭桌大的地方就有一颗炮弹。"用"一张饭桌大的地方就有一颗炮弹"来形容炮弹的密集，看不出有什么不真实的表现。文学作品也用这样的比喻，但更多的是用夸张和浪漫色彩的。二是新闻语言只能准确地反映生活，而文学语言则可以而且应该高于生活。这里，我们用一个具体事例说明这个问题。如写一篇关于南海石油的散文特写，你一开头可以是："当直升机的螺旋桨急速转动起来的时候，我的一颗激烈跳动的心，飞向了辽阔的南海，飞向了广东大陆架的珠江盆地。"而新闻一般不这样开头，新华社发的关于南海石油的新闻，其导语就开门见山地说，"在南海珠江盆地打出了一口高产油井，原油从离海底两千多米的地层深处汹涌地喷射出来。"相比之下，散文特写可以"散"得从天外飞来，而新闻中的石油则要具体从珠江盆地的油井喷出。

二、新闻语言和理论文体语言。新闻也有分析，也有议论，也有逻辑思维，新闻语言和理论文体的区别在于：新闻要用事实说话，具体地说，它不是用推论、例证说理，而是摆事实，或寓理于事，如"中国新闻奖"获奖作品中的《洞庭湖长大五分之一》《"怕水"干部激起民愤》《我省交通图五年七变》等，就是用事实说话，寓理于事的佳作。而理论文章虽然也用事实说话，但它的事实只是作为论据，通过论证来阐述论题。

三、新闻语言和公告、通知、座谈会、纪要一类文体语言。公告、通知，座谈会、纪要一类文章，要求明确具体说明问题，这和新闻语言有共同点。但这类语言都比较庄重、严肃，而新闻语言则要求精练、朴实、生动。

总之，新闻语言，是新闻这一特殊体裁的表现形式，与其他文体语言相比，有它自己的特点，但又具有其他文体语言的综合因素。如果看不到这一点，不是文学代替新闻，就是新闻的虚假含糊、空泛晦涩、枯燥繁杂、老套粉饰、冷漠僵硬。笔者认为，新闻语言要量体裁衣，要符合新闻的特殊要求，要按新闻的不同内容，应用和内容相适应的语言。要做到这一点，就要求新闻工作者在语言修养上，有比较高深的功力，这样，我们的新闻语言才能真实明白、简洁生动、通俗具体、新鲜朴实、有情和谐。

美感催生新闻精品

一条新闻，怎样才能使受众赏心悦目，激起喜怒哀乐的情绪，像磁石一样地把受众吸引进报道所描述的新闻事实中去？

一块版面，怎样才能做到图文并茂，像个百花园，给人以春天的信息和美的享受？

一张报纸，怎样才能办得美如画卷，像个亭亭玉立的少女，使读者“一见钟情”？

翻阅如今名目繁多的各类报刊，真正对读者有着强烈感染力和吸引力的新闻、版面和报纸还是不多见的，相反，那种枯燥乏味的新闻，那种面孔呆板的版面和报纸却是屡见不鲜的。

生活离不开美，缺少美的生活就像沙漠缺少绿洲一样单调枯燥。同样，新闻也离不开美，没有美的新闻，只能是事实的堆砌，数字的罗列，让人感到面目可憎。社会发展到今天，美已经成为全民族精神文明的一个重要方面。新闻如果单是告诉读者一些信息，披露一些事实和数字，已经远远不能满足读者需要了。人们在阅读新闻时，除了解自己所关心的信息外，还要求对新闻事实有新鲜、简洁、准确、生动的描述，使心灵受到陶冶。这里，新闻实践向我们提出了一个十分严肃而又尖锐的问题，即：我们在重视研究新闻价值的时候，也应注意研究一下新闻的美学价值。新闻应讲究美感，这是新闻改革中需要探讨和解决的一个重要课题。本文结合“中国新闻奖”部分获奖作品的实践，就美感催生新闻精品作如下探索。

——真实美。新闻必须真实，真实是新闻的生命。新闻来自社会生活。先有事实，后有新闻，这是新闻报道中的一条基本规律。法国文艺批评家布瓦洛说：“只有真才美，只有真才可爱，真应统治一切。”由于新闻是真实的，所以新闻是美的。没有真实，便没有新闻，也就没有新闻美了。读者评价一条新闻美不美，首先看这条新闻是否真实地反映了客观事实。新闻精品都是以真实赢得读者，给读者心理上带来一种满足和喜悦的。而这种满足和喜悦，正是这些新闻产生的美感所致。相反，有些新闻之所以不能产生美感，使人厌恶，其原因之一就在于新闻不真实，表现为或无中生有，或夸大拔高，或虚情假意等。以曾获得过 1980 年全国好新闻奖的《钱被风刮跑以后》一稿为例，最初人们不知道它是虚假之作时，都为新闻中所写的人的高尚风格和品质所感动，从而产生了美感。后来当这条新闻被揭发出来是假新闻时，最初读新闻所产生的美感便立刻消失，代之而起的是一种厌恶、憎恨、愤慨之情。

这条新闻则由美变丑了。

当然，真的不等于全是美的，但美的必须是真的。新闻写作中常常遇到这样的情况，当你选用的材料不具备美学价值时，那么你写出来的新闻不全是美的。比如，在法制报道中经常涉及的腐朽和淫秽的东西，即使事实是真实的，作者也写得很生动，但它不会给人带来美。

——情感美。何谓情感？《辞海》是这样表述的：情感是人物的喜怒哀乐等心理表现。在日常生活中，人们高兴时手舞足蹈或洋洋得意，悲哀时心酸落泪或黯然神伤，激愤时振臂高呼或怒目相向，畏惧时悚悚发抖或惊恐万状，等等，这就是情感。大量的新闻实践证明，新闻要能引起读者的美感，让读者感到有美的享受，就要以情感人，给读者以喜悦和快感。

白居易在《与元九书》中说："感人心者，莫先乎情。"写文章是一件动感情的事情。如果一个作者对我们的事业，对我们的时代，对所反映的对象，感情淡漠，写出来的作品一定是苍白无力的，也就不可能感染读者。对于这一点，著名记者穆青同志体会最深，他说："冷漠是通讯写作的敌人，激情哪怕是幼稚一些，也会使文章闪现火花。"他的名作《县委书记的榜样——焦裕禄》之所以实现了情感美，是因为他是流着眼泪写的，有时行行热泪"叭叭"地滴在稿纸上。他在作采写这篇人物通讯经过的报告时，更是声泪俱下，多次哽咽，使台下的听众感动得泪水涔涔。那么，新闻的情感美是怎样实现的呢？常见的方法主要有：

一是直接抒情。就是人们常说的"直抒胸臆"，即作者直接抒发为新闻人物的事迹所激发起来的思想感情。以第15届中国新闻奖通讯一等奖作品《百姓心中的丰碑》一稿为例，文中有这样一段直接抒情：

听百姓们含泪讲述长霞的故事，真情似颍水清澈，朴实如嵩岳无华，像追忆逝去的亲人。从那悲痛凝重的氛围里，我们真切地感悟到，一个人们心目中的"好官""好公安局长"与百姓的血肉联系，感悟到"天地之间有杆秤，秤砣就是老百姓"的朴素哲理。

其实，百姓的眼泪很金贵，也很慷慨，就看是对谁。她抹亮了嵩岳一片蓝天，还给了登封一方平安。百姓就把泪洒给她，把心掏给她，用口为她铸碑！

嵩岳无言，颍水低回。雨像泪一样飘洒，泪如雨一般倾诉。

面对每一位受访者的泪眼，记者视线模糊，无法拍照，无法笔记。

登封"黑幛白花漫嵩山"，"城巷尽闻号啕声"，仿佛一夜之间出了无数诗人，使整个山城涌动着诗的潮水，哀的旋律。

莫道尽铁血，英雄也流泪。她的泪流淌着女人的天性。天性的慈悲，慈悲的纯真，闪耀着彩霞般的丽晖，映照出一位公安局长执法为民、关爱百姓的深切情怀。

上述直接抒情，将任长霞的英雄事迹，描写得如歌如泣，读来朗朗上口，铿锵悦耳，催人泪下。

二是间接抒情。它是通过叙述、议论、描写的方法来抒情的。其中有：依附于事的抒情、依附于理的抒情、依附于景的抒情、以物拟人化的抒情等，这里就不一一列举述说了。

——通俗美。通俗、朴实也是一种美。语言大师老舍曾说："文字不怕朴实，朴实也会生动，也会有色彩。"无论写什么样的文章都应提倡通俗化，写新闻更应如此。记者（通讯员）在写新闻时，应尽量写得明白如画，切忌晦涩难懂，更不要咬文嚼字，内容要简洁凝练，使人喜闻乐见。常言道："话须通俗方传远。"新闻只有通俗化，才能有好的传播效果。尤其在经济新闻与科技新闻大量增加的今天，强调新闻实现通俗美，更具有其现实意义。

要实现新闻的通俗美，首先在思想上要牢固树立读者观念。一位新闻界的老前辈说："当你动笔写新闻的时候，千万不要想到是写给报社总编辑看的，而是要想到是写给广大读者看的。要像给自己家乡的老朋友讲故事一样来写你的报道。这样，你所写的报道，一定会受到广大读者的欢迎。"这是经验之谈。其次是尽可能地避免技术性、业务性很强的术语和行话。实在非写不可时，要做些必要的解释，提供必要的背景材料。第三是尽可能地不用生词僻字、土语方言，并要同"简古"决裂。第四是要善于巧妙地向读者展示现场情景，给读者以看得见、摸得着的感觉。第五是用比喻求通俗美。比喻是一种常用的修辞方法，用它可使文章形象，生动、易懂，它是使新闻实现通俗美的重要手段。例如借用古典文学作品中大家熟悉的形象、人物故事，成语典故，用以说明现实生活中的某些道理、关系、工作。像用"要唱'失街亭'，不唱'华容道'"喻惩治腐败要执法必严，不徇私情等。借多数人并不陌生的自然现象阐明某种道理。如用"干打雷，不下雨"喻办事说得多，做得少，许诺多，兑现少。借人们日常生活中熟悉的事物喻抽象的道理，或代替严肃的表述，如用"婆婆"喻上级，"松绑"喻放权，等等。第六是记者（通讯员）要掌握一定的基础科学知识，报道时作深入浅出的叙述，跳出技术业务的圈子，让读者看了就懂。

——新颖美。美感具有疲劳的特性。在一次审美过程中，美感存在着由新鲜转为疲劳的过程。例如：第一次听到布谷鸟的叫声是悦耳的，但听多了，就"充耳不闻"，不觉好听了；黄山的奇松、怪石、云海，初次见到者甚为赞赏，而身居那里的人，却"熟视无睹”，不足为奇了。齐白石画的虾，徐悲鸿画的奔马，黄胄画的毛驴，是画得相当好的，但也不能一天从早看到晚。古典名著《三国演义》《水浒》《红楼梦》等，除研究者外，一般人是很少读两遍的。好的电影、电视剧也是如此，第一次观看时觉得新鲜，第二次再放映，有很多看过第一遍的人就不再看了。美感的疲劳，不是感觉的疲劳，而主要是心理上的疲劳。人们对新闻的审美过程也是如此，也存在着由新鲜到疲劳的过程。人们读报纸、看电视和听广播，或上网，总是希望了解到新鲜的信息，如果报纸上、电视和广播中以及网上传播的都是旧的信息，人们就不愿意接受了。因为人们的美感已得到满足，心理上已经疲劳，已失去追求的欲望了。

求新，这是新闻的本质属性所决定的。如何才能使自己写的稿件富有新颖美呢？这主要有：一是要努力采写“独家新闻”。即努力采写人无我有的稿件，把注意力放在刚刚发生的新鲜事上。这样，就能使自己采写的稿件具有“独家新闻”的新鲜美。二是要独辟蹊径。别人写过的东西，自己一般不写，要写就要根据内容，给客观事实找到一个最恰当的表现方法和写作形式，运用新体裁，选择新角度，写出新意，以新取胜，做到人有我新。三是人浅我深。有些事情，由于思想、工作上的需要，在报纸上要反复经常宣传，如实事求是，一切从实际出发，艰苦奋斗，团结协作，大兴调查研究之风，尊重知识，尊重人才，“三个代表”，科学发展观，和谐社会等方面的内容。写这类稿件，要写出新颖美来，就要深入采访，写出深度来才能取胜。四是要讲究时效，做到快采快写。这也如同军队打仗一样，谁快谁就可能抢占山头，取得胜利。五是要不断创新。创新是艺术的生命，也是新闻的生命。因为只有创新才能产生真正的美。要创新，就要敢于打破传统。据说扬州八怪之一的郑板桥，就是放弃了对名家书法的临摹才形成了自己独树一帜的新书体；天津第一代“泥人张”张明山，就是打破了他父亲的“白猴偷桃”的传统后，才创造出优美多姿的仕女像的。搞新闻如果不敢跳出前人的模式，老是依葫芦画瓢，人云亦云，是永远没有出路的。像中国新闻奖中的《交口县大院竟挖出“升官符”》（第12届消息二等奖作品）、《浙江：今年高考无状元》（第8届消息三等奖作品）、《全国药交会开幕式成了“闭幕式”》（第2届消息三等奖作品）等，都是以新颖美而取胜的代表作。

——趣味美。什么是无产阶级新闻报道的趣味美呢？有人说：“就是情景交融，妙趣横生，广征博引，生动感人，兴味盎然，发人深省，像一块磁石，对读者有强烈的吸引力。”也有人说：“那就是新闻中的事实所包含的和表述方法上体现出来的，能以情趣与意味吸引读者的东西。”这些说法，我看都是有一定道理的。新闻报道之所以要提倡趣味美，是因为趣味性在新闻报道中，是一种无形的力量，通过潜移默化的作用，使读者对所报道的事实，从不愿接受达到愉快地接受。新闻中的趣味性同思想性是密切相关的。只有增强趣味性，才能使新闻的思想性生动鲜明、深刻透彻地反映出来。趣味美可以使新闻栩栩如生，增强感染力。毛泽东同志讲过："我希望这个报纸好好地办下去，多载些生动的文字，切忌死板、老套，令人看不懂，没味道，不起劲。"曾担任过中宣部部长的陶铸同志说："要有革命的趣味，不要害怕趣味性，不要把趣味性与政治性对立起来，真正有思想性的东西，趣味性就强。"

怎样才能使自己所写的报道有趣味美呢？我认为主要应抓住两点：一是要在寻找有趣味的主题和题材上下功夫。生活是纷繁复杂、丰富多彩的，戏剧性的场面和具有情趣性的新人新事、新情况、新经验、新问题比比皆是。只要我们深入实际，深入群众，认真搞好调查研究，有趣味性的主题和题材是不难发现的。二是在写作上下功夫，尽可能把新闻报道写得有趣味性。在写作上，要冲破公式化、概念化的束缚，勇于革新、创新、写新，要注意用幽默的文笔，感人的情节，精巧的构思，生动的语言，紧密联系读者的生活，把趣味性寓于事，寓于理，寓于言中，写出"色、香、味"来。

以第12届中国新闻奖消息三等奖作品《山歌唱响主旋律》一稿为例，题目本身就让人感兴趣。文中的内容更让人欲罢不能。如文中写的："深奥道理不易懂，山歌一唱心里明。"

请看一组农民编著的山歌：

"三个代表三根弦，三根琴弦紧相连；三根琴弦齐奏响，美妙音符洒人间。"

"贫富悬殊几千年，穷人有谁来可怜；唯有中国共产党，敢拿扶贫来攻坚。"

"三中全会新精神，广西贯彻最认真；中央政策广西化，1234610。"

"改革开放二十年，城乡处处变新颜；楼房建到茅草岭，麻雀难找旧屋檐。"

"独生龙来独生凤，独生子女好威风；不信你去桂林看，哪个不夸独秀峰。"

歌手们针尖对麦芒地进行"华山论剑"般的斗歌，令在场观众听了"笑得眼泪都标（流）"。

以上内容，读来妙趣横生，兴味盎然。

新闻报道的趣味美是对丰富多彩的社会生活的真实反映。不能为了趣味美，就去搞"合理想象"，捏造有趣味的情节，或迎合低级趣味，搞"猎奇"。新闻的趣味美，是健康、向上、美好的趣味，反对低级、庸俗、下流的趣味。

——节奏美。节奏，原意是"音乐术语。音响运动的轻重缓急形成节奏，其中节拍的强弱或长短交替出现合乎一定规律。"这种规律性发音给人一种美感，形成一种节奏美。后来人们在社会生活实践中，把音乐中的节奏美扩展开去，引申到社会生活节奏美，劳动节奏美，运动节奏美，新闻节奏美等。

新闻之所以要有节奏美，是因为客观生活本身存在着节奏美，新闻作品自然少不了具有节奏美的特点。那么，什么是新闻的节奏美呢？归纳起来，主要有：从对形势、事件的报道上来说，应做到有高有低，有热有冷，有快有慢，有浓有淡，有强有弱，使受众感到新鲜活泼，常看常新，常听常新，常读常新，乐于接受。从报道的时代感而言，应与时代的节奏同步。白居易在《与元九书》中说："文章合为时而著，诗歌合为事而作。"新闻是时代的产物，它在反映时代生活、表现时代精神时，应有时代的节奏，以此来推动时代前进，促进历史的发展。从报道的速度上来看，应讲究时效。新闻要快，快也是一种节奏，随着人们工作节奏、生活节奏的不断加快，要求新闻也要适应这个节奏，反映这个节奏。希望尽早知道正在发生和刚刚发生的事情，先睹为快，是受众的普遍心理。新闻只有体现这一点，以快的节奏才能赢得受众的欢迎。从写作技巧上来说，应做到有张有弛，张弛结合；有动有静，动静结合，或以动显静，或以静衬动；有续有断，有重有轻；有长有短，以短为主；有的地方要"泼墨如云"，有的地方则要"惜墨如金"。此外，还应通过对比、对偶、映衬等修辞格和句式，以及讲究平仄对仗，音韵相配来表现节奏。

——含蓄美。含蓄是艺术美的一个规律，是中华文化的一个特色，它的基本意思是：意不浅露，语不穷尽，句中有余味，篇中有余意。也就是常说的"意在言外"。古今中外，许多美的艺术作品，不论是雕塑、绘画，还是小说、散文，都具含蓄的特征。我国宋代文人姜白石说："语贵含蓄。"恩格斯在致玛哈克奈斯的信中也说："作者的见解愈隐藏，对艺术作品来说就愈好。"可见，含蓄是艺术的一个美学特征。

新闻作为一门艺术，也应具有含蓄美。特别是新闻要求用事实说话，要求将作者的观点，将文章的主题寓于事实之中，这就更加需要含蓄。实践证明，将新闻写得含蓄点，给读者留下想象的余地，效果比直说要好得多。凡是写得好的新闻作品，大都是讲究含蓄美的。以首届中国新闻奖消息二等奖作品《读者你猜：他的职称……》一稿为例，文中写道：

人们称他为"鬼马浩"的广东顺德县第二建筑设计院院长梁昆浩，近日又前往法国巴黎，指导正在那里兴建的一座"中国城"的施工。这项在世界上称得上规模宏大和极具特色的工程，全部建筑、装修设计均出自这位自学成才者之手。

——他参与设计的"顺德旅游贸易中心"，吸取香港"新世界"的格局和广州白天鹅宾馆的内庭特色。设计得气魄宏伟，外国游客见了连声称赞"不可思议！"

——采用并列式庭园组合处理，体现岭南庭园艺术风格的珠海宾馆，曾获国家优秀设计银质奖。他是该工程的主要设计者之一。

——集城郭之雄、园林之美于一体，成为珠海游览一景的“九洲城”，曾获省优秀设计三等奖。他也是主要设计者之一。

——由他主持设计的顺峰山仙泉宾馆、海南琼苑宾馆等，都以其诗情画意和非凡气派，令人赞叹不已！

可是谁会想到，取得如此巨大成就的梁昆浩，至今仍是一个助理建筑师。

有人认为，梁昆浩学历低，理论基础薄弱。有人认为他没写过多少篇论文。然而那一座座令人激赏的宏伟建筑，不正说明他的真才实学吗？不正是他的形象化了的“论文”吗？

从上述叙述中，读者可以清楚地看到，记者对梁昆浩没有评上高级建筑师，表示了强烈的不满和同情，对评职称中重学历、轻水平，重论文、轻能力的唯学历论、唯论文论者，给予了有力的嘲讽。这样的职称评定，是在评学历、论文，还是在评实际水平和能力？作者的观点表达得多么的鲜明、深刻！但作者并没有直说，而是采用含蓄美的办法，让读者去“猜”，多么优美和让人回味无穷啊！

创造新闻含蓄美的方法很多，常用的有：一是多用“曲笔”，即话不直说，采取从反面写起，或从旁衬托；二是多用“寄言”，即“言见于此而意在彼”，也就是“意在言外”；三是用“比兴”，即打比喻，托物起兴等。

——悲壮美。美学家根据艺术美的两种不同形态和特征，将它们划分为阴柔之美和阳刚之美，前者是秀美，后者是壮美。在我们的新闻报道中，应该说两种美都是存在的。前者多于后者。新闻实践证明，悲壮美给人留下的印象更深，教育意义更大。

在我国新闻史上，曾报道过许多悲壮而令人难忘的人和事。像妇孺皆知的《刘胡兰慷慨就义》《董存瑞舍身炸碉堡》《英雄黄继光舍身堵枪眼》；像全国好新闻中的《社会主义实干家——优秀知识分子栾弗》《知识分子的优秀代表蒋筑英》《谭德定见儿子被电击死仍坚持接车》；像中国新闻奖中的《领导干部的楷模——孔繁森》《战士李向群为抗洪抢险捐躯》《英雄赞歌——记独臂英雄丁晓兵》等等，都是新闻悲壮美的精品之作。这些可歌可泣的英雄人物，他们的崇高精神和品德，在读者中都产生了强烈的反响，使人们的思想境界得到了升华，产生了很好的传播效果。

——反差美。这种美在新闻报道中运用比较普遍。它是利用事物的某个特性，选择使用典型的、性质截然不同的新闻事实，给读者提供认识这个事物及其发展的对立物，鲜明地表达新闻事实，揭示新闻主题，使新闻具有更强烈的点化力和感染力。记者（通讯员）、编辑在组织某一个时期报道以及某一个专栏、某一个专版，某一件事情的报道上，常常采用有表扬有批评，有好事也有坏事，有美的事物也有丑的事物，有使人喜欢的事情也有使人不快的事情等相对比。通过对比辨明是非，识别真假，发扬美的善的好的，摒弃丑的恶的坏的，从而达到陶冶人们的情操，调节人们的心理平衡。以第5届中国新闻奖通讯三等奖作品《一个军人遇到的冷嘲与敬重》一稿为例，文中有这样几段记叙：

小姐撇撇嘴，说："先生，您一共才消费10元。"

饭菜上齐后，正吃着，耳旁传来议论声："瞧那位大兵两碟小菜一碗汤就是一顿饭，也太抠门了。"我的心一收缩。寻声望去，只见离我几尺远的一张桌子边，几个男女青年围坐在一起，喝得脸红脖子粗。桌子上摆的是五粮液酒和红塔山香烟，十几盘山珍海味已是杯盘狼藉。

"太寒碜了，看来还是个当官的呢！"声音又一次传来。

寒碜？我这就够奢侈的了。有些驻守边关的战士遇上大雪封山，一天三顿吃的是萝卜、白菜、土豆老三样。从头年的10月吃到第二年的5月，有时这些菜吃完了，新鲜菜又运不上来，只好顿顿吃酸辣菜罐头。长期熬下来，我们有的眼睛凹陷下去了，有的头发脱光了，有的手脚指甲断裂了。就这样，还得爬冰卧雪，担负战备执勤任务……

"莉莉，去！把咱哥们吃剩下的菜端几盘赏给那位大兵，让他开开洋荤。"一个刺耳的男高音消失后，一个浓妆艳抹、花枝招展的女郎，在其同伙的鼓励声中，端着一个空盘走了过来。她嗲声嗲气地说："兵哥哥，可惜菜没了，据说菜汤的营养价值更高，味道更好，请你喝了吧。"

我异常愤怒，血管都要爆裂了，咽了口唾沫，拳头攥出了汗，终于忍了。喝多了的女郎越来越放肆了。她挤眉弄眼，动手动脚，抓住我的手摇晃着："你喝了吧，喝了吧，让我们大哥大、大姐大们高兴高兴吆！"

"太不像话了！"我指着这帮醉醺醺的青年男女说："我作为一个边防军人，缺少的不过只是金钱，但不缺人格和尊严。你们想过没有，假如没有我们这些军人，能有你们挣大钱的安宁环境吗？假如边防军人们知道保卫的是你们这群酒肉之徒，那他们肯定会伤心的。"

这时，我的周围已挤满了人。一位中年妇女上前握住我的手说："尊敬的边防军人，我是酒楼的前堂经理，前面发生的事情我全看到、听到了。谢谢你给我们上了一堂课。其实，现在不理解军人的只是少数人。人民群众对军人还是有着深厚感情的。”说完，她回头望了望，喊道：“小王，到后堂去端我们酒楼最好、最贵的一道菜，今天，我请这位军人的客。”

“慢着！”一位西装革履的中年男子也挤了上来，说：“我是酒楼的总经理。为了庆祝明天的八一建军节，我代表酒楼的全体职工请客。凡是那边桌上有的菜都上，那边桌子上没有的，只要我们酒楼有，也都要上，我们要用实际行动来慰问亲人解放军。”话音刚落，周围顿时响起了一阵阵热烈的掌声。

上述记叙，将相关的新闻事件从不同内容、不同方面进行对照、比较，使双方交相辉映，达到正面的人和事，更受读者喜爱和赞扬；反面的人和事，激起读者的嫌弃、斥责。实践证明，对比反差越大，越能引起人们的认知。使受众在两种态度中认识、思考、抉择，从而鞭策落后，赞扬进步，促进事物向前发展。这就是反差美的力量所在。

——形象美。按照美学原理，美感的基本特征之一，就是要有形象的具体性和可感性。也就是说，美总是通过具体的、可感的形象表现出来的。离开了具体可感的形象，美就不存在了。新闻是客观事物的反映，客观事物总是以具体可感的形象存在的。因此，新闻不可能没有具体可感的形象。

有形象就有美。以第 14 届中国新闻奖消息二等奖作品《今天火车登陆海南》一稿为例，文中有这样一些描写：

我国第一艘跨海火车渡船——粤海铁 1 号，像漂移的陆地，载着火车驶向海南。

6 级海风掀起滔天白浪，汪洋大海上不见一片帆影。渡船在波峰浪谷间行进，十分平稳，杯水不摇。

吴邦国站在布满鲜花飘扬彩旗的南岸栈桥上，临风而立，迎接渡船上岛。他满脸喜悦，似乎在对大海说：执政为民的共产党人彻底改写了海南与大陆不通火车的历史。

上千海南人涌向码头看热闹，一位老大爷挤进去又被挤出来，帽子都挤掉了，他嘴里喊着：“让我再看一眼。”

这时，一首《春天的故事》骤然响起，人们感受到“铁龙渡大海，琼崖尽是春”。

上述现场描写，记录下了多彩的历史事件的瞬间情景，渲染了新闻氛围，把读者带到了新闻事件发生的现场，给读者留下了广阔的思考想象空间，从而揭示了新闻的主题，提升了新闻的价值，增强了新闻的感染力。读后使人激动，为之欢悦，从而产生浓郁的美感。

——语言美。指用美的语言去组织、报道新闻事件。何谓美的语言？美的语言应具有如下特点：

一是准确贴切，真实可信。新闻语言来自现实生活，来自人民群众，来自所报道的新闻事实本身。它无须雕琢刻画，本身就是一种自然美。像新闻名篇《县委书记的榜样——焦裕禄》中的“吃别人嚼过的馍没味道”，“榜样的力量是无穷的”；像《中国工人阶级的先锋战士——铁人王进喜》中的“石油工人一声吼，地球也要抖三抖”等，读来真实可信，很有说服力，给读者留下难忘的印象。

二是凝练简洁，干净利索，不拖泥带水，有话则长，无话则短。以 1984 年全国好新闻《近百万盆鲜花无一丢失》一稿为例，全文如下：

本报讯　今年国庆期间，北京大街上摆了近一百万盆鲜花，全城万紫千红，处处花团锦簇。她们之中，既有串红、一品红等普通观赏花卉，也有鹤望兰、五针松、香石竹、富贵竹等名贵品种。市园林局的同志欣喜地告诉笔者，到目前为止，没有一盆丢失，甚至没有一盆受到损坏。

这条新闻把鲜花美和人们心灵美巧妙地联系起来，从而较好地反映了新时期人民群众新的精神风貌以及社会风气的明显好转。全文 120 个字，不枝不蔓，干净利索，犹如一篇电报文稿，充分体现出新闻语言的简洁之美。

三是朴实无华，实实在在，不花里胡哨，乱加形容词。“清水出芙蓉，天然去雕饰。”以首届“现场短新闻”中的二等奖作品《未上金榜的售粮模范》一稿为例，文中有下面一段话：

“啊——”女同志恍然大悟，用拳头轻轻地擂了一下司机，笑着说：“你怎么不跟我说呢？！”

“我跟你说了，你会来帮我卸粮吗？”

“你——真坏！”一阵欢笑后，女同志爬上拖拉机，将一袋袋粮食搬上司机的肩，两个人欢快地干了起来。

正当我丈二和尚摸不着头脑的愣神工夫，粮站熊站长来到我身边说：“他俩是夫妻，男的叫熊焕逊，是象山林场农民，未上金榜的售粮模范。”

这段话，生动形象，朴实可爱，像一幅不着色彩的素描画。

四是形象生动。以第 13 届中国新闻奖消息二等奖作品《请过路吧亲爱的藏羚羊》一稿为例，文中有这样一些记叙：“刚满月的儿女们”“可爱的精灵”“这里又呈现一种远古洪荒的宁静，只有高原的夜风为这群母子结成的队伍送行”“像跨过自己家的门槛一样；小羊羔紧依着母羊”“小羔羊满月后，再由母羊呵护着返回原栖息地”“一个多月里，两万只小羔羊诞生在那块神秘的‘天然产床’上”“有‘羊绒之王’之称，因此，也带来杀身之祸”“精心爱护每寸绿草，善待每一种动物”“可爱的小宝贝得到妥善的保护”“正在恢复野生动物天堂的动人景象”，等等，读来亲切、自然、赏心悦目，发人深省，既是一种美文的享受，又受到文中新闻事实的感染。

——人性美。近年来人物报道突破了以往的思维定式和写作模式，将笔触延伸到报道对象的情感世界里，写出了他们的“人之常情”，揭示出他们的人性美，反映出他们多彩的人生，使他们的形象更为丰满、亲切、可信，亦使他们的高尚品格得到更充分的展现。

人非草木，孰能无情，先进人物同样是有情有义之人。但因为以往的英模报道，很少涉笔于情，只是写他们对祖国、对人民的深厚感情，而淡化他们对亲人的真挚情意，往往给人以“英雄无情”，不食人间烟火的印象和误解，造成受众与先进人物之间的情感疏离，甚至使一些受众产生先进人物可敬而不可亲的感觉。近年来的报道不忽略、不回避英模人物的自然本性，不仅写了他们对祖国对人民的感情，而且写了他们对父母、对妻儿、对亲戚朋友的亲情与爱情，写亲人对他们的理解与挚爱，表现他们最率真的人性之美。

以第15届中国新闻奖通讯一等奖作品《百姓心中的丰碑》一稿为例，这篇人物通讯在展现人物的人性美方面，为我们提供了范例。如文中写的：

当任长霞得知张生林连小病都没钱看时，抓起电话就向市民政局长“说情”求援，为他申请救济。接着，她又把自己的常用药给张生林老汉挑了一大包，并约定15日她从郑州开会回来再说案情，弄准了立即抓人。

“每逢星期六控申接待日，总能见到任局长耐心接待上访群众，倾听他们陈情，为他们主持公道。有一次碰面，她主动与我拉家常，问我生意咋样，收入够不够生活用，叫人心里热乎乎的。”

“2001年5月的一个局长接待日，我到市公安局去申诉。那天的情景我到死都忘不了。任局长拉着我的手，问我啥事儿？我把告状材料递给她，她看了材料后，轻轻地摸了一遍我头上那块去掉颅骨仅剩头皮包着的软坑，她惊讶地说了声‘咦！咋打成这样！’她的泪水一下流了下来，双手扶住我的肩问：‘人呢？’我说‘跑了’。任局长说：‘你放心，跑到天涯海角我们也要把他抓回来！’当时在场的100多个告状乡亲中许多人都哭出了声。”

见到这个情景，任长霞走过去让民警把犯罪嫌疑人从囚车上押下来，说：“打开手铐，让他们父子再见上一面。”犯罪嫌疑人看到还不懂事的儿子时，露出了人性的一面，抱着儿子号啕大哭。这时，任长霞蹲了下来，用双手轻抚着孩子的脸，从衣兜里摸出 100 元钱，递给一位邻居说：“给孩子买点吃的，以后孩子有啥困难就去公安局找我，我叫任长霞。”说完扭头就走了。

当时在现场采访的任俊杰回忆说：“当我过一会儿再见到任局长时，发现她在悄悄抹泪。”“任姐，你哭了？”她对我说：“唉，孩子真可怜！女人泪窝浅啊！”

任长霞在处理这起事故中得知这一情况后，眼含热泪拉过小春雨的手：“孩子，从今往后你是我的亲闺女！”自此，任长霞独自承担了小春雨生活和学习的全部费用。

“2002 年深秋的一天，任妈妈到我家来看我，给我带来一双运动鞋和一件粉红色棉袄。她蹲在地上给我穿鞋，见到我的袜子破了一个窟窿，就说，‘这咋穿哪，给你点儿钱去买双新的’。我的眼泪刷一下掉了下来，要不是当时旁边站着别人，我真想搂住她亲她一口，叫一声‘妈妈’”。

任长霞的丈夫卫春晓律师说：“当初，我下班早了，给她倒杯水；她下班早了，给我倒杯水。多少回，她小鸟依人般偎在我怀里。随着她肩上的担子逐步加重，这些慢慢都没有了。她偶尔回家一次，也是不停地打电话说工作，或者倒头就睡，叫都叫不醒。‘春晓，咱老夫老妻了，我真的太累，顾不了家，你多担待点儿’。”看似刚烈的卫春晓泪花闪闪……

“其实，妈妈很爱我，就是因为她太忙，很少有时间回家陪我。今年 3 月 16 日，我患病在医院动手术，痛得全身流汗，特别想妈妈，忍不住就给她拨通了电话。妈妈说，工作忙完了就来陪我。我听到妈妈在电话那头哭：‘卯卯，好孩子，妈妈腾开手，一定去看你，一定！’”

以上叙述，之所以读来让人荡气回肠又肝肠寸断，原因就在于它写了任长霞的人性美。任长霞的丰富、高洁的精神世界，是在情与情、情与理、情与利的交织与冲突中表现出来的。写任长霞流泪就是写情，写她对老百姓的深厚感情，写她与群众的血肉联系，从而在泪水中升华英雄的精神，用泪水荡涤读者的灵魂。

我们所处的时代，是一个追求美的时代。以反映客观事物为己任的新闻报道，按照美学的规律改革自身，繁荣新闻写作是每个新闻工作者义不容辞的责任。艺术大师罗丹有句名言：“美到处都有的，对于我们的眼睛，不是缺少美，而是缺少发现。”我们的社会生活和人民的思想中充满着美，愿我们的记者（通讯员）投身到改革开放的生活激流中去发掘新闻美，研究新闻美学，发展新闻美学，把我国的新闻美学研究提高到一个新的水平，为创建具有中国特色的新闻美学而贡献自己的一分力量。

引而不发　趣味无穷

——新闻精品中这样运用悬念

“悬念”又叫“卖关子”“系扣子”，它是说书人使用的一种技巧，也是文学作品吸引读者的一个重要手段。有人把它比作从书中伸出来的魔手，它能紧紧地将读者抓住，使之欲罢不能。清代文人袁枚在《随园诗话》中说：“凡做人贵直，而作诗之贵曲。”“文似看山不喜平。”新闻写作中恰到好处地运用“悬念”这一技法，实践表明，可以收到使文章有起伏，生波澜，绷紧读者心弦，富有吸引力的效果。

新闻写作中悬念的运用，虽不能提升新闻的价值，但在原有新闻价值的基础上，巧用悬念的手法，可以将新闻写得更加生动活泼，曲折变幻，从而增强可读性，激发读者的阅读兴趣，用以达到新闻有效传播的目的。

笔者对“中国新闻奖”部分通讯作品作了一个分析，发现绝大多数篇章，明显地采用了悬念的手法。请看第 14 届通讯一等奖作品《医药代表向“老百姓”下跪》一稿的开头：

日前，在新开张不久的杭州“老百姓”大药房内，一位来自哈尔滨某药厂的医药代表面对满屋人，竟痛哭流涕地向药店采购部部长下跪。

是他想求“老百姓”大药房买他的药吗？不是。恰恰相反，他是想求“老百姓”大药房别再卖他的药了！

作为医药代表，药品销售越多，利润无疑越丰厚。他为何会为了把药拿下柜而“屈膝”。这到底是怎么回事？

面对上述这些“悬念”，你能不读下去吗？

悬念在文章中除了扣人心弦，使之欲罢不能的明显的、基本的作用外，它还有促进新闻事件和情节的发展，深化新闻主题的功能。

如何设置悬念，这是一个比较复杂的问题。分析研究“中国新闻奖”部分作品的“悬念”设置。归纳起来主要有以下 6 种常用的方法值得学习和借鉴。为了便于读者加深理解，每一种方法均列举 3 例佐证，从中读者可以欣赏到通讯精品的开头和结尾是怎样写作的。

一是选取新闻中人物的某种反常行为作为悬念。与正常的情况不同，从违反常规的现象或结果入手，突出事物的不同寻常之处，能刺激读者心理，引起读者注意。请看下列 3 例：

例一，第 16 届通讯一等奖作品《索玛花儿为什么这样红》的开头所设置的悬念，就属于这类悬念。文中写道：

眼前这位苗族汉子矮小、苍老，40 岁的人看过去有 50 开外，与人说话时，憨厚的眼神会变得游离而紧张，一副无助的样子，只是当他与那匹驮着邮包的枣红马交流时，才透出一种会心的安宁。

整整一天，我们一直跟着他在大山中被骡马踩出的一趟脚窝窝里艰难地走着，险峻处，错过一个马蹄之外，便是万丈悬崖。

傍晚，就地宿营，在原始森林的一面山坡上，大家燃起篝火，扯成圈儿跳起了舞。他有些羞涩地被拉进了跳舞的人群，一曲未了，竟如醉如痴。“我太高兴了！我太高兴了！”他嘴里不停地说着。“今晚真像做梦，20 年里，我在这条路上从没有见过这么多的人！如果天天有这么多人，我愿走到老死，我愿……”忽然，他用手捂住脸，哭了，泪水从黝黑的手指间淌落下来……

例二，《大一男生，背起母亲上大学》（第 16 届通讯二等奖作品）也属于这一类。文中在开头这样写道：

记者见到腼腆清秀的刘霆时，惊讶于这个 19 岁男孩的瘦弱：一米六几的身高，九十来斤的瘦弱身子，脸色发黄，一副黑边眼镜，穿着牛仔裤和毛衣，沉默内向……这分明还是一个孩子，难以想象这么大的重担压在这么弱小的刘霆身上。

绕着一个阴暗的过道和满屋的杂货，记者爬上了四楼，这是一个不大的农民出租房，四个 10 多平方米的房间住了四户人家。伴着浓重刺鼻的药味，记者看到了刘霆和妈妈所谓的“家”，它让我真正感受到什么是家徒四壁：一张小钢丝床、两条被子、一个小书桌，桌子上堆放了好几本图书馆借来的书，一个案板，还有一些瓶瓶罐罐。

这就是刘霆和妈妈全部的家当，这就是刘霆用瘦弱的肩膀与母亲撑起的一片天。当刘霆的妈妈颤巍巍欠起身时，记者分明在她眼神里看到了作为母亲的自豪和对儿子的依赖。

例三，《谁留住了李建忠？》（第 9 届通讯二等奖作品），也是以人物的某种反常行为作悬念的。文中开头写道：

1998 年 5 月下旬，在省里召开的一次经济工作会议上，一位副省长焦急地透露了一条信息：李建忠要走了，谁能留住李建忠？

随后，李建忠的去留曾成为省委常委会讨论的议题。为了留住李建忠，省委副书记韩桂芝与他倾心长谈两个半小时，副省长马淑洁、张成义先后前来挽留，省委组织部一次次研究、探讨、协调，寻找一种新的人才管理办法。

二是采用含义隽永的故事形成悬念。读者有一种天然的故事情结，喜欢讲故事，也喜欢听故事，因此在新闻素材中遇到富有悬念的故事时，可以通过故事的悬念来吸引读者。请看下面3例：

例一，《老阿妈和她的国旗》（第9届通讯二等奖作品）一稿开头所设置的悬念，就是一个含义隽永的故事形成的。文中写道：

雄壮的国歌，威严的战士，鲜艳的五星红旗……每逢节假日，我们可以在布达拉宫广场上，领略升国旗这一激动人心的一幕。与此同时，在遥远的聂拉木县樟木口岸一个绿树掩映的山村，一间简陋的小屋顶上，次仁曲珍老阿妈也会诚挚地升起一面五星红旗，表达一个老党员的爱国之心。

老阿妈和她的国旗故事正在商潮澎湃的樟木镇悄悄流传着。

例二，《她们用膝盖攀上40级台阶》（第11届通讯二等奖作品）也属于这一类。文中开头写道：

6月2日，刚刚从内蒙古医院出院的一位80岁老人，向记者讲述了一件让他一辈子也忘不了的真实故事。7名女护士，用她们柔弱的双肩，硬是将这位80岁的危重病人，艰难地用膝盖爬上了40级台阶，演绎了一出新时代白衣天使护佑生命的绝唱。

例三，《八个男人换回来的一个生命》（第10届通讯二等奖作品）也是用含义隽永的故事形成悬念的。文中开头写道：

在危难之际，男人依靠自己的体力与死神搏斗；女人要靠自己的冷静，更需要男人们的帮助。昨日，在烟台市牟平区一家医院里，大舜号幸存者中唯一的女性董颖，无限深情地向记者描述了数日前几个素昧平生的男人用自己的生命把她从死亡线上救回来的经历。

三是选取能渲染紧张气氛的情节造成悬念。人们普遍有一种向往勇敢、惊险与刺激的阅读心理，这种心理的审美特点就是紧张。这种紧张，或是一个片断，或是一个情节，或是一个细节，或是一个场景，或是一段对话。紧张必然引起读者的惊奇与置疑，造成读者心理上的悬念。请看下面3例：

例一，请看《惊心动魄35分钟》（第15届通讯一等奖作品）的开头：

今年7月1日13时40分，成都某机场被紧张气氛所笼罩。

塔台上，机场边，飞机设计单位领导、空军某试飞大队领导、飞机总设计师、科研技术人员……数百人一齐把焦灼的目光投向骄阳似火的万里晴空。

此刻。一架失去动力的战机在万米高空正以极大的俯角高速向机场滑降而来！

这不是一架普通的飞机。它是我国正在研制的一种新型战机的科研样机，价值上亿元人民币。

这不是一次普通的飞行。它是该型飞机在定型关键阶段的一次试飞，结论对飞机改进意义重大。

这更不是一次普通的降落。飞机在 1.2 万米高空试飞，因意外情况燃油漏光，飞机发动机停车。为保全科研样机，试飞员决定从距机场 20 多公里远的地落空滑迫降。

下落航线与跑道呈 70 度夹角，下降速度 400 公里 / 小时左右，一旦失误，该机就可能冲出跑道坠毁。

惊天一落，危险空前。驾驶战鹰迫降的，就是空军某试飞大队副大队长、特级试飞员梁万俊。

上述描写所渲染的紧张气氛的情节，就给读者造成了悬念，使之非往下阅读全文不可。

例二，《尴尬的阻击战》（第 14 届通讯二等奖作品）一文的开头，也属于这一类。文中写道：

“到底还是被我们逮着了！”这声音划破深夜的宁静，从黄石市的一条小巷中传出。

车刚停稳，王细花紧张的脚还未落地，就被“埋伏”在这里的市肉食稽查队 7 名队员团团围住。

尴尬和无奈写满这位女老板的脸。

车上 2 吨双汇冷鲜肉成了稽查队的“战利品”。

例三，《保护还是破坏》（第 16 届通讯二等奖作品）的开头这样写道：

“记者同志，圆明园正在湖底铺设防渗膜，这是自毁命根子！”3 月 24 日中午，记者接到兰州大学生命科学院教授张正春的电话后，马上赶到圆明园。偌大的圆明园游人稀少，所见所闻令人吃惊：大部分湖底已被“开膛破肚”，防渗膜已经铺完，上面盖上了被晒干压碎的污泥，像平整后的农田；有的民工正在用水泥认真地砌严石头缝——防渗工作可以说是横到边竖到沿，天衣无缝。

张正春教授告诉记者，对天然湖底进行全部防渗，将导致两大严重后果——

四是巧设提问形成悬念。这是新闻作品中设置悬念常用的一种表现手法，即提出问题，让读者回答。疑问提得好，能激发读者的好奇心，从而调动读者阅读新闻的积极性。请看下面 3 例：

例一，《陕北有我未相见的妹》（第 14 届通讯二等奖作品）一稿开头所设置的悬念，就是采用提问的方式形成的悬念。例如文中这样写道：

在黄土高原颠簸的汽车上，龚亚辉拿出一张冯曹琴 7 岁时寄给她的照片反复端详：12 年了，当年的女娃已经长大成人，我能认出她吗？

例二，《学者不得为商家当“托儿”》（第 12 届通讯一等奖作品）也是巧设提问形成悬念的。如文中开头写道：

“某某学会推荐产品”“通过某某学会科学鉴定”……在科技备受推崇的今天，这样的广告宣传也如雨后春笋般出现在大众媒体上。可又有谁知道“学会”这个神圣的名字是不是盗用的呢？

例三，《民族独立的中流砥柱，伟大复兴的时代先锋》（第 16 届通讯二等奖作品）的开头，也属于这类。文中开头写道：

国破家亡关头，谁能凝聚力量？民族复兴之路，由谁开辟引航？

五是抓住矛盾的突出点设置悬念。悬念，是现实生活中矛盾和问题的集中概括。在新闻作品中设置矛盾，必然引起心灵上的冲突，给读者带来悬念。一些社会现象看起来似乎矛盾，令人难以置信，其实这正是作者落墨的着力之处，正是作者要营造悬念吸引读者的地方。矛盾常常是读者青睐的关节，抓住矛盾的突出点设置悬念，就具有强烈吸引人的魅力。请看下面 3 例：

例一，《提错种子的农民，你们在哪里？》（第 9 届通讯二等奖作品）就属于这类。文中开头写道：

4 月 26 日，一辆轿车在呼克公路上奔驰着，窗外阴雨连绵。

车内坐着兵团种子公司企业管理部经理董旭强等一行 3 人。他此行的任务是专程从乌鲁木齐赴塔城为 3 位不知姓名、也不知住在何处的农民，送一袋油葵种。

此刻，董旭强的心情难以言表——千里送种，路途遥遥。可是，能找到他们吗？

例二，《“老汉街头遭骂”，引发如何消除不文明现象大讨论》（第 13 届通讯二等奖作品）的开头也属于这类。如文中写道：

昨天下午，南京一对老人到新街口逛街看南京闹市变化，哪知一不小心就碰上一个衣冠楚楚却满口脏话的市民。受辱后的夫妇发誓再不逛闹市。

例三，《三巨头联手挖市，奶农面临危机》（第 16 届通讯二等奖作品）一稿的开头，就将矛盾的突出点展现在读者面前，文中这样写道：

今年 3 月 1 日以后，山西太原市的奶源市场出现了恐慌。现象之一：养奶牛的小规模零散养殖户生产的牛奶，被几家主要收奶的大型乳品企业拒收了！现象之二：

即使奶牛养殖园区生产的奶，也遭遇了压级压价，限量收购的情况。全市2万多头奶牛和它们的主人们面临着危机。

六是运用画面切入的方式构成悬念。这种方法就是从新闻事实的某一个断面切入，或是一个特写镜头，或是一个场面，或是一个细节，运用描写的手法，勾勒出一幅速写式的画面，而将悬念寄寓在画面之中。请看下面3例：

例一，《申纪兰的市场观》（第17届通讯三等奖作品）一稿，在开头这样运用画面切入构成悬念：

鸡叫过3遍，申纪兰就起床了。她穿上藏青西服，裹上那条嫣紫色围巾，像往常一样，用一把锁虚挂在家门上——这是向找她的人传递一种信息：她出门了。

例二，《含泪再炸邱家湖》（第2届通讯二等奖作品）一文在开头形成悬念写道：

“要炸，他们自己去，我不当这个坏蛋！”安徽省颍上县半岗区委书记两眼血红，火暴暴地冲着报话机嚷。尔后，他甩掉话筒，看也不看在场的省防汛指挥部来的人一眼，转身奔代家湖指挥护堤而去。

例三，《这一划，我在梦中想你千百回》（第16届通讯二等奖作品）一稿在开头写道：

“天很蓝，那是生命的颜色；彩云很美，那是青春的写真。如果再给我一次机会，我依然会选择那深远的天和悠悠的云。”6月23日18时，华中某机场，在患乳腺癌停诊一年之后，33岁的刘文力驾机重返蓝天，用行动表达了她对蓝天的深深眷恋。

在新闻写作中运用悬念，既可以放在开头，也可以放在文中，还可以放在文尾，但比较多的是放在文章的开头。下面3例是将悬念放在文尾的。

例一，《商业部长买鞋上当记》（首届通讯二等奖作品）一稿在结尾处写道：

如今胡平已经穿上了武汉百货商场为他换的新鞋，可是他的心情并没有轻松。他说：“我是一个部长，买了劣质鞋能及时退换，但要是普通消费者呢？”

例二，《红场易旗纪实》（第2届通讯二等奖作品）一文的结尾是这样写的：

莫斯科的夜空开始飘起雪花，气温明显下降。但仍有不少人陆续来到红场。人们还在红旗落地的地方发表自己的看法，还在那里争论……

例三，《428级台阶》（第5届通讯二等奖作品）在结尾处写道：

然而，建设者们的艰辛劳动，也会被人们遗忘么？

根据目前通讯写作中在设置悬念上存在的问题，笔者认为，在通讯写作中运用悬念应注意以下几点：

一是要“悬”得合乎情理，切忌故弄玄虚。通讯中之所以能有悬念，是因为现实生活中存在着悬念。悬念是记者（通讯员）根据客观存在的新闻事实而写成的，不是作者杜撰的。真实是新闻的生命。新闻作品中的悬念切不可有半点虚假，一定要符合客观实际，合情合理，那种不顾新闻真实性而一味追求新奇的做法是不可取的。一篇新闻究竟需不需设悬念，需要在一处或几处设悬念，都要因文而定。

二是要“悬”得新鲜生动，切忌“陈年老窖”。新闻本姓“新”，新闻是新近发生的事实的报道，是“活鱼”，是“带露珠的鲜花”。这种由新闻的本质属性决定的写作特点，要求写作中所用的悬念一定要符合这个特性，如果“悬”的是“陈年老窖”，那么，必然令读者所厌弃。

三是要“悬”在节骨眼上，切忌四平八稳。悬念是事物矛盾的尖锐体现，因此一定要悬在关键时刻，关键地方。这个时刻和地方就是能使读者惊心动魄、提心吊胆之处。

四是要“设”“释”紧相呼应，切忌悬而未决或只悬不决。文学作品中的悬念，常常是洋洋洒洒，如同江水一样，一浪高过一浪，一“悬”胜似一“悬”，前“悬”刚决，后“悬”又起。而新闻由于它的篇幅要求短，故不能像文学作品那样。因此，新闻中所设的悬念，不要起笔太远，悬了半天还没有触及主题，必须要紧相呼应，不能拖泥带水，不能绕弯子、设障碍太多，要在正文或结尾处消释，不能读完全篇找不到结果，使读者四顾茫茫。

五是“悬”的基调要合拍，切忌一篇多调。设置悬念的文字，要与全篇的基调合拍，例如或抒情，或豪放，或欢快，或悲壮，或愤慨，或沉郁……通篇应形成一个统一体，形成协调的节奏和统一的气势。

老主题是怎样写成新闻精品的

在新闻采写中，有一些被称为老生常谈的主题即老主题，如经常性的工作报道、成就报道、厂矿企业的生产情况报道、农牧业生产的“四季歌”，关于老典型的报道，以及大量涉及民生的衣、食、住、行方面的报道。认真写好这些报道，对人们的工作、生活无疑是具有指导性和服务性的。如果将这些老主题的新闻写成老面孔，“似曾相识”或“早已相识”，便会失去新鲜感，就不会受读者欢迎。那么，怎样把老主题的新闻写出与众不同的新意来，使之成为新闻精品呢？从“中国新闻奖”部分作品所展示和提供的经验来看，需从以下几个方面去努力。

——发掘新思想。老主题之所以写不出新意来，其主要原因在于没有写出新思想。只有在思想内容上写出与众不同的报道，才能给读者以新的思想启迪。新思想不是空穴来风。如果把新闻事实比作粗壮的树干，比作根本，新思想就是枝头最鲜艳的花朵，最香甜的果实。同样的新闻事实，同样的树干，在有的记者笔下枝繁叶茂，花香果硕，而在有的记者那儿却只能颓枝败叶，芳华散尽，这就是记者有没有比别人看得“更深一层”能力的结果。发掘新思想，是一种对新闻事实的深刻把握，是厚积薄发的表现。

以采写会议新闻为例，这是一个老主题了，一般化的会议新闻，常常写一大堆会议内容和罗列一大串参加会议的单位及人员名单。而成功的会议新闻，则是抓住会议的特点，发掘会议的新思想。以第3届中国新闻奖消息二等奖作品《向劳模鞠一躬》（原载《人民铁道》报1992年11月17日）一稿为例，当时参加祝捷大会的记者有20多名。大多数记者按老套路，仅发了一条安全生产的消息，而本文作者则从分局长作的报告中发掘典型情节，着墨写局长的“眼泪”，并通过现场描述来展示新闻的主题思想。文章生动形象，催人泪下，发人深思。由于有新思想，稿件由新华社发了通稿，被《经济日报》《工人日报》《新民晚报》等多家报纸采用，在全国产生了良好影响。

——选择新角度。众所周知，看戏，要坐前排；看电影，要坐中间；听音乐，要选最佳位置。写新闻稿，也要选择一个最佳视角。同一个事物，站在不同的角度去观察，就会有不同的发现和感受。角度是记者（通讯员）在采写新闻中认识和表现新闻事实的着眼点和侧重点。即记者（通讯员）从什么立足点，什么视角，什么突破口去寻找、挖掘、认识、选择和表现新闻事实，以更充分、更鲜明地体现新闻事实的新闻价值。一般包括：选题角度、立意角度、表现角度等。“横看成岭侧成峰”。从同一新闻主题中发现新视角，取决于一个记者的政治视野、理论基础、文化修养以及个人倾向等多种因素；选择新角度的过程，时刻闪现着记者智慧的光芒，它以追求新闻价值为目的，因而也最能体现媒体价值取向。老主题要出新，就要选择新的立意角度或表现角度去实现。

以第12届中国新闻奖消息一等奖作品《七年上诉冤屈未伸张》一稿为例，这则消息原本属于政治报道中的案例报道，也是老主题，但记者从经济角度落笔，揭示了大令公庄村的问题7年久拖未决的要害是有关部门用“认真”的形式主义，对付中央领导的批示和群众多年的冤屈。这则不足千字的消息，通过选择新角度即经济角度，以反差来凸显矛盾，揭示问题，运用证据确凿的层层算账，引出村民们茫然的提问："解决俺村的问题还有没有指望？还要再花多少钱？"报道由新华社播发后，被全国数百家报纸、网络在显著位置刊用或转载，收到了很好的传播效果。新闻界同行称赞这篇报道寓意深刻，耐人寻味，是老主题选择新角度的成功范例。

——采用新形式。一首歌，如果总是用一种唱法，也容易使人生厌。如果今天唱美声，明天唱民族，后天唱通俗，加上由不同的演员来演唱，就能给人以新鲜感。同样的道理，如果要让老主题的工作报道及"四季歌"常唱常新，就需要在形式上不断作些变化，使人产生一种"陌生感"，因为陌生的东西对人的感官容易产生刺激。如果那些内容相似的老主题的工作报道，过去采用的是通讯形式，这次可采用消息的形式，或者使用新闻图片的形式，这样就会给读者带来一些新鲜感。新闻的形式也是可以千变万化的，只要我们新闻人更新观念，打破传统的思维定式，就能够创造出许多新的报道形式来。形式表现内容，形式为内容服务。同样一个新闻事实，采用不同的表现形式，其传播效果就不一样。如果老主题又沿袭老的表现形式，毫无创新之处，就会失去可读性。相反，老主题一经采用新的表现形式，就会产生吸引人的魅力。

以第9届中国新闻奖消息特等奖作品《九江段4号闸附近决堤30米》一稿为例，以往报道抢险救灾，大多采用消息或通讯的形式来报道。这次面对滔滔洪灾，作者采用"实况转播"的形式，从8月7日16时55分第一条简讯发出，到次日零时45分，共集纳8条标有几时几分的短讯，最短的只有40个字，长的有200余字，分别从各个角度，逐步递进地将决口现场洪水滔滔、军民奋勇抢堵的情景，及时、真实地向读者作了报道。由于报道形式新颖、精巧，文字简洁，现场感强，几乎每一句话都是读者关注的信息，致使当日出版的《中国青年报》"洛阳纸贵"，继在全国抗洪报道评选中获一等奖之后，又获得了"中国新闻奖"的特别奖，成了老主题采用新形式报道的成功之作。

——寻找新事实。新闻是新近发生的事实的报道，没有新的事实就不称其为新闻。老主题的报道最难的就是新闻事实的重复感，难以跳出"花相似"的窠臼。因为过去报纸上的类似报道，总是重复过去的事实，所不同的只是将那些所谓的新闻事实换了一个地点和时间而已，没有一点新意。这样的工作报道、成就报道，读者是不会感兴趣的。"四季歌"式的工作报道和老典型的报道，如果要让读者爱看，就必须寻找新鲜的新闻事实。这种事实，不能重复过去，避免给人"似曾相识燕归来"的陈旧感，而要有鲜明的时代感。

从调查读者看报的情况来看，也证明了上述论点。相当多的读者在看过一篇新闻之后，对新闻的作者，甚至新闻的标题都说不清了，但对新闻中的一些生动的事例，却能深深地记存心中。可见老主题要出新，就要在寻找新鲜事例上下功夫。大量的新闻实践证明，如果选择的事例新鲜生动，就可以使老主题焕发出“青春”。

以第4届中国新闻奖通讯一等奖作品《中国质量的一座丰碑——来自杨浦大桥的报告》一稿为例，在杨浦大桥建成通车庆典上，参与报道的新闻单位有几十家。《新民晚报》的记者摒弃了工程成就的报道老套路，别出心裁地选择了“质量”这一着眼点，这样一个新鲜事实使得该文在全社会打假治劣工作大力展开的背景下脱颖而出，从而受到读者好评和“中国新闻奖”评委们的青睐。

——展现真情感。市场经济就是商品经济，就是追求利润的最大化，渗透到报业竞争中，有些人就是盲目地抢抓眼球，就是烧钱、包装、炒作、恶搞，这就直接导致在一些新闻版面上，作秀的东西太多，矫情的东西太多，低俗的东西太多。在这样的背景下，新闻稿件中那些真挚的、真诚的、真切的、真实的情感流露，就越发显得动人心弦，暖人心窝，受读者欢迎。

心理学原理也告诉我们，要想增强新闻报道的说服力，除了依靠诉诸理性即摆事实、讲道理外，还需要诉诸情感，用感情和情绪去打动人心。特别是那些面向千百万群众的报道，更需要诉诸情感。唐代诗人白居易在《与元九书》中说，“感人心者，莫先乎情”。古罗马著名诗人贺拉修斯有句名言：“你要我哭，首先你自己得感觉悲痛。”凡成功的新闻作品，都是作者的心与采写对象的心一起跳动的结晶，是作者的情感同采访对象的情感反复交流，产生共鸣的结晶。新闻不是无情物，感动记者自己的作品才会感染受众。情发乎中，笔表于外，方能声情并茂，写出无愧于时代、无愧于人民的新闻佳作来。老主题的新闻要征服读者，就要在展现真实情感上下功夫。

以第16届中国新闻奖消息一等奖作品《3.5万救命钱留给病友》一稿为例，互助友爱，自然是经常报道的老主题了。但这篇消息以展现真实情感赢得了读者和评委们的好评。如文中写的：

当白血病患者彭敦辉送走病友欧阳志成回到病房后，看到了欧阳志成留给他的3.5万元现金和两封信。读罢信件，捧着救命钱，彭敦辉顿时泪雨滂沱。

（以下是欧阳志成给彭敦辉留下的信的节录）：

当你看到这封信的时候，我已经回家了。带着遗憾，我离开了这家挽留了我近两年生命的医院。也许这就是我们最后的诀别吧！……

我们虽同样有着新婚的妻子与年迈的父母，虽同样配上了型且在同胞中找到了可供移植的供者，虽同样都为昂贵的移植手术费用而绞尽脑汁，但你还有一个才出生几个月的活泼可爱的小孩，还有一大笔债务等着你去偿还……

或许这点钱可以作为我父母的一笔养老金，给他们颐养天年；或许这点钱可以给我兄弟改造那破旧低矮的木房；或许这点钱可以让我在生命的尽头得到尽情的享受……但我思索了很久之后都放弃了。

我宁愿把遗憾与痛苦留给自己，把希望与机会留给你。

以上催人泪下的真情叙说，让人读后自然就受到感染，新闻的传播效果在此得到了实现。

——运用新语言。作文如做人，人有人格，文有文品。一篇稿件的格调高与低、雅与俗其决定因素可能有多种，但语言是不可忽视的重要因素之一。毛泽东在《<中国工人>发刊词》一文中就指出过，新闻报道切忌“死板，老套，令人看不懂，没味道，不起劲。”众所周知，报纸具有理论的深度和阅读审美的天然优势，如果我们在老主题采写中，充分吸收非新闻文体的长处，在文字优美、形象生动方面下足功夫，从而形成一篇运用个性化语言写成的新闻，让读者在赏心悦目的阅读中欲罢不能，这无疑将成为老主题突围中的制胜捷径。

以第16届中国新闻奖通讯一等奖作品《索玛花儿为什么这样红——记优秀共产党员、木里县马班邮路乡邮员王顺友》一稿为例，这是一篇先进人物的典型报道，无疑也是老主题，它获奖的原因是多方面的，但语言生动，文采飞扬，应是重要原因之一。作者敢于同轻车熟路告别，惟陈言之务去，在行文走笔时力求使每个字、词、句都满载信息，以简约的文字来表达丰富的内容，使有限的笔墨，获得“尺幅千里”之功效。文中的语言兼有电影艺术的画面美、小说艺术的形象美、散文艺术的意境美。它大多以白描、工笔作画，并穿插运用引语、对话、烘托、渲染等多种手法，以生动形象的语言勾画出真实的场景、感人的气氛、活脱的场面。文中提炼的大小标题，就很生动。大标题：“索玛花儿为什么这样红”；两个小标题：“如果说马班邮路是一个人的长征，这条长征路上凝结着他全家人崇高的奉献”；“如果说马班邮路是高原上的彩虹，他就是绘织成这彩虹的索玛。”读来诗情画意，余音缭绕，回味无穷。

还有文中写的：

“你只有为政府和乡亲们把这件事做好了，做到底，才是我的好儿子！”一句话，交给了他如山的使命。

有人曾问韩萨，想不想让王顺友继续跑邮路？她的眼泪一下子出来了。“只要他天天在家，哪怕什么活也不干，我也高兴。可是他送信送了20年，你要让他不送，他会受不了的。邮路是他的命，家是他的心哪！”

三个家，三重情，三份爱。王顺友因它们而流泪，也因它们而歌唱；因它们而痛苦，也因它们而幸福。有人问，这三个家哪个最重要？他说：“哪个都放不下。”放不下，是因为连得紧。三个家，家家都连着同一颗心，一颗为了马班邮路而燃烧的心！

扁担挑水两头搁，顾得了一头，顾不了另一头。

记者的心被一种热辣辣的东西涨得满满的。

5月的凉山，漫山遍野盛开着一片片火红的花儿，如彩虹洒落在高原，恣意烂漫。同行的一位藏族朋友告诉记者，这种花儿叫索玛，它只生长在海拔3800米以上的高原，矮小，根深，生命力强，即使到了冬天，花儿没了，它紫红的枝干在太阳的照耀下，依然会像炭火一样通红。

噢，索玛花儿……

上述形象生动、文采飞扬的描写，让人读后、听后如临其境，如见其人，如闻其声，受到的启迪和感染，将是深刻和难忘的。

清代学者王国维在《人间词话》中说过这样的话：“词以境界为最上，有境界则自成高格。”这话虽是针对填词而言，但对于采写新闻也同样适用。这篇人物通讯运用新语言展现出来的新闻，无疑可以达到一种境界，此境界即是能“自成高格”的新闻精品之境界。

此外，老主题要出新意，还需要记者（通讯员）做艰苦、深入、细致的采访工作。因为新意不是俯身可拾的沙滩上的贝壳，恰恰相反，它像埋藏在地球深处的矿石一样，只有精心勘测，深入挖掘才能得到。像中国新闻奖获奖作品中的《宫峰学成博士乐当“炉前工”》（首届一等奖作品）、《战士李向群为抗洪抢险捐躯》（第9届二等奖作品）、《今天火车登陆海南》（第14届二等奖作品）等，都是这方面的成功之作。

经济新闻如何才能出精品

经济新闻是以报道人类社会最新经济活动和最新自然经济现象为内容的新闻。它是有关生产、流通、分配、消费等一切经济领域新闻的总称。其题材、范围总是与生产力、生产关系有关，它同政治、军事、文教、体育、社会、法律等方面的新闻，构成新闻的总体。在现代经济生活中，随着第三产业的发展，除农业和工业新闻外，经济新闻中有关金融、对内对外贸易、交通运输、信息、证券、货币、股票、期货、旅游、服务等产业的新闻，以及科学技术、公用事业等与经济密切相关行业的新闻日益增加，并已发展成为新闻中的最大家族。经济新闻拥有广泛的受众，它是多数人关注的新闻。然而，在众多的经济新闻中，可读性强的，读者满意的经济新闻却不多。

那么，问题究竟出在哪里呢？当然，相对其他新闻，经济新闻总是先天不足——较之时政新闻缺少显著性，较之科技新闻缺少知识性，较之社会及文体新闻缺少趣味性。由此而来的还有专业性太强，难写、难懂、难记……自然，这些都是事实。但也正因为存在这些困难，如何克服这些困难才成为必要。本文就“中国新闻奖”部分获奖作品的成功经验，提出经济新闻如何才能出精品的下述诸点看法，供大家深入研究作参考和借鉴。

精品出自对经济工作和经济生活作出正确的舆论引导。在新闻界，悠悠万事，导向为大。把握正确的舆论导向，这是无产阶级新闻工作的党性原则决定的。经济新闻要成为精品，必须对经济工作和经济生活作出正确的舆论引导。以第3届中国新闻奖一等奖消息作品《溧阳兴办开发区杜绝盲目乱圈地》一稿为例，当时在邓小平同志视察南方的重要谈话和党的十四大精神的推动下，我国的改革开放和现代化建设进入了一个新阶段，成千上万的开放区如雨后春笋涌现出来，大量占用农业耕地，影响农业生产的发展，损害了农民的当前利益。针对这个在开发区热中出现的问题，这篇报道从实际出发，及时地提出了解决问题的经验。它比那些听到精神就随风而动，立即就写出一般反映性的报道，或肤浅地只提出问题的稿件要深刻、高明得多，对现实的经济工作的推动作用也要大得多。因而报道刊出后，在社会上引起了强烈反响，受到了上至有关决策部门，下到广大农民群众的好评和欢迎。

精品出自对经济工作和经济生活视野的“盲点”进行深入细致的观察和分析。所谓“盲点”，意思是指经济工作和经济生活中那些用平常眼光看不到的、容易被忽视的微小变化之处。平常眼光看不到，但记者的眼光看到了，而且看到了这些细微变化与经济大趋势的联系，这样就有可能写出精品来。以第4届中国新闻奖三等奖消息作品《国家统计局首次用“增加值”向外发布消息》一稿为例，在参加一年一度的国家统计局的“国民经济和社会发展状况”的新闻发布会上，记者注意到新闻发言人在发布信息时，首次取消了总产值的指标，而增列了“增加值”的指标时，就以此做法向新闻发言人提问，发言人做了说明。记者抓住了这个变化写出了这篇报道，成为独家新闻。

精品出自抓住经济工作和经济生活中的“热点”问题。以第 5 届中国新闻奖一等奖通讯作品《菜价追踪》一稿为例，1994 年年初，物价涨势过猛，居高不下，群众议论纷纷，国家领导人十分关注，人大代表和政协委员也为此慷慨陈词。物价问题显然成了社会舆论的一大热点，同时也是党和政府着手解决的重点，又是解决起来难度较大的难点。记者抓住了这个“热点”追踪求源，从产地追到销地，从消费者追到管理部门，用调查到的第一手材料说话，将中央的有关指示精神同人民群众的反映有机地结合起来，说明流通渠道环节太多，是城市菜价上涨的一个重要原因。报道为解决这个问题提供了很有说服力的依据。之后，各地出现的蔬菜直销，尽量减少流通渠道加价等措施的实行，都是这篇报道结出的硕果。

精品出自对经济工作和经济生活作出理性认识和分析。在现代社会，经济活动往往并不是单纯的金钱往来，而是同国内、国际的政治密不可分。记者有责任在自己的报道中把经济活动中的政治、社会方面的意义交代清楚。对于经济建设中出现的一些新情况、新问题、新人新事，一般读者是不清楚的。经济新闻报道的范围是很宽广的。大自世界经济发展的前景和趋势的分析，小到某商品需求的分析，对商品、货币、市场动向、生产、销售、分配、消费、人才培养、产品开发等的分析，都是广大读者普遍关注的，感兴趣的。由于我国的经济改革已从单项突破进入到全面展开，由浅层次进入深层次，情况复杂，难度较大，常常是利和弊、喜和忧、得和失、成绩和问题、胜利和失败等相伴而生，这些需要在报道中作出理性认识和分析。

恩格斯说过：“一个民族要站在科学的最高峰，就一刻也不能没有理性思维。”毫无疑问，这个论述对于我们写作经济新闻精品，也同样是适用的。因为经济现象和经济事件的发生不是偶然的、孤立的，而有其内在的经济规律和联系。从事经济报道的记者（通讯员），应善于运用理性思维去开掘经济新闻的内涵，揭示经济现象的规律和本质，并预测、展示经济事件的发展趋势。以第 4 届“中国新闻奖”通讯二等奖作品《九江米市能否再度辉煌》一稿为例，报道抓住粮价放开，粮食流通全面走向市场这一敏感性问题，并及时捕捉住全国闻名的九江米市呈现衰萎这一具有典型意义的题材，联系当时各地兴起的“建市场热”和随之而出现的“空壳市场”的情形，把握住在“能否”二字上做文章，从米市兴衰来观照、思考米市未来的发展前景，从而深刻提示出由计划经济向社会主义市场经济过渡过程中，两种不同体制碰撞而产生的矛盾、冲突，提出了如何做好社会主义市场这篇大文章的深刻主题。

报道在构思和写作上，突破了“非黑即白”“非好即坏”的思维定式，寓理于事，层层递进，从不同的角度对新闻事实进行观照，引人思索，给人以启迪。同行们称这篇报道是一篇就实论虚，富有思辨色彩的好报道。还有中国新闻奖获奖作品中的《第一职业怎么了》（第3届通讯二等奖作品）、《开封缘何不“开封”》（第5届通讯二等奖作品）、《包起帆的“金牌”究竟属于谁》（第15届消息二等奖作品）等，都是这方面的成功佳作。

精品出自写好经济活动的主体——人。按照马克思主义的观点，经济活动是人类社会所进行的物质生产和消费的最基本生活。在生产力诸因素中，人是最活跃、最有生气、起决定作用的因素。物是客体，是被动者，是处在被开发、改造、利用、消耗的地位，而人，则是主体，是能动者。作为反映经济生活，反映物质生产运动全过程的经济新闻，它的视角，应该随时对准“人”，而不是单纯的“物”，应该把人摆在经济新闻的主体地位。

毛泽东同志说：“人民，只有人民，才是创造历史的动力。”而在新闻实践中，这种关系常常被错位，物成了主体，人成了客体，现在报纸上不少经济新闻是“见物不见人”，就物写物，就生产写生产。有的报道虽然写了人，但只有“人影”，他们或者被放到了被动的位置，当作某种政策、措施的印证者，某种工作经验的陪衬者，或者被抽象为“大家”“工人们”“村民”“少数人”“大部分同志”。这样，本来生龙活虎的人的经济活动，在作者的笔下却陷入指标、任务、方案、措施、进度、产值、利润、质量、数量等干巴、枯燥的概念叙述之中，变得死气沉沉，没有生机，难怪读者不感兴趣。纵观已评出的第1—16届“中国新闻奖”中的经济新闻，绝大多数都是突出写了人，把人与物巧妙地结合起来，从而赢得读者的赞赏和评委们的好评。像《上海出现第一位“洋菜农”》（第5届消息二等奖作品）、《昔日伐木建功，今朝栽树还债》（第5届消息二等奖作品）、《总理为民工追工钱》（第14届消息二等奖作品）等，都是由于着力写好经济活动中的主体——人而取胜的。

精品出自“小中见大”。以小见大，见微知著，是人们认识事物的普遍规律。常言道：“一滴水可以反映太阳的光辉。”在经济新闻报道中，对于一些大主题，往往也可以从小地方、小问题切入。如果要写改革开放的成就报道，你总是一味地写什么高楼拔地而起、人民生活水平提高之类的套话，受众肯定不爱看，不爱听。但是，你如果从一个小城镇、一个小村庄及一厂、一店的发展写起，进行今昔对比，或者从写一个普通的平民百姓的生活变化写起，以此为切入口，通过大量典型生动的事例，去反映改革开放的伟大成就，效果就会好得多。由于选择的切入口小，展现在受众面前的都是一些很有说服力的具体事例和故事，就能带给受众更真实可信的感觉，从而使受众更容易接受。

小与大，个别与一般，是一对矛盾的统一体。小是大的组成部分，它可以从一个侧面反映大的本质；大是小的集合体，它能更集中地体现同类事物的性质。新闻报道的重点是大量具体的新闻事物，应该把主要注意力放在“小”的、具体的典型事物和人物上，通过它们来反映整体和全局。在经济工作和经济活动中，有的看似并非重大问题、重大事件和重要人物，可是经过记者（通讯员）精心发掘，巧妙构思，同样也可写得发人深思，很有深度。这里的关键就在于作者能不能慧眼识宝，小中见大。像中国新闻奖获奖作品中的《贵州告别最后一条马班邮路》（第 3 届消息二等奖作品）一稿，消息通过记述贵州省最后一条马班邮路改用汽车运邮的事实，从一个侧面反映了贵州山区改革开放以来的巨大变化。《商业部长买鞋上当记》（首届通讯二等奖作品）一稿，通过商业部长胡平买了一双皮鞋，穿上脚不到 24 小时，后跟就掉了一块，向社会曝光伪劣商品，从而引起有关部门采取措施制止伪劣商品的泛滥。报道对督促生产鞋的厂家提高产品质量和维护消费者合法权益，都起到了很好的作用。还有《取下神像挂地图》（第 5 届消息二等奖作品）一稿，报道通过在豫南一个只有 100 多户人家的小村庄，在县级以上的地图上从来不见踪影，但在当地人觉得最神圣的中堂位置上，却有 20 多户农家取掉神像挂上了各色各样的地图。80%以上青壮年农民拿着地图走南闯北搞家电维修、做木工、搞建筑和农副产品购销等，使贫穷的山村逐步富裕起来，在观念上也发生了新变化。这些作品，都是窥一斑见全豹，一滴水见太阳，以小见大而赢得读者喜欢和评委们的厚爱而登上“中国新闻奖”的领奖台的。

精品出自在写作方法上不落俗套，独辟蹊径，将报道写得具有很强的可读性和感染力。现在报纸上的经济新闻，其结构大多采用倒金字塔结构、编年体结构的形式，实践证明，如能运用抒情、对话、思考、解释等形式，方法上不落俗套，独辟蹊径，也颇受读者的欢迎。

经济新闻要写出精品，就要学会画风俗画，多给人们留下一些《村医图》《牧牛图》《清明上河图》之类的东西。要从各个不同的侧面，反映丰富多彩的流动不息的经济工作和经济生活。有经验的记者（通讯员）为了写活经济新闻，总是调动比喻、夸张、拟人、对偶、铺垫、借代、引用、对比等各种修辞手法，力图给人留下真切而鲜明的印象。有时还可以信手拈来现成的诗句、名言以增强报道的感染力。有的还可以借鉴散文的笔法，将新闻写得富有文采。以第4届中国新闻奖消息二等奖作品《吉林鞋，你何日流光溢彩》一稿为例，作者以翔实的材料和中肯的分析，对吉林鞋业作了全景式的展望。在地方鞋不景气的时下，给人以信心和力量。如文中写道：

如今的皮鞋市场可真是林林总总，风光无限。不说驰名中外的“老人头”，也不说流光溢彩的“舒飞雅”，单就合资企业那长长的一大溜牌号，足够你在百花园中任采撷了：“森达”“波士”“卡天纳”“三游”“赛潮”“特丽亚”……

然而，在皮鞋众姐妹的“比美大赛”中，我们除省城几名选手、外县个别佳丽在顽强抗争外，大部分都屈居一隅，任凭他人展露芳华，那情景好不惨然——

我们曾有过辉煌。

而如今，我们确实落后了——

落后于缝制鞋向胶粘鞋的过渡时期；

我们没有随着国际市场的变化而调整自己的产品结构；

在人家大量引进资金、引进技术，迅速形成新的生产线的时候，却仍守在旧机器边打转！

在强大的“南鞋浪潮”冲击下，一些企业“水漫金山”；

国有长春“一皮”连年亏损，自觉难以抵挡洪水的浸泡，数百名职工现已“疏散”，工厂只剩留守人员处理善后；

去年一把火烧过的长春“二皮”，现在虽勉强可以维持生产，但昔日风采迟迟不归；

还有一些企业，似乎看准了“汛情”，认为做鞋不如倒鞋。于是或明或暗地干起了长途贩运……

面对汹涌而至的“鞋潮”，另有一些企业，在短暂的惶惑之后，迅即在水中筑起坚固的堤坝。他们——

或走引进之路，用外资填补羞涩之囊；

或加大技改力度，用优良的设备提高抗衡的能力；

或放眼向洋，用外销托起命运之舟……

以上采用散文式的写法，让人读后，除思想上受到启迪外，还赏心悦目，回味无穷。其可读性和感染力就不言自明了。

精品出自增加经济新闻的文化意识和知识性、趣味性。在经济生活领域，越来越多的人追求有品位的生活，文化品位显得尤为重要。经济报道更需要增强文化意识，将经济与文化结合起来，相互渗透，融为一体，在潜移默化中引导读者科学、健康地消费。让读者从新闻报道中得到的不单纯是经济信息和物质享受，还能得到精神上的升华、身心的愉悦。写经济新闻不能老是一本正经、平铺直叙，可以在叙述中“翻个筋斗”“前瞻后顾”，自然而然地穿插一些与新闻有关的科技知识、社会知识、地理知识、人物趣闻、文化知识、历史沿革、风土概貌等资料，这样既能深化主题，又能增加经济新闻的文化意识、知识性和趣味性，吸引更多的读者。

以第6届中国新闻奖通讯一等奖作品《旱原情》一稿为例，文中先后引用了两首民谣，一首是当地曾流传的首民谣：“十年九旱粮无收，农民饮水贵如油。茅屋破烂衣褴褛，要娶媳妇愁上愁。”另一首是群众编的首民谣：“甘井面貌变，多亏农科院；群众把福享，多亏李院长。”这两首民谣的引用，就使报道显得生动活泼、妙趣横生。

在经济新闻中适当穿插知识和趣闻，是许多有成就的记者、通讯员惯用的手法。以著名记者斯诺撰写的《西行漫记》为例，他在文中报道苏区的经济，当写到红军的收支平衡是靠林祖涵（林伯渠）的才智时，便插入一段趣闻：这个令人感兴趣的“老财神”原是国民党的创建人、中央执委的元老之一，党总务部部长、司库和第六军政委。他45岁那年丢下家小，放弃了他的高官厚禄，投向了红军，当上了每月只拿5元“补贴”的财政人民委员。由于这段趣闻的插入，使本来很容易写得干巴、枯燥的经济新闻，顿生波澜而引人入胜。

精品出自善于选择最佳角度来表现新闻事实，使报道生动活泼，吸引人。经济新闻之所以枯燥乏味，读者不爱看，与记者选择的报道角度有很大的关系。“横看成岭侧成峰”。角度，是事物的一个侧面，一个事物有许多侧面。同一个客观事实，可以从不同的角度去报道。角度不同，所体现的思想、说明的问题也就有所不同。对此，“中国新闻奖”获奖作品在选择角度上，普遍都很讲究技巧。它们一般都选择读者最感兴趣、最关心的角度，和从生活的角度去选择，而不从领导、工作或生产角度去选择。以第8届通讯一等奖作品《140万双袜子的命运》一稿为例，这是一篇视角独特、发人深思的通讯精品。国有企业改革的重要内容，是转变经营机制。这方面的报道很多，通讯也很多，但多数是正面切入，而本文作者没有采用惯常运用的批评报道的写法，登高一呼、振聋发聩；也没有发动组织全方位的大讨论，而是采用通讯体裁，变换角度，给读者讲述一个司空见惯却又发人深思的故事。这样做，既有利于问题的解决，也合乎情理，因为，140万双袜子积压，既有责任人也没有特定明确的责任人，是国企改革中的一个共性问题。类似的问题到处都有，物资积压、产品积压、设备积压，比比皆是。有的属于市场瓶颈所致，但很多是体制和机制缺陷。因此需要多方面的共同关注，从根子上去解决。在这种情况下，最好的办法是把问题摆出来，事实胜于雄辩，真实的情况更能唤起人们普遍的关切。后来的事实证明，这篇通讯以及几篇后续报道在“十五大”召开前两个月见报，引起了很大反响，全国许多媒体纷纷转载、评论和进行有关的专题报道。在这篇通讯见报不久，武汉袜厂的140万双袜子也终于走出了仓库。报道收到了良好的传播效果。

精品出自善于运用各种背景材料来丰富报道的内容。“中国新闻奖”中的经济新闻佳作所涉及的人物、地点、历史状况、新名词术语等，都很重视运用背景材料加以说明和解释，以此来深化新闻的主题，充实新闻的内容。以第6届中国新闻奖消息二等奖作品《上海家化公司好气魄，1200万元买回美加净》一稿为例，文中关于“‘美加净’曾是中国销售量最大、知名度最高的化妆品牌，在20世纪80年代曾创下国内化妆品的诸多项第一”的交代，以及“90年代初，为了让国产名牌在产品开发、管理和营销等方面赶上世界先进水平，上海家化以三分之二以上的资产与一家国际著名跨国公司合资，‘美加净’随之移师‘洋师傅’麾下，上海家化因此每年获得1200万元的转让费，期限为30年”的“卖”出原因的叙述，笔法凝练，材料翔实。这些背景材料的运用，都有力地深化了新闻的主题，增加了报道的深度和可读性，这是它成为精品不可缺少的重要因素。

精品出自多写群众看得见、摸得着的事。经济新闻要有共同兴趣，在内容上，就要从报道生产活动为主，转向报道生活、流通、分配、交换、消费等诸项活动，要改变过去只注意全民经济、大型企业生产的片面性，把视野开阔到全民、集体、个体、合资、乡镇企业、第三产业等各个领域。要克服以往重生产，轻消费的观念，把经济新闻同群众日常生活挂起钩来，选用读者最为接近的角度，这是把经济新闻写得有共同兴趣的一个重要技巧。从理论上来说，新闻事件同读者的空间、心理距离越近，其新闻价值则越大。例如第15届中国新闻奖消息一等奖作品《昆山31万农民刷卡看病》一稿。像城里人一样刷卡看病，是中国几代农民心中的梦想。在经济飞速发展的外向型经济重镇昆山，这一梦想变成了现实，在全国率先实现农村医疗保险全覆盖，这既是当地城市化进程中老百姓社会生活中发生的重大变化，也是具有全国影响的一件大事。群众看得见，摸得着，就必然有阅读兴趣。还有《国庆放长假，消费掀热浪》（第10届消息二等奖作品）、《看个“咳嗽”要掏1065元》（第13届消息一等奖作品）、《农民专业合作社有了合法身份》（第15届消息二等奖作品）等，都是这方面的成功之作。

精品出自准确、巧妙地用活数字。一位经济学家曾说：“哪里有数，哪里就有美。”唯物辩证法告诉我们，事物的一定质量表现为一定的数量，一定的数量又反过来表现一定的质量。数字也是新闻事实。绝大多数经济新闻，都是离不开数字的，如果没有数字，这些经济新闻就失去了新闻价值，也就毫无存在的意义。但是，数字毕竟是干巴、枯燥的，如果用不好，造成堆砌数字，就会影响经济新闻的可读性。大量的新闻实践证明，经济新闻要想出精品，就必须在准确、巧妙地用活数字上下功夫。以第 10 届中国新闻奖消息二等奖作品《深圳部分外来劳务工劳动安全状况堪忧》一稿为例，在这篇消息中，作者虽然使用了大量的数字，但由于用得活，用得巧，不仅不显得枯燥，反而让人看得津津有味。如文中关于 12189 例工伤情况的分类统计数字，让人看后一清二楚，很有说服力；关于 1998 年深圳“每天有 31 人因工致伤致残；每 4 天半有 1 人因工伤死亡”；全年“死亡 80 多人”的数字，让人看后心灵受到强烈的震撼；关于职业病问题的数字，更让人触目惊心！文中的数字，具有很强的感染力，有力地增强了新闻的价值，使新闻更加具体、实在，从而增强了新闻的可信性和说服力。报道刊出后，在社会上引起了强烈反响。全总、国家经贸委、劳动人事部等 4 部委组成联合工作组赴深圳调查，解决在 300 万外来劳务工中存在的劳动安全问题。不久，国家经贸委、全总等 4 部委又根据调查发出了《不能以牺牲劳动者安全来换取外资引进和经济增长》的文件。可见，报道收到了很好的传播效果。它的获奖，自然就是情理之中的事。

获奖作品中用活数字的方法很多，比如从数字中寻找故事，从数字中体现思想；纵横对比，夸张扩缩；形象比喻，穿插叙议；百分比较，类比换算等等，都是值得学习和借鉴的。

调查性报道的特点及采写要求

——以“中国新闻奖”作品为例

一、调查性报道的起源与发展

调查性报道是西方新闻界经常采用的报道体裁，具有较大的社会影响力。它最早产生于美国新闻界。揭丑是美国商业性报纸的传统。19 世纪末叶，调查性报道在美国诞生，其倡导者是当时的报业大王普利策。1883 年前后普利策在经办《圣路易快讯报》、《纽约世界报》时，就主张通过报纸来揭露社会黑暗和贪官污吏的丑行，促进社会进步。他说："什么是报纸的特色？就是斗争和揭露罪恶，为社会谋福利，发表独家新闻。"1883 年 5 月 11 日，普利策在《纽约世界报》创刊号上发表《告读者书》，指出："在这个日益发展的大都市里，这样的一份报纸是有用武之地的，它不仅便宜，而且明白易懂；不仅明白易懂，而且容量巨大；不仅容量巨大，而且真正有民主精神——忠于人民的事业，而不当有钱有势者的奴仆；……揭露丑恶的欺诈现象，鞭挞一切社会罪恶和弊端；真诚地、诚心诚意地为人民服务和战斗。"

100 多年来，世界各都出现了一大批经典、影响巨大的调查性报道。例如《华盛顿邮报》等媒体对"水门事件"的追踪报道，西摩·M.赫代对"美莱大屠杀"的揭露等。《申报》对"杨乃武与小白菜案"长达三年的调查，《工人日报》《人民日报》对"渤海二号"事件的披露，《南方都市报》对"孙志刚事件"的揭露等等。

二、调查性报道的特点

关于调查性报道的特点，从下述对它的定义略见一斑：

美国学者大卫·安德生和皮特·本杰明早在 1975 年就提出：调查性报道就是"报道那些被掩盖的信息……是一种对国家官员行为的调查，调查对象也包括腐化的政治家、政治组织、公司企业、慈善机构和对外机构以及经济领域中的欺骗活动。"

美国的另一位新闻学者罗伯特·格瑞斯认为：调查性报道"一般是报道某些人或某个组织企图掩盖的新闻。"

澳大利亚新闻学者皮特·戈拉博斯基和波尔·威尔森也认为调查性报道就是"揭露一种被某些人或组织故意掩盖的新闻"，而且这种报道"常聚焦于不义、丑闻和违法活动"。

《新闻日报》记者鲍伯·格林则说："调查报道是对某人或某集团力图保密的问题的报道"，"报道的事实必须是你自己挖掘出来的"。

密苏里新闻学院《新闻写作教程》编写组的意见是："调查性报道指的是一种更为详尽、更带有分析性、更要花费时间的报道"，"调查性报道目的在于揭露被隐藏起来的情况"。

甘惜分主编的《新闻学大辞典》是这样解释调查性报道的：一种以较为系统、深入地揭露问题为主旨的报道形式。此为西方新闻学术用语，中国新闻界类似的提法为"批评性报道"。因新闻事业的性质不同，中国的批评性不同于西方的"调查性报道"。批评性报道的宗旨不在于"揭丑"，而在于"治病救人"，所以在进行批评报道时，记者应从正确的立场出发，客观地提出问题，全面分析，公正报道。

调查性报道可分为两类，一类是针对某人某事进行的“单项揭丑式”，也称“传统揭丑式”，另一类是针对某一方面存在的问题而进行的“综合分析式”，也称“新型调研式”。前者重在揭露政府和公共机关某些人的违法活动及腐化丑闻，最典型的如对尼克松“水门事件”的报道；后者重在分析研究政府和公共机关及整个社会体制中存在的弊端。

如果按照以上比较“正统”和权威的定义，调查性报道的全部宗旨就是关注社会上一切蓄意掩盖的丑恶和不道德的新闻并加以无情揭露。若仅以此来约束调查性报道，尤其是社会主义制度下的中国的调查性报道，那么它的视域和活动空间将受到很大局限，也与我们奉行的“以正面宣传为主”的报道方针有所悖逆。更何况，现实社会生活中许多事件、人物和话题具有正面的、积极的、健康的新闻价值，同样需要进行深度报道，需要发掘和调查。现在普遍的看法是：调查性报道是由媒体相对独立完成、以记者调查为主要方式、揭示不为人知的新闻事实的深度报道形式。它在表现非揭露性题材——中性、正面题材方面同样可以大显身手——这也是调查性报道的中国特色的体现。

由上述对调查性报道定义的解释可见，它的特点可概括为：(1) 它的内容是以揭露性为主，旨在暴露政治、经济、司法领域的问题，揭露社会弊端；(2) 它是一种更为详尽、更带有分析性、更有深度、更要花费时间的报道；(3) 它不是依靠政府或上级主管部门提供材料，而是依靠记者或编辑部发现新闻线索并进行调查而写成的报道；(4) 它是一种费时费力、篇幅长、分量重的报道，发表后往往能产生重大社会影响；(5) 它是一种风险大的报道。在“中国新闻奖”中，调查性报道有时单独立项如第 24 届，其余 1—23 届，有时归系列报道、连续报道类，有时又立为深度报道。

三、调查性报道的采写要求

1. 选题的新闻价值要高。调查性报道的选题十分广泛，政治、经济、社会、文化等各方面无不存在需要调查的问题，旧的问题解决了，新的问题又会出现。那么，如何把握好调查性报道的选题关？总的原则是要体现党的主张，反映人民的心声；要把坚持正确的导向放在首位，坚持以人为本，把实现好、维护好、发展好最广大人民的根本利益作为出发点和落脚点，把体现党的主张和反映人民心声统一起来。从新闻规律上来说，就是要遵循选择新闻价值高的题材来进行报道。

(1) 选择具有反常性的问题。这里的反常性并不是指在社会中常见的奇闻怪事，而是指某个人或某个机构做了或没做什么，破坏了此人或此机构就其社会责任对社会的承诺——无论这种承诺是明确表示的还是不言而喻的，辜负了公众对其赋予的信任。所揭露的问题一定要有冲击性。问题波及的人群越广，造成的伤害越严重，新闻的价值就越高。“中国新闻奖”作品中的《绿色染料炒制全国名茶》（第16届三等奖）、《上千“体育竞赛优胜者”是水货》（第17届三等奖）、《一篇帖子换来被囚八日》（第20届三等奖）等都是这方面的成功之作。

(2) 选择具有显著性的问题。它是指人物、地点、事件是著名的、突出的、显著的。记者往往不会去调查一个普通人或一个普通的公务员，因为这样的人物不具有显著性，也不会引起受众的注意和兴趣。“中国新闻奖”作品中的《西安市儿童医院医生收回扣现场被抓》（第17届三等奖）、《宋江明求职验血记》（第22届三等奖）、《别让网络水军成为网络打手》（第21届二等奖）等，都为我们提供了经验。

(3) 选择具有时效性的问题。与日常新闻报道不同，调查性报道往往是事件在前，调查在中，报道在后，因此，存在一定的滞后性。但是，不能因此降低调查性报道的时效性。所报道的人或事不能距现在太远，单纯地报道多年前的事情会让受众满腹狐疑。增强时效性的一个方法就是说明过去发生的事情对现在还存在什么影响，或暗示这种事情在未来还有可能发生。“中国新闻奖”作品中的《千里追果蔬，只为探运价》（第15届三等奖）、《拎着凳子，打着手电，点着蚊香——这儿的人上厕所需全副武装》（第22届三等奖）、《社区电梯“生存”状况调查》（第20届三等奖）、《谁动了渔民们的救济大米？》（第20届三等奖）等，都是这方面的代表作。

(4) 选择具有真相可以探寻的问题。无论是内幕调查，还是对复杂问题的深层探究，都可进入调查性报道的选题范围。所谓真相就是正在或一直被遮蔽的事实：有的被权力遮蔽，有的被利益遮蔽，有的被道德观念和偏见遮蔽，有的被我们狭窄的生活圈子和集体无意识遮蔽。如果仔细分析，这些真相呈现两种状态：一种是属于通常所说的内幕和黑幕，那就是被权力和利益遮蔽的真相；另一种是复杂事物的混沌状态，那是被道德观念和认识水平所遮蔽的真相——按照这种观点，我们可以把第一状态归结为对假象的揭露——揭露性题材；把第二种理解为对真相的再现——非揭露性题材即属于这个范畴。中性、正面题材中，调查性报道更加适合以下几类题材：有曲折过程和复杂背景的重大事件；有被道德观念和认识水平遮蔽的真相的题材；有被我们狭窄的生活圈子和集体无意识遮蔽的真相的题材。“中国新闻奖”作品中的《香蕉有毒谣言重创海南香蕉业》（第18届三等奖）、《问诊“阳宗海污染事件”》（第19届三等奖）、《紫金矿业污染事件》（第21届三等奖）等，都是以探寻事件真相而取胜。

2. 调查要深入。新闻的力量来源于事实。挖掘事实真相是调查性报道的力量来源。通过调查一步步深入推进，不断呈现更深层次的事实，就会产生“聚变”反应，形成威力。调查性报道采访的主要特点是在“调查”二字上，其重点又在“查”字上，即要查清、证实事实的真相。它既不同于一般的新闻采访，又不同于一般的工作性调查和社会调查。一般的新闻采访、工作性调查跟调查性报道的调查采访首先是在要获取内容的性质上不同。前者一般是要了解掌握正面或正反面都需要的事实情况，后者是要了解掌握隐藏的问题。采访一般性新闻和进行工作性调查，与事实有关的人员一般都能积极配合与提供情况，而调查性报道的采访对象因为利害关系，一般是不愿意主动配合、不肯提供真实情况的，甚至还要竭力隐瞒、掩盖真相，千方百计地给采访者设置困难，阻碍记者了解到真实的情况。可见，一般的新闻采访、工作性调查跟调查性报道的调查采访在获取事实的难易程度上是差别极大的。因此，调查性报道的采访一定要深入深入再深入，获取多源印证，要“素材链”，不要“单信源”，防止片面与孤证。

以第24届“中国新闻奖”调查性报道二等奖作品《学生午餐费，咋变成老师泡脚盆》（原载《新华日报》2013年1月31日）一稿为例，据作者陈道龙撰文介绍，开始，他在南京10余所学校门外观察、采访，还去了数名学生的家中，很多学生和家长讲了学校午餐收费高却质量差的情况：“学校午餐七八元一份，还不如外面五六元一份的快餐”。在一些学校门口看到一种奇景：中午12时刚过，中学校门口就涌出大量学生，扑向周边小卖铺、超市等购买食物。小学中午不许学生出校门，奇景出现在下午放学后：一群群背着书包的小学生走出校门，涌进汉堡店、小吃铺……问他们对学校午餐的看法，也是怨声一片。

他把采访得到的材料向报社编辑部汇报后，部主任认为：“现在获得的仅是‘道听途说’范围，应该在学生吃午餐时到学校里观察采访，才算眼见为实。”并跟记者商量进入学校办法。

于是他进入四所学校暗访，目睹了学生吃的午餐：7元1份的，大荤是霉干菜烧肉，仅有两三块拇指头大的肉块，小荤是雪菜炒干子，仅三四片干子，都切得薄如纸片；冬瓜排骨汤，不仅见不到排骨，连冬瓜片都难见到。还发现上第四节课的老师不愿吃免费送的学生午餐，看到了许多没吃饱的中学生丢下餐盒就跑向校外买来包子、烧卖，回到教室里狼吞虎咽地吃起来的情景。

他走出教室，又奔向学校食堂，并进入操作间，拍摄下仅供厨师配餐掌握的一周食谱。以后又在其他学校拍下两周这样的食谱，拿到了此次调查中最关键性证据之一。食谱上标明了学生就餐人数，每餐配料数量，有的还注明了给老师加菜名称与数量。

作者向部主任提出进一步设想：把获得的食谱送给食品专家分析，由此得出科学的分析结论，这样会更有说服力。由于采访调查深入，文中的现场场景、账目数据、典型事例等都真实可靠，具有很强的说服力和感染力。报道见报后，社会反响强烈。随后，江苏省教育厅也向各市县教育局下发加强中小学食堂管理的通知，严禁把学生伙食费用于发放教职工福利奖金，否则严肃查处；还将学生食堂水电气费纳入学校公用经费开支，降低伙食成本，保证学生饭菜质量。报道收到了很好的传播效果。

3. 叙事要完整。调查性报道要通过调查记者的采访和报道使一个被掩盖的事实展现在受众面前，如果记者的报道相对零碎、散乱，这则调查性报道就不能客观、全面、真实地将被掩盖的事实呈现在受众面前，有时候还会导致受众得出截然相反的结论。所以调查性报道的叙事必须相对完整。一般来说，调查性报道的叙事包括这些部分：事情的开头或者起因，事情的发展，在事情发展过程中哪些事实被掩盖或者忽视，事实的真实面目怎样以及事情最后的结果。和一般新闻报道不同，调查性报道更注重哪些事实被掩盖和记者对此的追踪与剖析。

以“中国新闻奖”作品《政府软件采购问题追踪》一稿为例，据推荐材料介绍：2004 年底，在我国政府软件采购里出现了诸多令人困惑的问题，部分省、市的主管部门，置国家利益和国家安全于不顾，大规模采购国外软件，不采购或只是象征性地采购部分国产软件。这些做法不仅严重违反了《政府采购法》，而且将对我国具有自主创新的软件产业发展造成极其严重的不良后果。11 月 17 日，北京市政府软件采购引发巨大争议。科技日报在第一时间了解事件真相，并通过快速和大量的采访调查，分别从不同角度对该事件进行了及时披露，如文中写道：国产软件为何屡受冷落？谁在阻碍国产软件的大规模使用，国家利益需要用政策和法律来保护。报道完整地叙述了事情的起因、发展，并剖析了深层原因，澄清了一些糊涂认识，营造了发展民族软件产业，鼓励和支持自主创新的社会氛围，发挥了正确的舆论监督和引导作用。

4. 逻辑要缜密。调查性报道是一种带分析性的报道，通过分析调查来的事实，逐步逼近事实的真相。调查性报道的结论，就是分析的产物。因此，在写作调查性报道时，应该对事实进行缜密的分析。记者要运用逻辑思维考量采访对象，并且在文章中严密、准确地表达自己的观点，要留有余地、埋伏笔，切忌模棱两可、似是而非的推理，否则容易引发新闻官司。

以“中国新闻奖”作品《橘子洲凭啥要收百元门票》（第20届二等奖）一稿为例，记者通过民间观点、官方观点、专家观点、网友观点的缜密论述，报道了这起“百元门票”事件。最终由于报道的逻辑缜密性，促使政府接受记者的观点和想法，宣布“橘子洲全面免票”。由于报道秉持了媒体的独立思考，还原了媒体的公共价值和舆论监督功能，在政府和市民之间搭起了一座桥梁，有效地传达了民意，化解了矛盾，促进了和谐。

5. 言辞要有度。占有充足的采访证据和素材，并不意味写作就可以随意发挥。写作就像做菜，“过淡”可加盐，“过咸”则很难补救。调查性报道要多用事实、当事人的直接言辞，减少主观主义论，要留有余地，切忌把话说绝。

调查性报道揭露的多数对象并不是犯罪分子，批评的目的是为了纠正错误，改进工作，共同进步。像劳资关系、干群关系、服务质量、工作作风等问题，都需要在改革中逐步解决，绝不能上纲上线地下结论，不能使用“人渣”“贱货”“泼妇”“无赖”等侮辱性词汇。即便报道对象是犯罪分子，文章的写作也不能背离调查性报道启发、警示的主旨。

以第24届“中国新闻奖”调查性报道一等奖作品《五问县级公立医院改革——睢宁县改革试点的考察报告》一稿为例，这篇报道的总题目《五问县级医院改革——睢宁县改革试点的考察报告》其标题为问题式标题。这类标题一般只问不答，因为常常答案并非三言两语可以说清楚的，答案在文中。文中的五个小标题：一问老百姓看病便宜了吗？二问门急诊人次为何少了？三问住院患者为何猛增？四问医护人员积极性高了吗？五问医院的收入少了吗？这些小标题，言辞准确有度，不失偏颇，让人读来朴实无华，通俗易懂。报道没有过分渲染情感，记者只用对新闻事实的全面、细致、准确的叙述，运用事实本身的力量去感染和打动受众。报道重塑了医患关系的新形象，承担起塑造和谐社会的责任，受到受众的普遍好评。

从事调查性报道是一项艰难而光荣的任务，责任与梦想同在，苦恼与喜悦同在。经历一次次调查性报道的采写后，记者会明显地感觉自己从个人小我的天地，走到了民族的、人类的大我之中，在一回回战胜了艰难困苦之后，觉得内心充满了一种沉甸甸的责任意识，精神变得丰富而充盈，而个人的素质与技能也会不断地有新的提高，由此可以走向更大的空间，去实现自己的抱负，也为实现中国梦作出个人应有的奉献。

倡导人文性

——科技新闻精品这样拉近与受众的距离

新的世纪是科学技术飞速发展的时代。科教兴国、科教强国，承载着中华民族多少代人的梦想。随着科学技术突飞猛进的发展，社会生活与经济生活中的新科技、新发明在新闻报道中所占的比例也越来越大。在我们提倡科学精神，提倡科技创新，建立和谐社会的今天，更好地传播和普及新科技知识，对于提高受众的科学文化素质，无疑具有极为重要的作用。但是，由于传播者的水平不同，技巧不好，其传播效果不佳的科技新闻报道却屡见报端。常见的主要毛病是：面孔呆板，可读性差，有些甚至是艰涩难懂，读起来味同嚼蜡，难以引起读者的阅读兴趣。那么，如何增强科技新闻的传播效果就成为一个值得探讨的问题。大量的新闻实践证明，要想增强科技新闻的可读性和传播效果，应从下述几个方面去努力。

做好“翻译”工作，化深奥为浅显。常言道：“话须通俗方传远。”新闻是写给读者看的，报纸的读者是多方面的，文化程度也不相同，因此，科技新闻只有通俗易懂，看的人才越多，其传播效果才越好。反之，读者只能望文生畏，弃之不阅。例如某报曾刊登一篇题为“认真试验大胆改装修复进口牵引车”的报道，文中有这样一句话：“主要是花链轴与十字轴叉结合处的缩颈部位的环槽强度差”，25个字中，就有5组近20个字的专用名词术语，如“花链轴”“十字轴”“叉结合处”“缩颈部位”“环槽强度”等，实在让人难以卒读，更谈不上弄明白了。

对于科技新闻中的生僻专业知识、名词术语、外文符号及大量数字，只有做好“翻译”工作，化深奥为浅显，才能使读者看懂，弄明白。美国著名新闻学家麦克德尔说：“无知当不了记者；不懂艺术当不了科技记者。”著名科普作家伊林说过：“没有枯燥的科学，只有枯燥的叙述。”科技新闻同其他文体一样，没有什么固定写作模式和结构，不能再拘泥于昔日单纯叙述式的报道，要在新闻的写作方法上不断创新。大量的写作实践证明，科技新闻因其自身所具有的“科技”特性，在与读者沟通中必须借助比喻、比拟、象征等文学技巧，才能将科技新闻中的晦涩成分化解为通俗化的语言表现形式。比如，某大学一位教授主持研制成功了我国第一台互联网络的枢纽系统，每秒信息吞吐量达400亿比特以上。“比特”是计算机储存的基本单位。“400亿比特”是一个什么概念呢？作者在写作时把它翻译为：“相当于每秒传输25亿个汉字信息，也就是说，1 万册每本 25 万字的图书，在核心路由器上 1 秒钟就可以完成交换传输任务。”这样的语言，显得形象生动，人人能懂，而且让人记忆深刻。其实，力求让读者看懂，避免让人“雾里看花”，也是对读者的尊重。

一位长期撰写科技新闻的老记者曾这样说过：“当你动笔写新闻的时候，千万不要想到是写给懂行的人看的，是写给有关业务部门的领导看的，是写给报社的总编辑看的，而是要想到是写给广大读者看的。要像给自己的老朋友讲故事一样来写你的报道，这样，你所写的报道就一定会受到广大读者的欢迎。”这是经验之谈，我们应学习和记取。

善用背景，用绿叶扶持好红花。鲁迅先生曾说：“删掉枝叶的人，决定得不到花果。”常识也告诉我们，花儿失去提供营养的枝叶，必定是要枯萎的，没绿叶扶持、映衬的花也谈不上艳丽。科技报道也是如此，任何一条科技新闻都是在一定的环境和历史条件下形成的。因此，科技报道要正确反映新闻事实，常常就需要介绍与新闻事实有关的背景。新闻背景也是一种事实，它虽然不属于新闻事实本身，却是可以用来说明、映衬新闻事实的。正像胡乔木同志曾指出的：“你得在你的新闻里第一次供给他详细的注释，纵断面和横断面的背景。”写作实践表明，该写的背景没有写，就会使人看不明白，看了也难以相信，起不到应有的作用。

科技新闻不具有社会新闻、体育新闻、娱乐新闻、经济新闻那样的广泛性和密切度，对于许多科技信息，受众所闻所知都很有限。如果只提供动态性的或者零碎的信息。受众往往会雾里观花，看不明白。提供足够的背景资料，有利于为受众解疑释惑。以 2002 年 8 月，有关“小行星撞地球”的传闻闹得沸沸扬扬、人心惶惶一事为例，当新闻“2019 小行星撞地球风波始末”及时刊出后，再加上链接了一篇背景材料“小行星知多少”，就将事情的前因后果及意义解释得清清楚楚。现在不少媒体，在主题新闻之外，还链接相关的报道及背景知识，不仅很好地解释了新闻，还起到了科普的作用，这也是增强科技报道传播效果的有效途径。

巧选角度，拉近与受众的距离。科技新闻令人感到难以亲近，主要在于新闻素材相近，内容比较枯燥，无非是“某某有重大科技突破”“某某研制成功”“某某成果投入使用”等等，然后就是“数据 + 事例 + 达到某种先进水平”等模式，这种生冷面孔让读者难以亲近，难以激发其阅读兴趣。造成这种状况的主要原因是记者缺乏对新闻事件的整体把握和消化，直接将科技活动过程移植进新闻报道中。

一个具备深厚科技知识功底的记者，应该努力去研究和把握新闻材料中的新闻亮点，善于深入浅出地从与读者利益相关的角度使新闻报道有一张亲切的面孔，从而引起读者的阅读兴趣。

由于读者的职业、年龄、性别、知识层次等方面的差异，他们在阅读同一篇科技新闻时，都有各自的参照系，因而同一篇科技报道对不同参照系的读者的感染力也就不一样。但是，读者的这种参照系中有最容易相近的时候，那就是与自己的利益相关时。因此，那些善于运用手中的新闻材料，巧选角度，拉近与受众距离的科技报道，常常就有鲜活的亮点来引起读者的关注。像中国新闻奖获奖作品中的《科考队员何时不再睡狗皮褥子》（第 16 届通讯二等奖作品）、《我科学家发现世界上第一枚翼龙胚胎化石》（第 15 届通讯二等奖作品）、《科技进村，巫师下岗》（第 14 届通讯二等奖作品）、《世界生物领域的又一座里程碑，渝京携手完成中国家蚕基因组框架图》（第 14 届消息三等奖作品）、《煤变油大有作为》（第 12 届通讯二等奖作品）、《湘阴万千蜘蛛“织”出生态农业网》（第 10 届消息三等奖作品）等，都是由于报道角度选取得好，使所报道的科技新闻与读者的距离拉近了而受到读者的好评并赢得评委的青睐而获奖的。

加深科技报道的科技内涵，满足受众对科技报道的新需求。以往受众谈及科技报道，大多数是关注科技信息的传播，随着科学技术在现代社会中所起到的作用越来越重要，“科学技术是第一生产力”的观念已经深入人心，受众的科技知识和理解能力也在不断增强，他们已经不满足于那种科普式的科技报道，而需要具有相应科技内涵的报道。科技新闻要增强传播效果，满足受众对科技内涵的需求就成为亟待解决的问题。

所谓“科技内涵”是指科技报道中相应的科学技术含量。目前我国的许多科技报道，对科技内涵挖掘不够，报道不充分，不少报道仅仅罗列一些科学术语和数字及外文字母，受众从报道中难以得到更多的科技知识。以 2004 年 4 月，某报一篇题为“我国纳米技术再获重大突破”的消息为例，文中开头写道：“目前，中科院金属研究所沈阳材料科学国家实验室利用纳米尺寸的孪晶强化金属的新途径，成功研制出超高强度和高导电性纳米孪晶纯铜。”文中，作者对“纳米尺寸”“纳米孪晶纯铜”等新的科技概念未作必要的解释，使读者难以把握更多的科技内涵，甚至会让大多数读者“看不懂”。

产生这个问题的原因固然是多方面的，但据笔者所知，采编人员的非专业化是主要原因。一位科技报社的老总曾撰文说，我国目前从事科技报道的一线记者、编辑大多数都不是相应的科技专业出身，尽管新闻学专业学生可以文理兼招，但高中时期学习的科技知识根本谈不上专业性。因而，绝大多数的科技报道都要由外行来承担，自然很难消化理解专业知识，进而加强科技报道的科技内涵。据查《新闻学辞典》，国外从事科技报道的记者、编辑，往往都有很扎实的专业功底，有的甚至是某领域的专家。如美国纽约时报的资深记者约翰·诺布尔·威尔福德（John Noble Wilford），专攻航天和科学新闻报道，报道过自20世纪60年代“阿波罗登月”以来美国所有大型航天项目。为了采写新闻，他曾深入飓风眼，随潜艇下过海，跟考察队在蒙古戈壁沙漠中寻找古化石。早在1984年，他就凭借出色的科技报道而荣获普利策新闻奖，1987年又因参与“挑战者”号航天飞机事故后续报道与同事们一道再获普利策奖。纽约时报的另一资深记者劳伦斯·奥尔特曼（Lawrence K. Altman），拥有医学博士学位，他本人实际上就是一位专家，曾在多家医院担任住院实习医生，拥有美国数个州的行医执照，并被聘为纽约大学医学院的临床学助理教授。

由此可见，要加深科技报道的科技内涵，满足受众对科技报道的新需求，新闻媒体必须建立一支高水平、专业化的记者、编辑队伍，这是提高科技报道质量的关键所在。新闻单位可以招聘大学相关专业的毕业生加以新闻业务培训，新闻院校可以直接设立科技新闻专业或研究方向，为新闻媒体培养专门人才。

倡导人文性，充分展现科技人物的精神风貌和人格魅力。科技报道不是部门上报的先进个人材料，也不是组织开具的个人鉴定。作为科技新闻，应倡导人文性，充分展示现实生活的立体画面，用精彩的细节描写和生动传神的情节报道科技人员的情感、精神及成果的社会意义等人文蕴涵，使科技人物血肉丰满、栩栩如生地展现在受众面前。

国外的科技新闻，很重视对科技人员的报道。以美国的《科学》周刊为例，它不仅发布国际科技新闻，还经常刊登各国包括欠发达国家的科学研究者的故事。欠发达国家的科技水平远没有美国先进，为什么这家刊物要关注？总编鲁宾斯坦解释：“这些国家落后，主要是国力不强，科研设备和手段赶不上美国。但是，这些国家的科学家，他们的思想水平不一定落后。科学往往是靠思想火花的撞击而发展的，我们希望《科学》周刊能够为各国科学家思想的撞击提供一个天地。”可见，倡导人文性，充分展现科技人物的精神风貌和人格魅力，是增强科技新闻传播效果应有的题中之意。

以第6届中国新闻奖通讯一等奖作品《旱原情》一稿为例，文中的主人公李立科，是一位卓绝的农业科技工作者，他与旱原结下的是生死缘。读完这篇通讯，读者感受到的是李立科那种如痴如醉、浓得化不开的旱原情，他不只是用科学、用智慧，也是用全部情感和生命在改写旱原的历史。正是这种无私博大神圣的爱，酿造了旱原试验田粮食产量超过关中灌区的奇迹。

李立科是老劳模，1990年《陕西日报》就作为典型宣传过，如今他在旱原上又有了惊人的突破。但这惊人的背后仍是日复一日地搞试验、搞推广，平平凡凡。因此，从这平凡中看出不平凡，提炼出较之以前报道的更为新颖深刻的主题来，就成为这篇通讯成功的关键。在李立科身上，集中体现了中国知识分子为祖国人民事业默默奉献，虽九死而不悔的高贵情操和传统美德，这正是作者力求拨动读者心弦的地方，也是贯穿全篇的主题思想。李立科病后重返甘井，这是一段不寻常的经历，凸显了李立科更新更美的思想境界和人格力量，是表现主题的“重头戏”，作者运用多种表现手法重笔刻画，用去全篇一半以上的篇幅，充分展现了李立科的精神风貌和人格魅力。从而使这篇通讯在读者中引起强烈反响，收到了很好的传播效果，它被评为通讯一等奖就是情理中之事。这就是科技报道倡导人文性，充分展现科技人物精神风貌和人格魅力所结出的硕果。

删繁就简三秋树　字斟句酌出佳篇

一位参加“中国新闻奖”评选工作多年的同志对笔者说，在历年参评的作品中，有一部分作品就其主题、内容来说都是不错的，但由于稿件有些地方或文字粗糙，或事理衔接欠佳，或内容不够简洁……尽管瑕不掩瑜，却在佳品纷呈、名篇竞秀的情况下而名落孙山。据这位同志说，这些落选的作品，如果在发表之前好好加工一下，也不是没有可能被评选上的。由此可见，文章在发表之前认真仔细地进行一番修改是多么的重要!

关于文章修改的重要性，古往今来，中外写作大师们留下过不少生动的故事和精辟的论述与名句。据有关资料记载，马克思写《资本论》，从计划到初稿完成，曾改过多次，而第一卷写完后，又做了一次文字上的修改才出版的。他曾对拉法格说：“我宁愿把自己的手稿烧掉，也不愿将其半生不熟地遗留于身后。”列宁写文章时，很注意制作标题。俄国十月革命前夕，列宁写了一本题为《给农村贫民》的小册子。为了让广大农民能看懂，他以极为严谨的态度，字斟句酌，精心修改。仅第一章的标题就改了四次。第一次题为《许许多多人已经听到了城市工人的斗争》；第二次标题为《城市工人的斗争，反对政府的斗争》；第三次标题为《城市中的工人斗争》；最后定稿压缩成《城市工人的斗争》。随着列宁的每一次修改，标题愈加精练准确。俄国作家列夫·托尔斯泰的《战争与和平》，前后修改过七遍，成为一部世界不朽的名著。在我国古代，认真修改文章被传为美谈的故事也很多。相传贾岛初赴京师时，在驴背上得到两句好诗："鸟宿池边树，僧敲月下门。"又想把"敲"字改为"推"字，他正在吟哦不定时，撞着了迎面而来的韩愈的车骑。贾岛被拥至马前，韩愈问明原因后，不仅没有怪他，反帮他斟酌字句。许久后说，"敲"字佳。这就是有名的"推敲"的故事。相传王安石的"春风又绿江南岸"中一个"绿"字，就改了十几次才炼定，成为文坛上的一段佳话。法国诗人布瓦格曾用诗的语言劝诫性急的作者："劝你从容地忙着，总不要失掉耐心，还要十遍、二十遍修改你的作品。"列夫·托尔斯泰曾对他的崇拜者提出"两不要"的写作"须知"："不要急于写作，不要讨厌修改。"我国清代史学家、文学家赵翼从自己的创作生涯实践中，概括了两句话："诗家好作奇句警语，必千锤百炼而后能成。""千锤百炼"，不就是"千斟万酌""千修万改"吗?在我国唐代璀璨的诗坛群星中，杜甫曾吟出了"为人性僻耽佳句，语不惊人死不休"的千古绝唱；贾岛的"二句三年得，一吟双泪流"的佳句让人永远感怀；还有那卢延让的"吟安一个字，捻断数茎须"的"炼字"精神，真可谓风范可懿，推敲精神可嘉。

周恩来同志曾说，"任何人的文章都要修改"。这句话是至理名言。毛泽东同志曾引述鲁迅的话告诫大家："重要的文章不妨看它十多遍，认真地加以删改。"鲁迅那首纪念左联五烈士的七律，原作是"惯于长夜过春时，挈妇将雏鬓有丝。梦里依稀慈母泪，城头变幻大王旗。眼看朋辈成新鬼，怒向刀边觅小诗。吟罢低眉无写处，月光如水照缁衣。"后来，鲁迅把"眼看"改为"忍看"，"刀边"改为"刀丛"，进而增强了作品的表现力，成了传世名篇。"文章频改，功夫自出。"首届中国新闻奖一等奖作品《老台胞寻女奇遇记》一稿，据作者讲：此稿从采写到见报四易其稿，第一稿有一定的故事性，但不够生动、具体、形象，主题开掘也欠深。后在报社领导和编辑的要求下，作者做了详细的补充采访，并专门从记者站回编辑部改稿。经过三次修改，使报道突出了一个"情"字，深化了主题，结构也从"抖包袱式"变为"奇峰突起式"，细节描写也得到了强化，情节的枝蔓也得到了修正，文字上也更加精练。因此，从一定意义上来说，好文章都是改出来的。这是一条写作规律。

在修改稿件的问题上，有的记者（通讯员）却存在一些糊涂认识。如有的有依赖编辑的思想。这些同志认为，"自己写的稿件自己改不好，跳不出个人的认识圈圈"。"反正编辑要改，要不，编辑就没活干了"。这些同志的话不无道理。个人认识确实有限，相对来说是不易发现错处，而编辑也确实有对稿件进行修改的职责。但是，从作者个人的责任来说，应做到所交出的稿件都是高质量的成品，而不应该是有毛病的次品或废品。无数写作实践证明，作者只要认真思索，反复推敲，自己是能够纠正原稿中的缺陷的。

还有的同志认为，“文章是自己的好，别人最好不要修改”。在实践中，确实有编辑把作者的文章修改糟了的。例如漫画家方成同志应邀写了一篇稿件，谁知那位编辑同志竟将他的文章修改得面目全非，所剩方成同志自己写的只有几十个字了，弄得他啼笑皆非。幸好，方成同志有办法，他把两篇文章同时发表，再加些议论，才避免了在读者中产生疑虑。当然，这种情况是不常见的。就多数情况而言，编辑还是将文章改好了的多。作为作者，应有欢迎别人修改、与别人切磋、向别人求教的精神。

修改在写作过程中既然是一个重要环节，我们就应对此加以足够的重视。下面就作者、编者如何对稿件进行修改的问题说几点粗浅的看法，供年轻的记者（通讯员）、编辑参考。

——边写边改。新闻由于要求要有时效性，因此，其写作程序也要适应这一要求。无数经验证明，边写边改是提高新闻时效的方法之一。无论是老记者还是新记者，大都采用这个方法修改稿件。比较短小的新闻，边写边改，写完了也就改完了，最后再审看两遍即可脱稿。对那些内容比较复杂，文字较长的稿件，也是采取边写边改的，所不同的是成稿后，要经过反复推敲才能定稿。以第 14 届中国新闻奖消息一等奖作品《非典型肺炎病原是衣原体？》一稿为例，这篇消息的作者，由于具有坚定的、清醒的政治意识、大局意识、责任意识，他知道“非典”疫情发生后，所有人都想知道病原究竟是什么，因此，当他得知广东专家大多数对国家疾病预防控制中心宣布的病原是衣原体的结论持不同意见的消息后，抓住这个机遇，马上采访，边写边改，连夜成稿。在各媒体都刊播“衣原体结论”的当天，《南方日报》独树一帜刊出这篇报道。报道发表后，鼓舞了广东专家的士气，他们坚持实事求是，没有按衣原体的结论来制订治疗方案，为降低“非典”的病死率，提高治愈率作出了重要贡献。也为日后世界卫生组织确定“‘非典’的病原体是变种冠状病毒”的结论提供了论据。可见这篇消息是边写边改的成功之作。

——热写冷改。是指写作要趁热打铁，一气呵成，而修改时则要“冷处理”。写作一篇稿件，从立意、布局、选材到初稿形成，耗费了一定量的脑力劳动，这时，常常会有思维迟钝、头昏脑涨之感。初稿写出来后，对时间性不太强的新闻，对长篇通讯、报告文学、特写以及副刊上的一些稿件，最好不要急于修改，搁笔休息一下，待脑力恢复后再进行修改。这样做是有一定的科学道理的。因为每篇文章的写作过程，都是按着既定的思路进行的。这一思路在大脑里反复酝酿，已经形成了写作定式，如果写完之后，马上进行修改，就容易受思维定式的影响，绕来绕去总是在既定的思维路子里兜圈子，对稿件中存在的毛病，就不易发现和纠正。“中国新闻奖”得主、著名记者罗开富在谈到修改稿件的体会时说：“写完初稿之后，我就立刻睡觉。目的是想在熟睡中彻底忘掉这篇稿子。这样，第二天拿起稿子修改的时候，会有一种新鲜感，像改一篇自己不熟悉的稿子一样，就会认真地毫不留情地进行修改。”这是经验之谈。“热写冷改”法，古人早就有过许多论述。如唐彪在《读书作文谱》中写道：“……当时能确见，当改则改之，不然且置之，俟迟数月，取出一观，妍丑了然于心，改之自易。”鲁迅先生也曾说过类似的话：“立定格局之后，一直写下去，不管修辞，也不要回头看。等到写成后，搁它几天，然后再来复看，删去若干，改换几字。”（见《鲁迅书信集》）

——切忌硬改。修改文章是一件艰难的事情，正如刘勰在《文中雕龙·附会》中写的：“改章难于造篇，易字艰于造句。”当你为他人作嫁衣裳时，切不可自以为是，主观臆断；而应虚怀若谷，谨慎为之，切忌想当然地去进行修改，即所谓硬改。一位在报社工作的朋友给我讲了这样一个故事，他们总编室的一位年轻编辑，一天看到一篇来稿，文中引用了曹操《步出夏门行》中的诗句：“老骥伏枥，志在千里。烈士暮年，壮心不已。”他认为“烈士”是指“死者”，既然已死，哪有暮年？在他看来“烈”字写错了，提笔改为“壮”字。不过，他感到两个“壮”字连用不妥，又把“壮心”改为“雄心”。结果，把曹诗改成了“壮士暮年，雄心不已。”两个字全改错了。显然这位编辑既不懂曹操原诗，又不肯虚心请教别人，信手改来，岂有不出差错之理！可见在修改稿件时，对拿不准的字词及材料，该查词典的一定要查，该找有关资料核对的，一定要核对，切忌随意乱改。否则除了造成报道失实外，还会让人传为笑柄。

——请人修改。是指善于听取别人的意见进行修改。一般人写文章，很容易自以为是，不忍心割爱删削。俗话说，“孩子是自己的好”。自己写的稿件，总感到写得好，而看不出自己稿件中的毛病。这是认识上的一种偏见，如果有这种思想存在，就很难修改好自己的稿子。克服这种毛病的做法是，不要“护短”，稿件写好后，应请求别人对稿件提出修改意见。常言道，“当事者迷，旁观者清”。一般说来，别人的审视评价，不带任何感情色彩，能够准确客观地指出稿件中存在的疵点。白居易在《与元九书》中写道：“凡人为文，私于自足，不忍于割截，或失于繁多，其间妍媸，益又自惑；必交友有公鉴无姑息者，讨论而削夺之，然后繁简当否，得其中矣。”据宋代彭乘记载：白居易“白天每作诗，令一老妪解之，问曰：‘能否？’姑曰‘解’，则录之；不解，则又复易之。”古人这种虚心听取别人意见的故事传为美谈。现代作家和一些老记者中，不少人都有请别人帮助修改文章的习惯。据介绍，徐迟的《在湍流的漩涡中》，是经过臧克家同志提出修改意见后写成的。据“中国新闻奖”参评作品的申报材料介绍，大多数获奖作品，都是在记者采写成稿之后，有的由编辑部的编辑，有的由部主任和总编辑亲自修改后发表而成新闻精品的。以第7届中国新闻奖通讯三等奖作品《总书记关怀的盲人重见光明》一稿为例，责任编辑收到稿件后，两次用电话核实了解有关情况，对全文进行了较大篇幅的改写，把最有价值的内容提到文章最前面，将与主题不相干的内容删去，突出了事件本身的时效性，并精心配发短评，从而使通讯的主题得以升华。又如另一篇通讯三等奖作品《请市长吃西瓜》一稿，原稿写得很一般，经过报社总编辑亲自删改，并指导作者抓住“请市长吃西瓜”这个角度，用瓜农们的话来写，几易其稿，最后才编成此获奖作品。

——改稿原则。这里主要讲三条原则：可改、可不改和不可改的原则。可改的原则主要是：一是指稿件有可取之处，二是指稿件有不足之处，三是指经过编辑的修改可以使来稿达到公开发表的要求。可不改的原则是：一是指那些毫无价值的稿件，编辑可不予理会；二是指稿件中那些可改可不改的地方，编辑可不改，这主要是为了尊重作者，尽可能保留作者的个人风格。不可改的原则是：一是作者的观点不可改，二是稿件中的基本事实如数据不可改。编辑可以不同意作者的观点，但绝不能篡改作者的观点。编辑如果对作者的观点有不同意见，可以与作者进行磋商，建议作者自己修改；如果认定作者的观点是错误的，编辑有权不采用该篇稿件，从而起到把关的责任，但编辑无权将自己的观点强加给作者。至于稿件中的基本事实，编辑可以向作者进行核实，但不宜擅自修改。总而言之，编辑处理稿件，要有所为，有所不为。编辑改稿的目的，主要是使原稿的主题更集中、更突出；使文章的观点更鲜明；使文章的结构更紧凑、严谨；使文章的语言更精练，表述更清楚。

编辑改稿时所要做以及所能做的，主要是：增、删、改、调。不论采用什么方法修改稿件，都离不开这4个字。“增”，就是增加、补充初稿中疏漏不全的材料，增加在表现主题上欠缺的内容，增加文字欠通畅和不够准确的词句。“删”，就是删去。首先是删去那些无用的空话、大话、套话。诸如“一贯表现很好”“受到群众的爱戴”“满意地”“满怀豪情”等，这些不具体的信息，内容抽象的字句，应毫不吝惜地删去。其次是删去不必要的材料，如稿件中那些与新闻主题关系不大，可以省去的啰唆、繁杂的材料，要坚决删去。再次是稿件中有些材料，用不着原稿那么多文字即可讲清的，对这些冗长、重叠的文字应予以浓缩，用简洁的文字交代，代替烦冗的叙述。

“改”，就是更改、变动。指将文章中表达不正确、不全面、不贴切的病语及错别字，改为准确、通顺。例如原稿中对新闻事实所作的不合实际的解释或评价，讲的一些过头话、绝话，如“国内首创”“一致好评”“誉满全球”“一贯勤勤恳恳”等令人难以置信的语言，应予以更改。第13届中国新闻奖消息二等奖作品《请过路吧亲爱的藏羚羊》一文，在复评时被评为一等奖，在定评时，发现文中有一个错别字，即“迁徙”写成了“迁徒”。于是只好从一等奖降为二等奖。可见，认真修改是多么的重要！作为“明天的历史”的新闻，应做到准确无误。“调”，就是调动、调整。指对稿件中的结构包括层次、段落的调整；指词句的调动。经过调整、调动，达到使稿件内容层次分明，语句通畅的目的。

抓住特色采写，避免同质化新闻

——以“中国新闻奖”作品为例

随着新闻竞争程度的加剧，报纸上的信息量增加了，但同质化问题却日趋严重。为了做到当日新闻资讯的完整，各家报社纷纷作出规定，对漏报新闻进行处罚，使得报纸上的新闻同质化更加严重。由于覆盖区域有限，新闻资源不足，常常是发生一个小小的交通事故，都会同时成为同区域报纸的新闻。由于供稿渠道类同，这些报纸的版面安排、稿件处理多是大同小异，在短兵相接的市场竞争中，家家都有一本难念的经。而各类新闻发布会、记者招待会更是成为同质新闻的生产车间。如何在同质新闻中进行非同质采写，做到新闻版面的差异化？根据“中国新闻奖”获奖作品提供的经验，有下述几点经验值得学习和借鉴。

一是在现场中寻找非同质新闻。在重大主题新闻发布现场，面对同质新闻进行同质采写无可厚非，但日常生活中大量发布的却是一般性新闻。笔者在“中国新闻奖”获奖作品中发现，一般性的同质新闻中也可能隐藏着新闻价值较高的非同质新闻。透过同质新闻的表面，换一个角度看这条新闻，也许就会得到意外的惊喜。

以荣获第2届“中国新闻奖”消息三等奖作品《全国药交会开幕式成了“闭幕式”》（原载《南京日报》1991年6月2日）一文为例，在全国药交会开幕的当天，前往现场采访的记者很多，大多写了一篇“药交会”的开幕消息就交了差。而《南京日报》的记者，却在会议现场寻找非同质信息。在采访过程中，这位记者发现开幕式会场来宾稀稀落落，一些主要业务交易场所和前几天爆满的宾馆、饭店也冷清下来。是什么原因呢？职业的敏感驱使记者顺藤摸瓜进行深入细致的采访。终于了解到：由于市场竞争的加剧，人们不再按部就班地等待大会的安排，而是纷纷提前到会做起了生意。到大会开幕时，成交额已达10亿元，大部分代表已“打道回府”，从而挖掘出“药交会开幕式成了闭幕式”这一同质新闻中的非同质新闻。文中向人们揭示了这样一个重大主题：发展商品经济不能按部就班搞花架子，必须进一步解放思想，在改革开放中充分发挥主动性和积极性。

记得有句名言说得好：“生活里不是缺少美，而是缺少发现。”把这句话借用到新闻工作中来，不妨把它改一下，“生活中不是缺少新闻，而是缺少发现。”

很显然，要做到这一点，记者就必须学会发现，善于发现，特别是要学会发现同质新闻中的非同质新闻。为此，记者就必须深入生活，勤于思考，有一点思想家的味道，而不能当那种懒于研究社会，不爱动脑子思考，习惯于“小孩子打醋——直去直回”式的采写稿件的记者，不能做那种拿着会议材料写同质新闻的记者。

二是在同质材料中捕捉非同质新闻。在同质新闻的发布现场，主办方一般会提供一份内容较为详细的介绍材料，有的甚至是写就的新闻通稿。材料大而全，在同质信息的介绍上，往往不厌其烦。记者只需东挑一句，西选一句，一条同质的新闻稿件就会轻松“出笼”。但如果进行非同质采写，眼光就不能局限于常规内容介绍。有经验的记者在翻阅材料时，尽量做到全面，但筛选要快，目光越过常规内容，或许就能捕捉“躲”在角落里的非同质新闻。

以第10届“中国新闻奖”消息二等奖作品《簰洲湾溃口“淹”出7000多人》（原载《长江日报》1999年2月27日）一稿为例，记者从湖北省九届人大二次会议的新闻发布现场，拿到一份详细的介绍材料，记者只需东抄一句，西摘一句，就可以拼凑出一篇符合要求的会议新闻。但《长江日报》记者雷祖兵并没有这样做。他为了避免新闻的同质化，在会议材料中去捕捉非同质新闻。终于发掘出一个几乎被“淹没”在会议材料中的新闻，即“簰洲湾因溃口暴露出统计人口‘注水’”的情况后，立即三下簰洲湾深入采访，接着又到省计生委、办公厅、统计局，核实簰洲湾“注水”人口准确数字，然后又上北京采访国家统计局政策法规司司长，最后用典型的虚报数字的事实，从一个侧面揭示出“数字腐败”的根源。报道对推动统计制度的改革和今后防止“数字腐败”，起到了重要的舆论监督作用。

三是在同质报道中寻找另类视角的新闻。社会生活的丰富多彩，决定了新闻事实之内涵的丰富多彩。怎样才能发现这些丰富多彩的内涵？必须运用发散思维去寻找新闻，面对习以为常的事实，进行多角度分析，从而找出新的报道角度，挖掘深层次的新闻价值。从同一新闻事实中发现另类视角的新闻，取决于一个记者的政治视野、理论基础、文化修养以及个人倾向等多种因素；寻找另类视角新闻的过程，时刻闪现着记者智慧的光芒，它以追求新闻价值为目的，因而也最能体现媒体价值取向。

在全国性的重大事件、重大活动面前，媒体竞争异常激烈，如无独到之处，写同质新闻是很难取胜的。2003 年，“非典”肆虐。在众多有关“非典”的报道中，第 14 届“中国新闻奖”评论一等奖作品《微笑，并保持微笑》（原载《甘肃日报》2003 年 5 月 22 日）一稿，巧选角度，独辟蹊径，令读者耳目一新。该文从“非典”英文缩写“SARS”的全新解释“Smile And Retain Smile”（“微笑，并保持微笑”）写起，分别从医生、患者、大家三个层次，将一系列微笑的画面串联起来，构成乐观向上的主旋律，获得了评委们的青睐。文章“立意好，语言轻松含蓄，充满散文气息”。可见，如何巧妙选取视角，吸引读者阅读兴趣，是媒体面对同质化新闻竞争的取胜之道。

四是在整合中发掘非同质新闻。在同质新闻的采写中，要善于整合同质信息。面对同质新闻的发布会，“换一个角度看问题”还是同质新闻的话，那么就看看是否存在整合的可能。如果能把几个同质新闻进行整合，找出其中的共性，往往就能写出非同质的好稿子。

以第 8 届“中国新闻奖”消息三等奖作品《首都女记协纪念杨刚逝世 40 周年》（原载《人民日报》1997 年 10 月 8 日）一稿为例，如果记者按照会议内容和既定程序来写，必然就会成为同质新闻。而这篇报道的记者没有那样做，而是不拘一格地从会议材料中进行整合，她从会议发言中提炼出“一个人的感召力在他身后究竟能持续多久”这一深刻命题并将其作为贯穿全篇的主线。在写作上，没有平铺直叙或把丰富的发言抽象概括成几句套话，而是选择了最具个性、最精彩的语言，并且把零散的闪光语言加以理性的概括，夹叙夹议，既穿插背景材料，又注入深厚的情感。让人读后，受到思想的启迪，留下难忘的印象。

这篇消息见报后，不仅避免了会议新闻的同质化，还产生了预想不到的强烈社会反响，记者本人收到新闻界同行和许多热情读者的电话，报社编辑部也收到读者和评论界的来信，赞扬这篇报道是一篇风格独特，有较强思想性的会议新闻，是“会议新闻的典范之作”。特别是文中写的：“有才华没有热情不行，有学识没有锐气不行，有追求没有献身精神不行”这段富有哲理的话，不仅得到老新闻工作者的赞许，也唤起了青年一代求真敬业的热情。

五是改进写作手法避免同质新闻。新闻写法应讲求宣传艺术。长时期的正面报道越来越难写，越来越难吸引人，因此正面报道需要更加讲求宣传技巧和艺术。以第 14 届“中国新闻奖”一等奖作品《医药代表向“老百姓”下跪》（原载《浙江日报》2003 年 2 月 25 日）一稿为例，探讨医药改革如何给百姓带来更多实惠的主题，揭露药价虚高的幕后原因，当时此类的报道很多，但只有《浙江日报》这篇报道影响最大，效果最好。因为该文既没有直接抨击药价虚高的问题，也没有直接介绍平价药房的好处，而是抓住推销药品的医药代表向“老百姓”大药房负责人下跪和制药厂竟要封杀“老百姓”大药房这样的平价药店两件既典型又奇特的事件，进行戏剧冲突式的写作，情节离奇跌宕，很有吸引力，因此报道一经刊出立即引起了强烈的社会反响，受到读者的普遍关注。据“中国新闻奖”参评推荐材料介绍，国内多家媒体转载了此文，《人民日报》《解放日报》《文汇报》《中国经营报》上海东方电视台等媒体闻讯后也赶到杭州采访此事。浙江省省长吕祖善对该文作了批示：“请省体改办深入调查此事，解剖现行药品流通体制中的弊端，提出解决意见。”可见，报道收到了很好的传播效果。

六是写别人“看不透”的东西来避免同质新闻。所谓“看不透”的东西，是指记者能透过现象看到本质，捕捉到新闻事件的本质的真实。大量新闻实践表明，许多看到了的东西，记者并不一定都能看透它。看不透新闻事件本质，怎么能写出深度报道？即便事实本身扑朔迷离，记者也应该千方百计设法辨迹寻踪，抓出其本质。这就需要记者有一双慧眼，对事物具有洞察力和辨析力，善于去粗存精、去伪存真、由表及里，在纵深层面上用理性的思维，挖掘隐藏在新闻事件背后深刻的东西，从中悟出哲理，引发前瞻性的思考，进而提炼出带有普遍意义的新闻主题。记者缺少这种本领，就如同坠入云雾中，难识“庐山真面目”，弄不清事情的真相，写不到点子上。

以第 12 届“中国新闻奖”消息一等奖作品《七年上诉冤屈未伸张》（新华社国内部 2001 年 11 月 18 日播发）一文为例，这则消息本属政治报道的领域，但记者透过现象看本质，从数十万条的采访资料中看到了别人“看不透”的东西，从经济的切入口落笔，揭示了大令公庄村的问题七年久拖未决的要害——有关部门用“认真”的形式主义，对付中央领导的批示和群众多年的冤屈。这则不足千字的消息，通过经济数字，以反差来凸现矛盾，揭示问题，运用证据确凿的层层算账，引出村民们茫然的提问：“解决俺村的问题还有没有指望？还要再花多少钱？！”如此审视与表现，使这篇消息成为新闻精品。据“中国新闻奖”参评推荐材料介绍，这篇消息播发后，先后被《经济日报》《法制日报》《南方日报》等数百家报纸、网站在显著位置刊用或转载；全国许多省市读者来电来函，称赞报道寓意深刻，耐人寻味，写了别人“看不透”的东西，赋予新闻以特色和感染力。武汉大学新闻学院还将此文列为新闻教学范例。

此外，把好编辑关也是避免新闻同质化的一条有效措施。现在，许多报纸的新闻来源大体是一样的，但编辑选择哪些稿件上报、哪些稿件需要做大、哪些稿件要做小、哪些稿件上头版头条、具体稿件的切入点等，各家报社会有自己不同的做法。

新闻编辑工作可以说是一种主观见之于客观的认识与反映。在这种活动中，应该充分看到主观的能动性作用和新闻信息再生性的特点，加强对新闻信息资源的二次开发，言他人所未言、察他人所未察，激活新闻素材，放大新闻价值，增加“原创”成分，是编辑应尽的责任。

在信息爆炸的社会里，媒体渠道霸权时代已经终结，信息的同源化，以及新闻的同质化，是众多报纸必然面对的现实问题，成为各媒体成长和发展中必须努力处理和解决的重要问题。如何解决这个问题，中国人民大学新闻学院喻国明教授在一次学术讨论会上说：两个新的传媒竞争的制高点开始显现，一个是上游产业的内容、原创能力；一个是对下一轮资源的产业的控制、服务和延伸能力。就内容而言，事实报道的准确、客观、迅速、全面、平衡将不再是竞争的要点，竞争主要集中在对信息的加宽和加值，独家的选择、制作、组合和视角及独家的价值判断、文化选择的多样性和深刻性上。这个看法，确系高见。对指导避免新闻同质化具有重要参考价值，值得学习和实践。

找准报纸的“卖点”写新闻

——以“中国新闻奖”作品为例

从目前报纸上刊登的新闻报道来看，有一部分报纸“经济效益”当头，“钱财神”开路，除了对政治导向还比较重视外，对道德导向、消费导向、娱乐导向、生活导向等重视不够，存在的问题也较多。突出表现在有的报纸为了片面追求“卖点”，在刊登新颖、猎奇的文章中，连一些基本的新闻要素也没有了，均用A君、甲地等模糊字眼代替，给人似是而非的感觉，以致读者说“这些新闻不知是从哪里弄来的。”从刊载这些文章的栏目看，多为“人间万象”“九州写真”“异地风情”等。

还有一个较普遍的现象，就是一些报纸刻意追求凶杀、卖淫、奸情、偷盗等内容，好像不刊登这些内容，报纸就办不下去了。给人的感觉也似乎是如今的社会没有一天安宁，没有一件好事。笔者不禁要问：这样的新闻宣传，对社会稳定到底有什么好处？

办报人一贯强调要讲政治，讲政治敏锐性和社会责任感。胡锦涛总书记 2008 年 6 月 20 日《在人民日报社考察工作时的讲话》中指出："舆论引导正确，利党利国利民；舆论引导错误，误党误国误民。要牢固确立政治意识、大局意识、责任意识、把坚持正确导向放在新闻宣传工作的首位。"如今，一些不讲政治、不大健康的东西频频见诸报端，似乎已经到了见怪不怪的地步。每当笔者看到这类文章时，就为在报社工作的新闻界同仁捏把汗。应该说，我们的新闻工作者绝大多数都是有政治头脑的，是讲政治的。但是，一讲报纸要有"卖点"，就非要在低级庸俗、怪癖离奇、名人隐私的新闻上打转转，兜圈圈。笔者认为，问题就出在对"卖点"的理解偏差及具体操作上。讲"卖点"没有什么错，当今报纸市场正处在"眼球经济"时代，评价一条新闻好看不好看，新闻性强不强，人们常常会说，看这条新闻有没有"卖点"。

问题的关键是对"卖点"二字如何理解。据考证，"卖点"本是一个商业术语。商家为了自己的产品好卖，就想方设法搞出一些招徕顾客、诱惑人掏腰包的"花招"，这些"花招"就是"卖点"。引进到新闻采写中来，"卖点"就是最能抢夺读者眼球，引起读者关注，吸引读者阅读的东西。它可以是一个最新的观点，最有用的信息，最巧妙的角度，也可以是一个最让人感动的细节，最令人难忘的片段、最富戏剧性的情节、最扣人心弦的悬念，甚至是最令人叫绝的一句话。可以说，"卖点"就是展示最大新闻价值的"窗口"，一则新闻只要找到了一个好的"卖点"，就像漂亮姑娘有一双动人的眼睛一样，能一下抓住人们的眼球，吊起读者的胃口，激发读者阅读的兴趣。如果没有"卖点"则会显得平淡无奇，让人望而生厌，弃之不看。

"卖点"必须要健康、向上、有益，而非低级庸俗、猎奇下流。那么，报纸的"卖点"究竟在哪里呢？大量的新闻实践表明，好的"卖点"不是凭空捏造的，也不是从天上掉下来的，它是来自记者强烈的政治意识、责任意识、大局意识，来自记者的新闻敏感和良好的知识积累，来自记者的深入采访、深思熟虑和苦苦探索。

那么，如何寻找报纸的"卖点"写新闻呢？这里，笔者试作如下浅析：

从满足读者知情的需求上找"卖点"。据国家统计局的一次调查表明，我国城市居民在阅读报纸的过程中，最感兴趣的是新闻。以北京为例，67% 的居民表示经常阅读报纸上刊登的国内新闻，按阅读率排序，紧随其后的是国际新闻 65%、社会热点44%、体育报道41%、电视预告39%、天气预报37%。可见，对动态新闻的关注，在读者中有广泛的需要。记者就应根据读者这个需要来采写新闻。

从强化“舆论监督”功能上找“卖点”。不实施舆论监督的报纸，就不可能有“卖点”。例如有的报纸，读者在二三十天，甚至两三个月内，都见不到一篇批评性报道。那么，是这个地方没有值得批评、监督的问题吗？当然不是。我们不是可以经常看到这样的怪事吗：某个省出坏事，首先披露的不是这个省的媒体，而常常要“出口转内销”，比如：或香港凤凰电视台，或中央电视台的《焦点访谈》先播发了，或《南方周末》先刊登了，这个省的新闻媒体才转载，甚至是任你外界媒体怎么批评，我这里依旧“岿然不动”。像这样的报纸，在激烈的市场竞争中，还会有什么样的“卖点”呢？！

北京日报社社长梅宁华在接受《新闻与写作》杂志记者采访时说：“好看的报纸首先要坚持舆论引导。离开稳定，国家的发展就无从谈起，报纸很重要的一条就是担负着社会责任，是一个积极的建设者。特别在中国现在的社会条件下，坚持党的办报原则和理念，同时掌握办报艺术和新闻规律，要正面引导也要使群众喜闻乐见。同时报纸也要发挥舆论监督的作用。”这是经验之谈。“中国新闻奖”获奖作品中的《171名矿工遇难两周年祭日临近，李毅中质疑：为何还没人被究刑责？》（18届消息一等奖作品）、《汉川市政府办公室下达“喝酒任务”》（17届消息二等奖作品）、《保护还是破坏》（16届通讯二等奖作品）等，都是从强化“舆论监督”功能上找卖点的成功佳作。

从增强报纸的公信力、权威性、真实性上找“卖点”。有人认为移植一些“内幕新闻”就能成为报纸的“卖点”，就能赢得读者的青睐，从而增加报纸的发行量。其实，这是认识上的误区。让粗劣偏误的信息占据报纸的版面甚至误导读者，只能降低报纸的可信度和公信力，而一个缺乏公信力的媒体势必要受到读者的冷落，又何谈增加发行量呢？传统媒体的最大优势在于它的公信力、权威性、真实性。在资讯渠道众多、公众自主选择增多的今天，要能吸引住读者，增加“卖点”，报纸的选择不应是弱化自己的公信力、权威性、真实性，而恰恰是相反，利用自身完备的采编系统和采编经验，深入到社会生活的各个角落，及时提供真实准确透明的信息，努力强化公信、权威、真实信息发布者的角色，报纸才能不断提高自身的市场竞争力。

从建立起广泛的新闻源上找“卖点”。现在，对新闻源的争夺与开发已经几近白热化。在抢新闻方面，许多媒体不惜血本，手提电脑、数码相机、采访车等现代化采访手段一应俱全。而在开发新闻源方面，是八仙过海，各显神通。为此，许多报纸开通了新闻热线，随时接收来自各地读者提供的新闻线索；有的报纸，还派“新闻采访车”，满大街转找新闻；有的推出“奖励新闻好线索”；有的将传统的资料室改造成信息部，信息部每天向采编人员提供大量经过粗编的各地报刊上当日刊发的、具有二次开发价值的新闻。《北京青年报》在把握传统新闻源的同时，首先开通了24小时新闻热线，把新闻的触角延伸到了社会的神经末梢；其次，利用首都的传媒优势，开发特约作者资源；第三，开发北京众多翻译人才及海外留学生丰富的“翻译资源”；第四，转化专家的“思想成果”；第五，让最有发言权的人站出来说话，等等。这些措施的实行，使北青报的版面总是充满着带有露珠的“鲜花”和活蹦乱跳的“鲜鱼”，散发着诱人的清新。有这样多丰富内容的报纸，何愁没有“卖点”！

从“服务性新闻”上找“卖点”。随着市场经济的发展，服务性新闻应运而生。老百姓要实实在在地过日子，服务性的有实用价值的信息无疑是他们感兴趣的。人们看报，最重要的、最直接的目的就是从中获取对自己有用的信息。所以，与读者切身利益息息相关，对读者最有用的事实，肯定也是最有“卖点”的。而且，受用的读者越多，新闻的“卖点”就越大。从国家统计局的调查来看：阅读率排序紧随动态新闻之后的正是这类有实用价值的内容。还是以北京为例：购物指导36%、家庭生活指南36%、法律信息32%、卫生保健31%。由此可知，人们对与自己实际生活相关的内容是想知道想了解的。但是，目前这类新闻在一些媒体中是羞羞答答、很不完善、很不规范的。比如，提供服务的场所在哪儿？找谁联系？怎么联系（电话号码是多少）？都不敢报道，唯恐被扣上“有偿新闻”的帽子。一些成功的报纸的经验是，从不断完善、规范和提高服务性新闻的质量上去找“卖点”。正如河南日报报业集团总编辑朱夏炎说的：“给读者工作上的帮助、生活上的提醒、情感上的沟通、精神上的陶冶”，只有这样做报纸才有“卖点”。在采写新闻的时候，记者的双眼要死死盯住那些对读者有用的信息，把它放到最突出的位置反映给读者。“中国新闻奖”获奖作品中的《有事情，找学生党员驿站》（18届消息三等奖作品）、《脚下的土壤能供暖》（17届消息二等奖作品）、《常州创出“节约建设”新模式》（16届消息三等奖作品）等，都是这方面的成功之作。

从改进报纸用语，采用新鲜的新闻语言上找“卖点”。没有新鲜语言的报纸，就不可能有“卖点”。清华大学国际传播研究中心主任李希光教授说：“无数事实已经表明，中国传统媒体的宣传话语在新媒体时代处于绝对劣势。如果不改变这个状态，继续让那些令人生厌的八股话语充斥新闻媒体，中国在这个信息时代的前景堪忧。有没有可能建立一种话语体系来替代已经失去任何感染力的旧的宣传话语来传播中国的声音？”大量的实践证明，目前报纸上仍旧存在的那些空话、大话、套话、官话及文件语，“教训”式语言，指令性语言，读者非常厌恶。而对那些鲜活且又富有人情味和个性的语言，对那些从群众口语中采撷来的有生命的词汇，对那些表现时代和事物特征的新鲜语言，对那些让人读起来流畅上口，听起来形象、生动感人的话语，读者十分喜爱。可见，改进报纸上的新闻用语，用群众的角度和群众的语言去说话，就能使报纸有好的“卖点”。

从创建报纸品牌上找“卖点”。品牌在市场经济中属于无形资产的范畴，品牌是经营者拥有的珍贵财富和制胜法宝。古往今来，大凡优秀的经营者都特别注重品牌的创建和推广。把经营品牌看得与经营理念、经营人才、经营方式、经营机制等一样重要。

报业的发展也不例外。过去不太重视品牌战略和品牌经营的报业和报人，在残酷的报业竞争中越来越清醒地意识到品牌的极端重要性，不惜重金加大对品牌的投入，强化对品牌的张扬。据笔者调查，有的读者爱看某一张报纸，他是冲着爱看某一名记者采写的报道而来；有的是冲着爱看某一专栏文章所为；有的则是冲着某一张报纸的品牌宣传，例如北京青年报利用著名导演冯小刚之口作电视广告语说：“没完没了的开心事，不见不散的北青报”；《南方周末》通过策划宣扬自己的新闻理念：“你见到我的时候，我们和新闻在纸上；你见不到我们的时候，我们和新闻在路上”。《羊城晚报》在改版广告中这样宣传自己：“今天的，才是最新鲜的——今晚能看到的新闻，怎能等到明天！”“新鲜的，才是精彩的；精彩的，才是有魅力的。”“昨天已知其然，今天怎能不知其所以然”！湖北省的楚天都市报的广告宣传进入了电视节目的黄金档；武汉晨报的广告牌像一轮红日升起在通往江汉二桥的要道旁；哈尔滨日报统一设计了报社的主标识，并开发了形象识别系统，同时还在国家商标局注册了报业集团的标识。大量的实践证明，凡是重视创建品牌的报纸，重视宣传自己，推销自己产品的报纸，重视培养自己的名记者、名编辑、名专栏的报纸，都具有好的“卖点”。

从“人文关怀”上找“卖点”。“人文关怀”是中国文化的核心。人文关怀突出地体现出以人为本的思想，它不仅要求关注社会物质财富的生产，更要关注人的社会行为，关注支配这些人的行为的精神与品格、价值观念与尊严。因而新闻的传播活动既要传播事件的内容，更要传递出事件背后的社会文化意义，既要反映世界的变化与发展，同时也要反映出对于人的生存与发展的影响，既要报道可知、可预知的事件，同时也要关注人的内心、人的命运。既要反映对于新闻事件、新闻背景的规律的认识，同时也必须反映社会各阶层的心声。因此，无论是社会新闻、法制新闻、经济新闻，都应该充分地考虑到人的发展、人的精神、人的处境。我们提倡新闻报道要以人为本，就要见事又见人。体现人文关怀，反映人性化的东西，也是最感染人、最吸引人的东西。

像第 18 届“中国新闻奖”获奖作品中的《特写：夫人奈娜最后吻别叶利钦》（通讯二等奖作品）、《40 市民抬高公交车半米救女童》（消息三等奖作品）、《胡锦涛总书记在国际助残日前给聋哑儿童学生刘丹阳写信——我同你的爷爷奶奶一样爱你》（消息三等奖作品）及《北京准许死刑犯临刑会见家属》（16 届消息三等奖作品）、《法警背起生病被告》（11 届消息一等奖作品）等，都是从“人文关怀”上找“卖点”而赢得读者和评委们的厚爱的。

从“趣味性”字上找“卖点”。吃菜讲口味，读新闻也讲味道，趣味性强的新闻，也特别受读者欢迎。新奇的社会现象，富有戏剧性的社会事件，扣人心弦的悬念，让人啼笑皆非的情节，都会强烈地吸引人们的目光，激起读者的阅读兴趣。像“中国新闻奖”获奖作品中的《家庭老账本见证时代变迁》（16 届通讯二等奖作品）、《小凉山有位美丽的美籍女教师》（16 届通讯三等奖作品）、《一百零六岁老寿星和她亲历的十五次选举》（17 届通讯三等奖作品）等，都是从“趣味性”找“卖点”而收到良好的传播效果并获奖的代表作。

从“情”字上找“卖点”。媒体是公众的代言人，寄托着受众的情感与诉求。无论何时何地，媒体都应该抱有悲天悯人的情怀。情，是新闻报道增强亲和力、吸引力和感染力的最强大的武器。新闻只要找准了能引起读者共鸣的情感，就一定能打动读者的心，取得良好的社会传播效果。

“情”从何来？“情”从生活中来，从采访的实践中来。没有感人的事实，就激不起作者燃烧的激情，也就不可能写出动人的文字。而要写出有真情实感的文字，就必须深入生活、深入采访，通过深入挖掘，特别是通过对采访对象生活、工作环境以及内心世界的挖掘，努力反映出采访对象的性格特点及其精神风貌。

像第 18 届“中国新闻奖”获奖作品中的《171 名矿工遇难两周年祭日临近，李毅中质疑：为何还没人被究刑责？》（消息一等奖作品）、《方永刚：真情传播真理》（通讯一等奖作品）、《不要哭……咱不哭……》（通讯二等奖作品）等，都是这方面的代表作。

从“深度”上找“卖点”。处在全球信息化的时代，重大题材记者不可能独家占有，重大事件不可能独家发现，但在共享的信息资源中，每一个记者都可以搞独家分析，写出独家具有的深度报道。毛泽东同志说：“分析好，大有益。”我们新闻工作者每天面对的是各种社会现象，各种矛盾，有一个调查研究和深入分析的过程，只有将客观情况弄清楚了，然后将情况分析透了，那么解决矛盾的钥匙也就找到了。在今天这个时代，不仅要报道，而且要分析、要解读。

以第10届“中国新闻奖”消息二等奖作品《深圳部分外来劳务工劳动安全状况堪忧》一稿为例。改革开放以来，大量农民离土入城务工经商，据有关部门统计，全国有1亿多人，仅深圳就有300多万人。现代化建设中有他们的汗马功劳，但他们的人身安全问题又如何保障、如何维护呢？这是一个事关经济发展、事关维护法律尊严、事关维护劳动者合法权益的大问题。这篇消息在897个字的篇幅中，向人们揭示了“部分外来劳务工劳动安全状况堪忧”及造成这种状况的深层次原因。呼吁国家有关部门应高度重视，解决这部分“弱势人群”的人身安全问题。可见，消息的主题是重大鲜明的，具有普遍意义，对贯彻执行党和政府的有关方针政策、法律法规，有着强烈的针对性和指导作用，是一篇从深度上找“卖点”的新闻佳作。

从“时效”上找“卖点”。追求新闻时效已成为新闻媒体竞争的永恒主题。一家新闻机构发稿时效的快慢，体现了这家新闻机构处理新闻的能力，分流和处理的能力越强，所采集和编发的信息就越多，在同行和受众中的信誉也就越高。

新闻媒体在时效上的竞争在现代社会已然白热化，其主战场就是重大突发事件的受众争夺战。目前，新闻“时”的变化呈现出一些新的特点。“时”的内涵更多地体现为“全时性”和“即时性”。“全时”和“即时”取代“及时”，是目前新的新闻观对旧有的新闻观的最重要的挑战之一，它使得新闻更贴近受众，也更贴近新闻的本质。

所谓“全时”，指的是对于某一事件产生、发展的过程进行全天候、全过程、全方位的报道，以全方位的时间度，使得受众可以完整而全面地了解到事实的全部过程。而“即时”，指的是对于事件的零时间差、零距离地进行报道，使受众可以在第一时间掌握信息。“中国新闻奖”获奖作品中的《我新型战机首次在异国升空训练创中国空军多项第一》（18届消息二等奖作品）、《滚动稿件：韩朝领导人55年来首次会面》（11届消息一等奖作品）、《九江段4号闸附近决堤30米》（9届消息特别奖作品）等，都是这方面的成功之作。

从“新”字上找“卖点”。我很赞成宋代词人姜夔的为文之道：“人所易言，我寡言之；人所难言，我易言之，自不俗。”喜新是人之天性，什么东西，一新就有吸引力。求“新”，就是要增强报道的新颖性，要反映新生活，介绍新思想，阐述新观点，论说新道理，指导新实践。在新闻采访中，注意关注那些最新的事实，把那些最新的东西找出来写，就能写出有“卖点”的新闻来。以第17届“中国新闻奖”通讯三等奖作品《申纪兰的市场观》一稿为例，作者为了使这个人所共知的全国老典型放出异彩，便从“新”字上找“卖点”。首先是发掘新思想，写申纪兰一个七十多岁的老劳模学习电脑，了解信息，用新的理念和经营方式指导村里的几家企业。其次是寻找新事实，写老劳模身披绶带去长治、太原的街头吆喝，去大型企业跑推销，去找外省的老劳模取经求帮助。再其次是运用新语言，文中使用许多形象生动、极具个性的新语言来刻画这位老典型。由于记者从“新”字上找“卖点”，把老主题的新闻写出与众不同的新意来，使老树上开出了新花，让老典型放出了异彩。从而在“中国新闻奖”的评选中，受到了评委们的青睐。还有像“中国新闻奖”获奖作品中的《昆山31万农民刷卡看病》（15届消息一等奖作品）、《鄱阳湖回复到原面积》（14届消息二等奖作品）、《壮丽的发展诗篇——从数字看上海巨变》（13届通讯一等奖作品）等，都是这方面的成功之作。

从“反常”中找“卖点”。以第16届“中国新闻奖”消息一等奖作品《3.5万救命钱留给病友》一稿为例，这条消息之所以能够获得这一“中国新闻奖”最高奖的桂冠，最大的“卖点”就在于它的“反常”性。社会各界给身患重病的人捐款，这样的爱心故事当然是新闻，但因为这类爱心报道太多所以就显得平常了，也难以吸引读者的眼球。而这篇消息则不同，它报道的不是普通捐款献爱心的事，而是一个身患绝症、急需救命款的人，放弃治疗，把社会捐助的爱心款反捐给同室的病友，以挽救他人的生命。这是多么的震撼人心、催人泪下的事啊！所以，找出新闻事实中反常和不同常规、不合常理的东西，作为“卖点”来处理，往往会收到意想不到的奇效。像“中国新闻奖”获奖作品中的《贫困县刮起奢侈风》（18届通讯一等奖作品）、《地学科研愁的是“没人花钱”》（17届消息二等奖作品）、《3000小考生“妖魔化”妈妈》（16届消息二等奖作品）等，都是从“反常”中找“卖点”而获奖的代表作。

数字在新闻中的作用与运用技巧

——以“中国新闻奖”作品为例

人类从它诞生的那天起，就与数字结下了不解之缘。从原始社会的结绳记事到现代社会每秒钟运行千万亿次超级计算机，数字成了人类工作、生产和生活不可缺少的东西。以反映现实生活和工作为己任的新闻报道，自然也离不开数字，尤其是经济新闻更是如此。写新闻，如果没有具体的数字分析，就会缺乏较强的说服力和可信性。

英国汤姆森基金会编著的《新闻写作基础知识》中谈道："他（或她）最容易理解他个人经验范围的事。当他读到他的国家收支赤字是 1 亿美元或国民生产总值是 50 亿美元时，他并不太清楚这是怎么回事；但当他听到国家的债务摊到每个男人、妇女和小孩头上是 2 美元时，就明白是怎么回事了。"

这段话阐述了如何让数字在新闻报道中"活"起来的真谛：通过恰当的方法处理数据，使其所代表的事物更加生动、形象、具体，使记者所要表达的内容更加易懂。

在新闻实践中，许多新闻工作者在数字的处理运用方面已积累了大量的经验。归纳起来，数字在新闻中的作用主要有如下八种：

一是强化视觉冲击力，让读者一目了然，印象深刻。例如第 20 届"中国新闻奖"获奖作品标题中的数字：《跨过 1000 万辆：新的台阶，新的起点》《短短一个月，"拒资"十亿元》《我国首台千万亿次超级计算机研制成功》《河北大名：县府大院一用五十年》《哈斯格日乐图的 6 座房见证草原 60 年的变迁》《众家孃孃临终上交党费 152 万元》《北京再生水仅 1% 用于洗车》《康平"新鲜空气"首售 10 万美元》等等。都是数字在新闻中巧妙运用的成功之作。

二是起主要事实的作用。有些新闻，数字在其中占有极重要的位置，即起主要事实的作用。如果没有数字，这些新闻就失去了新闻价值，也就毫无存在的意义。如国家统计局发布的有关经济形势的数字、人口普查的数字、物价情况的数字，股票、基金的数字等；某些劳动模范和先进个人向国家交售粮、棉和税收的数字，等等。这些数字就是新闻报道中的主要事实。

三是起增强新闻价值的作用。例如 1979 年中国地震学会成立的新闻中，首次披露了 1976 年唐山大地震中伤亡人员的总人数为 24 万人，虽然事情已相隔 30 年了，但这个数字还是人人关切、世界瞩目的。如果这条新闻中没有这个数字，这条会议新闻的价值就会大打折扣。

四是使新闻更加具体、实在，从而增强新闻的可信性和说服力。例如有关经济成绩的报道，若不用数字，就必然空洞，若用形容词或程度副词，像"很多""很大""显著"等则很笼统，而使用数字来反映就具体实在了。

五是用数字来表达概念。概念常常是一种无形的东西，看不见，摸不着，光用文字来表达就往往说不清，如果用上一些必要的数字，则可直观明了，化无形的概念为有形的实体。

六是对新闻中的名词、术语进行解释。如某报有一篇关于贵金属投资的报道，在提到黄金首屈一指的可锻性时，讲到1盎司重的黄金可以锤薄至四百万分之一尺厚及100平方尺面积。随后跟上一句解释：“也就是说，可以用来铺满整整一所普通古代庙宇的屋顶盖。”相信，经过这样的解释以后，就是外行也能听出个基本状况。

七是用数字来衬托事例。新闻中有些事例在表述时，需要借助于数字。有了数字的事例才显得丰满和富有感染力。例如第19届“中国新闻奖”通讯二等奖作品《“文化包工头”垄断舞台剧制作》一文中写的：

60万元的天价导演费，对一个文艺院团意味着什么？有个例子可以参照说明：像上海越剧院红楼剧团这样的名团，至少要演50场，才能收回这60万元的“导演成本”。今年，红楼剧团演出122场，收入340万元，平均每场收入不到3万元。而这3万元中，除去50%发给演职员的演出费，以及10%的设备折旧费，只剩40%即1.2万元可以用来抵补排戏成本。事实上，国内演一场戏，很多还不到3万元收入。以500万元的投入，要全部收回成本，需演出2500场。上海芭蕾舞团的芭蕾舞剧《白毛女》，演了48年，场次才积累到1500场。这就是说，如今的原创舞台剧动辄投资数百万甚至上千万元，根本赚不回来，当然，恐怕也没想过要收回本钱。

上述文中17处数字所衬托的新闻事实，桩桩件件，确凿无疑，令人有触目惊心之感。从而使报道观点鲜明，讲出了改变这类不正之风的必要性与紧迫性。

八是用数字作背景材料。以第18届“中国新闻奖”通讯一等奖作品《贫困县刮起奢侈风》一文为例，文中写道：

濮阳县位于河南省东北部，全县22个乡镇中，有7个乡镇30余万人地处沿黄滩区，生产生活条件落后。统计数字显示，濮阳县2005年农民人均纯收入为2442元，在河南省108个县市居第75位。全县1035个行政村，仅有251个村能看上有线电视。

就是这样一个人均财政收入仅200余元、尚有数十万人未解决温饱的财政穷县，在办公楼建设方面却屡出大手笔：

上述文中11处数字所组成的背景材料，有力地增强这篇报道的可读性和感染力。

按照统计学的观点，数字的种类是多种多样的，在新闻中常用的数字有如下两种：

一是绝对数字。它是经济活动中的原始记录，是初级数据。运用它，可以反映社会经济现象在一定时期的总规模、总水平或工作总量的数值。如GDP、财政收入、粮食产量等，就属于这一类数字。

二是相对数字。它是通过两个数字相互比较而存在的。计算相对数字的过程，就是对经济活动进行分析的过程，因此，相对数字又称为“高级数据”，它表示一定时期内经济现象效果的增减、升降、盈亏等，多用百分比表示。使用相对数字不仅能鲜明、深刻地反映报道的经济现象所达到的水平，而且能明确表示增减的幅度、程度，具有较强的说服力。

在新闻报道中，数字虽有多种多样的作用，但数字本身毕竟具有单调、烦冗、枯燥的弱点，为此，在使用时，就需要讲究技巧，使它活蹦欢跳起来，起到与叙述、描写同等的传播效果。笔者对部分新闻在运用数字上的成功之处作了一些归纳，感到有如下十个方面的运用技巧值得大家学习和借鉴：

一是精心筛选数字。要选择那些紧扣主题，既有典型性，又有代表性，最能反映经济成果，揭示事物本质的数字。这样的数字，能以少胜多，起到以一当十的作用。例如 1986 年全国好新闻《沈阳市防爆器械厂破产倒闭》一稿，在运用数字上，就颇具匠心。记者没有把这个厂历来的亏损数字都一一列举出来，而只是列举了“全厂仅有五万元固定资产，用以偿还外债”，“债主多到二百四十家，欠债五十万元，等于全厂家底的十倍”这样几个数字，就把这个厂负债累累、资不抵债的情况反映得一清二楚。真可谓精心挑选，运用恰当。

二是使数字形象化。一般说来，孤零零的数字既不好懂，又不好记，如果用群众熟知的事物作形象化的比喻，既能解决好懂好记的问题，又能引起读者的阅读兴趣。例如第 20 届“中国新闻奖”消息二等奖作品《全球最快列车驰骋南中国》一文中写的：

“武广高铁沿线重峦叠嶂，高速列车风驰电掣，穿越 226 座隧道，跨过 684 座桥梁。与去年 8 月在华北平原通车的京津城际铁路相比，武广高铁在速度、技术、难度上都堪称‘升级版’。一位铁路专家形象地比喻为‘短跑变长跑加跨栏’”。

文中的“升级版”“短跑变长跑加跨栏”，就给人以看得见摸得着的具体实感，读后一般都能留下较深刻的印象。

三是采取“换算法”。所谓“换算法”就是把数字换算成一种与人民生活有关的说法，使之具体、通俗。例如钢筋防腐剂“现在采用新配方成功，每年节约一千吨牛奶和一吨多白糖，等于一万名婴儿一年的口粮”。再如《从婴儿出生数看我国计划生育成绩》一稿中，运用实在数字与人们所熟悉的事物加以比较，文中将我国解放三十年来净增的人口与美国人口数进行比较，光是这个净增数就相当于两个美国的人数。同时又说明我国 1971 年以来因节育而少生的人口数字相当于广东省的人口总和。这就使读者具体地看到了实行计划生育的必要性和巨大成就。

四是对比法。在物理学中，物体需要找到参照物后，物体的运动状况才能在比较中清晰地反映出来。我们在新闻中运用数字反映问题时，也应该找到参照物，用以同它进行比较，这样抽象的数字背后所蕴含的意义就能清晰地再现于读者面前。一个孤立的、静态的数字不过是几个毫无意义的阿拉伯字母而已，而一旦将这个数字与其他数字加以对比，它的意义就会一下子显示出来。因此，有经验的记者在使用数字时，常常采用对比法。对比有纵的和横的两种。纵比就是对同一事物进行今昔对比，又称“自比”。以第20届“中国新闻奖”消息二等奖作品《天安门广场见证国防现代化建设历史性跨越》一稿为例，文中写道：“今天，中国每一天所创造的财富，是10年前的3倍，超过了新中国成立初一年的财富总量。”这一对比，国家的飞速发展变化便生动地表现出来。横比是指一事物与他事物之间的对比，又称“他比”。以首届“中国新闻奖”中的《行的变迁》一稿为例，文中写道：“由于底子薄、起步慢，平均每平方公里国土上仅有5米铁路，只相当于美国的六分之一，日本的十分之一，印度的四分之一；拥有公路平均每平方公里100米，仅相当于美国的六分之一，日本的二十九分之一，印度的三分之一。”通过这一横向相比，实事求是地指出了我国交通事业与发达国家、发展中国家的差距，读来可信、可亲。当然，如今的中国，行的变迁已是今非昔比，发生了巨大的变化。

五是浓缩法亦称化小法。新闻中选用的数字越大，离读者就越远。因为一般人平日接触到的都是较小的数字，对那些浩大的数字缺乏感性认识，不易理解它的意义，因此往往敬而远之。鉴于这种情况，在新闻中运用数字时，就需要进行浓缩，将大数字化为小数字，便于读者明白和记忆。例如第12届“中国新闻奖”消息一等奖作品《洞庭湖长大五分之一》一文中写的：

洞庭湖变大了！经过3年规模空前的综合治理，洞庭湖面积扩大1/5。

这一浓缩、化小，就便于读者理解和记忆了。

六是延伸法亦称折合法。即利用假设手法，将某种事物延伸、折合为人们易于理解、接受的东西，从而缩小数字与读者之间的距离，避免因数字出现而单调、乏味。以第13届“中国新闻奖”通讯一等奖作品《壮丽的发展诗篇——从数字看上海巨变》一文为例，文中写道：

过去，人们在形容上海缺乏绿化时惯用的比喻是，每个人拥有的绿地还没有一张报纸大（1989年市区人均公共绿地面积为0.96平方米），而到2001年底，上海每个市民已拥有5.56平方米的绿地，相当于一个小房间的面积。

还有通讯二等奖作品《一个字两个篮球场大、一条标语长达5公里，郧西县“石头标语”劳民伤财》等。这样一延伸、折合，读者就容易理解和生动得多。

七是移植嫁接法。它是把与报道事实有关的数字有意识地移植嫁接在一起，从而达到强调某件事情或突出某个意思。以《北京日报》曾刊载过的题为《北京人吃带鱼吃了一座立交桥》一稿为例，乍一看这个标题，觉得吃带鱼与立交桥毫不相干，可记者在文中把一年国庆节供应北京市民的带鱼，政府拿出了2000万元钱进行补贴，再与修建一座立交桥的造价一比较，从政府对群众生活关怀这一侧面，反映出改革某些不合理的财政补贴已势在必行。

八是图表一览法。即在新闻中，将烦琐的数字列出一览表。这种方法的好处是一目了然。1990年10月31日《人民日报》及各省市报纸刊登新华社播发国家统计局关于1990年人口普查主要数据的公报时，就运用了这种办法。此法一般在需要用大量的烦琐数字进行对比，用少量数字难以说明问题，涉及较重要的问题或重大事件时才使用。

九是分散插入法亦称天女散花法。在新闻中使用数字时，有经验的记者（通讯员）为防止形成呆板的“数字段”和“统计表”，总是选择那些必需的数字，分别插入新闻导语、背景、主体、结尾中，力求每个数字恰到好处。

十是文学修辞法。用数字作为文字词句的修饰，以增强文章的感染力，使文章化平淡为神奇，表达准确、鲜明生动，这也是数字本身的魅力所在。在这点上，我们就应该向古代文人学习，他们就能用平淡的数字做出许多美妙的诗句。例如：

清·才子纪晓岚在随同乾隆皇帝下江南途经九江时就曾写过一首数字诗：“一篙一橹一叶舟，一个钓翁一钓钩，一呼一拍还一笑，一人独钓一江秋。”在这首四言诗中，诗人连用了十个数字“一”，形象地写出了暮秋江面垂钓老翁怡然自得的神情。

北宋·哲学家邵雍也曾写有一首数字诗：“一去二三里，烟村四五家。亭台六七座，八九十枝花。”短短的二十个字中，就有十个数字，寥寥几笔，便为我们勾勒出一幅生动的画面。

唐·边塞诗人岑参的“忽如一夜春风来，千树万树桃花开。”诗中的数字，让人读后，浮想联翩。

尽管新闻写作不同于文学创作，但在使用数字上，我们也可以在确保新闻真实性的基础上借鉴古人的经验，运用文学的修辞手法灵活应变，以期达到数字的活用，并使文章因数字而增色。像“中国新闻奖”获奖作品标题中的数字：《中国医生万里送光明》《三千苗胞出山，招财进宝百万》《家藏千万元元钱，不如培养技术员》《一娘养八子，八子不养娘》《渠道四海开，财源三江来》《国格千钧重，金钱一纸轻》，等等，都是这方面的成功之作。

在运用数字时，需要忌讳下述 8 个方面的问题：

一忌滥用和堆砌。例如 2004 年 2 月 2 日深圳某报刊载了一篇名为《深圳居民收支平稳增长，私家车、教育等消费亮点频出》的精确报道，全篇报道 900 多字，其中包含的数据竟有 47 个，报道列出了深圳居民收入状况、消费支出和借贷支出等各方面数据，令人眼花缭乱，整篇报道成为深圳市统计局相关资料的翻版。如此繁多的数据不仅掩盖了文中最有价值的信息，还让读者感到厌烦，不愿意将新闻看下去。

二忌费解难懂。如有则新闻这样写道："从财政状况来看，今年社会的购买指数每压下一个百分点，需要财政支出 1.5 亿到 2 亿元。"其中什么叫"购买指数"？什么叫"百分点"？在我们这个目前还有文盲存在的国家里就一定有部分人看不懂。

三忌不准确。数字在新闻中，常常是同经济信息、情报或科学数据紧密联系在一起的，如果使用时不小心谨慎，一个数字或一个小数点有误，就会带来预想不到的后果。某报曾刊载题为《错了一个小数点，农民白跑千多里》的文章，文中说：一家报社负责人最近在新闻培训班上，谈他们的报纸在公布全国各地物价信息时，由于编辑和校对工作失误，错了一个小数点，把河北省张家口当年的芝麻每斤 3.00 元的价格，错成了每斤 30.00 元，结果承德地区一位农民看到这个"好消息"后，赶紧凑了 30 斤芝麻背上，乘车赶到张家口，结果白跑了一千多里，使这个农民非常气愤。可见，运用数字要准确是多么重要！

四忌想当然，闭门造车。新闻中运用的数字，一定要严谨认真，不能想当然，闭门造车。例如某报曾刊登一篇人物通讯，文中写道："22 年，她从未离开过新闻岗位。在此期间，她接待来访者近 20 万人次，澄清或纠正大小冤假错案近千起，借助自己的笔帮助过成千上万的人，被老百姓亲切地称为'民心记者'。"2 年接待来访 20 万人次，平均算下来，每年 9000 人次，没有休息日地一年 365 天平均每天要见 25 人次。这个数字简直就是天方夜谭，让人难以相信。

五忌语焉不详。如有篇报道一个体户的消息写道："他三年来向国家交纳税已上六位数。"这六位数是多少？是 100000 元还是 999999 元，使读者很难猜透。其实是含混不清，故弄玄虚。

六忌绝对化。使用数字要准确，这是必须遵守的原则。但如果把它绝对化，反而使人感到不真实。例如有篇报道部队一战士学先进做好事的消息，文中写道："三年来，他共义务修鞋 273 双，洗衣服 630 件，理发 2531 人次。"报道刊出后，有的读者反映：一个战士学先进做好事，即使不愿当"无名英雄"，也不可能把自己三年来所做的好事，一件不少地记下来以备日后统计。这样的准确就有点绝对化了，让人看后反倒觉得不真实了。

七忌写法混乱。现在报纸上有部分稿件中使用的数字，混合使用阿拉伯字和汉字数字，给人以杂乱无章之感。例如某某同志“于今年4月2日下午5时30分去世，终年六十三岁。”“全市已有八个企业率先完成全年生产任务”。“现在全国有青年两亿多，少年1亿多。”根据国家语言文字委员会、国家出版局和中宣部等单位联合公布的《关于出版物上数字用法的试行规定》，凡是使用阿拉伯数字而且又很得体的地方，均应使用阿拉伯数字。遇到特殊情况，可以灵活变通，但应力球保持相对统一。

八忌片面解读。报道中解读数据时，一是要全面、客观，否则，就会引起歧义。例如2010年，国际上有人利用我国国内生产总值位居世界第三的数据热捧中国，妄图把中国从发展中国家拉出去，达到孤立中国的目的。温家宝总理在出席第65届联合国大会一般性辩论中指出，“但人均水平较低，只相当于发达国家的十分之一左右。”据此，温总理掷地有声地指出：“中国仍然处于社会主义初级阶段，仍然属于发展中国家。这就是我国的基本国情，这就是一个真实的中国。”温总理用了我国人均水平较低的数据一举粉碎了那些热捧中国的不良企图。在这里，全面客观地解读数据彰显出令人折服的说服力、无可辩驳的感召力和不可估量的震撼力量。

大量的新闻实践证明，在经济新闻中，对数字的运用只要讲究技巧，确实是可以让枯燥、单调的数字“跳起舞”来的。不过，记者（通讯员）不要忘记一点：如果发现生动的事例能够代替数字的话，那就应该把数字坚决抛弃掉，毫不可惜。

新闻作品的感染力从何而来？

——以“中国新闻奖”作品为例

我们不由自主地进入了信息化时代、“文化快餐时代”“读题时代”。现在我国每年公开发行的报纸就多达2000多种，期刊有10000多样，算上广播电视和日新月异的新媒体，我们的生活已经被浩若烟云的新闻完全覆盖住了。随着工作、生活节奏的加快，以及报刊种类、报纸新闻版面的增加，读者停留在每份报纸上的时间是越来越短。

美国报纸编辑协会主席罗德里格斯曾说：“在美国，电视、广播、电影诞生后，人们不止一次宣称‘报纸要完蛋了’，但报纸直到今天也没有完蛋。在新媒体时代，报纸在以自己的方式演进着。”因此，报纸的“演进”就必须成为所有报界工作者自觉或不自觉的行为指导，而提高新闻作品的感染力，让读者停留在每份报纸上的时间更长一些，便是演进过程中被证明了的有效方法之一。

笔者分析“中国新闻奖”中的作品，发现下述5种写作技法是提高新闻作品感染力的有效途径。

一、感染力来自谋篇布局的出新

现在报纸上有些新闻报道主题选得好，立意也不错，可由于谋篇布局的写作形式呆板，套数老旧，观点加例子、概念加数字、公文化、公式化，结果把一篇很好的新闻报道写成面孔死板、毫无新意的新闻报道。为了使新闻报道出新有感染力，记者在新闻写作上要在遵循新闻写作一般规律的前提下，解放思想，转变观念，摆脱“新闻八股”，打破传统的写作框框。我国著名报人徐铸成曾经说过这样一段话：新闻记者就像一个高明的厨师，要把精心采访得来的素材精心“烹制”后再献给读者。因此，徐铸成先生把新闻学叫作新闻烹制学。

世界上的万事万物都是互相联系的，各种事物的相互组合奥妙无穷，可以生发出魔方般的无穷变化。如果在新闻写作中着眼于精心构思和对题材的巧妙布局，则可使文章求生动、求新颖、求深度，而最大限度地调动起读者的阅读兴趣与热情，使新闻的思想性与可读性有机地统一起来，从而使新闻的感染力大大增强。以第22篇“中国新闻奖”通讯二等奖作品《青藏铁路：世界屋脊上的钢铁大通道》一稿为例，谋篇布局出新是这篇通讯获奖的重要原因之一。据“中国新闻奖”参评作品推荐表介绍，2011年是中国共产党建党60周年，也是西藏和平解放60周年，经济日报策划了一系列重点报道，抽调骨干记者深入藏区采访。2011年7月1日，恰逢青藏铁路格拉段（格尔木到拉萨）通车运营5周年。特派采访组从北京出发，经西宁到格尔木再到拉萨，乘坐火车深入雪域高原采访，记者深入一线，克服高原缺氧等困难，连续作战，采访了青藏铁路调度所、青藏铁路公司拉萨车队、西宁站枢纽改造工程建设指挥部、青海玉峰铁路维护公司雁石坪工务维护车间、拉萨珠峰购物中心等地，与青藏铁路的建设者、司乘人员、管护者、藏族群众等深入交流，并采访铁道部青藏铁路建设领导小组办公室有关负责人。报道通过“一条科技路”“一条生态路”“一条幸福路”三个层面展开，回应国际社会对青藏铁路的关切，用准确的统计数据，反映青藏铁路全线运营后，发挥巨大的“引擎”作用，拉动青海省和西藏自治区经济社会保持快速发展的事实。用藏族同胞的生动语言、用往返青藏线铁路职工最真切的感受等细节反映青藏铁路已成为一条群众的“幸福路”，并报道了拉日铁路（拉萨到日喀则）建设的最新进展，行文段落短小、事实精练、结构巧妙、布局新颖，具有很强的说服力和感染力。作品发表后，收到了很好的传播效果。人民网、新华网、中国经济网、中国网、新浪网、中国铁道网、高铁网、中国西藏网、中国藏族网通等网站纷纷转载，作品还入选中宣部组织编写的《庆祝西藏和平解放60周年优秀作品集》，最后登上了“中国新闻奖”的领奖台。

还有“中国新闻奖”作品中的《在历史灾难中实现历史进步——2010年中国自然灾害警示录》（第21届通讯一等奖作品）、《走向希望的春天——来自地震灾区的报告》（第20届通讯特别奖作品）、《闪耀在手术刀上的道德光芒——记医德高尚医术高超的好军医、北京军区总医院原外一科主任华益尉》（第17届通讯一等奖作品）等，都是这方面的成功之作。

二、感染力来自标题的亮丽、养眼、抓人

现在是信息时代，我们每天都行驶在信息高速公路上，铺天盖地的信息向我们涌来，让我们无法拒绝。在我们对信息进行筛选时，总觉得很多信息没啥意思，不想看，不想听，这可能有两种原因：一是信息确实价值不大，二是标题太过平庸，对眼球缺乏吸引力。而面对后者，我们就应该在新闻标题的提炼上下功夫，像中宣部在《关于贯彻十八大精神，切实改进文风的意见》中指出的：要做准、做好、做活标题，善于抓住要点、提炼有效信息，准确鲜明表达核心观点，避免机械呆板、不知所云、大而无当的口号式标题。

大量的新闻实践证明，一篇具有感染力的新闻，其标题的制作是很精心和讲究的。一个好的标题可以起到画龙点睛，使新闻的价值最大化的作用。为了一则好标题，需要作者苦思冥想，绞尽脑汁。标题制作到位，读者一看标题就可以明白正文的大意。在“中国新闻奖”作品中，不少作品的标题是很精彩、亮丽、抓人眼球的。以第13届消息二等奖作品《请过路吧，亲爱的藏羚羊》一题为例，标题采用拟人手法，引题：欢迎“孕妇”来，不舞新旗；喜送“母子”去，不敲锣鼓，这段青藏铁路又成“无人区”。排比对偶，标得多么形象生动，标得多么富有动感美，形式美和意境美。看了引题，一幅藏羚羊安详迁徙的生动画卷立刻展现在读者面前。主标题：“请过路吧，亲爱的藏羚羊”，标得多么亲切，如诗如画，真切感人。一声“请过”，一句“亲爱的”呼唤，可谓妙笔生花，让人心驰神往，标题的感染力将读者牢牢吸引住。

又如第22届“中国新闻奖”消息一等奖的标题：《就业局长“潜伏”打工探扬州用工》就是采用幽默式手法。“幽默”一词在《辞海》中的定义是：“通过影射、讽喻、双关等修辞手法，在善意的微笑中，揭露生活中的讹谬和不通情理之处。”列宁曾说：“幽默是一种优美的、健康的品质。”林语堂先生也说：“凡善于幽默的人，其谐趣必愈幽隐；而善于鉴赏幽默的人，其欣赏尤在于内心静默的理会。”的确，生活中需要幽默来点染生活激情，新闻标题又何尝不需要幽默来点染新闻意趣呢？幽默是一种巧妙的语言方式，若运用得好可以达到曲折含蓄而又耐人寻味的效果。无数新闻实践证明：风趣幽默的新闻标题，能满足读者的阅读兴趣和好奇心。显然，《就业局长“潜伏”打工探扬州用工》这则幽默风趣式标题，将就业局长与民工一同外出打工，去体验打工环境和生活，标题用“潜伏”二字，无疑对读者具有强烈的感染力。这位局长为什么要“潜伏”，是怎样“潜伏”的，“潜伏”之后带来什么收效，读者自然要探明究竟。这样的标题就起到了夺人眼球，吸引读者阅读下文的目的。还有“中国新闻奖”作品中的活用动词，标出了悬念、惊奇和诧异的标题：《看个“咳嗽”要掏1065元》（第13届消息一等奖作品）、《洞庭湖长大五分之一》（第12届消息一等奖作品）、《簰洲湾溃口“淹”出7000多人》（第10届消息二等奖作品）、《读者你猜：他的职称是……》（首届消息二等奖作品）等等，都是具有很强感染力和吸引力的好标题。

三、感染力来自运用生动、活泼、形象、优美的新闻语言

中宣部在《关于贯彻党的十八大精神，切实改进文风的意见》中指出：要善于运用鲜活的语言说明事物、表达观点，善于把文件语言和学术概念转换成易读易懂的群众语言，善于捕捉富有个性、特色鲜明的话语，简洁平实、通俗明白，杜绝照抄照搬文件和领导讲话。在新闻报道中，读者最不喜欢那些重要文件或领导讲话中的“老话”“空话”。作者需要用自己的语言写稿，用具体、准确、简练、生动活泼的可感性强的语言表达所要报道的事物；要用群众的语言，特别是广大群众在工作生活实践中创造、涌现出来的新话语写稿。有些报道，还可以用亦庄亦谐的幽默语言。语言新了，就可以使新闻报道既朴实无华，又形象生动、神采飞扬、过目不忘，增强报道的可读性、亲和力和感染力，收到好的宣传效果。

以第22届“中国新闻奖”评论一等奖作品《在转变中赢得大发展》一稿为例，文中有下述生动、活泼、形象、优美的新闻语言：

△变则通，通则久。

△发展的航船需要依靠理论的灯塔抵达彼岸，思想的翅膀总是借助实践的长风高高飞翔。

△“用领导方式转变加快发展方式转变”，这一富含时代新意的命题，是中原经济区建设土壤里孕育出的思想果实，是加快发展方式转变中提炼出的智慧结晶。

△领导方式转变与发展方式转变如车之两毂、鸟之两翼。

△“见贤思齐，见不贤而内省也”，要通过领导方式的转变，实现自重、自省、自警、自励的要求，在工作实践中自觉做到慎初、慎微、慎独、慎友、慎权。

△领导不是万能的，领导者的正确决策和举措只能来源于人民群众的实践，否则，无论多么高明的领导者，一旦脱离人民群众的实践，他的智慧就会枯竭，工作必然失误。

△岁月峥嵘，几多春秋。我们被“路漫漫其修远兮，吾将上下而求索”的不屈精神所感动，被“大风起兮云飞扬”的浩然长歌所震撼，被“为天地立心，为生民立命，为往圣继绝学，为万世开太平”的远大抱负所激励。

心手相牵，薪火相传。秉承民族精神的血脉，高扬时代精神的旗帜，亿万中原儿女聚精会神搞建设，一心一意谋发展，就一定能够创造新的辉煌，谱写新的华章。

以上生动形象、贴近读者的语言，特别是一些重要的观点，寥寥数语，将大与小、长与短、近与远、局部与全局、转变与持续、个人与制度、领导与群众等的辩证关系讲得深刻明白，使人咀嚼再三，回味无穷。有的堪称格言、警句，读者每逢读完，就如同阅读一篇优秀的散文，每每回味其中的精彩之处，总情不自禁地抄下留作资料，或输入电脑永久保存，或摘抄、汇集成座右铭。可见，贴近受众，具有黏结力的语言有力地增强了新闻的感染力。

又如第16届“中国新闻奖”通讯一等奖作品《索玛花儿为什么这样红——记优秀共产党员、木里县马班邮路乡邮员王顺友》一文中的下述描写：

“‘你只有为政府和乡亲们把这件事做好了，做到底，才是我的好儿子！’一句话，交给了他如山的使命。”“有人曾问韩萨，想不想让王顺友继续跑邮路？她的眼泪一下子出来了。‘只要他天天在家，哪怕什么活也不干，我也高兴。可是他送信送了20年，你要让他不送，他会受不了的。邮路是他的命，家是他的心哪！’”

“三个家，三重情，三份爱。王顺友因它们而流泪，也因它们而歌唱；因它们而痛苦，也因它们而幸福。有人问，这三个家哪个最重要？他说：‘哪个都放不下。’放不下，是因为连得紧。三个家，家家都连着同一颗心，一颗为了马班邮路而燃烧的心！”“扁担挑水两头搁，顾得了一头，顾不了另一头。”“记者的心被一种热辣辣的东西涨得满满的。”

“5月的凉山，漫山遍野开着一片片火红的花儿，如彩虹洒落在高原，恣意烂漫。同行的一位藏族朋友告诉记者，这种花儿叫索玛，它只生长在海拔3800米以上的高原，矮小，根深，生命力极强，即使到了冬天，花儿没了，它紫红的枝干在太阳的照耀下，依然会像炭火一样通红。”

“噢，索玛花儿……”

上述描写中的语言，除具有一股新闻语言的准确、朴实、简洁、生动的特征外，它还兼有电影艺术的画面美、小说艺术的形象美、散文艺术的意境美。它勾画出真实的场景、感人的气氛、活脱的对话。让人读来诗情画意、余音缭绕、回味无穷，其感染力无疑是巨大的。

四、感染力来自小细节、大思想

细节是指新闻作品中那些能有效地增强新闻事件和新闻人物表现力的细枝末节，是新闻中最微小、最生动、最传神、最具吸引力和感染力的事实，用高尔基的话来说就是“细小而又有代表性的事情”。细节犹如珍珠，镶嵌到新闻里能产生光泽、动感、形象，有利于克服新闻写作一般化、概念化的毛病，使新闻更有说服力、感染力。新华社原社长穆青在他那篇著名的关于新闻散文化的谈话中说：在外国记者的一些成功报道中，我看有两个东西突出了，一是新闻中的议论，二是细节。新闻界另一位前辈的经验之谈：写新闻注意用细节，尽量把报道的内容和思想用生动活泼的细节表现出来。即使是政治性较强或工作经验性的一些新闻，穿插些有意义的细节，也会写活些。作家李准曾经说过：“没有细节就不可能有艺术作品。真实的细节描写是塑造人物，达到典型化的重要手段。”写人则如见其人，写景则如临其境，细节描写的主要目的就在于此。此点对新闻写作同样适用。

“动之以情，晓之以理”是各类媒体一直追求的理想传播方式。受众之所以能够因媒体的传播而动情，关键在于媒体能够把新闻事件的情节、细节原原本本地传播给受众。受众都活动在社会生活层面，他们对事物的判断，是以生活中的一个个细节为依据的。他们从这些细节中筛选、取舍，情绪随着这些细节而波动、忧虑、兴奋，这是人类形成的基本认识规律。新闻传播要打动人，感动人，就应当顺应这个规律，“由表及里，由浅入深”，“情节越细越感人。”如果一篇新闻只有事实的陈述而没有任何细节描写，就好像一幅画，只有远景没有中景和近景，景色再美，也只能是雾里看花，难以吸引、感染、打动受众。为此，媒体在报道新闻事件时，应尽可能地挖掘细节，最大限度地满足受众需求。

世界上著名的普利策新闻奖的明显的特点就是小细节、大思想。作品通过周密的调查形成精致的细节描写，反映出深刻的现象和事实。“中国新闻奖”中的作品，也大都以此取胜。

还是以第16届“中国新闻奖”通讯一等奖作品《索玛花儿为什么这样红——记优秀共产党员、木里县马班邮路乡邮员王顺友》一稿为例，文中有下述小细节、大思想的描写：

老母亲活着没有得到他一天的照料，临病逝前，喊着他的名字，见不到他的身影。那一刻，他正在邮路上翻越雪山。

韩萨说她自己是“进门门里没人，出门门外没人”，想得太苦了就拿出丈夫的照片看看。

有一次，韩萨病了，因为没有钱，去不了医院。当时儿子在学校，女儿去了亲戚家，她只好一个人躺在家里苦熬着。不知道熬了几天几夜，当王顺友从邮路上回来时，她已经说不出话来，望着丈夫，只有眼泪一股股地往下流。王顺友向单位的工会借了1000元钱，把妻子送进了医院，服侍了她3天。3天后，妻子出院，他又要上路了。握着韩萨的手，他心头流泪，轻轻说：“人家还等我送信呢！”善良的女人点点头。

他有一本发了黄的皱巴巴的学生作业本，每一页上面都记满了他在邮路上唱的山歌，其中很大一部分是相思相盼的情歌。他说：“那是唱给韩萨的。”说这话时，他眼里有泪。

邮路上乡亲们塞给他的好吃的东西，哪怕是一个果子，一颗糖，他从来舍不得吃一口，总是带回家，让妻子儿女品尝；每一趟出门，他总是把家里的事一件件安排好，把妻子要吃的药一片一片地数好，包好，千叮咛，万嘱咐。他对记者说：“每次从邮路上回来，当老远能看见半山腰的家时，心里就开始慌得不得了啦，巴不得一纵身就跳到家里，剩下的两小时的路，几乎是一路小跑……”

上述细节描写，将母子情、夫妻情、儿女情，展示得一览无余。“为了能传达党和政府的声音，为了能让更多的乡亲们高兴！”王顺友舍小家顾大家的高尚情怀，使受众的心灵受到震撼和感动。

文中还有主人公王顺友与他的哑巴同事——“马”之间感情的细节描写。如文中写的：

“邮路上，即使走得再苦，他从来舍不得骑马，甚至当看到马太累时，他会把邮包从马背上卸下来，扛在自己身上。”“记得他第一次接过吴书记送的那匹马时，来不及说一句感谢的话，一把拉过马头，双手扳开马嘴看牙口，连声说：‘好马！好马！’说完就流泪了。”“前不久，他作为全国劳模去北京开会的那几天，每天晚上躺在宾馆松软的床上，就是睡不好。他说，和马在一起睡惯了，有马在，心头就安稳，没有马在，心头空落落的，即使眯一会儿，又梦见自己牵着马走邮路。”

王顺友对马的感情，就是他“为党和政府做事，为乡亲们做事”的感情，他和马一起“就把乡亲们和山外面的世界连在一起了，就把党与政府和木里连在一起了！”这些关于这个苗族汉子的善良与美好心灵的细节描写，让人敬佩和感动！

五、感染力来自真情实感的注入

像新闻界很多同仁所说的那样，优秀的新闻报道应该是一种美文，它必须是在充满人间真情实感的氛围中间展开叙述的，如果离开了这种氛围，就正像新华社原社长、著名记者穆青讲的：“倘若缺乏这种激情，没有爱，没有恨，那写出来的作品只能是泛泛而谈，或者现象罗列，读起来味同嚼蜡。”反之，一篇好文章能使人“为数日喜，寝食有味”。味从何来？有真情实感才有味。因此，刘勰在《文心雕龙》中说：“情者，文之经”，“缀文者情动而辞发，观文者披文以入情”。

新闻是新近发生的事实的报道。写新闻固然要告之以事、晓之以理，但还得动之以情。正如中宣部在《关于贯彻十八大精神，切实改进文风的意见》中指出的：说真话、写实情、言之有物、言之有理、言之有情。真情实感是联系事理的桥梁。清人袁牧说：“作者情生文，斯读者文生情。”一篇好的新闻作品，必须用新颖、生动、感人的事实来传播信息、反映和引导舆论。这种感人的事实，不但要能体现新闻事件本身的价值，更要抓住新闻事件中最能打动人的真情。因为缺乏真情实感的作品，尽管有华丽的词句，但也只能像塑料花一样，虽然艳丽夺目，却因毫无生机，不能像真花那样芳香扑鼻而自然动人，谁还会有耐心去读它呢？应该说，文以真情取胜，佳篇每自真情实感出，早已成千古定论。

以第18届“中国新闻奖”通讯一等奖作品《方永刚：真情传播真理》一稿为例，这篇作品之所以能面世，首先是新闻事实饱含的人间真情深深打动、征服了作者。在面世后又赢得读者的青睐并广受好评，最终登上了“中国新闻奖”的最高领奖台。

据“中国新闻奖”参评材料介绍，2007年3月18日至22日，作者满怀激情随采访团来到大连、旅顺、沈阳和本溪4地，认真细致、扎实深入地采访了近百名采访对象，包括方永刚的家、办公室、教室等第一现场，获得了大量的细节故事，从而使采写的报道生动形象地反映了方永刚真学、真信、真情传播和自觉践行党的创新理论的典型事迹。写作时，注重运用独特的视角，以情动人，以事感人，以言感人。报道分成“如期如盼的生命之约”“无怨无悔的人生选择”“至真至情的理论之光”三大部分，运用新闻手法的敏锐和简洁、文学手法的细腻和厚实，将作者和被采访者之间的情感互动呈现在读者面前，体现出先进人物感人至深的情怀和事迹。

由于作者写作时注意情感的铺垫和循序渐进，报道集中展现了方永刚同志的高度政治觉悟和高尚的师德师风。报道面世后，由于情真意切，方永刚在受众面前变得真实可信，可以触摸，其情其境得以更深地打动受众，在社会上引起了强烈反响，收到了很好的传播效果。

《方永刚：真情传播真理》当笔者在评介此文时，那感情奔涌如滔滔江水，一直在心中涌动，我的眼睛湿润了，我似乎看到了方永刚身侧贴着的胶布和额头豆大的汗珠，他解开衣襟，露出身上的导流管，一脸的歉然：“我病了，讲话有点费劲。不然，我会讲得更好更响亮的。”仿佛听到了方永刚虎虎生威的鼻息及绰号“方大炮”洪亮的嗓音。同作者一样，“突然间记起他的生命之约，‘我和冬天有约，白雪皑皑的时候，我要再次走上我心爱的讲台……’”的确，人非草木，孰能无情。人作为血肉之躯，当然不能脱离凡俗生活，但作为用正确舆论引导人的优秀新闻作品，就应既出自凡俗又超越凡俗，飞凌更高的视界：要善于发现社会发展、时代需要弘扬的人间真情，使自己笔下的一切报道对象，即使是极细微平凡的生活，也流溢着奋进盎然的情趣。

新闻是现实生活的反映，现实生活又是通过人们七情六欲的追求而色彩缤纷的。如果我们笔下的新闻作品把这些都舍去了，即使再重大的题材也就成了没有血肉的“骨头”，很难打动人。所以，新闻传播绝不是一位浅薄的“花大姐”，它在本质上是一种入心入脑的情感活动。它一旦触发，往往视通万里，思接千载，万途竞萌，在受众内心深处引起共鸣共振。受众对新闻传播的需要既有认知需要，又有感情需要。西方有的新闻研究者认为：“新闻要抓住一切能使大多数人感动、任何人都不能对此无动于衷的内容，并把人的感情，即喜、怒、哀、乐、爱、憎等作为衡量新闻价值的补充指数。”这位论者还认为，这种补充指数在一定情况下，往往超过其他因素在新闻中的作用。当然，新闻报道绝非无情物，但新闻报道中的感情因素，并不是可以任意作渲染的点缀品，而是新闻事实的有机组成部分。因此，新闻中感情的抒发，既不完全同于散文，又有别于文艺作品。散文依托对事物的感受，可以直抒胸臆地抒发感情；小说是通过对人物形象的塑造抒发感情，戏剧凭借矛盾冲突表现感情，诗歌是感情的凝聚。新闻中感情的表露，主要是一靠形象传神，寓情于事、寓情于人、寓情于景中；靠以理导情，优秀的新闻是理性的，但是新闻中的理性又常常与情感交融在一起，因理见情，理在情中。没有理性、思想的新闻，常常也没有什么感情；感情淡漠的新闻，思想往往也肤浅平庸。优秀的新闻报道，必定情理兼备，情真意切。《方永刚：真情传播真理》，堪称事、理、情交织融合得很好的新闻作品。

真情有似新闻中奔流的“血液”。只有“血液”流畅，新闻才能活起来，动起来，立起来，使受众爱看爱读爱听。这就是新闻中注入真情实感带来的魅力。

要树立问题意识，要善于发现解决问题

——以“中国新闻奖”作品为例

2013 年 1 月 4 日，在全国宣传部长会议上，中共中央政治局常委刘云山在讲话中指出：“要树立问题意识，问题是时代的声音，要善于发现问题、提出问题、直面问题、研究问题、回答问题，积极推进问题的解决，集聚推动发展的正能量。”什么是问题？毛泽东同志在《反对党八股》一文中说：“问题就是事物的矛盾。哪里有没有解决的矛盾，哪里就有问题。既有问题，你总得赞成一方面，反对另一方面，就得把问题提出来。”可见，这里所指的问题，并不是单纯指工作中的缺点和错误，而是主要指实际工作和生活中许许多多需要解决的矛盾。

翻开现在的报纸，经验新闻、综合新闻、典型报道、工作研究、记者述评、调查报告、采访札记等非事件新闻，读者之所以反应平淡，有的看了标题后就不愿再看内容了，其主要原因，就是报道没有问题意识，没有发现解决问题。具体说来，主要表现在：

一是抓的问题不是一碰就响的问题。我们的报道，如果反映的不是实际工作中迫切需要解决和人民群众最关心的问题，读者自然就不会关注。搞新闻的人常说，新闻就得碰响生活中绷得最紧的那根弦，指的就是要抓一碰就响的问题。

二是抓的问题指导性不强。工作中的问题，有具体业务问题，也有与业务工作相关的思想性、服务性问题。报纸上的新闻，不是相关的业务简报和文件，而是人们工作生活的指南。如果抓的是一些工作动态、生产过程、会议消息、一般性的领导人的活动等，读者自然就不感兴趣。

三是抓的问题不具有普遍意义。现实生活中，会有许多问题，一个问题该不该抓，关键要看它是否具有普遍意义。只有抓住带有普遍性的问题，报道才会受到广大读者的青睐。

有没有树立问题意识，能否发现解决问题，是衡量记者（通讯员）业务水平高低，基本功扎不扎实的主要标志之一，也是记者（通讯员）采写出佳作的基础。

一位多次参加过“中国新闻奖”评奖的评委对笔者说：“在评选得奖新闻时，常常把报道发现解决的问题是否准、新、深，作为评选的重要条件之一。一篇优秀的新闻作品，只要问题发现解决得准、新、深，即使文字写得稍逊色一点，仍然可以得奖。”针对这一点，我翻阅了第22届部分“中国新闻奖”获奖作品，觉得这些新闻佳作在发现解决问题方面，有如下几方面的经验值得学习和借鉴。

——发现解决广大人民群众普遍关注的问题。新闻媒体是党的喉舌，也是人民的喉舌，人民群众有什么要求和愿望，都愿向新闻媒体反映。记者（通讯员）有一个基本的出发点，就是要充分反映人民群众的利益，人民群众的吃、穿、住、行，油、盐、柴、米，看起来是一些“小事”，实际上都是非常重要的问题。新闻媒体只有经常报道人民群众关心的问题，才能保持同群众的紧密联系，也才能充分发挥舆论工具的作用。如改革分配不公、市场物价不稳、贪污腐败严重、看病难看病贵、行业不正之风，交通、住房、社会治安、环境保护等问题，都是人民群众普遍关注的问题。如果新闻媒体上经常报道这方面的情况、信息和存在的问题及解决的进展情况，新闻媒体必然会受到受众的关注。第22届“中国新闻奖”作品中的《采访作风，新闻生命之所系》（评论二等奖作品）、《学校大摆“鸿门宴”家长无奈献礼，石嘴山市八中如此庆祝教师节》（通讯二等奖作品）、《永远不要算计工人》（通讯二等奖作品）、《787死魂灵混进广东新农保》（消息三等奖作品）、《网络不是谣言传播器》（评论三等奖作品）等，都是这方面的成功之作。

——发现解决带有倾向性的问题。这类问题，不是偶尔发生的，也不是个别的，是具有事物发展动向的问题。有的是新生事物的萌芽，有的是一种倾向的先兆，当前新闻媒体上还没有报道过，领导人的讲话和有关文件上，暂时还找不到答案，一部分人对此还持有不同看法，等等。记者（通讯员）及时把这些问题反映到新闻媒体上来，就能起到扶持新生事物生长，抑制不良倾向蔓延的作用。以消息一等奖作品《就业局长“潜伏”打工探扬州用工》一稿为例，这篇消息反映的是具有时代感的重大倾向性问题。2011年初，“节后用工荒”席卷全国，而部分农村富余劳力难转移矛盾突出，这成为社会焦点中的难点。在这样的特殊背景下，诞生了就业局长“潜伏”打工的故事。故事主人翁陈家顺秉持为官之道——“当干部就是为群众打工”，吃过“民工饭”更懂“民工难”。这一典型扣动人心，生动展示了新时期的和谐党群、干群关系。扬州日报率先报道“潜伏局长”打工故事后，引发了全国近百家媒体的跟踪报道热潮。《人民日报》报道的题目是《云南“卧底”局长陈家顺5次“潜伏”访民生》，新华社报道的题目是《走近“卧底局长”陈家顺》，央视《新闻联播》“新春走基层”栏目连续5天追踪报道。陈家顺以“潜伏局长”“卧底局长”“民工局长”而享誉全国。云南省委原书记白恩培在当年8月的全省领导干部大会上，号召向陈家顺学习。2012年4月25日，云南省委在昆明举行陈家顺同志先进事迹报告会，授予他“直接联系群众的好干部”荣誉称号。可见，报道由于主题鲜活，贴近实际，发现解决了带有倾向性的问题，收到了很好的传播效果，发挥了很好的新闻舆论的导向作用。

——发现解决“热点问题”。所谓“热点问题”，就是人们议论纷纷的问题。一张不关注社会热点的报纸必定要遭大众的冷落，一个胸中无“热点”的记者，也是敬业精神差、责任心不强的记者。记者在真实地反映人民群众的呼声和要求的时候，应特别注意捕捉那些人们议论纷纷的问题，对其深入调查研究。人们对哪个问题议论纷纷，你就去抓哪个问题。抓住它进行报道，就能引起读者的共鸣。以消息三等奖作品《同仁一日》一稿为例，报道针对医患关系矛盾突出的社会热点问题，记者深入一线扎实采访。记者一行4人来到同仁医院后，分头深入门诊、病房、手术室、重症监护室、食堂等岗位，历时一整天，边体验边采访，然后连夜撰写，并经四次修改后，最终形成了这篇作品。作品通过大量感人的细节，真实反映了大医院医护人员的艰辛和他们救死扶伤无私奉献的精神境界，有助于患者对于医护人员的理解、尊重和信任。此稿刊发后，得到了各级领导的高度肯定。时任中宣部部长的刘云山批示：“走转改”要关注社会热点，现在的有些热点、矛盾与信息不畅通、不对称有关。记者可到医院真实记录医务工作者的辛劳奉献；北京市委常委、宣传部部长鲁炜批示：好创意，好文章，走转改的精品力作。各新闻单位都要拓展走基层领域，直面热点，回应关切，主动引导，用客观见闻，可信、爱读，有效；市卫生局局长方来英在当天的局长办公会上向班子成员推荐了这篇报道。很多卫生系统职工反映：希望出现更多这样的报道。

——发现解决棘手的“老大难”问题。现实生活中，有些问题，由于多方面的原因长期得不到解决，成为棘手的“老大难”问题。记者（通讯员）如果能抓住它进行报道，对吸引读者的阅读兴趣和问题的解决，无疑是会有很大的帮助的。像获奖作品中的《这里的污染没人管》（通讯二等奖作品）、《医药分开“芜湖模式探路”

二次改革》（消息二等奖作品）、《民营医院检查结果公立医院也认》（消息二等奖作品）等，都是这方面的成功之作。

——发现解决首次出现、有新闻价值的问题。以消息二等奖作品《牧民开始用卫星放牧》一稿为例，畜牧业是内蒙古自治区的支柱产业，对少数民族地区的经济发展、社会稳定至关重要，但自然灾害一直是困扰畜牧业生产的难题，近几年我国不断加大牧业科技投入力度，抵御灾害对畜牧业生产的破坏。记者深入牧区，走访一线专家、牧户，把发生在畜牧业领域内的不为人知的重大新闻第一时间采写出来。这篇消息报道了卫星放牧系统在我国的首次应用，使读者第一时间获悉了这一发生在畜牧业领域内的重大新闻。消息准确严谨、鲜明生动，写作手法新颖独特。报道见报后，牧民反响强烈，它以首次出现和特有的新闻价值被各媒体广泛转载，有关部门表示，加快系统的推广速度，更好地为畜牧业生产服务。

——发现解决人民群众中有“疑虑”的问题。以评论三等奖作品《美国媒体为何对“占领华尔街”失声失焦》一稿为例，去年下半年，美国国内“占领华尔街”运动愈演愈烈，但美国媒体却对此集体失声失焦，是何原因？读者中产生了不少疑虑，报社认为这是一个认清西方媒体本质、加强新闻观教育的好教材。于是报社主要领导与评论部一起认真研判舆情，决定紧抓“占领华尔街”这一国际热点，主动设置议题，直指问题本质，要在认识西方媒体和反思中国媒体现状上发挥党报应有的舆论引导作用，于是便产生了这篇评论。这篇评论围绕美国媒体在报道“占领华尔街”运动中的表现，深刻分析其本质特性和制度成因，充分揭露其在“新闻自由”“客观公正”等理念上的虚伪面具和双重标准。全文立场鲜明，论证有力，充分反映了党报在这一问题上的冷静头脑和理性思考，体现了我们在激烈的中西意识形态斗争和媒体竞争中高度的思想自觉和行动自觉。文章见报后得到了中宣部和北京市委领导的高度肯定和表扬，中宣部新闻局在新闻阅评中表扬这篇评论“有助于引导国内媒体和广大群众进一步看清西方媒体的真面目，从而更自觉地把握正确导向，向世界发出中国强音”。同时，此文社会反响也十分热烈，先后被《环球时报》、新华网、人民网、新浪网、搜狐网等多家主流媒体和门户网站首页转载，集体形成了一个积极的舆论局面。

——发现解决事物发展变化中的新问题。任何一个事物，做任何一项工作，都不是静止的，停滞不前的。因此，记者（通讯员）采写新闻时，就不能总是老一套，要随着事物的变化，不断抓新情况、新问题，把同一主题的报道引向深入。这样就能使报道避免一般化、概念化和同质化的通病。以《中国早期共产主义运动又一重要档案解密：91 年前的今天，中国最早的共产主义组织在重庆诞生，本报获准公开发表〈四川省重庆共产主义组织的报告〉》一稿为例，据“中国新闻奖”参评作品推荐表介绍：在建党 90 周年前夕，记者在参加重庆市委宣传部、市委党史研究室布置学党史的会上，得知重庆是中国共产主义组织在中国最早的诞生地的新闻线索，这比已经确定的上海、北京、广州的共产主义组织发现时间还要早，这段历史经过了苏共档案馆和毛泽东、董必武等领导人的认定，并且保留了当年重庆的共产主义组织写给苏共的俄文翻译件。所有的史料表明，这是一段经得起历史推敲、检验的史实，是中共党史的一次重大发现。作者迅即深入采访，并与党史专家合作，九易其稿，将最初 2800 多字长篇文稿压缩精编，最终在“3·12”这个特殊日子刊发。这是一条事物发展中出现新变化并且全国首发的原创性独家报道，新闻事件重大。新闻发布在庆祝建党 90 周年之际，具有特殊的历史和现实意义。材料准确、翔实，背景交代清楚。行文严谨，文字精练，是一篇融指导性、知识性、可读性于一体的精品短新闻，此消息在新闻界、党史界引起轰动。文章刊发后，迅即被国外上千家报刊网媒转载传播，人民网、新华网、中国政府网、中国网、央视网、中国新闻网等全国主流门户网站均在网页头条位置转载，光明日报随后追踪报道，并用整版刊发了新闻综述及理论文章。同年 7 月，由中共档案馆、中共党史学会、《党的文献》杂志社、《中共党史研究》杂志社、四川省委党史研究室、重庆市委宣传部、重庆市委党史研究室联合主办，在重庆召开了“中国共产党的创建与四川省重庆共产主义组织学术研讨会”，全国党史和社科理论界专家学者齐聚一堂，对中国共产党的创建历史，特别是四川省重庆共产主义组织以及中国早期共产主义运动历史等重大问题，进行深入研究。重庆市庆祝建党 90 周年大会上以官方文件正式确认并公布了这一重大史实和结论。因此这篇 858 字的消息，荣获第 22 届“中国新闻奖”消息二等奖。

——发现解决时效性强、稍纵即逝的问题。有人说，“今天的新闻是金子，昨天的新闻是银子，前天的新闻是渣子。”可见，时效的新与旧，对增强新闻的价值有着多么重要的作用。特别是那些突发性事件，只有快采快发才能不失掉新闻价值。以消息三等奖作品《国家重大工程川气东送建成投产》一稿为例，2011 年 3 月 29 日，中国石化在香港进行业绩发布，董事长、总裁等高层参加并回答记者提问。与香港媒体、海外媒体关注公司业绩、海外收购不同，作为唯一的受邀的大陆媒体，石化报记者将关注点放在国家重点工程川气东送的建成投产上。石化报记者发挥专业特点，行文中对川气东送工程的管线长度、投资、建设周期以及建设过程中克服的困难进行了阐述，尤其对投资者和百姓关心的资源基础、安全环保等问题进行了关注。记者还通过对专家的采访告诉读者，工程的建成投产，对优化调整我国能源结构，提高沿线人民生活质量，有重大意义；对中国石化沿线炼化和油品销售企业而言，也可发展CNG加气等业务，推动公司加快转变发展方式。中国石化报是第一家刊发川气东送工程建成投产消息报道的大陆平面媒体，抢占了舆论制高点。它以时效性强，抓住了稍纵即逝的问题而赢得了“中国新闻奖”评委的青睐。

——发现解决“以小见大”的问题。鲁迅先生在《致赖少麒》一文中说，“太伟大的变动，我们会无力表现的，不过这也无须悲观，我们即使不能表现他的全盘，我们也可以表现他的一角，巨大的建筑，总是一木一石叠起来的，我们何妨做做这一木一石呢？”在抓问题写新闻上，我们应该学习鲁迅先生这个看法。以通讯三等奖作品《孩子，武汉有你的家—— 一个汉藏家庭与藏族学生的32年不了情》一稿为例，近年来，新疆、西藏等边疆少数民族地区反分裂斗争不断深入，中央领导对民族团结、民族融合、民族进步典型宣传，提出了新的更高的要求。此时，在所有媒体中，长江日报率先发现和报道了杨昌林这一重大典型，通过杨昌林这个民族家庭两代人的传奇故事，折射了民族团结、民族融合的时代主题，彰显了超越民族、超越地域的人间真情，讴歌了生命不息、奉献不止的大爱情怀。并引起中央媒体的重视和中央领导的关注，使杨昌林这一典型走向全国。报道见报后，引起强烈的社会反响。新浪、网易、腾讯等多家网站纷纷转载；武汉大学召开专门会议，要求学习杨昌林事迹，解决老人困难；湖北省民宗委领导、武汉市援藏干部纷纷上门慰问老人；武汉藏族学生集体学习本报报道后，每人捐献1元钱，帮助玉树灾区孩子；新华社、光明日报等中央媒体均进行了报道。新闻界同仁称赞这是一篇“以小见大”的成功范例。

怎样才能发现解决好问题呢？著名记者安岗说：“记者应当对一切问题都感兴趣。记者不应该只在笔记上记上几个写文章的题目，他应该有几十个、几百个从群众中来的有普遍兴趣、有指导意义的问题。观察问题越具体、深刻，题目就越多。”这是经验之谈。发现解决问题在新闻采写中既然如此重要，那么怎样才能发现问题写出新闻佳作来呢？根据笔者以往从事新闻采写的体会，结合其他同志谈的经验，我认为主要应掌握以下诸点：

一是要眼睛向下，深入到实际工作中去发现解决问题。这就是说，要深入下去，不耻下问。要知道，坐在办公室、招待所闭门造车是永远造不好车来的。一位老新闻工作者在他的回忆文章中写道：“生活是新闻报道的源泉，而深入生活则是记者的生命。只有到生活的激流中去，才能发现生活的底蕴；只有到生活底层的深处去采集、去考察、去发掘、去开掘，才能索取到报道的能量。”这是发现解决问题的经验之谈。它告诉我们，要想发现解决问题，写出新闻佳作，必须到新闻发生的现场去，必须到“第一线”去接地气，舍此别无他法。现实生活中，大量的问题都来自基层，来自群众。记者（通讯员）只有深入基层，深入群众，凭着新闻敏感，才能捕捉到有新闻价值的问题。

二是要“敢”字当头，勇于去发现解决问题。当记者应该有压倒邪恶的力量。大凡有成就的记者（通讯员），都是敢于触及现实生活、敢于揭露矛盾、敢于迎着矛盾上的战士。如果遇到矛盾就绕着走，回避矛盾，那样是不可能采写出新闻佳作来的。

三是要开动脑筋想问题。采写新闻报道，是集观察、思考、运筹于一体的复杂劳动。其中开动脑筋进行思考是关键的一步。只有经常动脑筋思考的人，笔下才有写不完的题目。

四是“反弹琵琶”找问题。就是运用逆向思维和求异思维的方式去找问题。有不少新闻事实，如果“正话正说”，按一般人的思维方式去构思采写，不仅不会有新意，可能还会让人反感。如果换一个角度去思考，找出一个“出人意料”的问题和角度去采写，就有可能出奇制胜。

五是集思广益“侃”问题。这是一种七嘴八舌“议”问题的一种办法。它能弥补一个人思维有限的不足，有利于议论出新闻来。人民日报社原总编辑范敬宜生前在《经济日报》任总编辑时，就常常和大家一起“侃”问题。他在一篇文章中说：“一坐下来，侃侃而谈……天南海北，街谈巷议，大政方针，草木虫鱼，可以包罗万象，无所不聊，而许多题目、点子，也由此而生。……平时苦思冥想、搜索枯肠，了无所得的题目，在这无拘无束的气氛中，在这融洽无间的交流中，突如流星入怀。”这是经验之谈。

六是从对比中去发现问题。基层的许多工作是周而复始的，反映这些工作的报道也常常有一定的重复性。因此，有的同志就感到这些常规报道无问题可抓。这种认识是不对的。诗人说，“年年岁岁花相似，岁岁年年人不同。”哲人讲，人不可能两次踏入同一条河流。辩证唯物主义认为，事物都是发展变化的，旧的矛盾解决了，新的矛盾又会出现，永无止境。这就说明，记者（通讯员）有抓不完的问题，关键是看我们能否注意研究事物运动的内在规律，进行纵的和横向的对比，从对比中去发现问题。只要我们在深入调查研究的基础上，由此及彼，由表及里地认真思索、对比一番，就不难找到今年不同于往年、现在不同于过去的新东西，从而抓出新闻题来。

七是学会从不同角度去观察和思考问题。想问题、办事情，所占的位置不同，观点也就不同。“横看成岭侧成峰，远近高低各不同。”对同一个客观存在的人和事，由于观察、思考的角度不同，所得出的看法就大不一样。大量的新闻实践证明，学会从不同角度去观察和思考问题，就能抓住事物的新特点，就会有写不完的新问题。

八是学会研究“两头”，在“两头”的结合上去发现问题。研究“两头”，就是研究“上头”和“下头”。研究“上头”，就是要坚持经常学习研究党的路线方针政策，国家的法律法规，有关部门的决策指示和工作思路与意图。站立点越高，研究得越深，问题就看得越准。著名记者艾丰说，“记者要想总理想的事”，其道理也就在此。研究“下头”，就是要研究基层干部群众在想什么、干什么、需要什么。基层干部群众普遍关心的问题，就是记者（通讯员）要去发现解决的问题。实践证明，“两头”无论抓住哪一头都能做出好文章来。比如，“上头”有些重要决策未被群众所了解，这时抓住“下头”就能写出好报道。同样，在当“下头”有困难、有问题、有呼声需要“上头”知道时，就可以抓住“上头”写出好新闻来。当然，上下“两头”的本质上是统一的，能在“两头”结合上做文章最好，这样的文章上下认同，价值最高。

九是从积累的问题中去发现解决问题。为什么有的同志碰到问题就能发现抓住，有的同志则不然，差别就在于脑子里有没有装问题。脑子里积累的问题多了，一碰到有新闻价值和宣传价值的人和事就会冒火花。这就是积累问题的好处。因此，记者（通讯员）同志，尤其不能忘记随身带个小本子，经常在上面不断记些问题，不断充实自己的“思想库”“资料库”“信息库”。积累久了，就会达到“厚积而薄发”和“左右逢源”的效果。机遇青睐那些有准备的人们。我们不经常研究问题，临时抱佛脚，那就难以奏效了。

十是加强理论学习，打好发现解决问题的理论功底。理论思维是一个合格的新闻工作者不可缺少的素质。有的记者（通讯员）之所以经常发现解决不了问题，原因之一就是缺乏理论功底；之所以在纷繁复杂的事物面前无所适从，无从下手，就是因为缺少分析、判断、概括、提炼的能力。习近平同志号召全党学哲学，深入学习毛泽东思想，学习邓小平理论，学习“三个代表”重要思想和科学发展观，我们新闻工作者首先要学好。没有理论指导，就不可能将重要问题发现并加以解决。

提升新闻作品影响力的四种途径

——以“中国新闻奖”作品为例

新媒体时代，在互联网上人人都有话语权，人人都可以成为信息的发布者。面对铺天盖地涌来的海量信息，不少人对网络上的信息信以为真。当传统新闻媒体发布的信息与网络上的信息不一致时，这些人宁可相信网络上的传言，而不相信传统媒体上的信息。尽管传统媒体在“走转改”的指引下，在改进报道方式方法上有诸多改进和探索，下了不小的功夫，比如：以小见大，用细节说话，用故事谋篇布局，以情感人，等等，但大多数报道仍然差强人意。导致这种状况的原因，据来自人民网舆情监测室的显示，是社会公信力的下降，不少人对政府、专家、媒体的不信任。在此情况下，2013 年 1 月 4 日在北京召开的全国宣传部长会议上，中央政治局常委刘云山指出：“要提高媒体传播力公信力影响力，更好服务经济社会发展。”新闻作品的影响力从何而来？笔者在分析“中国新闻奖”作品后发现，通过下述四种途径的努力，可以提升新闻作品的影响力。

一、影响力来自新闻主题思想的高度

这里说的高度，主要是指主题思想的立足点要高、立意要高、品位要高。无数新闻实践证明，要使新闻主题思想有高度，就要有鸟瞰大局的意识，正所谓登高方能望远。正像新闻界不少人在谈及新闻采写经验时普遍常说的：要站在天安门上写报道，要站在月球上看地球，要想总理思考的问题。这当然不是说大家都要去当总理，而是告诫我们的记者（通讯员），要用总理的眼光去看待所报道的对象和事实以及它们在宏观背景下的意义与价值。

新闻工作者的天职，就是要密切地关注和记录正在发生和即将形成的历史，正所谓今天的新闻，就是明天的历史。也正因为如此，才使得新闻工作者的职业成果得以影响社会发展的进程，得以永恒与不朽。一篇真正意义上的好新闻，永远是和时代发展的现实问题联系在一起的。那些优秀的新闻记者采写的新闻作品为什么有很强的影响力？就在于他对党、对社会、对人民具有高度的责任感，在于他能对那些热点、重点、难点问题在更宽广、更高的视野里进行颇有价值的分析和思考。我们可以这样说，造就一篇好新闻的，绝不仅仅只是新闻的敏感、构思的奇特、文字的优美，最需要的是一种顶天立地的气势、一种海纳百川的胸怀、一种“会当凌绝顶，一览众山小”的境界。

以第17届“中国新闻奖”通讯二等奖作品《长征启示录——献给长征胜利70周年》一稿为例，纪念历史为的是启示未来，而启示未来则易于陷入呆板的说教。本文在揭示长征启示时，大量采用生动的故事和准确的数字，做到了“以事启示”“以史启示”，拉近了70年前的历史与今天的联系，被媒体同行认为是“既有史诗风格，又有理性思辨”的大气之作。是主题重大、立意高远的传世之作。像文中所写的三个小标题：

一旦胸中的火焰被理想点燃，即便是死亡也不能够阻止信念的步伐。

一旦开创了马克思主义普遍原理与本国实际相结合的航道，再大的浪涛也无法阻挡中国革命的航船乘风向前。

一旦长征的精神注入血液，中华民族就一定能创造新的奇迹。

“三个一旦”概括得非常到位且深入浅出。作者跳出了为人熟知的概念性概括，通过一系列的事实铺垫，水到渠成地得出了“长征是理想信念的胜利、是马克思主义普遍原理与中国实际相结合的胜利、是以毛泽东为代表的共产党人独立自主解决中国革命重大问题的胜利、是中国共产党历经艰险走向成熟的标志”这样具有历史和时代高度的结论；通过长征和长征精神对中国革命和建设进程的影响，揭示了弘扬长征精神对今天和未来的重大现实意义，较好地起到了“启发后人”的作用。

由于稿件用短小篇幅准确生动地表述了重大的主题，稿件播发后，据“中国新闻奖”申报材料介绍，58家报纸采用，100多家网站转载。媒体用户反映说，如此举重若轻、以生动事实阐述重大主题的综述，是今年长征报道中不多见的精品，体现了新华社报道创新的力度和作者驾驭重大题材的能力。中宣部、总政有关领导和部门对此稿有高度评价。此稿被评为“新华社2006年度优秀新闻作品”。

还有“中国新闻奖”作品中的《天安门广场见证国防现代化建设历史性跨越》（第20届消息二等奖作品）、《10万亩棉花成为世界高纬度样板田》（第18届消息二等奖作品）、《部分外企无视中国法律拒建工会》（第15届消息二等奖作品）等，也都是这方面的成功之作。

新闻主题思想的高度，有赖于思想理论水平和综合素质的不断提高，来自于人生阅历以及成熟的待事、待物、待人的态度。如何才能达到这种境界，让自己“高”起来呢？一位长江韬奋新闻奖得主的回答是，一靠学习，二靠磨炼。那么学习什么呢？主要是一种方法，一种看待事物、分析问题的方法。说到底，还是世界观和方法论的问题。这种学习比多看几本经典著作和专业书籍重要得多，比多拿几个学位宝贵得多，因为它不是管一时、管一事，而是能够受用终生。这是经验之谈。

二、影响力来自新闻的贴近性

古往今来，任何一部经典作品，都来源于生活，又高于生活。新闻报道，更需要贴近生活，要深入到火热的现实生活中去，从生活中挖掘生动事例，汲取新鲜营养，展示美好前景，激励人民群众同心协力、奋发图强，为创造更加美好的新生活而共同奋斗。这样，新闻报道就会充满生活色彩并富有生活气息。

“贴近实际、贴近生活、贴近群众”，是党中央对新闻宣传工作提出的要求，它是党的群众路线的真实体现，也是新闻规律的具体要求。“三贴近”的提出，为新闻传媒如何履行责任指明了方向。

而新闻宣传工作要实现“三贴近”，首先要求我们的新闻工作者必须深入实际、深入生活、深入群众。古人云：“涉浅水者得虾，其颇深者察鱼鳖，其尤深者观蛟龙。”新闻工作者只有坚持深入到基层中去，到群众中去，才能反映客观现实，把握社会主流，使新闻宣传工作真正做到入情、入理、入脑，充满生活色彩，富有生活气息。

尽管现在的采访手段有了过去不可比的进步，记者拥有各种现代化的采访工具，如小汽车、电脑、卫星电话、数码相机、录音笔等等，但是无数新闻佳作的实践证明，优秀新闻作品仍然是跑出来的，是记者（通讯员）深入基层调查采访的结晶。如果我们的记者总是坐在办公室里，靠会议通知、请柬、通讯员来稿或打打电话、网上抄抄来混日子，那么，非但永远不可能成为一个有影响力的记者，甚至连一个称职的记者都不是。那些优秀的新闻记者如范长江、穆青及长江·韬奋奖获得者所采写的新闻作品之所以有相当强的影响力，就得益于他们能长年累月地深入基层去采访，在生活的激流中前行，他们的报道目中有人，是因为他们心中有人。千方百计地满足受众的需求，更多地反映群众的切身感受，多运用群众熟悉的语言、多采用群众喜闻乐见的形式，才使得他们的新闻作品更加可读可亲可信。

以第 18 届“中国新闻奖”通讯一等奖作品《贫困县刮起奢侈风——河南濮阳干部建豪宅机关盖大楼》一稿为例，全县还有数十万人没有解决温饱的河南省濮阳县，近几年却刮起了一股奢侈之风：县委县政府及一些县直机关东挪西借，竞相新建豪华办公楼，县直各单位的“头头脑脑”们也都各显神通，纷纷住进高档别墅。记者接到濮阳县各单位竞相建设豪华办公楼的情况反映后，立即深入濮阳进行采访。面对当地有关部门的围追堵截，记者一方面抓紧时间深入现场、深入到群众中去进行采访，另一方面通过与有关部门的沟通，对所采访到的各种事实进行认真核实。在写作时，作者采用对比写法，以事为据，以理服人，使文章具有了较强的说服力和可读性。由于报道“贴近实际、贴近生活、贴近群众”，集中反映了当前干部作风方面存在的特权思想浓厚、追求奢侈之风等突出问题，引起了中央领导同志的关注。全国随之掀起了一场清查党政机关豪华楼堂馆所的风暴。稿件播发后，引起极大反响。《中国青年报》等160余家报台及数百家新闻网站采用了此稿。中央领导同志也对此问题作出重要批示。濮阳县委书记、县长等18名责任人分别受到党内严重警告、行政降级、撤销党内外职务等党纪政纪处分。濮阳县纪委办公楼和33套领导干部违规住宅楼被没收、拍卖。

在“中国新闻奖”作品中，有相当多的作品都是以贴近性提升影响力而制胜的。像《家族老账本见证时代变迁》（第16届通讯二等奖作品）、《博客，不是放纵的天堂》（第17届通讯二等奖作品）、《壮丽的发展诗篇——从数字看上海巨变》（第13届消息一等奖作品）等，都是这方面的代表作。

三、影响力来自对新闻的解读

当人类社会步入信息化时代以后，门户网站、微博、博客、即时通信、户外媒体等媒介信息铺天盖地，信息洪流冲击着人们的感官，快餐文化、速食主义愈演愈烈。如何将纷繁芜杂的信息进行整合，如何从浅层的新闻线索中挖掘出深层的新闻价值，是新媒体时代传统媒体转型值得探讨的路径。电子媒体出现以后，第一渠道、第一时间的报道多了。“新闻”的概念原来是“新近、昨天发生的重要事实”，如今是“现在发生或正在发生的事情”。媒体竞争时争取独家新闻报道越来越难，新闻报道的时间差几乎为零。因此现在的受众不仅关心新闻，同时更关心新闻的背景，关心政策的解析，对解读性新闻和背景性新闻的关注已经高于一般的新闻事实。平面媒体要在提供新闻事实的同时提供新闻的背景、细节、分析，提供权威的声音，提供报纸的立场，这是纸质媒体可以和网络、广播电视竞争的优势。如今的记者不能满足于告诉受众发生了什么还要告诉受众该怎么看。发现一个地方性的事件，可以将视角打开，思考是否具有全国性的意义，将意义阐释到位。

在信息多元多样化的今天，信息解读成为提升报道影响力的关键词。对于新闻受众来说，在纷杂碎片化的信息迷阵中，单纯获得信息已不能满足人们把握世界的需要，通过媒体对信息的提炼与解读，人们可以精要地掌握信息，有效地理解信息，更好地判断世界；对于新闻媒体来说，能否在如潮信息中条分缕析，敏锐触及社会的最深层需求，又能否作出合理判断和准确报道，这既是人们对于传统主流媒体的价值期待，也是新闻媒体社会责任的价值皈依。做好新闻解读，可以从政治、经济、文化、哲学以及社会生活的各个方面去着手。这几个方面可以在一篇文章中同时体现，也可以在多篇文章中予以体现，还可以只体现其中的一个或几个。只有加强对新闻的解读，新闻才会有影响力。

以第20届“中国新闻奖”通讯一等奖作品《今天，我们豪迈受阅》一稿为例，据“中国新闻奖”申报资料介绍，这篇通讯全景式记录了2009年首都国庆大阅兵的盛况。作品站位高远，笔调充满感情，文字洗练细腻，生动记述了中国武装力量走过从机械化向信息化建设转型的10年风雨征程，第一次向祖国和世界展示新面貌、新阵容的壮观场景和豪迈气魄。在写作中，记者注重突出中国在21世纪首次举行国庆大阅兵这一重大事件的特有新闻魅力，适当突破时空局限，追求纪实叙事相结合，抒情写意相结合，使宏观气势与微观细节、庄重严谨与激情文采、强烈的现场感和历史的纵深感达到了完美的统一，对此次阅兵的深远意义进行了详细解读。如文中写道：

△上午10时，天安门广场，56门礼炮齐鸣60响。人民英雄纪念碑下，200名国旗护卫队员拱卫着五星红旗，迈着169个正步走向国旗杆基座。

169步，寓意从1840年鸦片战争至今169年的不平凡历程。

169步，为了祖国的独立、民族的解放，多少英雄儿女血沃中华！

△这是中国在21世纪首次举行国庆大阅兵。

铁阵，如山如岳。口号，如海如潮。受阅三军身上，流淌着红军、八路军和新四军的血脉。他们来自沃野平畴、深山密林、滔滔海洋、万里蓝天，汇集中国陆海空三军和人民武装警察部队、民兵预备役部队等全部武装力量的精华。

这是人民军队走过从机械化向信息化建设转型的10年风雨征程，第一次向祖国、向世界全面展示新面貌、新阵容。

△长安街上，足音铿锵，犹如山呼海啸。

“我流血的地方，或者我瘗骨的地方，或许会长出一朵可爱的花来……”此时此刻，方志敏烈士《可爱的中国》中的深情告白，仿佛回荡在广场上空。

今天，天安门广场鲜花如海，红黄两色的花束簇成中国军人的钢铁誓言：“听党指挥、服务人民、英勇善战”。八一军旗，引领中国人民解放军，沿着先烈足迹，脚踏祖国大地，背负民族希望，履行新世纪新阶层历史使命！

△临沧海，引长弓。新型舰空导弹、反舰导弹、岸舰导弹战车隆隆驶来。此时，在祖国万里海疆，人民海军舰队巍然列阵，悬挂满旗，向天安门致敬。在遥远的亚丁湾，

海军护航编队新型战舰眺望东方，鸣响舰笛，向祖国致敬！

西北望，射天狼。两支新型地空导弹方队和空军新型机动雷达方队驶过天安门。他们是新一代国家防空“天网”的中坚力量，是我军未来国土防空作战的剑锋刀刃。

△“爸爸要是活到今天，该有多高兴啊！”观礼台上，著名爱国将领吉鸿昌烈士的女儿吉瑞芝对记者说：“当年中国积贫积弱，父亲为抵抗日寇侵略，只能变卖家产购买枪械，组织武装。看到今天盛世中国的现代化国防装备，真让人忍不住像爸爸当年那样大喊一声：我是中国人。”

这篇稿件，是解放军报作为中央军委机关报刊发的一篇记录 2009 年首都国庆大阅兵的权威报道。人民网、新华网、中国军网、新浪网、搜狐网等各大网站均转载了此文。有关学者在论文中评论此文“具有大气磅礴的史诗风格和为历史存照的文献价值。”是一篇信息量大、含金量高，具有相当深度的新闻精品之作。

还有“中国新闻奖”作品中的《荣辱观的生活解读》（第 17 届系列报道一等奖作品）、《大寨，十年后再次光芒四射》（第 16 届通讯二等奖作品）、《制度的魅力》（第 15 届通讯二等奖作品）等，都是以对新闻的解读提升影响力而赢得受众和评委们青睐的优秀作品。

四、影响力来自新闻中的人文情怀

学术界曾这样分类：科学主“真”，艺术主“美”，人文则主“善”。报道中的人文情怀则就是“善”。通过对“善”的颂扬，强化思想上层建筑，传播社会主义核心价值观。人文情怀是一个人体现出的一种处世为人的胸怀和态度，是对生命的敬畏、对弱者的同情、对草根的怜悯、对社会的关注、对道义的守望。记者、编辑作为新闻流程中的重要角色，是否具有人文情怀，影响到其新闻的价值取向和社会责任感，也决定了他们的作品是否具有影响力，是否温暖人心。在当下这个注重物质生活，而精神家园逐渐荒芜的时代，只有具有人文情怀、传递温暖、撒播希望的作品也才具有影响力。

以第 21 届“中国新闻奖”报纸系列一等奖作品《信义兄弟，接力送薪》一稿为例，在我国正处于社会转型期，各种利益、矛盾相互交织，社会诚信体系尚不健全，企业信义缺失比较普遍，尤其是拖欠农民工血汗钱的现象屡见不鲜的时代背景下，湖北“信义兄弟”的感人事迹和崇高精神，体现社会诉求，彰显时代主流，通过《楚天都市报》的及时报道，向社会传递了正能量，有力地弘扬了社会主义核心价值，“信义兄弟”成为诚信、善良的标志性代名词。报道中所陈现的人文情怀，有力地提升了新闻的影响力。像文中写的：

△为了哥哥的遗愿，弟弟代兄发工钱。“真没想到啊，老板遭车祸后，工钱还能照样结回来！”曾跟着孙水林做活的工友宋国清动情地对记者说。

△新年不欠旧年薪，今生不欠来生债。弟弟孙东林说：“我们家这个年是过不成了，但不能让跟哥干了十几年的工友们也过不好年，让人家骂我们兄弟不地道！”

△ 2002 年前后，孙水林在武汉承包了一项 4000 平方米的装修工程，连设备带材料共投入 95 万元，对方时至今日仍欠 58 万元。当年的工钱，孙水林是向弟弟借了 7 万余元支付的。“在那么困难的情况下，我哥也没欠一分钱工钱。”孙东林说。

△二十年坚持不拖欠工钱。

△多次拿出积蓄垫付工资。

△工钱结算决不拖到初一。

△大年三十前举办清欠宴。

△暴风雪来临前连夜启程。15 小时驱车返乡替兄还愿。

△“2009 年，我们兄弟俩发工钱 300 多万，春节前结清的是部分尾款。现在我可以站在我家楼上，向所有的人说，我们兄弟俩不欠别人一分钱！”孙东林泪流满面。

影响力决定引导力。由于“信义兄弟”的报道充满“善”良，充满诚信，充满人文情怀，发表后引起了强烈的社会反响。并引来了人民日报社、新华社、中央电视台等数十家国内外重要媒体，以及人民网、新华网、新浪网、搜狐网等大型网站的跟踪报道，成为 2010 年全国媒体报道最为集中、最为打动人心的典型事件和典型人物。成千上万受众来电、发帖，盛赞“信义兄弟”感动中国。“信义兄弟”相继获全国五一劳动奖章、中国十大责任公民、2010 年度央视“感动中国”人物。

还有“中国新闻奖”作品中的《我要做一个诚信的人》（第 19 届通讯一等奖作品）、《3.5 万救命钱留给病友》（第 16 届消息一等奖作品）、《百万奖励赠给下岗工友》（第 13 届消息二等奖作品）等，都是以“人文情怀”提升新闻作品影响力而制胜的佳作。

一语中的　巧妙点睛

——新闻精品的标题是这样制作的

现在，新闻资源竞争异常激烈，许多新闻媒体改头换面、不断包装，力求推陈出新，势必对新闻标题的制作提出了更高的要求。但是，翻开现在的报纸，所见新闻的标题都不能令人满意。一些空洞华丽、乏味冗长、给人以似曾相识之感的标题屡屡见诸报端；一些晦涩难懂，不通俗，不大众化，看后让人“丈二和尚摸不着头脑”的标题，令读者望而生畏。从某种程度上讲，这些新闻标题不仅没有起到“题好一半文”的作用，反而削弱了新闻事实的价值，降低了报纸的质量。任其发展下去，必将失去读者，对报纸的品牌形象也是一种潜移默化的伤害。反之，一些报纸为了追求标题的视觉冲击力、渲染力，过于夸张，文不对题，剑走偏锋，有失新闻的真实性，也同样给读者带来一种莫名其妙的感觉。因此，探讨新闻标题的特点、常见的毛病及制作技巧，巧妙点好这个文章的“眼睛”，使它更具“勾魂”魅力，无疑对增强新闻的传播效果和报纸的“卖点”，都具有不容忽视的重要作用。

一、新闻标题的含义、作用及特点

何谓新闻标题？从目前报刊及书籍上所登载的内容来看，大家比较一致的看法归纳起来主要有：1. 新闻标题是新闻工作术语；是新闻和文章的题目，通常特指新闻的题目；是新闻编辑的主要工作程序之一。2. 它是用以揭示、评价和概括新闻内容和中心思想及特色的一段“画龙点睛”的精警词语，其字号一般大于正文，是新闻的一个组成部分，通常被用来指代整篇新闻。3. 新闻标题有表现编辑意图，美化活跃报纸版面的作用。

新闻标题具有两重性，一是从属性；二是独立性。所谓从属性，是指新闻标题植根于新闻之中，是新闻之中最重要、最有价值，读者最想知道或读者最关心的那部分事实的结晶，是新闻的缩影和事实之精髓。它依托新闻而存在，是新闻的派生物。所谓独立性，就是标题本身具有相对独立的传播信息的作用。读者如果只看标题，不看新闻内容，往往也能从大体上了解这条新闻，或明了其阐明的某一观点。

人们对新闻标题的作用、特点，使用了很多生动形象的比喻，常见的有："文章的眼睛"，报纸的"广告""窗户""索引"。大量的新闻实践证明，"题好一半文"。只有锤炼出一个让人"一目了然""一语中的""一见倾心"的标题来，才能吸引读者一路将新闻看完。如果新闻标题不是像名姝迷人的眼睛那样水灵灵、炯炯有神、赏心悦目，而是直勾勾、呆巴巴，则会使人兴味索然，甚至望而生畏。

"你可以把马牵到水边，但你却无法强迫它饮水。当你把你的报纸送到读者手中的时候，你会遇到类似的问题：无法强迫他阅读。不过，有一个办法可以诱使他阅读你的报道，那就是，运用精彩的标题。"（见汤姆森基金会编著《新闻写作基础知识》一书）人民日报社原总编范敬宜曾指出："一个好标题可以代表一张报纸。它的价值、力量往往可以大大超出稿件本身。"无数事实证明，读者对某篇新闻中的人和事已记不清了，但对新闻中那炯炯有神的"眼睛"——新闻标题却记忆犹新，有的甚至将它作为生活中的座右铭来指导自己的行动，足见标题在新闻中的作用是多么重要。为了帮助记者（通讯员）、编辑提高制作新闻标题的能力，使新闻的"眼睛"更具勾魂的魅力，笔者在第1—16届中国新闻奖作品（报纸部分）标题的百花园中挑芳摘翠并评析，为读者提供下述新闻标题制作的技巧，供大家学习和借鉴。

二、新闻标题制作中常见的技巧

怎么才能使新闻的"眼睛"炯炯有神，具有勾魂魅力呢？在这个问题上，不应有什么框框和模式，而应不拘一格。好标题是好新闻不可或缺的要件。从"中国新闻奖"作品的标题来看，还是有一些规律可循的。这些规律就是新闻标题制作中常见的制作技巧。这些技巧归纳起来主要有：

——标出"个性"来。个性是一事物区别于他事物的质的规定性。采写新闻的一条重要原则是要抓特点，抓取一事物与他事物的不同点。这也是制作新闻标题应遵循的一个重要原则。当前报纸上有些新闻的标题不吸引人，原因之一就是没有标出特色和个性来。凡成功的标题，都是由于标出了个性而将读者牢牢吸引住。例如，《少数企业"死"不了，多数企业"活"不好》（第2届中国新闻奖二等奖作品）这一标题，一个“死”字、一个“活”字，就标出了个性，使标题有声有色，达意传神。又如《长虹人笑问何为“债务链”》（第5届中国新闻奖三等奖作品）这一标题，“笑问”二字，就很有特色，标出了灵气和吸引人的魅力。

——标出“情感”来。新闻标题，提倡什么，反对什么，应旗帜鲜明。所谓“五情发而为辞章”“感人心者莫先乎情”就是这个道理。一首《常回家看看》唱红了大街小巷，一首《月亮代表我的心》唱得人柔情百转，一首《真的好想你》同样催人泪下，关键就是从歌题到歌词都是靠情感来打动受众的。新闻的标题也是如此。清代袁枚在《读诗品》中讲：作者情生文，读者文生情。以情征服读者是文章所固有的特征。凡感人的新闻标题，或者是抒情于事，或者是抒情于理，或者是抒情于景，或者是直抒胸臆，都具有浓厚的感情色彩，所以才牢牢地抓住了读者。请看第16届中国新闻奖获奖作品的标题所展现的情感：

1. 赞誉之情

△索玛花儿为什么这样红（一等奖作品）

△ 3.5万救命钱留给病友（一等奖作品）

△英雄携手飞天（一等奖作品）

2. 欣喜之情

△海拔4161米：总理跟我们合影（一等奖作品）

△中国铁路实现飞天梦（三等奖作品）

△这个头，带得好！（一等奖作品）

3. 激愤之情

△溆浦16位选民联名要求审查代表议案（二等奖作品）

△不要卖掉穷人的饭碗（二等奖作品）

△农科院所制假坑农的多重恶劣性（二等奖作品）

4. 担忧、焦急之情

△ 70亿维修基金的困惑（一等奖作品）

△“院士崇拜”不可过度（二等奖作品）

△我国近6000万人的姓名冷僻无法输电脑（二等奖作品）

5. 惋惜、批评之情

△中铁三局丢了宁夏市场（一等奖作品）

△ 3000小考生“妖魔化”妈妈（二等奖作品）

△保护还是破坏（二等奖作品）

以上标题由于标出了情感，使人读之有兴，思之成趣，印象深刻，蕴意悠长。

——标出“悬念”来。“文似看山不喜平”。作文如此，制作新闻的标题则更需要讲究“曲折”的艺术，更需要“悬念”的设置。在制作新闻标题时，可有意识地将新闻事实中稀奇罕见、不合常理、对比强烈的事实，拿出来摆在一起，在新闻标题中不直说，故意留一手，藏谜设疑，为读者设下一个“套子”，卖个“关子”。事实证明，在新闻标题中这样巧妙地设置“悬念”，可以极大地激发读者的阅读兴趣，将全篇新闻阅读完。在新闻标题中设置“悬念”，常用的手法有：

1．歧义法。作者有意在标题上选一些模棱两可的中性词，甚至是带有强烈感情色彩的贬义词，从而造成歧义，使读者困惑不解。例如《首钢未来不姓“钢”》（第10届中国新闻奖三等奖作品）、《5万公斤鲜牛奶扔进农田》（第13届中国新闻奖二等奖作品）、《瓜果菜一年“吃”掉三亿根木条》（第15届中国新闻奖三等奖作品）等标题就属这一类。这类标题，先发制人，给读者以超乎常规的触动，使人触目惊心，一读文章，却出乎意料。

2．设问法。在标题中运用设问，提出大家共同关心的问题，如《语言应当如何发展》（第10届中国新闻奖二等奖作品）、《非典型肺炎病原是衣原体？》（第14届中国新闻奖二等奖作品）、《两千元科技经费能干什么？》（第15届中国新闻奖二等奖作品）等标题就属于这一类。这类标题的共同特点是问而不答，引而不发，作者直接提出一个问题，不作任何解释和暗示。

3．反常法。例如《一只梨卖了5元钱》（第10届中国新闻奖三等奖作品）、《看个“咳嗽”要掏1065元》（第13届中国新闻奖一等奖作品）、《参演万余人，不见几个兵》（第15届中国新闻奖一等奖作品）等标题就属这一类。这类一反常情、常规、常理的标题，叫人思三念四，一连串的“？”便会油然而生。

制作悬念式标题，切忌故弄玄虚。不要叫读者“丈二和尚——摸不着头脑”，而应做到表情达意含而稍露，隐而不匿。通过留给读者的“阅读诱饵”，将读者牢牢抓住。

——标出“事实”来。读者读书看报，首要的目的就是从中获取信息，因此，新闻报道应以信息取胜，力求以最少的篇幅表达尽可能多的信息。而作为吸引读者阅读的标题，就要将新闻所报道的最主要的事实，对读者最有用、与读者最贴近的信息，用准确、简约、贴切的语言表达出来。也就是说，标题要表达尽可能多的有效信息。下列“中国新闻奖”作品中的诸题，就是这方面的代表作：

△武汉百里长堤巍然锁长江（第2届一等奖作品）

△革命圣地延安无铁路的历史结束（第 2 届一等奖作品）

△我 2000 企业获国际市场通行证（第 3 届二等奖作品）

△河西走廊探明巨大“地下海洋”（第 5 届三等奖作品）

△三峡工程实现大江截流（第 8 届二等奖作品）

△长江上游仍在砍树（第 9 届一等奖作品）

△去年伤残万余人，死亡八十多人（第 10 届二等奖作品）

以上标题，除了标出主要“事实”外，每题至少含有 3 个有效信息，自然就会吸引住读者。

——标出“惊异”来。这类标题是对惊奇、异常的新闻事实采用惊讶、诧异的语言制作标题，有利于表现令人震惊的新闻事件。新闻标题能否吸引人，固然在于事实本身的新闻价值。但深刻的思想能否得到生动的表现，感人的事实能否被精练而确切地勾勒出来，遣词用语起着重要作用。尤其要选好用准动词，善于用富有特色的、耐人寻味的动词说话，让读者如临其境，如触其物是至关重要的。例如《箅洲湾溃口“淹”出 7000 多人》（第 10 届中国新闻奖二等奖作品）的标题，乍看起来，并无惊人之笔，但两个极普通、极寻常的动词，“溃口”“淹出”用在这一特定的标题中，却显得很有分量，令人感到沉甸甸的。它生动、准确、深刻地反映出我们某些干部的浮夸作风之可恶。洪水造成堤坝溃口不是“淹”死了多少人，而是“淹”出 7000 多人，读来悬念骤起，耐人寻味，发人深思。

——标出“韵味”来。这里说的韵味，是指制作新闻标题要讲究音节、韵律、排比、对仗，要让人看起来舒服，读起来朗朗上口，听起来悦耳，并值得回味、记忆和传诵。例如《项庄舞剑，意在沛公——明传人民币贬值，实为投机谋暴利》（第 9 届中国新闻奖一等奖作品）的标题，它运用一个历史故事，构思巧妙，主标题运用对仗形式，句式整齐，音韵铿锵，节奏鲜明，生动传神，具有很强的表现力和感染力。还有《昔日伐木建功，今朝栽树“还债”》（第 5 届中国新闻奖二等奖作品）、《国耻今洗雪，喜讯慰忠魂》（第 8 届中国新闻奖二等奖作品）、《儿子全当兵姚妈妈好光荣，陆海空武警四兄弟都过硬》（第 4 届中国新闻奖三等奖作品）等标题，都是这方面的成功之作。

——标出“首例”来。标出“首例”，就是要将新闻事实中最具新意（第一次发现、提出）的事实、观点、思想、方法、做法，在标题中标示出来。新闻要新，时新性是构成新闻价值的最主要因素，“首例”当然是最新的事物和现象，如果能在新闻标题中将揭示的“首例性”标示出来，也就能使新闻事实的新闻价值大大提升。下列“中国新闻奖”作品的标题，就是以标出“首例”吸引读者而取胜的。

△贵州告别最后一条马班邮路（第 3 届二等奖作品）

△国家统计局首次用“增加值”向外发布信息（第 4 届三等奖作品）

△上海出现第一位“洋菜农”（第 5 届二等奖作品）

△我市检察机关抗诉成功首例民事案件（第 5 届三等奖作品）

△我在世界上首次获抗病毒转基因小麦（第 6 届二等奖作品）

△浙江：今年高考无“状元”（第 8 届三等奖作品）

△浙江大学生创办中国首家红色网站联盟（第 13 届三等奖作品）

△中国藏族第一个“南丁格尔”（第 14 届三等奖作品）

——标出“动感”来。在新闻中，那些反映工作成效的非事件性新闻或综合性消息，占有很大的比例，如果在制作标题时，标不出动感来，这种新闻就活不起来，就会呆板、乏味，缺乏生气。有效的办法是在标题中巧妙运用一些富有表现力的动词，化静为动，变抽象为具体。在汉语中，动词被称为语言的“味精”，是最活泼最富有生命力的。古诗中的“僧敲月下门”，一个“敲”字，“敲”活了月夜古寺的寂寞意象；“春风又绿江南岸”，一个“绿”字，“绿”活了无数游子的思乡之梦；“红杏枝头春意闹”，一个富有动感的“闹”字让该诗意境全出。在制作新闻标题时，如果想办法标出“动感”来，则可以使新闻活起来，让新闻发生的现场再现在读者眼前。请看下列“中国新闻奖”获奖作品的标题：

△三千苗胞出山，招财进宝百万（第 2 届二等奖作品）

△取下神像挂地图（第 5 届二等奖作品）

△农机千里走中原（第 6 届一等奖作品）

△中华铅笔写出大文章（第 8 届二等奖作品）

△泰安榨干政绩水分（第 8 届二等奖作品）

△昆山：全球化催生“金蛋”（第 13 届三等奖作品）

△说了“禁语”砸了饭碗（第 14 届二等奖作品）

△台账压垮“小巷总理”（第 16 届二等奖作品）

上述标题中由于使用了“出”“进”“取”“挂”“走”“写”“榨”“生”“砸”“压”等动词，使整个标题化静为动，变死为活，从而大大增强了标题的吸引力和感染力。

——标出“形象”来。新闻标题是新闻刺激读者感官的第一信号。实践证明，读者的形象思维总是强于抽象思维的。因而形象化的标题很容易得到读者“不假思索”的接受。另外，从读者心理来看，形象性的传播还具有一种接近性，使读者觉得他与作者、编者及新闻事件接近了，似乎自己就是新闻事件的目击者和参与者，觉得真实可信。因而制作新闻标题时，应尽可能地抓住新闻事实中形象感比较强的内容来制作标题，用形象感去吸引读者。

以第5届中国新闻奖一等奖作品《六百勇士斗死神，雷场放飞和平鸽》这则标题为例，这篇消息报道的是整个云南边防扫雷部队的先进事迹，文中使用了大量数据和一些专业术语来谈扫雷的危险性及深远意义，但一般读者看后印象不会很深，而标题中用了“斗死神”和“放飞和平鸽”的形象来描述，使读者一看标题就明白了扫雷的艰巨性如同“斗死神”，它的深远意义如同“放飞和平鸽”，其感染力和吸引力就达到了显著的提升。

如果在新闻事实中找不到比较形象的事实，可以用修辞学上的比喻、拟人、借代等来制题，使其具有形象感和美感，以增强新闻的传播效果。例如《鲁冠球笑谈“猴子”与“老虎”》（第2届中国新闻奖二等奖作品）、《“斗鸡”上海滩》（第2届中国新闻奖二等奖作品）、《南京四“鹤”难齐飞》（第8届中国新闻奖二等奖作品）等，都是以标出“形象”来吸引读者的成功之作。

——标出“不足”来。完美，是人们追求的目标。但在现实生活中，并非事事完美，成功总是伴着失败，完美总是伴随着缺憾。欠缺，有时也是一种美。断臂的希腊女神维纳斯被人们视为圣洁的化身。在撰写新闻时，新闻标题如能准确标出存在的欠缺美，同样对读者有强烈的视觉冲击力。例如：第3届中国新闻奖作品中的4例标题，就是标出了“不足”来赢得读者和评委的青睐的。

△大学生列车上见义勇为斗歹徒，乘警列车员闻警不动受指责（一等奖作品）

△榆林市委机关部分干部上班时间聚赌（二等奖作品）

△乱收费已成为我区农民沉重负担（三等奖作品）

△安慧里2区18号楼质量太差（三等奖作品）

还有第12届中国新闻奖作品中的下述4例标题也是这方面的成功之作。

△七年上诉冤屈未伸张（一等奖作品）

△56名女工状告工厂搜身侵权（二等奖作品）

△找个好钳工比找研究生还难！（二等奖作品）

△郑州：罚单“赶”走首家擦鞋店（三等奖作品）

——标出“反差”来。“反差”强烈的东西，是让人思考、引人入胜的东西，也是制作新闻标题很好的切入点。如果将新闻中具有强烈“反差”的事实抓出来，放进标题中，则可以引起读者的强烈关注和阅读新闻的欲望。下面几例“中国新闻奖”作品的标题，就是以标出“反差”来抓人眼球的。

△商业部长买鞋上当记（第 1 届二等奖作品）

△十名家长上午提意见，十名学生下午被罚站（第 3 届三等奖作品）

△医大一院百余名教授签名拒收“红包”（第 14 届三等奖作品）

△批评报道未见报，说情电话铃不停（第 5 届二等奖作品）

△“打的”贵过坐飞机（第 5 届三等奖作品）

△如来观音缘何聚酒家（第 6 届三等奖作品）

——标出“辣味”来。行使舆论监督权，既是新闻的义务，也是它的职能。如何使那些妨碍社会前进的蛀虫看到新闻标题的同时就感到无地自容，就需要在制作新闻标题时，依据新闻内容下猛药，使他们既辣嘴也辣心。下列“中国新闻奖”作品的标题，有的在针砭时弊的同时彰显了正义，有的显示了事件的反常，揭露出当事者行为的荒谬；还有的巧妙选择词语，在看似平庸的背后，透出投枪匕首的威力。

△不许用人质手段处理经济纠纷（第 5 届二等奖作品）

△西安动物园干了些什么勾当（第 6 届三等奖作品）

△数据失真，危害无穷（第 6 届三等奖作品）

△雷州市渔民出海遇难，水产局领导见死不救（第 7 届二等奖作品）

△回良玉怒斥官员不正之风（第 8 届二等奖作品）

△陵水怪事：学童竟领教师工资（第 9 届三等奖作品）

△学者不得为商家当“托儿”（第 12 届一等奖作品）

——标出“趣味”来。主管过《纽约太阳报》的达纳曾给新闻下了一个经典性的概念：“狗咬人，不是新闻；人咬狗，才是新闻。”也就是说反常的、有刺激的、人们好奇的才是新闻。作为新闻的标题更应注意这个问题。随着媒体竞争的日益加剧，一条新闻的标题如不能在平中寻奇，或让人感到趣味有加，那就很难在激烈的竞争中立于不败之地。下列“中国新闻奖”作品的标题，应该说是以其标出“趣味”来吸引人而取胜的原因之一。

△京郊四胞胎应征记（第 1 届一等奖作品）

△二连浩特“手语市场”（第 3 届二等奖作品）

△何阳卖“点子”赚钱有方（第 3 届三等奖作品）

△“小机”斗“大机”（第 4 届二等奖作品）

△把腿“找”回来（第 8 届三等奖作品）

△奇闻：洋烟当“门票”（第 8 届三等奖作品）

△追寻一个英雄追出一群英雄（第 9 届三等奖作品）

△湘阴万千蜘蛛“织”出生态农业网（第10届三等奖作品）

△科技进村，巫师下岗（第14届二等奖作品）

△交口县委大院竟挖出“升官符”（第12届二等奖作品）

——标出“卖点”来。新闻中所谓的“卖点”，是指所要报道的事实中最能引起阅读兴趣、最能抓住读者的那部分事实。我们在制作标题时，就要善于抓住新闻中的“卖点”，将最有趣、最惊险、最好看、最能吸引人或最能引人思考的事实，在标题中体现出来。“卖点”选得准，才能抓人“眼球”，激起读者的阅读欲望。下述“中国新闻奖”作品中的标题，就标出了“卖点”。

△农民种地用上了计算机（第8届三等奖作品）

△老母鸡换头大水牛（第8届三等奖作品）

△“金掌柜”回马农田刨出“软黄金”（第9届三等奖作品）

△有个好人叫“罗锅”（第9届三等奖作品）

△“天上掉馅饼”也有人不捡（第10届三等奖作品）

△不掏500元，地图开除你（第13届三等奖作品）

△固原羊只上“夜班”（第14届三等奖作品）

需要注意的是，在“卖点”的选取上，应该做到健康文明、积极向上，尽量避免为追求“卖点”而步入低俗、猎奇、血腥、冷漠的误区。

——标出“文采”来。作为一个好标题，应该让人读之朗朗上口，听之悦耳舒畅，让人爱不释手，有一种诗情画意的韵味，获得一种美的享受。为此，就要求制作新闻标题时要标出“文采”来。孔子说：“言之无文，行而不远。”刘勰在《文心雕龙·情采》中也说，“圣贤书辞，总称‘文章’，非采而何？”倘若文章没有文采，怎么能吸引人看，又怎么能传之久远呢？大量的写作实践表明，凡标出“文采”来的新闻标题，就具有吸引人的魅力。下列“中国新闻奖”作品的标题，就是这方面的成功之作。

△关山重飞渡，一日游四国（第4届三等奖作品）

△小小一片云（第5届三等奖作品）

△春蚕到死丝方尽（第6届三等奖作品）

△迟来的家书胜万金（第6届三等奖作品）

△寂寂烈士坟，纷纷春雨泪（第8届二等奖作品）

△挥泪别恩师，吟歌寄深情（第8届二等奖作品）

△西出阳关好风光（第8届三等奖作品）

△情留人间汇江河（第9届三等奖作品）

邓拓说:“谁要是给我想出一个好标题,我给他磕三个响头”(见安岗《新闻论集》)。一位老编辑说,“做好一道题,皱脱两撮眉”。可见制题的艰辛劳苦。制作新闻标题,涉及语言学、新闻学、美学、史学、哲学和逻辑学等。制作者还要有较高的政治理论水平和对社会的观察分析能力。如何把标题做得诱人传神,令读者“一见钟情”,是编辑、记者苦苦追求的目标,是关系到新闻能否影响读者或能否被读者愉快地接受的成败之笔,也是作者能否使自己的稿件被编辑一眼所看中,从而提高稿件命中率的问题。

要想制作好新闻标题,首先是要提高文化素养。平时多读甚至背诵一些古典诗词和名句,认真领悟经典诗词和名句中的动词应用及写作意境,案头备上一些成语、俗语、歇后语、名言名句及诗词辞典,做到带着问题学,学以致用。

其次是要注意平时积累。在平时的生活工作中,要细心观察,留心细节,深入实践,切身感受,勤于思考,善于积累。生活、工作和学习中如遇到有趣的事,或在同别人交流中发现有幽默诙谐、生动、形象的语言时,就要用心去思考和及时捕捉。

再次是平时要多翻阅各种报纸,记录下看到的好标题,如能对好标题进行一番点评就更好了,但应该注意,切忌生搬硬套,因为不同的新闻事件有不同的新闻眼,我们需要学习的是揣摩别人制作标题的切入点和意境,不断丰富自己。在遇到某一大型事件的报道时,注意搜集多家知名报纸的新闻标题进行比较,寻找规律。

大量的写作实践表明,一个好标题的诞生,总是经历了“千呼万唤始出来”的艰难历程。因此,记者、编辑只有以海纳百川的精神,广采博收,以“众里寻他千百度”的不懈追求,以“吹尽狂沙始得金”的艰苦劳动,才能提炼出信息量大、内容丰富、生动传神的好标题来,以满足在“读题时代”受众日益增长的审美需求,从而提高报纸的“卖点”和新闻的传播效果。

巧扮凤头抓人眼

——新闻精品的导语是这样写就的

新闻(消息)写作,不同于拉家常,也不同于写论文、写总结报告,它有自己的写作规律。规律之一就是:“立片言以居要”“开门见山”,把最重要、最新鲜的事实放在最前头。这就是所谓的消息导语。它是消息开头的第一句或第一段。

有人把消息导语比作敲门砖，没有得力的敲门砖，是不可能敲开读者的大门的。也有人把消息导语比作“凤头”，比作吸铁石或钓饵，它能够把读者紧紧地吸引住或钩住，使读者愿意看下去。我国著名记者范长江说过：“新闻写作对导语的要求很高，要写得有魅力，令老百姓看了非读不可。”新华社记者郭玲春说：“平实、缺少个性的导语会使新闻流于一般，文章刚起头我就想把经过我观察得出的结论或看法告诉读者。”还有一位新闻界老前辈说：“有了良好的开端，成功便得到了一半”，“导语一唱歌，读者就跟着哼哼”，这些都是经验之谈。据中国人民大学新闻传播研究所的调查，一般读者每天用来看报的时间是 30 分钟左右。他们看报的目的是要了解当天和新近发生的重大的或最有意义、最有趣味的事情。如果不把消息中最重要、最新鲜的事实放在前头，就不能吸引读者往下看，即使后面还有很好的内容，也只能前功尽弃。在社会转型、信息爆炸的今天，人们的生活节奏已明显加快很多，珍惜时间的观念已大大加强，要考虑到常有许多读者看不完整条新闻。实践证明，相当多的读者在接受新闻时是随意性的、仓促的、浏览式的，如果导语不能像“凤头”那样吸引住读者，他会马上转移注意力。

美国著名新闻记者威廉·梅茨说：“导语是记者展示其杰作的橱窗。”有经验的记者，总是全力以赴地在写好导语上下功夫。有的为了写好一条导语，常常搜肠刮肚、煞费苦心、反复推敲、精心修改，直到满意为止。我曾经请教过多位获“中国新闻奖”的记者：“您写导语通常用多长时间？”这些记者共同的回答是：“用写整篇新闻的三分之一或二分之一的时间来推敲导语，这样下功夫是很值得的。”尽管目前导语的写作方法有许多类型，但不管哪种类型，共同的特点都是以“最重要者最先”“最新鲜者最先”“最引人注目者最先”。用这个标准来衡量，看看目前报纸上刊载的消息，完全符合这个要求的优秀导语为数不多。相反，不合格者则经常可见。共同的毛病是：空洞，没有新闻信息；模式化，呆板不生动；导语与标题重复，导语和新闻主体重复。造成这种状况的原因，一方面是记者（通讯员）中忽视导语写作的现象较普遍。另一方面，在当今新闻写作学的研究中，关于研究导语的学术论文凤毛麟角，似乎成了一个令人遗忘的角落。

导语的写作最考验记者（通讯员）的功力。传统的导语写作要求全面，5 个“W”加 1 个“H”，这样对保证新闻的真实性有好处，但如果成为一条“铁律”，又会使消息头重脚轻。实践中，现在的导语写作已经走出了这个套路，求简明扼要，不能写得冗长；求特点，不能一般化；求多用实词和富有动作色彩的动词，不要用抽象名词和难懂的技术术语；求在交代新闻来源和新闻根据时，不出现长串人名、地名、官衔、机构名称等。

在导语写作上，“中国新闻奖”部分消息的导语为我们做出了榜样。这些消息普遍都比较短，但内容却反映了重大事件，把最新的事态发展，最引起广大读者关注的重要事实，用最简洁明快的新闻语言，在新闻的开头告诉读者，以“唤起阅者注意，使阅者脑子里先得一个总的概念，不得不继续看下去”。

古人云：“文无定体。”导语写作方法和形式，历来就是因人而异，各尽其妙的。为便于大家学习、借鉴和研究，以“中国新闻奖”获奖消息的导语作范例，现将常见的导语写作形式、特点及需要注意的问题作如下简介。

单元素导语。亦称一句话导语，或单因素导语。即在导语中只表现一个新闻事实。理想的单元素导语所表现的这一个新闻事实，应当是新闻中最新鲜、最重要、最有新闻价值的核心事实。如按新闻五要素来区分，单元素导语具体又可分为：①何人导语。这种导语一般来说，只突出报道显要或影响大的新闻人物时采用。因为这些人从事的活动，比一般人做的事情更能引起读者的关注。②何事导语。一般说来，新闻事实本身的重要性或影响力超过了其他新闻要素，应当用这种导语。③何时导语。读者关心的事情什么时候会发生或进行，可用此种导语。④何地导语。报道一些重要或有特殊意义的地方发生重大变化的消息，常用此种导语。⑤为什么导语。当报道一个事件的起因，比其后果更能引起人们的关注时，可用这种导语。例如下列3例就是单元素导语。

①新华社攀枝花1998年8月19日电（记者 熊小立 黎大东）长江上游地区大片森林仍在遭受数千把斧头和电锯的砍伐。（第9届中国新闻奖消息一等奖作品《长江上游仍在砍树》的导语）

②本报讯（记者 李红鹰）7日，武昌杨先生带着2岁的女儿到市儿童医院看病，没想到看一个“咳嗽”就要花1000多元。因此，他于昨日投诉到本报新闻110。（第13届中国新闻奖消息一等奖作品《看个“咳嗽”要掏1065元》的导语）

③本报讯（记者 高坡）从昨天起，昆山31万多农民也可以和城里人一样“刷卡”看病了！（第15届中国新闻奖消息一等奖作品《昆山31万农民刷卡看病》的导语）

多元素导语。一则导语中，用几个事实组合而成。这是由于客观事物是复杂的，有的新闻导语难以用一个主要事实来表达，因此，导语中需要写3个以上的主要事实时，这就是多元素导语。亦称成套式、多因素（多段落）导语。写这类导语，应防止平铺直叙，罗列事实，而应按照新闻事实之间的内在逻辑联系，有机地组合起来。例如下列3例就是多元素导语：

①一位82岁高龄的离休工人，在大半辈子的伐木生涯中，为国家采伐原木3.6万多棵，成为闻名全国的劳动模范，14次受到毛泽东、周恩来等老一辈革命家的接见。离休后，他带领全家历经20多个春秋的风风雨雨，又在荒坡上种下了3万多棵树木，了却了多年的夙愿，还上了一笔他心中的“欠债”。他，就是黑龙江省伊春市实力林业局的老工人马永顺。（第5届中国新闻奖消息二等奖作品《昔日伐木建功，今朝栽树“还债”》的导语）

②本报讯（记者　潘亦华　朱定）竞买者在房地产拍卖中相互串通，以低价购得房地产，造成17万余元国有资产流失；检察机关挺身而出，以原告身份对岳阳县个体户张立新等12名被告提起民事公诉。12月12日，岳阳县人民法院依法开庭审理此案并当庭作出判决：张立新与岳阳县供销社日用杂品公司签订的房地产协议无效；对造成流失的17万多元的国有资产和案件诉讼费由张立新承担，其他11名被告负连带责任。（第13届中国新闻奖消息二等奖作品《检察机关挺身而出当原告》的导语）

③本报讯（记者　张虹红）在人们印象中，联合国是个开会的地方，很少有人知道，联合国也是个蕴藏巨大商机的市场。联合国及其附属机构近日公布了4月份在全球的采购招标计划，面对一系列科技含量并不高的商品，本市众多企业却无动于衷，任商机从身边溜走。（第14届中国新闻奖消息二等奖作品《面对商机，为何无动于衷？》的导语）

概述式导语。这是通过用直接摘要或归纳概括叙述的办法，以一句话概括通篇报道内容或其中的精华，把新闻中最新鲜、最主要的事实，开门见山、简明扼要地写出来，给受众一个总的印象，以便提纲挈领地阅读全文。例如下列3例就是概述式导语：

①本报讯　我国政府已经制定出城镇职工的最低工资标准，以保障广大工人的基本生活。（第5届中国新闻奖消息二等奖作品《出台最低工资标准，保护工人合法权益》的导语）

②本报讯（记者　丰捷）613万考生迎来了他们人生一搏的时刻——2003年“非典”时期的正常高考今天静静地拉开帷幕。（第14届中国新闻奖消息二等奖作品《北京：非常时刻，平常高考》的导语）

③新华社2004年3月22日电　巴勒斯坦伊斯兰抵抗运动（哈马斯）精神领袖亚辛22日凌晨在以色列武装直升机的轰炸中身亡。他的两名保镖同时丧生。（第15届中国新闻奖消息二等奖作品《哈马斯精神领袖亚辛遭袭身亡》的导语）

评论式导语。从评论入手或把叙事和议论交织在一起，用夹叙夹议的方法对新闻事实进行简要评论的导语，又称评述式或议论式导语，是新闻导语中较常用的一种表述方式。具体表现形式常见的有：或是先叙述事实，然后进行议论；或先作评论，再写出评论的根据，即事实。这些都能有助于突出新闻事实的意义，凝练和升华新闻主题，从而唤起受众的充分注意，更好地发挥新闻的指导性。新闻要用事实说话，不宜滥发议论，要充分相信受众的理解力和认识水平。只有当一些新闻事实的深刻含义远非广大受众所能一下子领悟时，才有必要采用评论式导语，运用时要尽量避免记者直接公开地发表议论，而应力求让新闻中的人物出面说话。这样，既可以体现记者的观点或倾向性，其本身又是一种新闻事实，符合新闻奖写作的规律。例如下列 3 例就是评论式导语：

①新华社北京 1999 年 8 月 18 日电 世界各地的天文学家证实，8 月 18 日没有发生特殊的天文现象，更没有发生地球毁灭这样的大劫难。世界各地的人们像往常那样度过了平静的一天，“天体大十字”这一“末世论”预言宣告破产。（第 10 届中国新闻奖消息一等奖作品《“天体大十字”预言宣告破产》的导语）

②本报讯（记者 李钧德）在今年的市级劳动模范及先进工作者评选中，河南省濮阳市数十名副科级以上领导干部隐瞒自己的真实职务，以工人、农民或专业技术人员的身份申报劳动模范称号，引起群众的不满。（第 14 届中国新闻奖消息二等奖作品《濮阳数十干部隐瞒身份申报“劳模”》的导语）

③本报讯（记者 钟鞍钢）记者在工会法执法检查中了解到，部分跨国公司在我国的企业无视我国法律，公开抵制组建工会。（第 15 届中国新闻奖消息二等奖作品《部分外企无视中国法律拒建工会》的导语）

对比式导语。俗话说：“不怕不识货，只怕货比货。”事物最怕比较，一比较问题的本来面目就清楚了。写导语时也可以用对比的方法，就是将今与昔、新与旧、正与误、美与丑、善与恶、忠与奸、兴与衰、老与少、优与劣等的事实情况，进行对比，以前者为主，后者为陪衬，形成强烈反差，更鲜明地显现新闻事实的个性特征及其意义。通常可作纵的对比，或作横的对比。由于通过对比能使好坏分明，观点突出，故对受众有吸引力。例如下列 3 例就是对比式导语：

①本报讯 昨天，一场纷纷扬扬的春雨，泪水似的洒落在银河革命公墓公安坟场的烈士墓碑上，令近在咫尺的豪华墓园与黄土一堆的烈士坟形成了强烈的反差，扫墓者不禁为之心碎。（第 8 届中国新闻奖消息二等奖作品《寂寂烈士坟，纷纷春雨泪》的导语）

②本报讯（记者 石磊）祖籍沧州的郑先生在沪经商数年，前不久他从上海返乡，

连遇两个“没想到”。（第 13 届中国新闻奖消息一等奖作品《我省交通图五年七变》的导语）

③本报讯（记者 温红彦 刘霄 王可）我们常常轻松而随意地使用“座无虚席”来形容观者的多，来烘托场面的精彩。新中国的义务教育为追求“座无虚席”，筚路蓝缕奋斗了半个多世纪。如今，“座无虚席”在广东的每一所农村中小学的课堂上成为现实。（第 13 届中国新闻奖消息二等奖作品《广东着力解决农村困难家庭子女读书难》的导语）

结论式导语。把结论放在开头，通过结论，充分揭示新闻事实的意义和目的。这种形式的导语大多用于报道“最新成果”、工作经验、学习体会之类的新闻中。其好处在于能帮助受众抓住问题的要害，针对工作实际，突出某一个问题，强调某一个观点。下面 3 例就属于这一类导语：

①本报讯（记者 任侃）中国凭借其稳定的经济形势，充实的外汇储备，良好的外资结构和有效的外汇管理，完全有能力避开目前席卷东南亚的金融动荡。（第 8 届中国新闻奖消息一等奖作品《中国拒绝金融风暴登陆》的导语）

②本报讯（记者 孙覆海）为深圳的经济奇迹作出巨大贡献的外来劳务工，他们中的一部分人目前劳动安全状况令人忧虑。这是记者近 3 个月来对深圳部分外来劳务工进行调查后发现的。（第 10 届中国新闻奖消息二等奖作品《去年伤残万余人，死亡八十多人》的导语）

③本报讯（记者 胡宝良 钱晓虎）11 月 4 日，海军舰载直升机在黄海海域首次进行夜间行进间着舰训练，并取得圆满成功。此举标志着我舰载机部队战斗力提升。（第 15 届中国新闻奖消息二等奖作品《我舰载机首次夜间行进间着舰成功》的导语）

悬念式导语。亦称延缓式导语。“悬念”，又称“扣子”或“关子”。它本是作家和导演为了更集中地体现文学作品和戏剧表演的矛盾冲突，常用设置“悬念”，吊读者、观众的胃口，以加强文学作品和戏剧的艺术感染力的一种手法。这种手法通常借用到新闻导语写作上，也就是对有关的事情、人物或原因、结果，先不直说，在新闻的开头先造成“悬念”，唤起读者注意，然后一层深一层，吸引人不得不继续读下去，比较富有魅力。请看下列 3 例悬念式导语：

①本报讯（记者 潘剑凯）谁是高考“状元”？这个一年一度的热门话题，今年却在浙江省消失了。（第 8 届中国新闻奖消息三等奖作品《浙江：今年高考无状元》的导语）

②本报讯（记者 段功伟）昨天，新华社发布消息，称经中国疾病预防控制中心

和广东省疾病预防控制中心的共同努力，引起广东省部分地区非典型肺炎的病原基本可确定为衣原体，但广东的绝大多数专家对此持保留意见，他们认为是病毒性肺炎的可能性很大。（第14届中国新闻奖消息一等奖作品《非典型肺炎病原体是衣原体？》的导语）

③本报讯（记者 江涛 丁番乐）昨天，在大足县法院档案室沉睡4年的25个假案终于见到阳光。掀开假案盖子的四川省泸州市民童兴云不解："大足县法院三驱法庭为什么悄悄把我杜撰为原告，一口气把25个无辜农民分别告上法庭？"（第14届中国新闻奖消息二等奖作品《大足县三驱法庭集体编假案》的导语）

数据式导语。把新闻中的主要数字，或读者关注的数字，巧妙地运用在新闻导语中，回答读者的问题，以提高新闻的价值，给读者留下难忘的印象。例如下列3例数据式导语：

①本报讯（记者 樊鹏）昨天，深圳市建设局向新闻媒体通报了我市日前查处的一起工程串通投标案件，中国华西企业有限公司、深圳市建业建筑工程有限公司因相互串通投标被罚款10万元，涉案10名评标专家被清除出局。据悉，这是深圳建市以来首次查处的工程串通投标案件，并且是处理评标专家人数最多的一次。（第13届中国新闻奖消息二等奖作品《10名"瞎眼"评标专家被清出局》的导语）

②武汉中华会计师事务所最近对红桃K集团资产进行了审计。昨日得出的审计结论表明，该集团技术负责人张廷壁教授个人资产已达1.3118亿元。（第11届中国新闻奖消息一等奖作品《按"智"分配造就亿万富翁》的导语）

③本报讯（记者 姚文滨 王纪洪）历时4年的"平垸行洪、移民建镇、退田还湖"工作，使我省鄱阳湖湖区面积已由原先的3900平方公里扩大到5100平方公里，基本恢复到1954年的水平。今年6月在上海举行的"2003年联合国人居论坛"上，我省将就鄱阳湖的移民建镇工作做经验交流。（第14届中国新闻奖消息二等奖作品《鄱阳湖回复到原面积》的导语）

引语式导语。即恰当地使用引语，以补充陈述新闻事实，提示、阐明事件的意义及其影响。这样的导语说服力强，比较客观、可信，能触动读者的认同感。例如下列3例引语式导语：

①本报讯 "我们就是要通过升国旗，强化农民的爱国意识，教育广大农村干部群众更加自觉地维护祖国统一，珍惜各民族之间的团结。"巴楚县色力布亚镇党委书记色买提·司马义对记者说。（第6届中国新闻奖消息二等奖作品《色力布亚镇村村飘扬五星红旗》的导语）

②本报讯（李振海 阎云 李金辉）眼下，高碑店市有520多名市和乡镇干部吃住在农家，白天忙工作，晚上入户拉家常。记者所到之处，发现这些干部都有一本市委统一印刷的下乡工作日志，他们自称为“庄户日记”。（第10届中国新闻奖消息二等奖作品《“庄户日记”》的导语）

③本报讯(记者 管哲辉 李晓鹏)“农民合作社有合法身份了！”今天傍晚6时多，正在广东湛江西瓜基地的温岭市箬横镇西瓜合作社社长彭友达，边看浙江卫视新闻边接受记者电话采访。（第15届中国新闻奖消息二等奖作品《农民专业合作社有了合法身份》的导语）

特写镜头式导语。运用电影艺术的表现手法，采用一连串的特写镜头，或截取有特征的片段、个别情节，一开始就先声夺人，把读者的注意力像磁铁一样牢牢吸引住，使之欲罢不能。请看下列3例这类导语：

①本报广州8月30日电 林曹飞、特约记者胡训军报道：今天上午，广东揭阳市井都镇下南村姚慈贤大妈家门口响起了一阵鞭炮声。郑主任进门就喊：“老嫂子，恭喜恭喜，你二崽在部队立功啦！县人武部的同志给您送立功喜报来了！”（第4届中国新闻奖消息三等奖作品《儿子全当兵，姚妈妈好光荣》的导语）

②本报讯（记者 蒋建科 吴坤胜）“看到了，我们看到了！”晨曦初现的草原上传来惊喜的欢呼声：“神舟回来了！”（第14届中国新闻奖消息二等奖作品《我国首次载人航天飞行圆满成功》的导语）

③本报讯（记者 杨健）“过来了，过来了！”时钟指向13时16分，一列特殊的车队驶过天安门城楼，驶向人民大会堂东门外广场。两辆分别由中国和德国制造的氢燃料电池汽车走在车队的前列。掌声响起，越下越大的雨水中，700多名参加国际氢能论坛的中外专家共同庆祝这一具有历史意义的时刻。（第15届中国新闻奖消息二等奖作品《中德燃料电池车比肩驶过天安门十里长街摆开擂台赛》的导语）

诗词、歌谣式导语。用群众熟悉的诗词、歌谣开头，不仅意境深远，而且文采飞扬，可以大大增强新闻对受众的吸引力。例如下列3例这类导语：

①“沽酒客来风亦醉，饮罢人去路还香”——说的是旧时中国酒事的兴盛。可占尽天时地利——今秋10月于中国国际贸易中心举办、号称“集全国上千种名、优、新、特产品”的“中国国际诗酒博览会”却是另一番景象……（第2届中国新闻奖消息三等奖作品《堂堂博览会，观众却寥寥》的导语）

②本报讯（记者 郑晋鸣）滚滚长江东逝水，大浪淘沙古今同。记者最近沿江采访时，发现江中有不少采沙船采掘江中沉积的江沙，两岸干部群众意见很大。（第9

届中国新闻奖消息二等奖作品《采沙毁堤何时休》的导语）

③本报讯 唱了几十年“马儿啊，你慢些走”的晴隆县城至中营邮路，去年末已响起了汽车喇叭声。至此，全省告别了最后一条农村马班邮路。（第3届中国新闻奖消息二等奖作品《贵州告别最后一条马班邮路》的导语）

浓缩式导语。这类导语惜墨如金，用极简练的文字，开门见山，简洁明快，撮精荟要，把全篇新闻的主要事实浓缩成一两句话。例如下列3例这类导语：

①新华社1999年10月10日电 今年国庆放假7天，不仅乐了百姓，也乐了商家。“假日消费”掀起热浪，消费市场红红火火。（第10届中国新闻奖消息二等奖作品《国庆放长假，消费掀热潮》的导语）

②新华社2004年11月30日电 在“世界艾滋病日”前夕，国家主席胡锦涛30日下午走进北京一家医院与艾滋病人握手、交谈，用实际行动推进中国抗击艾滋病魔的斗争。（第15届中国新闻奖消息一等奖作品《中国国家主席与艾滋病人握手》的导语）

③本报讯（记者 胡俊 李红鹰 秦杰） 今天，华中师大客聘教授陶宏开个人网页“挽救上网成瘾者”开通。至此，他发起的这项针对未成年人的挽救行动持续了整整3个月。（第15届中国新闻奖消息二等奖作品《陶教授破解上网成瘾难题》的导语）

描写式导语。亦称见闻式导语。它是记者根据目击的情况，对新闻中的主要事实、事件发展的高潮、事物的某一有意义的侧面或某个特定的场景等，作简洁质朴而具特色的描写，向受众提供生动鲜明的形象，或渲染烘托气氛。这种形式的导语，其内容是客观事物的形象再现，只有当一系列新闻事实中具备有特色的、可供描写的形象化内容，诸如现场画面、特定景物、氛围，人物动作、语言，生动的情节或细节，乃至音响、色彩等等，才有可能和必要运用描写式导语。通常使用“白描”手法，将所要报道的新闻事实，寥寥几笔，简洁明快地勾勒出来，使受众如临其境，如见其人，如闻其声。采用此种形式写导语，切忌堆砌空泛的形容词，要多用富有活力的动词。例如下列3例描写式导语：

①本报桂林11月29日专电 随着惊天动地的一声巨响，阳朔县杨堤乡土岭村公所白屯桥村后山腾起了五六十米高的火焰，熊熊大火烧红了半空。

“不好啦，飞机撞山啦！”（第3届中国新闻奖消息三等奖作品《一波音737客机昨在阳朔境内失事》的导语）

②本报讯（记者 朱海燕）我国第一艘跨海火车渡船——粤海铁1号，像漂移的

陆地，载着火车驶向海南。

今天上午9点15分，渡船从琼州海峡北港出发，10点1分抵达海口南港。（第14届中国新闻奖消息二等奖作品《今天火车登陆海南》的导语）

③本报讯（记者 杨吉庆 王希鹏 张永红等）6月26日，华北某地。在一阵巨大的轰鸣声中，3架武装直升机蓦然临空，擦着苇尖燕子般掠过水面，逼近岸边，又如鹰隼般几近垂直地跃起、俯冲，导弹、炮弹相继射出。“摧毁”目标后，一个“U”形转弯，迅即消失得无影无踪。（第13届中国新闻奖消息二等奖作品《某直升机团团长孙凤阳主创我军34项武装直升机训练新纪录》的导语）

说明、解释式导语。亦称背景式导语。这类导语的特点是在导语中对新闻事实作出解释，起到说明事件的起因，深化新闻主题，突出新闻价值的作用，从而适应受众“打破砂锅问到底”的心理，以吸引受众看下去。例如下列3例这类导语：

①新华社郑州1998年4月26日电 总投资33亿元的河南省两个重点建设项目——中原制药厂和中州铝厂，因在建设中“求洋”“贪大”，目前累计负债分别达到30亿元和35亿元，已陷入严重资不抵债的困境。（第9届中国新闻奖消息二等奖作品《河南两重点项目贪大求洋酿苦果》的导语）

②本报讯（记者 朱会伦 傅雪军）7月17日，成都高新区一机关干部，因在接听来访电话时，使用了禁语，闯了“红灯”，丢掉了饭碗。这一消息在成都市机关干部中引起强烈反响。（第14届中国新闻奖消息二等奖作品《说了“禁语”砸了饭碗》的导语）

③本报讯（记者 童曙泉）自《世纪伟人邓小平——纪念邓小平同志诞辰100周年展览》10日在国家博物馆公开展出以来，已经有近万名首都各界群众前往参观、缅怀邓小平同志。人们从一件件展品中，再次感受到小平同志的伟大。（第15届中国新闻奖消息二等奖作品《小平夹克衫感动三代人》的导语）

提问式导语。亦称设问式、问答式导语。它是设问修辞手法在叙述式导语写作中的运用，即在导语中，把新闻报道里已经解决的问题或确定的思想内容，先用疑问句式鲜明地提出来，而后用事实加以回答，使之更引人注目，发人深思。回答的通常有两种：一种是导语一开头便鲜明地提问，紧接着直截了当地回答，揭示新闻要旨；另一种则是导语中提出问题，下文作答。前者一目了然，后者则容易产生悬念效应。写好这类导语的关键是善于提问，要紧紧围绕新闻的主题和核心内容设问，所提问题应是广大受众普遍关心的、感兴趣的、需要新闻媒体加以回答的。问题还要提得新颖巧妙，能引起受众的思索。请看下列3例这类导语：

①本报讯　办企业为了什么？——是追求最大效益，还是追求最高产量？（第 6 届中国新闻奖消息二等奖作品《武钢转变经营战略》的导语）

②本报北京 10 月 7 日讯　记者卢小飞报道："一个人的感召力在他身后究竟能持续多久？"这个偶尔会萦绕在心的问题，在首都女记协今天举行的纪念杨刚逝世 40 周年座谈会上被人们提出来。（第 8 届中国新闻奖消息三等奖作品《首都女记协纪念杨刚逝世 40 周年》的导语）

③本报讯（记者　刘大为）圣诞节在哪儿过？记者近日在市民中调查采访时发现，一种价格不菲、被当作礼品赠送的圣诞夜消费券，使不少人在圣诞节有了去处。（第 13 届中国新闻奖消息二等奖作品《首府"公款圣诞"令人担忧》的导语）

故事式导语。在一篇消息的开头，避开"开门见山"的写法，改用"迂回手段"，先讲述一个生动有趣的故事（神话、寓言、传说、逸闻、政治笑话等），激起读者的兴致，引发丰富的联想，然后再从容叙述消息的本身和主旨。这是吸引读者选读这条消息的重要方法之一。

当然，所讲故事不能是勉强外加的，而应该是同消息的本身和主旨有着密切联系和共同点，是必要的烘托、渲染、铺垫、类比或背景交代。读了它，有助于读者更好地理解有关报道。例如下列 3 例故事式导语：

①本报讯（记者　雷祖兵）6 岁小女孩江珊在湍急的洪水中坚持 9 个小时等待救援的传奇经历，使她成为簰洲湾溃口后新闻媒体中的"名角"。这个小姑娘另有一段"经历"不太被人知晓——她是被洪水"淹"出来的没上人口统计年报的 7000 多簰洲湾人之一。（第 10 届中国新闻奖消息二等奖作品《簰洲湾溃口"淹"出 7000 多人》的导语）

②本报讯（记者　张乡林　王宏林）当兵 20 多年，记者参加过多次各类军事演练。提到大型战术演习，脑海里立即浮现的是"漫山遍野都是兵，冲声杀声震破天"的景象。可是，9 月 25 日，军区组织的"铁拳——2004"，机步师山地进攻作战演习，却彻底改变了记者的"演习印象"。（第 15 届中国新闻奖消息一等奖作品《参演万余人，不见几个兵》的导语）

③本报讯（记者　郑蔚）全国著名劳模、"抓斗大王"包起帆，目前又在第 13 届全国发明展览会上获得了发明者协会国际联合会颁发的唯一大奖。昨天，记者赶去包起帆家采访，却意外地发现：完成了 100 多项技术革新和发明创造，取得 16 项专利，4 次获得国家发明奖和国家科技进步奖，11 次夺得国际"金牌"的包起帆，家里却连一块奖牌也没有。（第 15 届中国新闻奖消息二等奖作品《包起帆的"金牌"

究竟属于谁》的导语）

散文式导语。运用散文的自由、活泼、生动、优美的表现手法来写的新闻导语。它的特点是方法自由，不拘一格，感情色彩浓厚，富于文采。例如下面 3 例，就属于这类导语：

①本报格尔木 8 月 13 日电 特约记者张应银、记者马三成报道：今天上午，青海格尔木市烈士陵园迎来了一位年轻战士的英灵——为兰西拉光缆工程英勇献身的兰州军区某师土家族新战士周光远。一个月前，周光远曾在这里向先烈宣誓：为了光缆工程，为了藏族人民的幸福，我愿奉献一切！如今，他在这里化作一座丰碑。（第 8 届中国新闻奖消息三等奖作品《战士为国捐躯，亲人深明大义》的导语）

②本报讯（记者 席淑君）报道：一对年轻人在身着白色礼服的发证员的主持下，随着浪漫的钢琴曲，携手沿着红地毯走上鲜花簇拥、旁边耸立着五星红旗的发证台上，在庄严的国徽下，各自在结婚证上印上了自己的手印，《婚礼进行曲》此刻回荡在充满喜庆、圣洁气氛的大厅里。这一情景是记者 4 月 8 日在济南市社区服务中心发证大厅看到的。从 4 月 3 日起，济南市社区结婚证发放都要采取这种仪式进行。（第 9 届中国新闻奖消息三等奖作品《婚姻登记：迈上神圣的红地毯》的导语）

③本报抗洪前线消息 胡立波、刘业定、本报记者杨建华报道：江水滔滔，像在歌唱一位抗洪战士的英勇；大堤含悲，又是在默默怀念抢险勇士的壮烈。8 月 25 日上午 10 时，某集团军隆重举行表彰大会，为在抗洪抢险中英勇献身的“塔山守备英雄团”九连战士李向群追记一等功。（第 9 届中国新闻奖消息二等奖作品《战士李向群为抗洪抢险捐躯》的导语）

评价、鉴定式导语。在消息的开头就将人物的主要官衔、称号、功绩告诉受众。这种手法比较适用于报道重大典型和英雄模范人物及知名人士。例如下列 3 例就是这类导语：

①谢军终于没有辜负全国人民的期望，登上了世界冠军的宝座。没有身历其境，亲眼看到昨天比赛的全过程，很难想象这场比赛的激烈情景。（第 2 届中国新闻奖消息二等奖作品《谢军，闪动着激动的泪花》的导语）

②本报讯（记者 韩浩）记者昨日在雷州市采访时，听到当地干部群众纷纷指责在“七一一”海难中见死不救的市水产局某些领导。市纪委和市检察院正在认真查处这一事件。（第 7 届中国新闻奖消息二等奖作品《雷州市渔民出海遇难水产局领导见死不救》的导语）

③“洞庭湖变大了！经过 3 年规模空前的综合治理，洞庭湖面积扩大 1/5。这个

自明清以来不断萎缩的湖泊，终于出现了历史性大转折”。（第12届中国新闻奖消息一等奖作品《洞庭湖长大五分之一》的导语）

比喻式导语。比喻式导语是在设计过程中借用“比喻”这一修辞手段，把物当作人，把人当作物，把甲物当作乙物，把抽象概念当作人或物来描写，以增强表达的形象性和生动性。它的特点是，寻找不同事物的相似点，通过此一事物与彼一事物的某种联系，来强化事物形象的可感性，呼唤读者的感应心理与联想。它可以把复杂的事物写得简明，将深奥的道理说得浅显，让抽象的东西变得具体、形象、生动，从而充分发挥导语的感染力，刺激读者的“阅读欲”。巧用比喻式导语，可使消息的“导读部分”文采斐然、妙趣横生、形象易懂、精致可人。例如下面两例导语：

①本报昆明9月24日电　云南边防扫雷部队在建国45周年前夕，向祖国和人民放飞一只和平鸽：提前3个月完成云南边境大面积扫雷使命，将全部清除雷障的262平方公里和平土地移交给边疆人民。（第5届中国新闻奖消息一等奖作品《六百勇士斗死神，雷场放飞和平鸽》的导语）

②本报九江12日讯 记者 黎军、严力报道：牵动着全国人民心的长江九江防洪堵决口，经过广大军民团结奋战，于今日下午6时30分顺利合龙。新筑成的60米长、7米高、顶宽4米、底宽18米的钢木土石组合坎，牢牢锁住肆虐了5昼夜的决口“蛟龙”。（第9届中国新闻奖消息三等奖作品《长江九江防洪墙决口昨日合龙》的导语）

拟人式导语。导语中用拟人手法，即把物当作有感情有生命的人来表达，赋予它人的思想感情和形象，让它具有人的声情笑貌。运用这种形式写导语，可以尽情抒发记者的思想感情，使读者也受到某种情感的感染；也可使导语文字生动形象，吸引读者；还能制造一种气氛，给人一种异乎寻常的感觉；更能唤起人们的联想，捕捉新闻的意境，体味它的深意。例如下列两例这类导语：

①本报讯　1996年，当77岁高龄的王封矿挖尽最后一锨煤的时候，4200名矿工没有因封井而失业，竟然奇迹般靠自身力量完成了“整体转移”。（第7届消息三等奖作品《王封矿四千余职工实现“整体转移”》的导语）

②本报讯（记者　朱海燕）昨晚，约有500只藏羚羊带着刚满月的儿女们，通过可可西里青藏铁路建设工地，向黄河源头的扎陵湖、鄂陵湖迁徙。（第13届中国新闻奖消息二等奖作品《请过路吧亲爱的藏羚羊》的导语）

号召式导语。直接将党和政府发出的号召，人民群众发出的呼吁等写进导语中，以唤起读者的高度重视。例如：

①本报讯（记者　夏一兵）彭湖报道：5月5日，武汉市口区长丰乡养猪大户肖

永胜打电话给编辑部，针对眼下饲料价上涨、肉价下跌的怪现象，吁请政府有关部门赶快采取宏观调控措施，保护生产者利益，以避免下半年或年底出现肉价猛涨。（第6届中国新闻奖消息三等奖作品《养猪大户吁请宏观调控“快一拍”》的导语）

②本报讯（记者　邢志刚）中国政府一位高级官员昨天警告说，台湾领导人陈水扁激进的“公投制宪”计划将冲破大陆对其容忍的极限，有引发战争的危险。（第14届中国新闻奖消息二等奖作品《公投制宪可能触发战争，美国绝非台湾“救星”》的导语）

③新华社2003年12月1日电　国务院总理温家宝1日在北京地坛医院与3位艾滋病患者握手攀谈，以此举表明中国政府与艾滋病作斗争的决心，并号召社会给予艾滋病患者更多关爱。（第14届中国新闻奖消息二等奖作品《中国总理与艾滋病人握手》的导语）

万事开头难。作为消息开头的导语，也同样是不容易写好的。两次获得普利策新闻奖的美联社特派记者雷尔迈·（帕特）·莫林，曾11次撕毁一篇特稿的导语，直到他相信自己写对了方才罢休。大量的新闻写作实践证明，就是学识渊博的名记者，也常常会为写好一条导语而绞尽脑汁。可见，对于初学新闻写作的年轻记者、通讯员来说，要写好一条导语，更非容易之事。

客观事物千变万化，现实生活丰富多彩。写作导语应灵活多样，不拘一格，勇于创新。从上述各种导语的形式、特点可以看出，短短的导语对一篇新闻犹如“寸土寸金”之地，就像北京的王府井，上海的南京路，善于经营，往往可以“广招天下客”。用心经营，精心打扮，让导语像“凤头”那样引人注目，诱发阅读兴趣，让读者“一见钟情”，把消息看完，从而达到提高新闻价值的目的，达到最大限度地发挥新闻传播的效果。

谈寻找新闻根据

——以“中国新闻奖”作品为例

现在报纸上有一部分新闻，由于缺少新闻根据，读者看后不明白为什么此人此事现在成为新闻。由此，使新闻的真实性和公信力受到质疑，进而使新闻的传播效果大打折扣。为此，有必要认真探讨一下寻找新闻根据这个问题。

所谓新闻根据，也叫新闻由头，是新闻报道的“引子”和契机，是指“可作为借口的事”，是指新闻的成因，新闻的立足点，回答这个人、这件事，为什么现在成为新闻等等。它是新闻最基本的因素，是新闻同历史资料的区别所在。任何一则新闻都要有一定的新闻根据作基础。它包括价值依据和时间依据。比如说，地球绕太阳转，月亮绕地球转，这是事实，但不能算是新闻。但是，如果根据地球绕太阳转，月亮绕地球转的规律，计算出在什么时间，什么地点将要发生日食或月食的现象，这就成了新闻。这个发生日食或月食的时间和事实就是新闻根据。新闻根据对于所报道的人和事来说是十分重要的，它能增强新闻的真实性、时效性、生动性和可读性。

一件久已发生的事，不可能把它变成新近发生的事，作为新闻来加以报道，这是不可违背的法则。但是，为它寻找一件与它有密切联系的新近发生的事作为由头，使之具有新闻的特色，从而把旧事引出来，这个“由头”就叫新闻根据。如唐山地震死亡了 24 万人，虽然事情过去了很久，但这个数字广大读者很关注，如果在写报道时不加上“唐山地震死亡人数在地震学上首次公布”这样一个“由头”作新闻根据，读者就会感到莫名其妙，就会产生许多不必要的疑虑。

对绝大多数读者来说，报上刊登的许多新闻并不是他们耳闻目睹的，如果没有令人置信的新闻根据作依托，读者就难以辨明真假，就将持半信半疑的态度。

寻找新闻根据，并不只是选择在时间上近一点的事情就行了，这些选择来作为新闻根据的事实，必须是与整个新闻事实有密切联系的，或者是这件事情的继续和发展，或者是这件事情的余波和结果。否则虽有新闻根据，也不过是画蛇添足。当然，这类新闻，说穿了只不过是采取比较隐蔽的方法写成的旧闻，再挽救得好，也不比及时报道好。因此，不宜多写、多登。这就需要我们经常深入实际、深入生活、深入群众，眼观六路，耳听八方，尽快发现新闻，及时报道，以免坐失良机，放掉好新闻。

外国记者为了消灭“最近”“近来”的字眼，往往采用找新闻根据的办法，如“×× 部长今天说”“×× 专家昨天向记者说”等，而讲的都是好久以前发生的事实。这种方法如果运用得当，是有好处的。像第 18 届“中国新闻奖”消息二等奖作品《解放军副总参谋长：中国不搞军备竞赛》（原载《中国日报》2007 年 2 月 2 日）一稿，文中写明“中国人民解放军副总参谋长章沁生中将在接受《中国日报》记者专访时表示”。可以设想，如果删去新闻的出处部分，读者完全有理由提出疑问：是真有其事呢，还是记者道听途说的揣测？可见，交代可靠的、有权威的新闻根据，有助于提高新闻价值。从这个意义上来说，新闻根据是新闻价值的“增效剂”。

新闻根据不应随便拈来，无缘无故往事实上“贴”。而要寻找恰当的新闻根据，就得对新闻事实及周围的事作全面透彻的了解，判定新闻是什么，然后从中选出时间新，并能体现新闻价值的根据。

那么，怎样寻找新闻根据呢？从“中国新闻奖”部分获奖作品提供的成功做法看，有如下 9 种方法可供学习和借鉴。

一、抓住各种新闻的动态作为新闻根据。就是借用祝捷、检查、会议、决定、接见等各种新的动态作新闻根据，促使新闻形成。请看下面 4 例：

例一，本报讯　我国屈指可数的冶炼工科博士宫峰，自愿到鞍山钢铁公司炼铁厂做“炉前工”，和工人一起把汗水和智慧融进钢花飞舞的铁流中。10 月 27 日，到鞍钢视察工作的中共中央总书记江泽民亲切接见了身着工作服、头戴安全帽的宫峰博士，勉励他走理论联系实际，同工农相结合的道路，为“四化”建设做出更大贡献。（首届“中国新闻奖”消息一等奖作品）

例二，新华社北京 9 月 14 日电（记者陆国元、张伟弟、周正平）记者最近在华东沿海对百家“三资”企业进行的一次调查表明，尽管大多数外商对大陆“单调”“枯燥”的业余生活有所抱怨，但 90% 以上的外方伙伴对在华投资的前景表示乐观。（首届“中国新闻奖”消息一等奖作品）

例三，前不久，海军装备论证研究中心领导主持举办了一场个人学术报告会。报告人既非权威专家，也非著名学者，而是该中心情报资料室通信员、名不见经传的上等兵荣剑！（第 2 届“中国新闻奖”消息二等奖作品）

例四，本报讯　最近，中国人民银行总行明文规定：降低建行贷款利率，取消“双重复利”计息。这一金融政策的调整，可使冶金行业减少支出近百亿元的利息。（首届“中国新闻奖”消息一等奖作品）

上述例一中的总书记“接见”、例二中的记者最近的一次“调查”、例三中的前不久举办了一场个人“学术报告会”、例四中的最近总行明文“规定”等，就是记者运用的新闻根据。由于有了这些新闻根据，旧闻就变成了新闻，这就有力地增强了新闻的新鲜感和可读性。

二、利用见闻作为新闻根据。有些新闻报道是一个时期来的某一项工作成绩或某一类工作问题，新闻的切入点没有时间确定性。在这种情况下，可以采用现场观察，用记者的亲身经历或所见所闻的事实作为新闻根据。以第 6 届“中国新闻奖”消息二等奖作品《色力布亚镇村村飘扬五星红旗》一稿为例，文中导语写道：

“我们就是要通过升国旗，强化农民的爱国意识，教育广大农村干部群众更加自觉地维护祖国统一，珍惜各民族之间的团结。”巴楚县色力布亚镇党委书记色买提·司马义对记者说。

这一天是5月12日，维吾尔族群众欢度古尔邦节这一传统节日的第三天。记者在色力布亚镇采访时，十分欣喜地发现所到的每一个村，村委会所在地都高高飘扬着一面庄严的国旗。在蓝天丽日以及周围棉田、林带的映衬下，五星红旗显得格外鲜艳。

上述文中的这一天，记者在采访中“欣喜地发现”，便是新闻根据。让人看后，有很强的时效感和真实感。

三、从新闻事实渐进的变动中寻找新闻根据。我们可以从新闻事实最新的变动或最新的动向中去寻找新闻根据。以第6届“中国新闻奖”消息二等奖作品《上海家化公司好气魄1200万元买回美加净》一稿为例，文中导语写道：

曾经是中国化妆品第一品牌的“美加净”化妆品牌号，4年前曾“卖”给一家著名合资企业经营，现在又被原主——上海家化联合公司以每年支付1200万元人民币的代价“买”了回来。到昨天为止，重归上海家化的“美加净”销售额已突破1.2亿元。

上述文中的“到昨天为止，重归上海家化的‘美加净’销售额已突破1.2亿元”就是记者从“美加净”4年前曾“卖”掉到现在又被原主“买”回来这个最新的变动中找出的新闻根据。读者从这个新闻根据中，看到了新闻事实的成因、缘由，使新闻价值倍增。

四、以典型人或典型事的变化作为新闻根据。以首届“中国新闻奖”消息二等奖作品《读者你猜：他的职称是……》一稿为例，文中导语写道：

本报讯 记者王华基报道：人们称他为“鬼马浩”的广东顺德县第二建筑设计院院长梁昆浩，近日又前往法国巴黎，指导正在那里兴建的一座“中国城”的施工。这项在世界上称得上规模宏大和极具特色的工程，全部建筑、装修设计均出自这位自学成才者之手。

上述文中的“近日又前往法国巴黎，指导正在那里兴建的一座‘中国城’的施工”就是新闻根据。是这个典型人物此时成为新闻的缘由，从而增强这条新闻的时效性和可信性。

五、利用名言、民谚等作为新闻根据。

请看下面两例新闻的导语：

例一，在素有“病死不离床，饿死不离乡”的黔东南苗族山乡，最近传出一条新闻：凯里市凯棠乡的3650名苗族农民走出山门，到全国各大中城市经销民族工艺品。（第2届“中国新闻奖”消息二等奖作品）

例二，唱了几十年“马儿啊，你慢些走”的晴隆县城至中营邮路，去年末已响起了汽车喇叭声。至此，全省告别了最后一条农村马班邮路。（第3届“中国新闻奖”消息二等奖作品）

例一的新闻根据是“民谚”；例二导语的新闻根据是“民歌”。让人读来形象生动，富有强烈的感染力。

六、利用读者关心的问题作新闻根据。这类消息的写法，一般用提问的方式作新闻根据来引出报道的内容，多用于经济性报道和问题性新闻。采用的这种新闻根据更能开门见山地点明报道的主题。下面两例就是这类新闻根据。

例一，本报讯 办企业为了什么？——是追求最大的效益，还是追求最高产量？（原载《人民日报》1995年12月1日）

例二，本报讯（记者　王泽农）果树结果不多怎么办？猪养不肥怎么办？这些在外行人看来很难办的问题到了浚县少年手里就不算什么了——少年技校的课堂早就讲过其中奥秘。（第8届“中国新闻奖”消息二等奖作品）

七、利用最新出版的期刊、书籍或其他传播媒体的最新报道作为新闻根据。以第15届“中国新闻奖”消息二等奖作品《我科学家发现世界上第一枚翼龙胚胎化石》一文为例，它的新闻根据就是以最新出版的杂志做的，如新闻的导语写道：

6月10日出版的《自然》杂志将报道中国科学院古脊椎动物与古人类研究所汪筱林和周忠与两位研究员在我国辽西热河生物群中发现世界上首枚翼龙胚胎化石的情况。这一发现，证明了翼龙与其他爬行动物和鸟类一样是卵生的。这对于科学家深入了解翼龙这一与恐龙同时灭绝，曾经控制中生代地球天空的空中霸主的发育演化具有重要意义。

八、通过访问权威部门或权威人士作新闻根据。这类写法常见于正面报道，抓住“名人”或“显事”作为新闻根据，极易产生名人效应，吸引读者，同时令枯燥的新闻变得生动有趣，达到借名人增强新闻的传播效果。请看下面两例：

例一，第2届“中国新闻奖”消息二等奖作品《且看缉毒新趋势》一文在导语中写道：

“大陆禁毒形势日益严峻复杂”这是中国国家禁毒委员会的高级官员刘文在昆明参加云南省禁毒大会时接受本报记者采访时讲的这番话。

例二，第4届“中国新闻奖”消息一等奖作品《中国投巨资加快长江沿岸地区开发》一文在导语中写道：

中国在本世纪的最后八年内将在长江三角洲及长江沿岸地区动工兴建一大批重大工程，投资规模估计达一万亿元。

国家计划委员会的一位官员今天在接受本社记者采访时说：“这项发展战略对于带动整个长江流域地区经济的新飞跃乃至国民经济的腾飞，都具有重大意义和影响。这对外国投资者意味着千载一时的机会和巨大的市场。”

九、利用新观点、新思想、新观念、新问题、新经验、新情况、新气象等作新闻根据。

请看下面4例：

例一，以研究生回乡当农民的新观念作为新闻根据，如消息在导语中写道：

初冬时节，记者来到图们市长安镇碧水村，看到山沟里有一座砖瓦到顶的新牛舍，牛舍中20多头皮毛锃亮、体格健壮的母牛在悠闲地吃着草料。若不是村民介绍，很难想到牛舍主人蔡成龙竟是位研究生。（第17届“中国新闻奖”消息二等奖作品）

例二，以新气象作新闻根据的，如《我省交通图五年七变》一文在导语中写道：

祖籍沧州的郑先生在沪经商数年，前不久他从上海返乡，连遇两个“没想到”。（第13届“中国新闻奖”消息一等奖作品）

例三，以新问题作新闻根据的，如《首府“公款圣诞”令人担忧》一文在导语中写道：

圣诞节在哪儿过？记者近日在市民中调查采访时发现，一种价格不菲、被当作礼品赠送的圣诞夜消费券，使不少人在圣诞节有了去处。（第13届“中国新闻奖”消息二等奖作品）

例四，以新情况为新闻根据的，如《语言应当如何发展》一文在导语中写的：

资深老校对改过的稿子，需要青年编辑再改一遍，这是最近发生在少年儿童出版社《活力派》杂志编辑部里的真实一幕。面对时尚刊物出现的各种各样的新名词、新说法，老校对不但发出了“看不懂”的感叹，更对语言使用中的某些现象感到了一种深深的困惑和忧虑。（第10届“中国新闻奖”消息二等奖作品）

由上述可见，虽然寻找新闻根据的方式方法有多种多样，但普遍的规律正如行家们所说的：“从最新处着眼，从最近处落笔。”只有这样，才能使寻找到的新闻根据既有特点，又有新意，从而把新闻写得既时效性和真实性都强，又能生动活泼、可信可读。

横看成岭侧成峰

——新闻精品是这样选取角度的

在媒体竞争日趋激烈的今天，新闻同质化、表象化、浅层化的情况比较严重。新闻表象化、浅层化可以通过采写深度报道、通过巧妙运用背景材料等手段来加以解决。而同质化，实践证明则可以通过选取新闻角度来加以克服，做到人无我有，人有我新，人新我巧。角度选得好，可以以一当十；角度雷同，就会浪费题材，影响传播效果。

所谓角度，就是事物与人们视野之间构成的位置，也就是人们观察事物的位置和方法。对人、对事物，从不同的角度观察，就会得出不同的结论。正像人们拍照一样，从正面、侧面拍照，形象的美是不完全一样的。新闻角度，是指作者站在不同位置，从不同的侧面，从一事物同他事物之间的联系，进行分析、比较，去报道新闻事实本身所包含的个性特点和思想意义。任何事物都是由多种因素构成的，诸如一件新鲜事物的出现，一个任务的完成，一项技术革新的成功，一次战斗的胜利，等等，都与多种因素有关。就一个物体而言，有好几个面，正方体有6个面，三角体有4个面。构成事物的诸因素和各个侧面，都是新闻报道可以选择的角度。哪些因素，哪些侧面会给人以新的感觉、新的启示、新的教育、新的指导，选择哪一个侧面更鲜明、更能叩响读者的心弦，就可以选择哪个侧面作为新闻报道的角度。

古人作诗很注意选择一个巧妙的角度，如叶绍翁在《游园不值》一诗中写道："应怜屐齿印苍苔，小扣柴扉久不开。春色满园关不住，一枝红杏出墙来。"在大好春光之时，诗人为何不去直接描写园内百花齐放的盛景，却以独特的视角描绘一枝出墙的红杏呢？妙就妙在凝笔写一枝，却能让人想象出园内花朵之多。苏轼在《题西林壁》一诗中，抓住从不同角度看庐山有不同景象的特点，写下了"横看成岭侧成峰，远近高低各不同"的千古绝唱。这对于我们采写新闻、选取报道角度无疑具有启迪和借鉴意义。我们应该像鲁迅先生在《致赖少麒》一文中所主张的："太伟大的变动，我们会无力表现的，不过这也无须悲观，我们即使不能表现他的全盘，我们可以表现他的一角，巨大的建筑，总是一木一石叠起来的，我们何妨做做这一木一石呢？"

关于新闻角度，甘惜分教授主编的《新闻学大辞典》是这样解释的："新闻角度：记者在采访和新闻写作中认识和表现新闻事实的着眼点和侧重点。即记者从什么立足点，什么视角，什么突破口，去寻找、挖掘、认识、选择和表现新闻事实。以更充分、更鲜明地体现新闻事实的新闻价值。一般包括：选题角度；立意角度；表现角度等。新闻角度可以精心选择，但不能脱离客观事实而随心所欲地编造或强扭。选择新闻角度，首先要客观真实地反映事物的本来面目的，体现事物所固有的内涵；其次，要竭力突出事物的个性特点；第三要力求新颖巧妙。”本文就部分“中国新闻奖”作品的角度选取进行评析，看获奖精品是怎样选取新闻角度的。

一是从发展变化中选取新闻角度。辩证唯物主义告诉我们，世界上没有一成不变的东西。任何事物都是在不断发展变化着的，要选择好新闻角度，就要从事物的发展变化中去寻找。新角度是客观事物发展变化的结果，它不是记者、通讯员的主观臆断和笔下生花，时刻注视事物发展变化的新情况、新问题，就能使报道不断出新。以第 5 届中国新闻奖消息二等奖作品《取下神像挂地图》（原载《中国青年报》1994 年 4 月 26 日）一文为例，它写的是农民生活中的一件新事——取下神像挂地图。写农民生活的变化，应该说其角度是很多的，比如经常采用的写农村急剧增长的产值利税指标，写拔地而起的高楼、工厂，写农民手中存款的增加，等等。而本文作者，不囿于已有的老套路，却另辟蹊径，选择了属于那种琐屑而不易察觉的新变化，即从农家中堂悬挂物更换交替这一角度，透视中国农民的思想变化，无疑是新闻报道中上乘之作，在选取角度上可谓胜人一筹。

从发展变化中选取新闻角度而取胜的例子，在历届“中国新闻奖”获奖作品中屡见不鲜。像《贵州告别最后一条马班邮路》（第 3 届消息二等奖）、《遗忘，来自“万人坑”的新闻》（第 6 届消息二等奖）、《浚县少年怀揣“两证”出学堂》（第 9 届消息二等奖）、《我省交通图五年七变》（第 13 届消息一等奖）、《大寨，十年后再次光芒四射》（第 16 届通讯二等奖），等等，都是这方面的代表作。

二是从以小见大中选取新闻角度。选择新闻角度还有一个大小的问题。角度，顾名思义就是一角。因此，在选择角度时，不能贪大求全，如贪大求全，角度选得太大，必然是新老材料掺杂，报道效果不佳。报道角度选择小一点，口子必然就窄，写起来就可以写得细一些，开掘得深一些。以第 3 届中国新闻奖消息三等奖作品《向劳模鞠一躬》（原载《人民铁道》报 1992 年 11 月 17 日）一文为例，采访会议，特别是一些重要会议，记者往往容易把目光聚集在会议本身上，诸如关注会议总结、经验介绍、领导人的讲话及出席会议的领导人名单，等等。然而，本文的作者，却摒弃常用手法，另辟蹊径，抓住看来与会议关系不大的小事进行报道，出奇制胜，写出了一篇为人称道的新闻佳作。这个小事就是消息中所写的小“插曲”：是齐齐哈尔铁路分局的局长在安全生产祝捷大会上，在介绍了一位火车司机的先进事迹后，向到会的劳模鞠一躬的事，以独特的视角、精巧的选材和深沉的情感震撼读者心灵。虽是会议题材，却摒弃了会议消息的写法，虽是安全生产的内容，却没泛泛介绍一般事迹和经验，而是从分局长作报告的镜头切入，紧紧抓住报告内容中的一个典型人物的典型情节，着墨写了分局长的“眼泪”和“鞠躬”，读来情感浓郁，真挚深沉，以情寓理，发人深思。

从“以小见大”选取角度，在历届“中国新闻奖”获奖作品中都有，像《宫峰学成博士乐当“炉前工”》（首届消息一等奖）、《喝茶喝了1000块》（第3届消息二等奖）、《农民刘春生建碑林呼唤环境美》（第4届消息二等奖）、《寻人信发往山东》（第6届消息二等奖），等等，都是这方面的成功佳作。这里有一点需要强调的，那就是所选取的“小事”，事实一定要有典型性。要使“小”能达到“大”的目的，就要求这个“小”一定要有典型性，是读者关注和感兴趣的，是能够说明一个具有普遍意义问题的“小事”。由于角度小，因而要求事实一定要过得硬，是真实准确、硬邦邦的，没有一点水分的。只有不以偏概全，不牵强附会，不搞合理想象，不强扭角度，读者才会接受，才能实现“见大”的目的。

三是从具有广泛共性的话题中选取新闻角度。所谓广泛共性的话题就是广大群众普遍关注的问题，也是广大群众议论纷纷的问题。用事实说话的新闻报道，对于提倡什么，反对什么，歌颂什么，暴露什么，在客观上起着引导、监督舆论的作用。社会上出现的带有倾向性的思想动向，群众中一时议论最多的共性话题，常常是新闻报道应选取的最佳角度。以第6届中国新闻奖通讯二等奖作品《一位母亲强烈呼吁扫黄打非不可手软》（原载《人民日报》1995年12月18日）一文为例，扫黄打非，是当时全国上下具有广泛共识的话题。中央对于“扫黄打非”工作非常重视，中央领导同志多次指示要抓紧做好“扫黄打非”工作，坚决制止“黄毒”的流行，严防“黄毒”祸害下一代；实际工作部门对于“扫黄打非”工作抓得很紧，制定了一系列的法规条文，并且每年都要组织专门力量集中时间多次反复地清除“黄毒”；广大人民群众，尤其是当家长的和对下一代的健康成长负有重要责任的教育工作者，对于“黄毒”的流行更是深恶痛绝。这篇报道抓住这个具有广泛共性的话题，一下子击中了社会生活中绷得最紧的那根弦。有些同志对于新闻报道如何抓住具有普遍共性的话题，感到茫无头绪。这篇报道的成功给了我们一个很重要的启示：所谓抓具有广泛共性的话题，就是要抓贴近中央精神、贴近实际工作、贴近群众脉搏的内容。报纸是群众性非常广泛的读物，是大众传播媒介，只有抓住大众感兴趣的话题、抓住在全社会有广泛共识的主题，才能引起读者的关注。如果尽抓那些只有少数人感兴趣的东西、在全社会没有广泛共识的主题，报纸就会远离最广大的读者，就会最终失去读者。

找到了一个具有广泛共性的话题，还要注意选取角度。近年来，新闻媒体关于“扫黄打非”的报道可谓多矣。但是，很少有像这篇报道那样反响如此强烈的。分析这篇报道和其他“扫黄打非”报道的区别，很重要的一点是选取的角度不同。过去新闻媒体发表的“扫黄打非”的报道，多是从工作角度出发的，不是报道“扫黄打非”的成绩，就是引用政府官员、教育工作者的谈话。从指导工作、形成声势方面考虑，报纸刊登这些报道是必要的。但是与这篇报道相比，就显得不够具体，不够有力，不能直接打动人心。这篇报道从一位母亲的切身感受角度，呼吁党和政府加大“扫黄打非”的力度，句句发自肺腑，字字情真意切。试想，为人父母者，谁个不爱子孙，谁个不希望子孙后代有一个健康成长的良好环境。不要说普通的读者，就是党和国家的领导人，他们一方面是身处领导岗位的负责同志，同时也是为人父母者，也是有孙子孙女的爷爷奶奶。所以一位母亲的呼吁，正是以其深深的母爱，以其一位母亲对后代的舐犊深情，引起了广大的为父为母者的共鸣，这个报道的获奖，无疑报道角度的选取起了不小的作用。

四是从新闻事实的特殊性中选取新闻角度。在五彩缤纷、千变万化的现实生活中，各个新闻事实都毫不例外地具有自己特殊的个性。紧紧抓住和围绕其鲜明的个性特征去报道和宣扬，也就成为新闻写作的新角度，这样写出的报道，具有区别于其他同类新闻事实的独特风格和韵味，使其独树一帜，别具一格。以第9届中国新闻奖消息三等奖作品《招募20名青年志愿者赴黔任教，两千鹏城儿女竞相报名》（原载《深圳特区报》1998年7月22日）一文为例，一段时间，在社会上有人传说“深圳是个只讲钱的地方”。这篇报道从放弃十倍于贫困地区的生活待遇，2000多名鹏城儿女竞相报名到贵州贫困地区黔南州和毕节地区志愿担任一年中小学教师，其间只按当地平均生活水平每人每月发400元基本生活费这一带有鲜明个性特征的角度出发，用报名者不计报酬、不怕吃苦、乐于奉献的新鲜特殊事实，驳倒了社会上种种对深圳不实的谣传。可以说，这篇报道激浊扬清，为深圳正了名。无疑它是从新闻事实的特殊中巧选报道角度的成功范例。

五是从分析比较中选取新闻角度。常言道，“不怕不识货，就怕货比货”。有比较才有鉴别。大量的新闻实践证明，比较是识别客观事物、选择报道角度行之有效的办法。所谓比较，就是现在同过去比，正面同反面比，先进同落后比，正确与错误比，此一事物与同类事物相比，此一人物与同类人物相比。通过研究、分析、比较，弄清哪些思想和角度是陈旧的，以往报道中已经用过；哪些思想和角度是新鲜的，报道中尚未用过，从中筛选出最佳的独特的报道角度。以第15届中国新闻奖消息一等奖作品《昆山31万农民刷卡看病》（原载《苏州日报》2004年3月4日）一文为例，像城里人一样刷卡看病，是中国几代农民心中的梦想。在经济飞速发展的外向型经济重镇昆山，这一梦想变成了现实，在全国率先实现农村医疗保险全覆盖，这既是当地城市化进程中老百姓社会生活中发生的重大变化，也是具有全国影响的一件大事。作者通过分析比较，发现这一新闻事实具有重大的新闻价值。于是，截取具有标志意义的医疗卡发放瞬间的角度，来表现这一事件对农民生活的重大积极意义，凸显了构建和谐社会的重大主题。报道见报后，引起了国内外多家媒体的关注。随后，多家媒体专程赴昆山采访报道，在社会上掀起了热烈反响。它荣获“中国新闻奖”消息最高奖是情理中之事。

六是从事物的侧面选取新闻角度。新闻事实一般是现实生活中内涵丰富、形态各异的社会现象，就像五光十色的多面体，可以从多方面、多角度去反映它。作者要全力找出一个最佳的角度，着重选取一个最佳的侧面去观察它、表现它，这样才能更集中、更深刻、更准确、更生动地反映新闻事实的本质。大量的新闻实践告诉我们，不加选择千篇一律地从正面报道事物（人物），往往角度大、涉及面广，写出的稿件内容繁多而庞杂，弄不好很容易吃力不讨好，文章显得臃肿、拉杂、呆板、一般化，很难给受众留下好印象；而选取一个侧面去报道，角度小了，报道面窄，材料相对集中，篇幅小而有一定的深度，报道反显得精悍、活泼、可读性强，给人留下深刻的印象。因此，要打破只从正面看事物、写报道的老习惯、老框框，善于选取事物的最佳侧面去观察，这样写出的报道角度就会新颖，自然也就会受到受众的欢迎。

以第15届中国新闻奖消息二等奖作品《小平夹克衫 感动三代人》一文为例，《世纪伟人邓小平——纪念邓小平同志诞辰100周年展览》活动是纪念小平同志诞辰100周年诸多活动中的一个活动。这是一个程式化的活动，这种有关伟人、名人诞辰的纪念活动，几乎年年都有。再加上伟人、名人受关注度高，该发的稿或者该写的新闻，在伟人或名人的生前身后，几乎早就被各路记者挖掘得差不多了。所以，多数记者在这样的展览活动中，只能发一些程式化的消息。而这篇消息的作者，在“纪念邓小平同志诞辰100周年展览”活动中，通过深入实际、细心观察，透过繁芜的新闻事实，从一个侧面挖掘出“人无我有”的鲜活事实。以一件不太被人留意的小平同志的旧夹克衫，挖掘出了它背后的重要新闻价值，即一个老共产党员朴实无华的精神风貌，为社会树立了廉洁奉公的光辉典范。这篇精品的成功，为我们提供了善用观察，从事物的侧面选取新闻角度的经验。

七是从报道与人民生活息息相关的问题上选取新闻角度。衣食住行、柴米油盐是人类赖以生存的基本生活需求。如果我们的新闻抓住这些与人民群众生活息息相关的问题进行报道，读者会普遍乐于接受的。像中国新闻奖获奖作品中的《关于粮食市场的通信》（第 4 届通讯二等奖）、《菜价追踪》（第 5 届通讯一等奖）、《令人心悸的“红包”》（第 9 届通讯二等奖）、《小学生戴着口罩上课》（第 10 届消息三等奖）、《看个“咳嗽”要掏 1065 元》（第 13 届消息一等奖）、《武汉为困难户开辟六百空调纳凉点》（第 14 届消息三等奖）、《暴雨突袭北京城，市区成水乡泽国》（第 15 届消息三等奖）、《敢给五百条生命断电》（第 16 届消息三等奖），等等，都是这方面的成功之作。

八是从为群众释疑解惑上选取新闻角度。随着改革开放的进一步向前发展，随着社会主义市场经济体制的建立和逐步完善，会有许多新情况和深层次的新问题出现。这些新情况、新问题，会引起绝大多数人的关注，也会在人民群众中产生一些疑虑。比如当前正在推进的医疗卫生体制改革、住房制度改革、社会保障制度改革、分配制度改革以及建设社会主义新农村、建设和谐社会等，一定会在人民群众中引起反响。我们的新闻报道就应抓住这些问题，从为群众释疑解惑上选取角度进行正确引导，以解除读者心中的疑虑，推进改革的顺利进行。像中国新闻奖获奖作品中的《谁来管技术权益纠纷》（第 4 届消息二等奖）、《出台最低工资，保护工人合法权益》（第 5 届消息二等奖）、《深圳特区还能“特”下去吗？》（第 6 届通讯二等奖）、《项庄舞剑，意在沛公——明传人民币贬值，实为投机谋暴利》（第 9 届消息一等奖）、《1503 亿赤字预算意味什么》（第 10 届通讯一等奖）、《决策为何连连失误》（第 13 届通讯二等奖）、《包起帆的“金牌”究竟属于谁》（第 15 届消息二等奖），等等，都是从为群众释疑解惑上选取角度而荣登新闻精品榜的。

九是从就事论理上选取新闻角度。社会主义市场经济的建立和完善，无疑需要从理论上进行指导。这种理论，只能从实践中进行摸索。就事论理、有争论、有不同的观点都不怕，争论的问题可能没有定论，但读者爱看。新闻从就事论理的角度进行写作，定会受到读者的欢迎。以第 2 届中国新闻奖通讯一等奖作品《醒来，铜陵》（原载《铜陵报》1991 年 11 月 14 日）一稿为例，铜陵在安徽是颇有名气的 4 个开放城市之一，党的十一届三中全会以后，经济发展较快，各方面起了很大的变化。正因如此，铜陵人没有先前那种改革进取的锐气了。这篇报道从就事论理上选取角度，用辩证唯物论的观点引导人们重新审视过去的成绩和工作，纵横比较，从经济指标、工作差距找出观念上差距，最后结论是解放思想，急起直追。由于抓住了问题的要害和实质，写得有理有据，发表后在社会上激起了强烈的反响，收到很好的传播效果。

十是从政策上选取新闻角度。党的政策是人们行动的依据和准则，多报道体现政策的新人新事及其所执行政策中存在的问题，就具有很强的针对性和指导性。像中国新闻奖获奖作品中的《扫马路也需市场化》（第8届消息三等奖）、《"政府采购"向我们走来》（第9届消息二等奖）、《内蒙古绵羊：从牧场走上拍卖台》（第10届通讯三等奖）、《5万公斤鲜牛奶倒进农田》（第13届消息二等奖）、《警惕污染企业"走西口"》（第13届通讯二等奖）、《医药代表向"老百姓"下跪》（第14届通讯一等奖）、《"呼图壁模式"破解中国农民养老难》（第16届消息二等奖）、《部分外企无视中国法律拒建工会》（第16届消息二等奖）等，都是从政策上选取角度而赢得读者和评委们的好评的。

十一是从加强舆论监督方面选取新闻角度。在建立社会主义市场经济过程中，由于市场规则与经济法规不够健全，将会出现许多破坏市场经济秩序的经济行为，如制造贩卖假冒伪劣商品、地区设卡封锁、大户操纵垄断、行政干预企业自主权，等等。我们新闻界为改革开放和市场经济发展鸣锣开道，就要加强舆论监督，揭露与批评危害经济发展的不良倾向。像中国新闻奖获奖作品中的《河南两重点项目贪大求洋酿苦果》（第9届消息二等奖）、《采沙毁堤何时休》（第9届消息二等奖）、《去年伤残万余人，死亡八十多人》（第10届消息二等奖）、《首府"公款圣诞"令人担忧》（第13届消息二等奖）、《2.3亿元国资6410万元就卖了》（第15届消息二等奖）、《溆浦16位选民联名要求审查代表议案》（第16届消息二等奖）等，都是从舆论监督方面选取报道角度而取胜的。

十二是从市场方面选取新闻角度。一种产品始于生产，终于消费。任何产品最终都要落实到消费的问题上。市场是整个经济运转链条中最敏感、最活跃、最丰富多彩的环节，是经济状况的晴雨表。市场的每一个新变化，都牵动着千千万万生产者、经营者、消费者的心。实践证明，凡是以市场为着眼点和出发点写出的报道，往往给人印象最深刻，对经济工作的促进也大。以第14届中国新闻奖消息二等奖作品《面对商机，为何无动于衷？》（原载《今晚报》2003年4月12日）一稿为例，联合国每年采购额高达30多亿美元，但从中国采购产品不到其总额的1‰，天津市则只有两家企业进入了联合国采购系统。本文作者从市场方面选取角度，在第一时间独家披露了这一尚未引起广泛关注，但对于我国企业又极端重要的一个社会问题，通过披露这一具有深刻社会意义和广泛代表性的问题，既给一些企业敲响了警钟，又通过层层深入的报道让更多的企业对联合国采购有了足够的认识和了解。经过报道的推动，促使政府部门建立起专门的网站帮助企业与联合国做生意。由于报道角度选得好，加上具有很强的思想性、针对性，发表后，在社会上引起了广泛和深刻的影响，并受到“中国新闻奖”评委们的青睐。

十三是从文化意识上选取新闻角度。文化从广义上来讲是个大概念，无所不包，其内涵和外延几乎涉及人类的物质文明和精神文明的各个领域，是人类生产活动、社会活动、精神活动所创造的有形或无形的知识总汇。因此，任何一项活动都包含有文化意识在内。以经济工作为例，经济工作的进程和发展除取决于经济本身的规律而外，还取决于非经济的文化因素。经济新闻从文化意识方面选取角度，就可以扩大报道面和增加新闻的信息量。以第15届中国新闻奖消息二等奖作品《行前加“法律餐”，在外送“普法饭”》（原载《河北日报》2004年5月21日）一稿为例，农民进城务工给城市带来了活力，同时也带来了诸多社会问题和治安问题，其中一个主要原因是他们的文化素质、法律素质较差。记者抓住河北综合部门教育在先，关口前移的做法进行报道，反映“打防结合、预防为主”的社会治安综合治理工作方针，抓住了从文化、法律意识上选取角度，抓预防进城务工农民犯罪的根本。报道见报后，得到了有关部门的高度重视，推广了河北承德的做法和经验，起到了很好的舆论导向作用。

从文化意识上选取角度，还可以在新闻中给受众提供更多的知识，如历史、风俗、风情等，使新闻更具有吸引人的魅力。近几年来我国各地兴起的“文化搭台经贸唱戏”的做法，使经济与文化巧妙联姻，正在改变着人们对文化的狭隘理解。各种各样的、丰富多彩的“文化节”“旅游节”“西瓜节”，等等，给举办地区带来了经济成果，同样也给新闻的写作提供了广阔的报道天地，新闻从文化意识上选取角度是大有可为的。

精修绿叶扶红花

——新闻精品是这样运用背景材料的

一、新闻背景的六大作用

现在新闻传媒上有部分新闻，受众看了听了不知其所以然，弄不懂，缺乏应有的深度，其传播效果甚微。究其原因，主要有：其一，新闻为求短而不加背景材料；其二，以为自己清楚，别人也一定清楚；其三，以为从前的报道中已交代过背景而不必再交代；其四，前方记者和后方编辑相互依赖，都不主动加背景；其五，一时情况不明，难度大，找不到有关的背景材料。任何一条新闻都是在一定的环境和历史条件下形成的，因此，新闻报道要正确反映新闻事实，常常就需要介绍与新闻事实有关的背景。新闻背景也是一种事实，它虽然不属于新闻事实本身，却是可以用来说明、映衬新闻事实的。

背景在新闻中的作用，归纳起来主要表现在下述六个方面：

一是补充说明，分析解释，使新闻包含的内涵更加显豁和客观

高明的记者在消息写作中一般不直接发表评论和议论，但自己的观点又必须表明，因为新闻作品都无法回避倾向性。那么如何做到既是客观手法，又能体现记者的判断和倾向呢？大量的新闻实践证明，巧用背景是一种极好的方法。中外记者都在不断地利用背景的这种作用，通过选择、组合、强调、分析、解释等方式，将观点“藏”在背景之中。以首届中国新闻奖二等奖消息作品《读者你猜：他的职称……》一稿为例，这篇消息在使用背景材料进行补充说明、分析解释是很成功的。如文中写的：

现年46岁的梁昆浩，小学毕业后便随父当“泥水仔”。在实践中长期坚持自学，使他的建筑设计走向世界。在南粤大地，一座座格调新颖的建筑记录着他闪光的轨迹。

——他参与设计的“顺德旅游贸易中心”，吸取香港“新世界”的格局和广州白天鹅宾馆的内庭特色。设计得气魄宏伟，外国游客见了连声称赞“不可思议！”

——采用并列式庭园组合处理，体现岭南庭园艺术风格的珠海宾馆，曾获国家优秀设计银质奖。他是该工程的主要设计者之一。

——集城郭之雄、园林之美于一体，成为珠海游览一景的“九洲城”，他也是主要设计者之一。

由他主持设计的顺峰山仙泉宾馆、海南琼苑宾馆等，都以其诗情画意和非凡气派，令人赞叹不已！

可是谁会想到，取得如此巨大成就的梁昆浩，至今仍是一个助理建筑师。

通过上述背景材料，读者可以清楚地看到，记者对梁昆浩没有评上高级建筑师，表示了强烈的不满和同情，对评职称中重学历、轻水平，重论文、轻能力的唯学历论，唯论文论者，给予了有力的嘲讽。上述背景材料的运用，使消息的主题思想更加显豁和客观，对增强新闻的说服力和感染力，都起了“催化剂”的重要作用。

二是提供根由，充实内容，使新闻的价值更加突出

新闻的基本要素是事实，但这个“事实”并不仅仅指“5个W”的齐备。通过交代背景材料，揭示新闻事实的原因、实质、影响及发展方向，可以使新闻增色添彩，内容厚实，加强深度和分量，使新闻的价值更加突出，从而达到提高新闻传播效果的目的。

以第7届中国新闻奖消息三等奖作品《王封矿四千余职工实现“整体转移”》一稿为例，文中在交代新闻背景时写道：“77岁高龄的王封矿，1919年建，我省最老的煤矿。解放47年，出煤4500万吨，为国家作出了巨大贡献。1990年，王封掀去了它辉煌的最后一页，被核准为‘无能力矿井’。报废在即，他们遇到了前所未有的难题，封井后4200名在册矿工怎么办”“煤矿长期处于计划经济体制下。不论盈亏，全由国家包起来”“曾经培育了全国劳模丁百元的王封矿，现已改名为焦作王封工业集团有限公司。”

通过上述背景材料的交代，受众对王封矿的历史及曾对国家作过的贡献，后来遇到的困难及解决办法与发展方向等，都有了清晰的了解。可见背景材料对充实内容，提供根由，深化新闻主题，增强新闻的价值，都起到了重要的作用。

三是烘托帮衬，相互比较，阐明新闻事实之间的有机联系

辩证唯物主义认为，万事万物间总是存在着客观而普遍的联系；系统论强调任何事物总是某一系统中的一点。新闻尽管首先关注的是最新的变动，而且就某一具体时刻而言，也许只是就事论事，与其他没什么关系。但是，如果把各种各样的新闻看成一个整体，那么事物间的联系就一目了然了。然而，并不是所有的受众都能自觉地分析与整合各类新闻事物，尤其很难把那些在时间与空间上相隔较远的事物联系起来。这就需要记者树立宏观的新闻意识，善于从前后左右的资料中找出有意义的新闻背景，以此烘托帮衬，相互比较，帮助受众清晰地看到事物背后的有机联系。新闻背景这方面的作用在报道纷纭复杂的突发事件中表现得尤为突出。

以第4届中国新闻奖二等奖消息作品《蒲城农民申志诚投资百万兴水利》一稿为例。这篇新闻的成功之处，在于运用新闻背景材料烘托帮衬，阐明新闻事实之间的有机联系。如文中写的：

“龙山马湖，渴死寡妇”，是人们对这方土地的真实写照。多少年来，这儿的群众想方设法，力求改变这里的面貌，但都未能如愿，随着商品经济的发展，这里迅速建起了万亩果园，但是每当灌溉季节，果农们起早摸黑，开着车到六七公里远的地方拉水，吃尽苦头。仅距5公里的韩河引水工程虽举目可望，但只能“望水兴叹。”

通过这段背景材料的交代，使读者深刻了解农民申志诚投资百万办水利的重要意义，从而有力地增强了报道的影响力。

四是由此及彼，承上启下，使新闻事实流畅地衔接起来

新闻报道在结构的过渡与内容的衔接上，可以有多种方式：加小标题、加提示符号、自然过渡等。此外，适当地穿插新闻背景也是一种有效的手段。它由历史讲到现在，由远处讲到眼前，而核心还是新闻事实本身。这宜于读者的思路随着记者的笔顺势而下，因此不会使人感到唐突。

以第6届中国新闻奖二等奖消息作品《上海家化公司好气魄，1200万元买回美加净》一稿为例，消息在第一自然段的开头用背景材料写道：

曾经是中国化妆品第一品牌的“美加净”化妆品品牌号，4年前曾“卖”给一家著名合资企业经营，现在又被原主——上海家化联合公司以每年支付1200万元人民币的代价“买”了回来。

这一“卖”一“买”究竟是怎么一回事？

消息在第四、第五自然段写道：

“美加净”曾是中国销售量最大、知名度最高的化妆品品牌，在80年代曾创下国内化妆品的许多项第一：第一支摩丝，第一管二合一洗发香波，第一款混合型香水，第一种磨面膏、护手霜……1990年销售额达3亿元，占当时全国化妆品市场总销售额的1/10强。

90年代初，为了让国产名牌在产品开发、管理和营销等方面赶上世界先进水平，上海家化以2/3以上的资产与一家国际著名跨国公司合资，“美加净”随之移师“洋师傅”麾下，上海家化因此每年获得1200万元的转让费，期限为30年。

上述背景材料的运用，就起到了承上启下、由此及彼作用，使新闻的事实自然、流畅地衔接起来，从而达到增强新闻可读性的目的。

五是温故知新，借题发挥，增强新闻的厚度和深度

有些新闻在报道成就或新事物时，引用往事来对比，从“旧”中见“新”，或以“新”带旧，使主题思想更加鲜明，作者的倾向性可体现出来。例如第10届中国新闻奖二等奖消息作品《中国地铁列车今天穿过天安门广场》一稿，在交代新闻背景时写道：

30年前的国庆节，北京建成了从苹果园到北京站全长23.6公里的地铁一号线，结束了中国无地铁的历史。

15年前的国庆节前夕，北京又开通运营了16.1公里的地铁第二期环线。

早在5年前，北京地铁的年客运量就已突破5亿，而现在，平均每天乘坐地铁的旅客已达140万。

北京地铁虽然在当今世界43个国家117个有地铁的城市中，开通年代和运营里程均排在30位以后，但却创下了满载率和单车运营公里两项“世界之最”。

投资75.7亿元人民币的地铁“复八段”的今日开通，使北京地铁通车总里程由原来的41.6公里增加到55.1公里，超过了香港的43.2公里，成为中国6个城市地铁之最。同时也使中国城市地铁的总里程逼近150公里。

自1863年伦敦建成世界上第一条地铁到136年后的今天，全世界的地铁长度已接近6000公里。

这篇消息的作者，在文中占用了近一半的篇幅和文字来做背景。但由于借题发挥，运用得巧妙和恰到好处，读起来并不感到累赘和多余，反而觉得信息量大，内容丰富，有深度，增加了报道的知识性和趣味性。这对突出新闻主题、提示新闻事实的意义、增加新闻的客观性，都起到了极为重要的作用。

六是传播知识，增添新闻的情趣和美感

“文似看山不喜平。”如能在新闻报道中用诗文、引语、典故等背景材料恰当地荡开一笔、另起话头，或者自然地把这些背景与正文糅合在一起，给读者补充一些知识的养分，激荡起某些美好的联想，这不论在结构上，还是在内容上都能增加阅读的兴趣，开拓读者的视野，丰富读者的知识，增强报道的可读性，尤其是在社会新闻和各种科学知识、文化教育、人物传记、地理风貌等的新闻中点缀一些相关背景，会让人在获取知识的愉悦感中更添几分审美的快意。更何况，从某种意义说，美学价值本身也是一种新闻价值。

以第14届中国新闻奖二等奖消息作品《今天火车登陆海南》一稿为例，文中的背景材料写道：

自古以来，天涯路短，思念情长。苏东坡被贬海南时，这里的路只有1195里；洪武元年，官道仅2230里。苏东坡、海瑞一批千古功臣，均无力将孤悬海外的海南与祖国拉近。

张之洞曾提出“筑铁路至海南腹地”的设想；孙中山勾画了火车轮渡琼州海峡的蓝图。然而这些宏愿终被大海吞没。

1942年，日本侵略者为掠夺财富，在八所一带用4万中国人的生命筑200公里的铁路。解放后，虽经改建，但作为“孤立的存在”几乎被人遗忘。

交通不畅，物流不旺，经济难上。

上述背景材料，既增加了与消息相关的新闻信息量，使报道具有历史纵深感，又同时使新闻更具知识性、情趣性和美感，从而使这篇消息在有 200 多名记者同时采写的报道中，一枝独秀成为新闻精品。

二、新闻背景的七种类型

注意运用背景材料已成为世界新闻写作发展的趋势。有经验的记者总是极为重视新闻背景的写作，他们把新闻背景与新闻主题的关系比作绿叶与红花。《新闻报道与写作》一书的作者、美国哥伦比亚大学教授麦尔文·曼切尔说："不使用背景材料，几乎没有什么报道是全面的。"因此，有经验的记者（通讯员），在新闻写作中总是精修绿叶扶红花，用心写好新闻背景。

新闻背景从内容上来看，常见的有以下七种主要类型：

一是历史背景

这类背景主要是点出报道事实的历史由来，或者说明事物的发展、变化的过程，有助于阐明新近发生或发现的新闻事实具有延续性。当新闻事件的价值与历史状况联系在一起，在历史的比较中才能阐明新闻的意义时，这就需要提供相关的历史资料。历史背景指事物发展的历史以及它在整个历史发展进程中所处的地位。

例如第 8 届中国新闻奖二等奖消息作品《三峡工程实现大江截流》（新华社三峡工地 1997 年 11 月 8 日电）一稿，其历史背景是：

中国人民的三峡梦却持续近一个世纪。

长江洪水一直是中华民族的心腹之患。早在本世纪初，孙中山先生就提出了三峡工程设想。新中国成立后，三峡工程又凝聚了以毛泽东、邓小平和江泽民为代表的三代中央领导集体的心血。

1994 年开工建设的三峡工程预计总投资 2000 多亿元，是中国两千多年来继万里长城之后最宏伟的工程。

以上历史背景给人以历史的纵深感，有力地突出了三峡工程大江截流的新闻价值。

二是地理背景

这类背景是对报道中生僻的地点、地区、地形、地貌或地方特色等情况进行必要的介绍，便于受众知道所报道事实的地理环境，又可增强新闻价值。

以第 13 届中国新闻奖二等奖消息作品《请过路吧亲爱的藏羚羊》一稿为例，文中有这样的地理背景材料：

每年 6 至 8 月，藏羚羊集结成群，长途跋涉，前往可可西里腹地的卓乃湖、太阳湖一带产崽，去完成一年一度的延续种群的历史使命。小羔羊满月后，再由母羊呵护返回原栖息地。

1994 年，保护区工委书记索南达杰，为保护藏羚羊，在太阳湖与 18 名偷猎者搏斗中壮烈牺牲。

这块拥有野生动物 230 多种，国家重点保护的一、二级动物有 20 多种的土地，正在恢复野生动物天堂的动人景象。

上述背景材料既有助于解释报道的主体，又能增加受众的知识面。这类背景往往可以收到一举两得的效果。

三是知识背景

这是指对消息中涉及专业性较强的知识进行必要的介绍。

以第 15 届中国新闻奖二等奖消息作品《我科学家发现世界上第一枚翼龙胚胎化石》一稿为例，这篇消息报道了我国科学家在古生物研究领域取得的一个重大成果：我科学家在我国辽西发现世界上首枚翼龙胚胎化石，并证明翼龙与其他爬行动物和鸟类一样是卵生的。这是 2004 年国际古生物研究领域的最具轰动效应的重大成果之一。文中所写的“翼龙”为何物，这一发现有何意义，大多数受众是不清楚的。为此，消息在文中通过背景材料交代道：

翼龙是恐龙的近亲，与恐龙生活在同一时代，是第一个飞向蓝天的爬行动物，因此也被称为“会飞的恐龙”。翼龙起源于约 2.15 亿年前的晚三叠纪，灭绝于 6500 万年前的白垩纪末期。这次发现的翼龙胚胎化石发现于辽宁省锦州市义县地区，化石保存在一灰黑色页岩中，距今约 1.21 亿年。

但是迄今为止，翼龙蛋化石却一直也没有确切的报道，更不用说胚胎化石了。在 1860 年和 1871 年，曾经有报道在英格兰的中侏罗纪地层中发现了可能属于翼龙的蛋化石，但是后来都被否定。1989 年，也曾报道在美国得州晚白垩纪的沉积中发现可能是翼龙蛋壳的碎片，因为在发现蛋壳的地点曾经发现过大型翼龙——披羽蛇翼龙化石，但是没有确凿的证据证实这些蛋壳碎片就是翼龙蛋化石。

上述背景材料，既向受众传播了相关知识，又增强了新闻的价值和传播效果。

四是人物背景

当新闻事实与人物密切相关时，就要提供相关人物材料。对受众有所了解的新闻人物，背景要简明扼要地点明人物的特色；对受众不熟悉的人物，要介绍人物的概况。有关人物的出身经历、身份特点、社会关系的背景材料，对说明新闻事实很有作用。

以第5届中国新闻奖二等奖消息作品《昔日伐木建功，今朝栽树“还债”》一稿为例，文中的人物背景材料写道：

一位82岁高龄的离休工人，在大半辈子的伐木生涯中，为国家采伐原木3.6万多棵，成为闻名全国的劳动模范，14次受到毛泽东、周恩来等老一辈革命家的接见。离休后，他带领全家历经20多个春秋的风风雨雨，又在荒坡上种下了3万多棵树木，了却了多年的夙愿，还上了一笔他心中的“欠债”。他，就是黑龙江省伊春市铁力林业局的老工人马永顺。

马永顺是新中国的第一代林业工人，曾靠弯把子锯在一个冬天采伐木材1200立方米，1人完成6人的工作量，创下全国手工伐木产量的最高纪录。时至今日，马永顺还忘不了1959年全国群英会上周总理对他说的一番话：“林业工人不但要多生产木材，还要多栽树。”总理的教诲印在了他的心底。从那时起，栽“还债”树成了他念念不忘的心事。离休后，马永顺开始实施他的“还债”计划，带领全家人爬荒坡踏荒岗，栽下一棵棵幼树苗，年年不间断，整整22个年头，共栽下3万多棵树，还完了全部“欠债”。

通过上述背景材料的交代，受众对著名的全国劳动模范马永顺的感人事迹，便有了深刻的了解，从而增加了报道的信息量、说服力和感染力。

五是事件背景

这类背景可以说明新闻事件的起因。尤其是有的事件由于传言、误解或歪曲而造成的，就需要在消息中交代有关事件的背景，方能说清事件发生的起因。

以第10届中国新闻奖二等奖消息作品《“天体大十字”预言宣告破产》一稿为例。众所周知，在社会上，曾经流行过这样一种传言，即20世纪末的1999年8月18日，“天体大十字”会给地球带来劫难。这类“末世论”，最具蛊惑性，流传也很广，曾蒙蔽了一些缺乏科学知识的人。这篇稿件，正是为了驳斥这些混淆视听、蛊惑人心的谬论而组织采写的。为了让受众了解新闻事件的起因，文中用背景材料交代写道：

400多年前，法国的诺查丹玛斯写了一本名叫《大预言》的书，其中提到1999年地球将出现大劫难。到了本世纪70年代，日本人五岛勉对这本书进行了解释，说在1999年8月18日太阳、月亮和九大行星将组成一个十字架的形状，并称这种“恐怖大十字”将给地球带来毁灭性灾难。

这段背景材料，加上之后记者所写的对国内外许多专家的访谈，让专家说话，让事实说话，使谎言不攻自破。从而使这篇消息具有强烈的针对性和鲜明的引导舆论的作用。

六是政治背景

报道一些重大的政治性事件，如不交代必要的政治背景，不足以提示它的政治意义，会使报道缺乏一定的深度。对国际上发生的重大政治事件，在新闻中写出其政治背景尤为重要。

以第9届中国新闻奖一等奖消息作品《项庄舞剑，意在沛公——明传人民币贬值，实为投机谋暴利》一稿为例，文中用政治背景材料写道：

尽管中国政府多次强调有信心保持人民币的稳定，但近期人民币贬值的谣言在日元不断走低的背景下甚嚣尘上。黑市投机者更煽风点火，散播谣言，谋取暴利。

他们为了使大众相信谣言，不惜夸大亚洲金融风暴和日元贬值的影响。他们更预测中国刺激国内需求的政策不能奏效，经济增长8%的目标无法实现。

上述背景材料的交代，对新闻主体把矛头直指国际炒家在香港的投机活动，第一次指出国际基金造谣人民币贬值，意在打击港币，趁香港股市出现“过山车”般波动之际，获取不义之财的阴谋揭露，起到了很好的铺垫，有力地增强了报道的说服力。

七是原委背景

这类背景是交代新闻中一些新事件、新成就、新问题、新经验或新举措的原委，帮助受众了解这一事物或成就的来龙去脉及其意义。由于新发生的一些事情既不是独立的，也不是偶然出现的，它都具有一定的缘由。因此，在一些新闻中写出这类背景是十分必要的。

例如，第8届中国新闻奖二等奖消息作品《夏收何必搞形式小麦未熟遭“剃头”》（新华社西安1997年5月30日电）一稿的原委背景是：

农场的一位负责人告诉我们：“这儿的小麦还要三四天才能完全成熟，现在收割有点可惜。省农机局5月26日就派人来打前站，为了应付这个命令，我们场140多名干部职工整整准备了3天，兄弟农场支援了5台收割机，向外单位借了6位礼仪小姐。从早晨7点钟，我们等了3个多小时。”

这段背景，让受众了解“开机仪式”前所做的准备工作，从而阐明了新闻事实的原委，有力地深化了新闻的主题。

三、写活新闻背景的有效方法

一是“天女散花”法

不少人写消息常把背景放在第二段或第三段，黑压压的一片，读来让人头疼。

总结获奖消息的成功经验，其中有一条就是把背景材料打散了用，或分为几个自然段，穿插于其他材料之中，即所谓的“天女散花”法。

以第15届中国新闻奖一等奖消息作品《中国国家主席与艾滋病人握手》一稿为例，全文共17个自然段，新闻主体事实用了10个自然段，其余7个自然段都是背景，背景材料很好地起到了烘云托月的作用。这7个方面的背景分别是：

第6自然段：中国国务院总理温家宝曾在去年“世界艾滋病日”与3位北京艾滋病患者握手。

第9、10、11自然段：艾滋病曾经是中国官员们的一个“禁忌”话题。但在温总理去年12月与艾滋病人握手后，从中央到地方的各级政府都开始高度重视艾滋病预防以及艾滋病患者的福利问题。

中央财政对艾滋病防治的拨款已由2001年的1500万元人民币提高到去年的3.9亿元。新增的资金为一系列新出台的措施提供了实施保障，这些措施包括为公民提供免费的艾滋病毒检测，为贫困的艾滋病患者提供免费医疗，为吸毒人员提供清洁针具和毒品替代品等等。

在河南这个90年代由于非法卖血导致大批村民感染艾滋病的中原省份，从去年起一批省政府官员开始进驻所谓的“艾滋村”，帮助染病村民得到及时的治疗和救助。

第13自然段：28岁的北京艾滋病感染者李想亲身感受到，过去一年来“公众对艾滋病的歧视减少了，艾滋病患者的生存环境有了改善”。

第15自然段：自1985年发现首例艾滋病病例以来，中国目前大约有84万名已知艾滋病病人和病毒感染者。

如此丰富的背景材料，作者将7个自然段，穿插写入主体新闻的10个自然段中，近景与远景辉映，观点与材料统一，逶迤蛇行，引人入胜，使受众感受到胡锦涛主席作为最高国家领导人与艾滋病人握手，表明中国政府在艾滋病这一过去高度“敏感”的问题上有了历史性的态度转变。报道明确表达了中国政府直面解决艾滋病的严肃态度和决心，并形象地表现出中国领导人以人为本，反对歧视艾滋病人的思想境界和务实、亲民、忘我的工作作风，意义十分重大和深远。

二是“开门见山”法

这种办法就是在新闻的导语中介绍背景。例如第14届中国新闻奖二等奖消息作品《鄱阳湖回复到原面积》一稿，在消息的开头写道：

历时4年的“平垸行洪、移民建镇、退田还湖”工作，使我省鄱阳湖湖区面积已由原先的3900平方公里扩大到5100平方公里，基本恢复到1954年的水平。

这几句简练的背景叙述之后，才写“今年6月在上海举行的‘2003年联合国人居论坛’上，我省将就鄱阳湖的移民建镇工作做经验交流。”这样的写作，一下子将生态建设方面取得的巨大成绩展现在读者面前，很能引起读者继续读下去的兴趣。

三是“画龙点睛”法

这种方法是用精练的语言，对背景材料作画龙点睛的交代，从而阐明新闻事实的意义或表明作者的态度。以第12届中国新闻奖一等奖消息作品《洞庭湖长大五分之一》一稿为例，消息在开头写道：“洞庭湖变大了！”接着写道：“经过3年规模空前的综合治理，洞庭湖面积扩大1/5。这个自明清以来不断萎缩的湖泊，终于出现了历史性大转折。”

用一句赞叹起首，画龙点睛地来写背景，真让人不可不读，读后必有收获。当然，在运用这种写作办法时，务要准确，千万不可危言耸听，以免坏了消息的可信度。

四是“问答”法

在背景材料中提出疑问，引起读者的思索，吸引读者去仔细阅读内容，寻求答案。第9届中国新闻奖二等奖消息作品《浚县少年怀揣“两证”出学堂》一稿的背景，就是采用“问答”法写的。如文中写道：

果树结果不多怎么办？猪养不肥怎么办？这些在外行人看来很难办的问题到了浚县少年手里就不算什么了——少年技校的课堂上早就讲过其中奥秘。在河南省浚县，有80%以上的中小学校同时也是少年技校，孩子们在学习文化知识的同时还学到了一些劳动技能，大部分学生在走上社会时都拿到了技校合格证和学历毕业证。

上述背景材料的交代，由于采用了“问答”法，读来就不觉得干巴、枯燥，从而增强了新闻的可读性和感染力。

五是“描述”法

在对现场场景的描述中交代消息的背景，既可增强现场感，又可让人明白道理，往往会产生一箭双雕的作用。以第8届中国新闻奖消息一等奖作品《别了，“不列颠尼亚”》一稿为例，文中的背景材料是这样交代的：

“在蒙蒙细雨中，末任港督告别了这个曾居住过25任港督的庭院。”“根据传统，每一位港督离任时，都举行降旗仪式。但这一次不同：永远都不会有另一面港督旗帜从这里升起。”

“从1841年1月26日英国远征军第一次将米字旗插上港岛，至1997年7月1日五星红旗在香港升起，一共过去了一百五十六年五个月零四天。大英帝国从海上来，又从海上去。”

上述背景用简洁的笔法，为读者勾勒出的一个个场景，一幅幅画面，使新闻具有清晰的可视性。自然流于记者笔端的这些文字，似乎有着色彩浓烈的油画效果，读后犹如醇厚的美酒，令人回味无穷，并加深了对香港回归这一重大历史性事件意义的理解。读后给人以强烈的沧桑巨变的自豪感，十分耐人寻味。

六是“对比”法

有比较才有鉴别。通过今与古、美与丑、善与恶、优与劣、下与下、左与右、纵与横的对比，可将背景材料巧妙地融合在新闻事实中，形成强烈反差，更鲜明地显现新闻事实的个性特征及其意义。以第 2 届中国新闻奖一等奖消息作品《武汉百里长堤巍然锁大江》一稿为例，文中用对比法交代背景写道：

据历史记录，60 年前的 1931 年，江汉关水位在 26.94 米时，汉口溃堤。

眼下，武汉三镇 308 公里的沿江大堤牢牢护卫着面临长江大汛的这座城市。

汉口滨江公园雄伟的武汉防汛纪念碑巍然矗立。暴雨将碑上镌刻的毛泽东同志题词冲刷得更加铮亮：庆贺武汉人民战胜了 1954 年的洪水，还要准备战胜今后可能发生的同样严重的洪水。

经过 42 年的投资建设。目前武汉长江大堤的总长度比 1949 年增长近两倍，标高较 1954 年 29.73 米的最高水位高出 2.72 米。“七五”期间开始，国家又投资将武汉市区的部分土堤改建成钢筋混凝土防水墙。

汉口龙王庙水位观测点的钢筋混凝土防水墙上，分别镶嵌着显示这里 1931 年、1954 年、1983 年的最高水位标志牌。一位家住大夹街姓费的“老武汉”在黑色大理石标志牌前，向人们讲述民国 20 年（1931 年）“逃水荒”的情景。他说只有共产党建造的长江大堤，“才能使武汉人在大汛面前安居乐业”。

上述背景材料，通过前与后、今与昔的对比，把历史与现实有机地糅为一体，鲜明地揭示出：“只有共产党建造的长江大堤，才能使武汉人民在大汛面前安居乐业”的深刻主题，收到了出神入化、高屋建瓴的传播效果。

七是“戛然刹止”法

就是把消息的背景材料浓缩成一两句话，搁在这则消息的最后，成为消息的最后一段或最后一句。写毕背景，消息也就到此刹住。以第 15 届中国新闻奖二等奖消息作品《我舰载机首次夜间行进间着舰成功》一稿为例，这是一篇反映我军现代化建设取得进步的新闻报道，之所以能取得如此令人鼓舞的成果，消息在结尾处用背景材料写道：

为了完成夜间行进间着舰训练，部队多次在陌生海域进行了舰机协同训练、夜间超低空飞行和夜间静止间着舰训练。在不断积累经验的基础上，他们周密制订方案，从而确保此次飞行训练取得成功。

背景一结束，消息戛然而止，干净利索，简短有力，主题突出，富有战斗力和说服力，给读者留下深刻的印象。这正是“戛然刹止”法的魅力所在。

四、新闻背景写作应掌握的原则及背景材料来源

要将背景材料使用得恰到好处，写作上需要掌握三条原则：

一是受众原则。新闻界常讲的一句话，就是“不要认为自己明白的东西别人都明白，不要以为自己不明白的别人也不明白”。前一句话，是指该用背景材料而不用，后一句话是指不该用背景材料而滥用。原因就在于对受众不了解，可以说是缺乏“受众意识”。不同类型的稿件应区别对待，有的新闻一看就明白，就不必加背景；有的新闻篇幅虽然较短，但由于在新闻发表的日子，单独配发了有关资料，也不需要在新闻中写进背景材料。还要因时因地因受众对象的不同而不同。面向全国的报纸和通讯社发的新闻，与省、地（市）、县发的新闻，在使用背景材料上应有所不同。本县、本地（市）报纸刊登的本地新闻，在全国报刊上发表时，就应交代必要的背景。同样，在国内报道中不必交代的背景，到对外报道时，就要有所交代。在专业报上不必写的背景，到综合性报纸上发表时就要交代。总之，要看受众对象，要考虑到受众是否能看懂。

二是精练原则。“嫩绿枝头红一点，动人春色不须多”。背景材料在消息中毕竟不是主体，背景运用不在于多而在于精，要选择最能说明主题的材料，要紧紧为衬托新闻主题服务，不能游离新闻主题之外。如果背景材料不能更好地衬托新闻事实，更好地表现新闻主题，那便是多余的了。“引旧意在显新”，切不可离开交代背景的根本宗旨，那些与新闻主题关系不大或无关的材料，哪怕是生动有趣，也要坚决割爱。要以一当十，以少胜多。背景材料终究是新闻的从属部分，背景材料写多写少，唯一的标准是以能否说明新闻事实为限，有的新闻，背景材料只需一句话，甚至几个字即可，有的则需要写得较多一点。一般说来，对于那些需要报道得完整和透彻一些的新闻，使用背景材料就要多一些。非事件性新闻的背景交代，相对来说要比事件新闻多一些。重大事件的报道，使用背景材料就更多些。

三是客观真实原则。使用新闻背景常见的问题是牵强附会，硬贴标签。有的报道为了突出先进人物，就贬低周围的群众；为了突出现在，就把过去说得一团糟，这就违背了新闻客观真实的原则。目前不少新闻采编人员对新近发生的事实只作直

观性报道的现象仍很突出，着意和恰当地运用背景材料的意识不强，不是运用背景材料来说明问题，而是通过大量的充满主观色彩的用语来解释新闻内容，这必然使新闻的客观性大为逊色。新闻中所运用的背景应是对事实的叙述，不掺杂主观性推测和看法。

背景材料从哪里来？大量的新闻实践表明，背景材料主要来自四个方面：

一是来自采访的现场和报道的对象。这是掌握背景材料的现实源头。记者和通讯员采访时，据消息写作的需要，或通过询问，或通过观察，直接从现场或采访对象口中取得可用的第一手背景材料。但应克服单打一的采访做法，力求多从纵的深度或横的方面进行深究，切不可浅尝辄止。

二是来自采访单位或当事人提供的书面材料。这样的背景材料如用到新闻写作里，涉及一个新闻真实性的过滤问题。也就是说，对这样的书面材料需要严格核实、查对，确保材料的真实和准确方可使用。在这方面，不少记者都有过经验和教训，对采访单位或当事人提供的书面背景材料，没有认真核实，有时会产生以讹传讹的后果，这一点也是不可忽视的。

三是来自图书馆或资料室。这个源头虽然不如自己积累的资料那样得心应手，如有这样的客观条件或便于查找，有时也能为新闻找到有用的背景材料。

四是来自平时的积累。新闻工作的实践告诉我们，背景材料虽然从现场采访可以搜集一些，但更重要的是靠日常积累。有心的记者懂得养兵千日，用兵一时。他们平时注意积累。其方法主要有：①多写札记或采访日记。记者在日常的采访活动中，总会接触到大量的情况。可是，写稿时常常会感到有的材料虽然有价值，却无法都写进一次报道里。这时可以把多余的有价值的材料，用札记或日记形式，留起来，成为日后写新闻时需要的背景材料。②剪贴报刊有用资料。这是指平日阅读报纸和杂志时发现有价值的新闻、通讯和文章等，按照自己的需要进行剪贴。③做卡片或索引。平日浏览报刊时，发现对自己报道有用的背景材料，可以摘出要点做成卡片积累起来。再有，对报刊上有用的背景材料如不能做卡片，起码可做个索引。做索引更是简便易行，只要准备一个本子，用三言两语记下某报刊、某年某月某日刊登的某一文的题目，再写上几句具有什么样背景材料价值即可。这样的索引，及时省力，一旦需要，到图书馆或资料室一查即可。

刹长风 写短文

——新闻精品写短的十点经验

刹长风，写短文，历来就是端正新闻文风的需要。毛泽东同志在《反对党八股》一文中，就曾批评那些空洞无物的长文章是“懒婆娘的裹脚布——又长又臭”，并且一针见血地指出，这样做是“下决心不要群众看”。60多年过去了，就新闻报道而言，那些“懒婆娘的裹脚布”仍然经常可见，远没有完全被“扔到垃圾桶里去”。读者只要稍微注意一下，就会发现那些篇幅冗长的会议消息，那些头版转二版、二版转三版的领导人的长篇讲话，那些大话、空话、套话连篇的所谓新闻言论和理论文章，那些整版的“纪实新闻”“社会透视”“大特写”“大扫描”和连篇累牍充满水分的所谓“深度报道”等等，不是还接二连三地在报纸刊物的版面上频频露脸吗？受众对付这些长篇大论的办法常常是“走马观花”，或者干脆不看。即便偶尔浏览，也只是看题不看文，看头不看尾。这种传播效果尽管是采编者始料未及的，但却是必然的。新闻工作者采写长篇大论，不管其主观动机如何，实在是有点像“顶着磨盘做戏——费力不讨好”。

新闻是一门用事实说话的艺术，如何从大量的客观事实中挑选新闻事实，在报道新闻事实时如何精选事例，如何用生动的新闻语言来陈述新闻事实，如何在有限的篇幅里增加新闻的信息量等等，这些都大有学问。借鉴中国新闻奖获奖短新闻作品的成功经验，应着力于下列10个方面去努力。

熟悉对象，全局在胸。只有熟悉报道对象及其在全局中的地位，才可能把新闻写短。记者要熟悉自己所写的新闻事件及其人物，熟悉这些事件和人物在全局中的地位。有了这两个熟悉，写起新闻来就纲举目张。应该写的，一句不能少，不能写的，一字不能多。以第13届中国新闻奖二等奖消息作品《楚米镇一封村民举报信从垃圾堆回到村民手中》一稿为例，在全文360个字的篇幅里，受众所关心的新闻事实，一个也没有少，举报信从产生到送达及捡回的全过程非常清楚。如果作者不熟悉采访对象，没有全局在胸，很容易写成五六百字甚至上千字的报道。现在报纸上有些新闻，之所以语言拖沓，原因之一就是作者对所写的人和事不熟悉，具体下笔时，则观点不明确，结果只能是东拉西扯。

题目定小，主题集中。有经验的记者在写短新闻时，拟标题既反映重大主题，又定得很集中，切口很小，定得具体实在，一题一事，言简意赅，简洁明快。例如第 16 届中国新闻奖二等奖评论作品《农科院所制假坑农的多重恶劣性》一稿，全文还不到 700 个字，却包含了丰富的内容，共有 22 个知识、信息点，从坑农害农的惊人数字写起，点名写了制假售假的单位，分析了原因，指出了危害和性质的恶劣。让人读后觉得言简意赅、清晰明快，并受到了启迪和鼓舞。由于题目定得小且具体，写起来文笔集中，篇幅自然就短了。

浓淡相宜，重彩主体。这是使新闻简短的又一手法。仔细阅读中国新闻奖获奖作品中的一些短新闻佳作就会发现，几乎导语和结尾都是简短的一句话，而且是直接放在正文的首尾，不另行成段。如第 14 届中国新闻奖二等奖消息作品《我国首次载人航天飞行圆满成功》一稿，此文落笔就开门见山、单刀直入地写新闻主体，按时间顺序，从去写到回，一气呵成。以“中国探索太空的伟大创举开启了崭新一页”一句作结尾，全文仅 354 个字，干净利索，文字简洁到无法再简洁的地步。

大处着眼，小处落笔。以小见大，是写短新闻常见的手法。为此，要求记者（通讯员）从大处着眼，全局在胸。尽管笔下所写的只是一些具体的新闻事件，而心中所想的，眼光所涉及的，却是广阔的、深远的内容。应透过一厂、一店、一人、一事，反映具有普遍指导意义的问题。像中国新闻奖获奖作品中的《长哈铁路沿线漏洒粮食严重》（第 6 届消息三等奖作品）、《大屋陈乡“鸭官司”发人深思》（第 7 届消息二等奖作品）、《贵州告别最后一条马班邮路》（第 2 届消息三等奖作品）等，都是这方面的成功之作。以《大屋陈乡“鸭官司”发人深思》一稿为例，报道通过一个乡政府为了开现场会，违反生产规律，要农民推迟售鸭，造成经济损失，进而引发农民向政府索赔这样一件具体事情，揭露了形式主义的危害。

取其一点，不及其余。一篇稿子，最好只讲一件事。一次采访涉及多方面的内容，就可以把它分成几个题目来写，这样就短了。如果是有关联的几个问题，可以写成系列文章，写成之一、之二、之三等，不要企图把所有的东西在一次写完，可以搞连续报道。就一件事或一个人而言，将最主要的事实，取其一点，不及其余，也就是写一个片段、一个场面、一个情节。这样，既可以写得有血有肉，又可缩短篇幅。以首届中国新闻奖一等奖通讯作品《京郊四胞胎应征记》一稿为例，这篇通讯全文只有 600 余字，可以说是一篇异乎寻常的短通讯了。作者紧紧围绕“应征”二字写，与“应征”无关或关系不太大的事件舍去，真可谓言简意赅、不枝不蔓。读后让人感到回味无穷。

只讲事实，不加评论。用事实说话，即所谓“客观报道”手法，这是新闻写作的一条基本规律。一篇几百字的短新闻，如果加进评论，或有过多的议论，就会使该写的事实写不进去，就会很容易出现喧宾夺主，成为空洞无物的短新闻。要把新闻写短，就必须禁绝一切废话、套话、空话，删去一切不适合读者需要的内容，只写那些最重要的新闻事实。以第 2 届中国新闻奖二等奖消息作品《“女麦客王”出征陕甘宁》一稿为例，全文如下：

6 月 5 日中午，一台桂林 2 号收割机从长安区申店乡何家营村隆隆驶出，“女麦客王”何俊英登上转战陕甘宁的征途。

今年 43 岁的农妇何俊英，前年自筹资金 3.5 万元从桂林买回一台收割机。她联络户县、周至等地 5 家收割机户联合作业，除在本地割麦外，还转战省内和甘肃 20 多个县，一天割麦五六百亩，乡亲们风趣地叫她“女麦客王”。

今年“三夏”开始，何俊英又同户县、周至、咸阳等地 10 多家收割机户相约在眉县一带集中，上宝鸡，下甘肃，到宁夏，搞割麦会战。何俊英说：“我娘家姐妹 5 个，婆家劳力也少，尝过夏忙劳少的苦滋味。我买收割机联合作业，想让乡亲们从繁忙的体力劳动中解放出来。”

文中写的全是扎扎实实的事实，干净、利索，毫不拖泥带水，文中没有一句废话、空话，更没有任何评论、议论，都是非说不可的话，而这些，全是受众所关心的、感兴趣的内容。所使用的都是简单句和短句，念起来朗朗上口，听起来也毫不费力。

精心选材，以少胜多。短新闻，篇幅小，容量小。因此，要能说明问题，说服人，体现出新闻价值，就应力戒一般化的事例堆砌，而要选择那些最精彩、最有说服力的事例来表现和证实。对那些与主题无关的事实，游离于结构的事实，要舍得割爱。一篇新闻，哪些材料要，要详写，哪些材料不要，或简写，在动笔之前，都要精心剪裁。周敦颐的《爱莲说》，只有 140 多个字，写了莲、菊、牡丹，但重点是写莲，所以他对莲的描写就详，对菊和牡丹写得就略。由于选材和详略适当，所以篇幅短而主题鲜明。写新闻也是一样，在运用材料上要非常经济，特别是背景材料，要极其简练，以能帮助读者理解新闻事实或领会新闻事实的意义为度。只有剪去旁枝侧叶，方能使“主干”挺拔秀丽，切忌东扯葫芦西扯瓢，眉毛胡子一把抓。一位中国新闻奖短消息获奖者对笔者说：“写短新闻，在选取新闻事实时，应像吃竹笋一样，剥皮掏心，只要嫩肉。要以少胜多、以一当十，窥一斑而见全豹。”这是经验之谈。

字斟句酌，惜墨如金。现在报纸上有些新闻之所以没有写短，或者短而乏味，其原因之一是空话太多，抽象的叙述太多，使得文章臃肿庞杂、枯燥无味。要将新闻写短，就要注意字、词、句的锤炼。写短新闻是“浓缩艺术”，要力求字字句句载着尽可能多的思想、观点、情感和信息。在表达事实时，要直截了当，不拖泥带水。要学习唐代“诗囚”贾岛那种“两句三年得，一吟双泪流”的字斟句酌的认真精神，要像鲁迅先生说的那样，“写完后至少看两遍，竭力将可有可无的字、句、段删去，毫不可惜”。

要做到惜墨如金，还要善于变冗长的叙述为形象的比喻。爱因斯坦向别人解释“相对论”时曾说：“和漂亮的姑娘在一起，时间长也觉短；若在火上烤5分钟，就像烤了半天，此谓相对论。”一个形象的比喻省去了多少笔墨，就将“相对论”的概念讲得通俗易懂。新闻要短下来，在使用语言上，就要运用形象的比喻，代替冗长的叙述。要像酿酒、晒盐一样，排除水分和杂质，取其精华。大量的短新闻佳作表明，短新闻的短，绝非仅仅从篇幅上将长稿压成短文，而是将精心布局、认真选材和锤炼语言融为一体，做到达物传神、传情。只有这样，才能产生“君看萧萧只数笔，满画风雨不胜寒”的效果。

断裂行文，逻辑连接。所谓“断裂行文”，就是每一段都是一个相对独立的事实，段与段之间的联系，全靠内在的逻辑联系。在一般情况下，不用“但是”“而且”“尽管如此”等连接词。请看第10届中国新闻奖一等奖消息作品《北约野蛮轰炸我驻南使馆》一稿，全文如下：

当地时间7日午夜（北京时间8日早5时45分），以美国为首的北约至少使用3枚导弹悍然袭击我驻南斯拉夫大使馆。到目前为止，至少造成3人死亡，1人失踪，20多人受伤，馆舍严重毁坏。

当地时间7日晚，北约对南斯拉夫首都贝尔格莱德市区进行了空袭以来最为猛烈的一次轰炸。晚9时始，贝尔格莱德市区全部停电。子夜时分，至少3枚导弹从不同方位直接命中我使馆大楼。导弹从主楼5层楼顶一直穿入地下室，使馆内浓烟滚滚，主楼附近的大使官邸的房顶也被掀落。

当时，我大使馆内约有30名使馆工作人员和我驻南记者。新华社女记者邵云环、《光明日报》记者许杏虎和夫人朱颖不幸遇难。据悉，这是外国驻南外交机构第一次被炸。

爆炸发生后，中国驻南联盟大使潘占林一直在现场指挥抢救。许多华侨对使馆给予了极大帮助。潘大使在被炸毁的使馆废墟前，愤怒地指出：“这是对中华人民共和国的攻击。”

南联盟外长约万诺维奇说：“使馆是中华人民共和国的领土，北约炸弹是对外交的轰炸。”

当地时间 8 日下午，中国在贝尔格莱德的数百名华人举行抗议游行，数千南斯拉夫人参加了游行。

这则 400 余字的短新闻就是采用“断裂行文”、逻辑连接的方法。全文没有一个连接词，每一段事实都是相对独立的，相互间靠强有力的逻辑连接，6 个自然段构成了一则事实完整的新闻。如果不这样写，而采用起承转合的写作方法，那样文章必然会拉长，主要新闻事实也会淹没在繁杂的过程中而不清晰。可见，新闻要写短，采用“断裂行文”，靠行文中的内在逻辑连接，而不加任何“添加剂”，不失为一种好办法。

精心删改，舍得割爱。毛泽东同志在《反对党八股》一文中说，“我看重要的文章不妨看它十多遍，认真地加以删改，然后发表。”从某种意义上来说，好稿是反复修改出来的，短新闻尤其是这样。毛泽东同志既是短新闻的倡导者，又是带头写短新闻的实践者。笔者翻阅毛泽东同志的部分新闻手稿，发现每篇都有修改的地方，真正做到了千锤百炼。毛泽东同志对文中人人知晓的，不再重复出现第二次；能省略的尽量省略，比如前文已提到过的名字，下文再涉及时，就只写姓，省去名。相比之下，我们有的记者（通讯员）写的新闻，就舍不得割爱，或生怕人家看不懂，不该发议论的地方也要发一通议论，不必交代的背景材料也要交代一番。人们熟悉的单位仍要写所在地点，大家熟知的人物，每次报道都重复写一大串头衔。这样就不可能短下来。要短，就要舍得割爱和精心删改。只要有了这种精心删改、舍得割爱的精神，新闻何愁不能写短？

新闻竞争要求新闻工作者练就写好短新闻的硬功夫。把文章写得短小精悍，是作文的一种很高的境界。清人郑燮在论文章的一首诗中有一名句：“删繁就简三秋树，领新标异二月花。”前者是讲精练，后者是讲新颖。可见，精练新颖，是自古以来文人们一贯的追求，当然也应当成为新闻工作者的追求。海明威为了达到简练的目的，常常用一只脚站立写作，迫使自己的文章简练再简练。契诃夫说：“简练是天才的姊妹。”莎士比亚说过：“简洁是智慧的灵魂，冗长是肤浅的藻饰”，这些都是至理名言。它也应当成为新闻工作者的座右铭。愿新闻工作者们转变观念，打消顾虑，下功夫提高采写水平，为时代和人民写出更多更好的短新闻来。也愿编辑部采取有效措施，精编短新闻，为短新闻大开绿灯，提高短新闻的“身价”，把重要的短新闻发头版头条。愿总编辑、名记者、老记者们带头写短新闻。评选新闻奖时，能有更多的短新闻精品登上中国新闻奖的领奖台来做示范和激励大家。

新闻要新　时效不可缺

——新闻精品中的时效瑕疵析

新闻时效这个问题，多年来新闻界一直在不断地强调。其间，有不少人发表过重要论述，也有人为此想出了许多提高新闻时效的办法。可是，新闻时效这个问题至今仍未得到很好的解决。“最近”“不久前”“近年来”之类的过去式新闻在不少报纸上可谓层出不穷，在“中国新闻奖”获奖作品中也屡见不鲜。以第12届中国新闻奖获奖作品为例，其中就有部分新闻的时效性较差。

例如：消息三等奖作品《山歌唱响主旋律》（载《广西日报》2001年6月22日）一稿，文中何时的表述是“近年来”；消息三等奖作品《灵武一批甘草老板治沙“赎罪”》（载《法制日报》2001年7月24日）一稿，时间要素写的是“今年开春以来”；消息三等奖作品《何清洁身手不凡》（载《甘肃日报》2001年10月13日）一稿，其时效是“今年”；消息三等奖作品《郑州：罚单“赶”走首家擦鞋店》（载《工人日报》2001年8月2日）和《党员毕业生炙手可热》（载《中国妇女报》2001年7月3日）两篇稿件，竟然没有时间要素。前者从文中可以推算出是半个月以前发生的事；后者从文中完全看不出是何时发生的事，但从“中国新闻奖”参评作品推荐表的“采编过程”一栏中可以看出，“去年6月，记者深入沈阳人才市场发现后采写成”的介绍，显然是一年前的旧闻。最典型的是消息二等奖作品《交口县委大院竟挖出“升官符”》（载《光明日报》2001年1月9日）一稿，文中集中出现“近日”“前不久”“数年前”“某日”的字眼。这反映了报道的时效性较差。作为读者，每当看到上述字眼时，心里总有一种不踏实之感。因为新闻是新近发生的事实报道，新闻必须真实、准确，新闻的“五个W”中的时间要素，不应该打马虎眼。本来“近日”“前不久”这两个词是无可指责的，在人们的日常生活中，是广泛地使用着的。因此，在新闻中偶尔用用也未尝不可。但是，严格说来，“近日”“前不久”是一个不确定的、不准确的时间概念。我们不要迁就习惯势力，在新闻写作中，应该尽可能地使用年、月、日、时这些非常明确的时间概念。试想，如果读者问：“近日”是记者刊稿的“近日”还是记者写稿前的“近日”，“近日”是三五天前，还是八天、十天前；“前不久”，究竟是指哪一月哪一日；“数年前”是三年前、五年前，还是八年、十年前。读者一旦怀疑新闻的真实性，则新闻的价值将会大打折扣。

导致新闻时效性差的原因是多方面的。原因之一是有些人认为，新闻的时效性仅仅只是引起新闻价值变动的因素，与新闻真实性关系不大，因此思想上对新闻时效不重视。

新闻时效与真实性果真关系不大吗？现实的回答是否定的。从近年来各报揭露的失实稿件来看，其中有一些稿件就是由于不讲新闻时效造成的结果。例如某市报曾发表过一篇题为《破镜重圆》的报道，说的是一对夫妻由于家庭问题引起不和，经有关方面做工作后和好了。无疑记者、通讯员在采访的当时，事情是真实可信的。可是，由于稿件写作、处理过程中不注意时效，稿件从采访到见报，中间相隔4个月，当读者看到报道时，这对夫妻已经离婚了。读者看到报纸后，就打电话到报社质问："你们这是在干什么？"搞得报社没法回答，就连更正也没有办法，因为要更正，就要把人家丑化一顿，故只好个别赔礼道歉了事。又如某省报曾发表过一篇一个青年到女方家落户的报道，稿件从采写到见报，时差近半年，当稿件见报时，女方已经患病死亡，男的已回到了自己原来的家中。这篇报道见报后，在群众中造成很不好的影响。由此可见，新闻时效与新闻真实性关系不是不大，而是很大。特别是在电视新闻非常普及的今天，我们的报纸新闻如果不是以最快的速度向人民群众传达党的声音，反映广大人民群众的呼声，传播其他各种信息，无疑将会有愧于党的信赖，失去人民群众的支持，降低报纸的威信。

大量的新闻实践证明，新闻报道要发挥其应有的作用，新闻时效性即时间性是一个必须重视的问题。毛泽东同志在《对晋绥日报编辑人员的谈话》中曾指出："报纸的作用和力量，就在它能使党的纲领路线、方针政策，工作任务和工作方法，最迅速最广泛地同群众见面。"讲究时效是新闻区别于其他文章的重要特色，也是新闻机构生存的条件之一。

外国新闻传播机构对新闻时效是极为重视的，他们把它放在了至高无上的地位。他们认为，决定新闻价值的首要因素就是新闻时效，其次才是新闻本身的重要性和影响力，以及其他因素。日本共同社认为："无论多么好的稿件，如果不在用户急需要的时候及时发出就如同废纸一般。"德新社执行编辑赫费尔曾直言不讳地声称："对我们西方人来说，时间就是金钱。对于报纸、通讯社，时效就是金钱。"在欧美新闻界，"昨日"已成不祥之词，访员均忌用之。即使"今日"，亦嫌其笼统，而使用今早、今午、今晚、方才等字眼。可见外国新闻界把新闻时效提到了多么高的位置。他们这种高度重视新闻时效的看法，是值得我们学习和借鉴的。

作为新闻工作者，如果头脑里没有新闻时效性的概念，是抓不到好新闻的。有人把抓新闻比作抓“活鱼”，如果没有新闻时效性的观念，即使偶然抓到了“活鱼”，由于不重视时效，在奉献给读者时，都已变成“死鱼”“臭鱼”了，上面所举的两个典型例子，不就是“臭鱼”吗？这种“臭鱼”对读者岂不是一种坑害！可见，只有提高新闻时效，才能使新闻的真实性有时间上的可靠保证。也只有把新闻时效放在新闻真实性的高度上来认识，才能从思想上高度重视新闻的时效性。

记者应具有强烈的时间观念，要成为头脑最敏捷、文笔最熟练的人，拖拖沓沓、慢慢吞吞的作风是记者职业所不相容的。有人打比方说，写新闻就像报火警，要让消防部门（读者）尽快地了解你那里发生的事情，你的意见和要求。如果耽搁一分一秒，人民的生命财产就要多受一分一秒的损失。

增强新闻的时效性，有效的办法：一是采访过程中打腹稿。“袖手于前，疾书于后。”记者（通讯员）养成在采访过程中打腹稿的习惯。一旦采访结束，由于成竹在胸，落笔写起来就很快了。二是多写短新闻。特别是突发事件新闻，写得短一些，就会发得快一些。先发短新闻，把事件报道出去，详情再续发。要一篇新闻讲一个事实，阐明一个观点，解决一个问题，不要下笔千言，从盘古开天辟地写起，一写就是几年来如何如何，把许多本来具有新闻价值的东西，都湮没在长篇大论的历史叙述之中。三是分段发稿，搞连续报道。

选活的事实　用活的材料

——会议新闻精品是这样写就的

改进会议新闻的呼声虽连年不断，然则收效甚微，绝大多数的会议新闻面目依旧乏味老套，仍然占着“黄金”版面及时段。这种情况显然违背了记者、编辑的初衷和受众的企盼，也有悖于新闻报道应遵循的规律，不能不令人深思。

会议新闻的改进之所以成为一个老大难问题，其中客观原因是有的，那就是难以冲脱上级领导对会议新闻的左右，一些单位的领导对新闻规律不甚了解，总是希望逢会就要报道，会议稿越长越好，片面地认为，只有稿件长了，会议新闻才有气势。但这并不等于记者、编辑主观上就无所作为了。实践证明，记者、编辑只要真正肯于吃苦，勤于思考，勇于创新，会议新闻的改革步伐完全可以迈大一些，那种过滥、死板、千篇一律的毛病是可以改正的，同样能采写出受大家欢迎的佳作来的。

会议新闻之所以不受欢迎，从写作上来说，主要原因大体有以下几点：

一是会议材料翻改成的新闻让人生厌。如今会议的名目繁多，内容也千差万别，但大都有一大袋会议材料，诸如："会议议题""领导讲话""经验材料"等。对广大受众来说，他们只关注会议中出现的新东西、新鲜事及与老百姓切身利益相关的热门话题。现在不少记者参加会议，不舍得花力气、动脑筋，只图省事，将会议材料简单一编改成报道，让人一看（听）就生厌。

二是千篇一律无个性的标题不吸引人。现在的会议新闻标题，大多单调死板，不吸引人，一看就觉得是"例行公事"，给人以"老调重弹"的重复感，自然就激发不起受众求知的欲望。

三是茫茫"文海"淹没"鲜活"新闻。不少会议新闻包罗万象，拖沓冗长，空话、套话连篇，让人看后听后不知所云，不得要领。受众想要得到的东西，仿佛大海捞针，即使找到了，也是一鳞半爪，难以解渴，而真正的新闻，常常湮没在"文海"之中。

会议新闻（指会议消息），是新闻分类中的一种，一般属动态性消息，采写会议新闻，看似比较简单，其实要把会议新闻写好、写活、写得精彩，而且具有较高的新闻价值和可读性，并非一件轻而易举的事。纵观"中国新闻奖"获奖作品中的会议新闻佳作，要写出会议新闻精品，归纳起来应从下述几个方面去努力：

精心选择会议题材和角度。对会议新闻选择应有两条标准：即会议的重要程度，以及与受众关系的密切程度如何。根据此标准，首先应选取重要的会议来报道。一条会议新闻价值的大小，是由会议本身所蕴涵的内容来决定的。一般来说，党和政府制定和发布的一系列路线方针政策，涉及每个时期的工作重点的会议具有重要的新闻价值，都应及时报道。其次应选取与受众关系密切的会议来报道。会议新闻只有同受众的需要合拍，才会在社会上引起广泛的反响。再就是选取能拨动受众心弦的角度来报道。一篇新闻，可以从不同侧面反映几个不同的主题。"横看成岭侧成峰，远近高低各不同"。因此，应选取那些最新鲜、最有特色、最能拨动受众心弦的角度来报道。

以第10届中国新闻奖获奖作品《簰洲湾溃口"淹"出7000人》（原载《长江日报》1999年2月27日）一稿为例，这篇会议新闻的选材和角度就很新颖、独特。这篇消息的作者，在湖北省九届人大二次会议上，选择了一个几乎被"淹没"在会议中的题材，即"簰洲湾因溃口暴露出统计人口'注水'"的情况后，立即三下簰洲湾深入采访，接着又到省计生委、公安厅、统计局核实簰洲湾"注水"人口准确数字，然后又上北京采访国家统计局政策法规司司长，最后用典型的虚报数字的事实，从一个侧面揭示出“数字腐败”的根源。报道对推动统计制度的改革和今后防止“数字腐败”，起到了重要的舆论监督作用。

在“特”字上下功夫。写会议新闻，要求记者或通讯员应抓住会议的特点，找出会议的特征，分析会议的特殊性。会议也有个性，表现为这个会议同那个会议不一样；同样的会议，今年的与去年的不一样，此地的与彼地的不一样。写特点，就是要研究会议中独特的东西。抓住它，体现出会议的个性来。这就要求记者、通讯员像沙里淘金那样进行筛选、裁剪和提炼，选取有特点的事实，抓住那些既反映会议特点又能为群众所关注的内容写出独家新闻，给新闻赋予鲜明的个性特征。对于会议程序、名单，应尽量不用或少用。对于空洞的表态和重复内容要舍去。会议的特点应该是同党中央的精神保持一致，同工作实际贴得尽量近些。尽量反映那些群众欲知而不知、求知而没得、想干而无方的问题。

以第 9 届中国新闻奖消息二等奖作品《我国铁路建设确定五年目标》（原载《人民日报》1998 年 3 月 29 日）一稿为例，这是一篇反映工作部署的会议新闻，它是靠独特的思想性来取胜的。

1998 年是我国经济工作实施加强基础建设、扩大内需、化解东南亚金融危机影响的一年，铁路建设又是重中之重。这篇新闻及时、准确、全面地介绍了我国铁路建设的五年规划，包括铁路五年建设的总体目标、投资规模、主攻方向、建设重点等人们普遍关注的重要内容。报道从受众关心的角度切入，写得通俗易懂而有气势，文笔清新、流畅而简洁有力。

标题也很有特色。这篇报道的标题采用了散句与整句相结合的表达方式，既做到了概事达意简洁明快，读来又朗朗上口。主标题以一个 12 字散句，概括了消息的主要内容，肩题以排比句“决战西南，强攻煤运，建设高速，扩展路网”，副题以一个对称句“投资规模：2500 亿元，营业里程：7 万公里”，具体地阐明“五年目标”的具体要求、主攻方向、投资规模，让人一见钟情，一目了然，以鲜明的特色取悦受众。

选活的事实，用活的材料。作为会议新闻的题材，有它先天不足的地方。会议基本上是议，是说，而不是做。会议的活动形式又是少数人（多为领导层）坐而论道，呆板、枯燥，缺乏生动性，缺乏活力。一般说，多数会议的新闻价值较低，是一个无法改变的客观因素。因此，要写活会议新闻，除重大的会议外，一般情况下要力戒大段抄录会议材料，就是一些“死”材料，也要力求用活，用得恰到好处。

以第 3 届中国新闻奖消息三等奖作品《向劳模鞠一躬》（原载《人民铁道》报 1992 年 11 月 17 日）一稿为例，这篇消息的作者，抓住会议中出现的活的材料进行报道，出奇制胜，写出了一篇为人称道的会议新闻佳作。

这篇消息报道虽是会议题材，却摒弃了会议新闻的写法，虽是安全生产的内容，却没有泛泛介绍一般事迹和经验，而是从分局长作报告的活材料切入，紧紧抓住报告中的一个典型人物的典型情节，着重写了分局长的“眼泪”和“鞠躬”，读来情感浓郁，真挚深沉，以情寓理，发人深思。如文中写道：“讲到这里，王冉同志再也抑制不住内心的激动，泪水夺眶而出，他泣不成声了。坐在主席台上的铁道部部长韩杼滨和黑龙江省省长邵奇惠也跟着落起泪来。顿时，会场里一片抽泣声。”

“许久，人们才渐渐恢复了情绪。王冉用手绢擦了脸上的泪珠，嗓门提高了些，在我们分局，正是有了像董振东这样的职工，才有安全生产的今天。我作为分局长，向你们深深地鞠一躬，谢谢你们啦！”

“王冉离开讲台，站好立正的姿势，向劳模们恭恭敬敬地弯下了腰……”

上述描写，全是记者在现场捕捉到的活材料，形象生动，现场感强，读后如临其境，如闻其声，如见其人，感人至深。

最大限度地去挖掘发现有价值的新闻事实。会议新闻的弊端虽然出在写作上，但根子却在采访上。责任感、使命感不强，抓不到有新闻价值的素材，怎么可能写出有新闻价值的会议新闻呢？因此，要想写活会议新闻，就应该从会议新闻的采访做起。

首先是记者要明确自己参加会议的 3 个身份。当记者接到指派参加党或政府某一部分的有关会议时，他便同时具备了 3 个身份：相对新闻单位而言，他是一名记者，他要完成新闻单位交给的会议采访任务；相对党或政府召开会议的部门来说，记者又是“喉舌”，会议的决策、结果，通过“喉舌”向外发布；记者同时还是一名受众——他是代替那些不能或不便参加会议的受众来开会的，他需要从会议上得到他们最渴望得到的信息。

实践证明，记者尤其要注意后两种身份。记者要时刻记住自己也是一名受众，那么他写出的稿子，在形式上应该是受众喜闻乐见的，它的内容，应该解答出受众的疑问，告诉受众他们最想得到的信息，否则，他的报道就失去了受众。与此同时，正如江总书记视察新闻单位时指出的那样，要“政治家办报”，作为党的“喉舌”，记者同样需要具有高度的政治敏感，必须学会吃透党的路线、方针、政策，了解党和政府在各个时期的中心任务，这样才不会在报道中出现挂一漏万，避免产生各种各样的偏差。

其次是作好采访前的准备。大量的新闻实践证明，准备得越充分，采访效果自然就会越好。采访前的准备包括情况准备、资料准备和活动准备。情况准备就是记者在接到会议的邀请后，可以事先同会议召集单位联系，询问有关会议的日程安排，有可能的话，可先把会议日程表、参加会议人员的花名册和一些关键性的材料要来，然后仔细进行阅读、分析、研究，做到心中有数。资料准备就是搜集有关资料背景材料。活动准备就是根据会议安排，记者应制定出自己的采访活动计划。比如什么时候找什么人谈话，怎样同一些关键人物接触，如何收集会议材料，如果有记者招待会，你打算提些什么问题，等等。

第三是跳出会议程序，利用会议间隙进行采访。现在有一种倾向，有些采访会议的记者，认为会议新闻就是那么回事，“接到邀请报个到，拿到材料往回跑”。他们大会不听，小会不到，与会人员不找，娱乐活动和礼品一点不能少，能发的发一篇应付差事，不能发的就此拉倒。这种采访作风是十分有害的。有责任心的记者，应该跳出会议程序，利用会议间隙，广泛接触与会者，或在餐桌上，或在休息室，或在参观游览途中，或在文艺活动的场所，利用一切机会同与会者交谈，三言两语，十句八句，视条件、时间而定，从中去发掘发现生动、活泼、有价值的材料。

以第 11 届中国新闻奖消息二等奖作品《中国成为国际反倾销最大受害者》（原载《法制日报》2000 年 8 月 8 日）一稿为例，记者在参加会议时，没有拘泥于“9 家彩电企业应对欧盟反倾销”这一会议主题，也没有满足于会上发的一大堆材料，而是在会下，继续采访业内人士和专家，寻求鲜活的东西，在所有与会者都已离去的会后，记者紧追至与会专家下榻的宾馆住处，继续进行采访，挖掘有价值的材料，并连夜发出了独家新闻。可见，跳出会议程序，利用会下会后广泛接触与会者进行采访，从中去挖掘生动、有价值的材料，是会议新闻出精品的有效途径。

第四是注意用眼睛观察。在一部分记者眼里，会议最无色彩，最乏形象，认为会议新闻干巴枯燥在所难免。其实，会议总体上单调刻板，但也不乏动人的细微之处，细心观察，给会议新闻添加一点视觉形象，就可以画龙点睛，使会议新闻生辉。不少获奖会议新闻作品就是记者认真观察，观察会场气氛，观察与会者的情绪，观察发言人的举止神态，观察会场周围出现了什么情况等所捕捉到的新鲜材料写成的。一位有经验的老记者说：“最优秀的报道往往来自记者的直接观察。”这是经验之谈。

以第 8 届中国新闻奖消息三等奖作品《首都女记协纪念杨刚逝世 40 周年》（原载《人民日报》1997 年 10 月 8 日）一稿为例，文中写道：“当雷洁琼、爱泼斯坦……以充沛的感情追怀历史的时候，与会者再度领略了逝者音容笑貌。冯亦代忆起与徐迟、袁水拍在香港从事革命文艺的日子，幽默地说：‘那时，杨刚带着我们3个小弟弟。如果她还是带着我们，我们也不会像今天这样吊儿郎当。我这个样子，她在世是会骂我的。’”“会上，杨刚同志的女儿郑光迪展示了张伯海在帮助萧乾编辑的《杨刚文集》时保存的杨刚手稿，以及邓颖超、胡乔木、夏衍等同志的手迹。”上述通过记者眼睛观察写出的现场细节描写，既俭省又精彩，有力地增强了会议消息的可读性和可信性。

瞻言见貌有画面

——消息精品中的“蒙太奇”手法

增强消息的可读性，在消息写作中运用“蒙太奇”手法是个好办法。

何谓“蒙太奇”手法？它是借用电影制作中的一种技法。一部影片是由许许多多不同的镜头组接而成的，因此在电影制作中，需要将全片所要表现的内容分为许许多多不同的镜头，分别拍摄完成后，再按照原定创作构思，把这许多分散的、不同的镜头有机地组接起来，使其通过形象之间相辅组成的关系，产生连贯、呼应、悬念、对比、联想、暗示等作用，从而形成各个有组织的片段、场面，直到一部完整的影片，这种表现手法通常称为“蒙太奇”。

一篇消息，通常也是由许多“镜头”组成的。运用这一技法来处理“镜头”的联结和段落的转换，可使消息结构严整、条理通畅、展现生动、节奏明快，有助于充分揭示“画面”的内在含义，增强感染力。如果是在情节性强的事件性消息中，效果更佳。请看第8届中国新闻奖消息一等奖作品《别了，“不列颠尼亚”》（新华社1997年7月1日播发）一稿，全文除导语外，共10个自然段。为说明方便，我们不妨将其看为10个小“镜头”。

①在蒙蒙的细雨中，英国的告别仪式在港岛半山上的港督府拉开了序幕；

②最后一任港督彭定康带着凝重的面色注视着港督旗帜在“日落余音”的号角声中降下旗杆，并登上带有皇家标记的黑色“劳斯莱斯”离开了港督府；

③掩映在绿树丛中的港督府白色建筑成为历史的陈迹；

④告别仪式在添马舰东面举行；

⑤查尔斯王子在雨中宣读英国女王的赠言；

⑥7时45分，广场上开始了当天港岛上的第二次降旗仪式；

⑦子夜时分，在中英香港举行的交接仪式上易帜；

⑧五星红旗伴着《义勇军进行曲》冉冉升起，解放军开始接管香港防务；

⑨查尔斯王子和彭定康登上“不列颠尼亚”号的甲板，“不列颠尼亚”消失在南海的夜幕中；

⑩从米字旗插上港岛到五星红旗在香港升起，一共过去了156年5个月零4天。

这10个“镜头”相对独立，跳跃展开香港回归祖国的情景，同时，相互之间又有这样那样的联系，共同揭示香港回归这一具有划时代意义的主题思想。不难看出，全文10个场面充分展现了人们对香港回归这一具有历史意义重大事件的喜庆与欢欣。“蒙太奇”手法的运用，使文章打破了时间空间的局限，舍弃了许多不必要的琐碎材料，既简洁明了，又包蕴丰富的内涵，读后令人难忘。

“蒙太奇”手法在消息写作中之所以会有许多的好处，这主要是由下述几方面的原因决定的。

——适合消息这种体裁的特点。消息写作要求简洁明快，不拖泥带水，以尽可能少的文字传达尽可能多的信息。“蒙太奇”手法正是适合了这一特点。它以画面与画面的内在联系取代了烦琐的叙述联系，节省了大量的笔墨。各自相对独立的画面本身具有较强的辐射力，这种辐射填补了画面之间的文字空白，激发了读者的想象力，引导读者对画面进行再创造，大大增加了画面和消息的容量。可见，“蒙太奇”手法对克服新闻写作中存在的“长风”问题，增加消息的信息量，提高报纸的信息服务质量，无疑有着很大的促进作用。

——适合现代人的快节奏感。现代人是快节奏的，而“蒙太奇”手法的运用可以使消息写得符合他们的节奏感要求。它通过陈列简明的新闻事实、穿插背景材料等方式，使消息画面跳跃展开，变得极富动感。一般来说，消息写作中运用“蒙太奇”手法，往往又同“倒金字塔”的结构方式结合在一起的。而这种结构方式主要是将大大小小的事实，按其重要程度先后陈列，必然会切割、颠倒时间，造成较大跳跃，进而增加消息的节奏感。

——适合读者对节约时间的要求。忙忙碌碌的读者没时间看长文章，他们要求能够在较短的时间内获得所需要的各种信息，因此多选择短消息阅读。而“蒙太奇”手法就满足了读者的愿望，使消息变得主要提供事实，不以自己的解释和议论左右读者，从而有效地调动了读者的参与意识，自然就会受到读者的欢迎。

“蒙太奇”手法在运用中，主要应抓好以下4点：

一是多些生动的形象。消息在以实实在在的事实说服人的同时，还应多些具体生动的形象感染人，而不是用抽象的道理、作者的说教将读者使来唤去。从具体可感的东西中，读者通过自己的理解，对所获得的信息进行消化、整理。生动的形象性是“蒙太奇”手法一个很突出的特点，它给人以活生生的画面，并将这些画面用一根看不见的线索串联起来，使消息在无数生动的形象里流动、延展开去。可见，离开了生动的形象，就不会是“蒙太奇”手法。

二是写好跳跃。古人云：“文似看山不喜平。”“蒙太奇”手法的又一重要特点就是从画面到画面须有跳跃。多彩交错的画面跳跃的好处就在于能使消息写得崎岖不平。另一方面，跳跃本身又能加强画面之间的相互辐射，使消息在舍弃传统的时间线索的同时，贯穿起一根意义的线索，这根线索虽然看不见，却能感受到，虽然了无痕迹，却具有更大的约束力。

三是写好细节。细节像一股无形的力量，撼人心魄，犹如“神指”，拨人心弦。它可以使人欢欣鼓舞，激动不已；又可以使人凄然泪下，哀婉欲绝；它可以引人发哭，逗人笑，使人恨、发人思。抽象的东西可以用生动活泼的细节表现出来。细节可以起到突出主题的作用，还可以表现事件和人物的特征，增强真实性、典型性。细节是新闻事实赖以说活的语音。从较大的角度看，“蒙太奇”手法所驱使的是一个个生动的“镜头”；从小的方面看，“蒙太奇”手法所驱使的又何尝不是一个个细节呢？那一个个“镜头”，归根到底无非是由一个个细节组合串联起来的。细节是新闻事实之树上的红果子。可见，不仅要写细节，而且要下功夫写好细节。要把那些具有典型意义，富有表现力和感染力的细节，巧妙地一一镶嵌到消息中去，而对于那些平常的，可有可无的细节，则不必怜惜，否则，就是为细节而细节，效果只能是适得其反了。

四是剪接好“镜头”。光有一个个好“镜头”还不行。还必须使这些本来无序的“镜头”变得有序，使之回到恰当的位置上，使单个的“镜头”以倍乘的合力发挥作用，就要剪接好“镜头”。在诗歌里有反复咏叹以加强感染力的手法，在新闻写作中，可以借鉴这种手法，把同类的事实、同类的细节，反复地，又是逐步深化地剪接在一起，组织在一起，这就可以产生较强的感染力。剪接“镜头”，不能靠记者或通讯员的叙述、议论去进行，它必须通过内在的联系来完成。这样的剪接既显得自然、无痕迹，又能大大精练消息，省时省力。这是“蒙太奇”手法不同于其他手法的特殊之处，也是特殊作用赖以发挥的重要条件之一。

写好消息的“最后冲刺”

——消息精品是这样写结尾的

消息的结尾，历来容易被忽视。记者（通讯员）写稿，习惯于“倒金字塔式”的消息结构，即将最重要的新闻事实摆在最前面，然后安排重要的、次重要的，到最后就剩下可有可无的东西了；编辑编稿，则可以从后往前删，删到哪里算哪里。现在报纸上不少消息，根本没有结尾，这是一个客观事实。正因为如此，介绍新闻写作技巧的文章不可谓不多，但探讨消息结尾的文章却较为少见。笔者在平日浏览新闻报道时，常常有这样的感觉：看到新闻导语感觉较好，读到结尾却会感到生硬、乏力或尴尬。而在阅读欣赏那些脍炙人口的新闻名篇及“中国新闻奖”获奖作品时，却强烈地感受到：这些新闻篇幅虽短小，但大都有一个耐人寻味、令人叫绝的好结尾。

大量的新闻实践证明，一条好的消息，既要有好的导语，好的新闻主体，也应有一个好的结尾。古人论述文章写法时曾提到“凤头、猪肚、豹尾”，“结句当如撞钟，清音有余”，“一篇全在尾句，如截奔马”。联系到消息写作，对于导语、主体、结尾三者，都应当予以足够的重视。著名记者、新华社原社长穆青说：“新闻的实践表明，消息结尾的设计，也是一门艺术，有人将它比作消息的‘最后冲刺’。”这是经验之谈。美国密苏里新闻学院写作组认为：“写得好的报道，必须有强有力的结尾。”美国著名记者休·马根说：“我长期以来一直信奉：一篇报道既要有好的导语，也要有一个有力的结尾。”

基于对结尾的这种追求，联系到“中国新闻奖”部分获奖消息的写作实践，笔者将消息结尾的常用表现形式，归纳为下述 17 种：

——评论式结尾。它是对所报道的新闻事实，最后以评论的语气来结尾，且往往带有一定的哲理性。例如：第 5 届中国新闻奖获奖消息《陆家嘴金贸区一派沸腾》一稿，在结尾处写道：

再从天上看地面，南有盘旋的南浦大桥，北是弯曲的杨浦大桥，中间一颗闪闪发光的东方明珠，陆家嘴地区构成了一派“双龙戏珠”的沸腾景象。有位外国商人参观后预言：“这里将是 21 世纪的国际资本市场！”

文中所写的“双龙戏珠”及借外国人之口说的一句话，都具有强烈的评论色彩，从而有力地深化了新闻的主题和增强了新闻的价值。

——希望式结尾。它是在叙述新闻事实后，作者在新闻作品结尾时，对新闻事实或新闻中的人物表达希望、建议、忠告。但这种表达要婉转、中肯，易于让读者接受，例如：第5届中国新闻奖获奖消息《上海出现第一位“洋菜农”》一稿，是这样结尾的：

朗杰士在上海浦东种菜虽已获得成功，但他最近仍有不少苦恼，如目前他还在危房里住宿、办公，与艾东大队还有不少矛盾未解决，他希望政府和市有关部门支持他一把，把美国园艺场再提高一步。

——总结式结尾。在结尾处对消息的内容加以小结，点明新闻事实的意义，或作一归纳，再次点明主题，找出诸多事实的共同意义，给读者留下一个整体印象。写作方法上，既可以单纯对新闻事实作归结，也可以对事实进行适当议论。例如：第8届中国新闻奖获奖消息《别了，“不列颠尼亚”》一稿，其结尾是：

从1841年1月26日英国远征军第一次将米字旗插上港岛，至1997年7月1日五星红旗在香港升起，一共过去了156年5个月零4天。大英帝国主义从海上来，又从海上去。

用这个代表着历史意义的结论作结尾，令读者回味无穷。

——警告式结尾。意指针对社会上存在的某种倾向、问题，在结尾处用警告句告诫人们提高警惕，免受其害或劝其改正。这种结尾，一般用于针对时弊和现实生活中存在的问题进行报道的揭露性新闻。运用此法结尾，表达的语言要准确、精练，不能拖泥带水，要婉转，易于别人接受，例如：第5届中国新闻奖获奖消息《出台最低工资标准，保护工人合法利益》一稿，在结尾处写道：

苏海南说，最低工资制度表明我国准备与国际惯例接轨的决心，那些克扣或拖欠工资的企业将受到法律的处罚。

——描写式结尾。即在结尾处用描述的手法，使人如临其境，如见其人，如闻其声，以加深新闻的感染力。它主要用于一些适用描写为主，力求再现现场的新闻题材或罕见的奇观。用这种手法结尾，可增强新闻的可信性和现场的生动感。例如：首届中国新闻奖获奖消息《武汉百里长堤巍然锁大江》一稿的结尾是这样写的：

昨日上午在汉口龙王庙堤段，插着蓝色小旗的防汛指挥车辆频繁往来于大堤各个闸口之间。与此同时，毗邻的汉正街小商品市场生意依然红火，由上海驶来的客轮准点靠上汉口码头。人们脸上虽然对长江大汛面带惊奇，却见不到一丝慌乱。

这段记者在采访现场通过近位观察、近景扫描捕捉到的情景，读来觉得真切、生动、可信。

——数字式结尾。这是指以数字表达新闻结尾的内容。运用此法结尾，可对新闻事实起到归纳、概括的作用，帮助读者从总体上理解、深化对新闻主题的认识。运用数字式结尾，必须交代数字来源，并确保数字的准确性。例如：第10届中国新闻奖获奖消息《簰洲湾溃口“淹”出7000多人》一稿，其结尾是：

大水退后，簰洲镇、合镇乡向外公布其挨家挨户统计出来的总人口数为64096人。此数字与灾前的人口统计年报数57048人相比，竟有7000多人的惊人差异。

——**批驳式结尾**。在新闻结尾处，“一语中的”地用事实批驳谣言与谬论，阐明科学与真理，使新闻主题更加明朗、突出，甚至得到升华。例如：第10届中国新闻奖获奖消息《“天体大十字”预言宣告破产》一稿，在结尾处写道：

北京天文台副台长赵刚说：“从科学家的观点来看，18日的天象没有什么特别之处。”南京紫金山天文台副台长严俊指出，每到世纪末都有一些人为了达到某种目的而散布一些耸人听闻的言论，19世纪也有类似“世界末日”的说法，事实证明这种预言非常荒谬。

——**点睛式结尾**。在结尾处来一个“画龙点睛”，使读者有“顿悟、猛醒”之感。这种结尾方式常常用抒情的笔调，或者借助人物的语言巧妙含蓄地点明主题，深化主题，帮助读者加深对新闻实质的认识和理解。例如：首届中国新闻奖获奖消息《读者你猜：他的职称……》一稿，在讲述了本文主人公梁昆浩，由于学历低、论文少，尽管他的实际水平很高，能力很强，成绩突出，仍然评不上高级职称。报道在结尾处写道：

然而，他还只是个助理建筑师……

这个结尾，可谓“画龙点睛”，着墨很少，就回答了标题所提出的问题，读后耐人咀嚼。

——**引语式结尾**。它是运用新闻中的当事人对某一事的评价或作出的感叹做结尾，既总结全篇，又使新闻真实可信。例如：第9届中国新闻奖获奖消息《长江上游仍在砍树》一稿，其结尾是：

记者在几天的采访中看到，雅砻江下游两岸目前仅有些残次林木，水土流失严重，当地老乡说：“每一场暴雨都造成洪水或滑坡、塌方。以前江水一年四季都是清的，现在变成‘黄河’了。”

这个结尾，引用老乡的话，有力地深化了“放下斧头，拿起锄头”，停止天然林砍伐，根治水土流失，保证大江大河安全的新闻主题思想。

——**提问式结尾**。记者依据新闻事实，针对实际工作或社会生活中的矛盾或倾向性问题，顺水推舟，在结尾处尖锐地提出问题，有使读者掩卷长思的效果。例如：

第8届中国新闻奖获奖消息《来自高墙的哭诉》一稿，在结尾处写道：

昨天傍晚，当记者走出“亿鑫”大门的时候，回头远望厂区围墙上那数米高的铁丝网和一个个挂在墙头的监控器，一种沉重的心情油然而生。那些留在厂里的打工仔打工妹，你们能拿起法律之剑去维护作为一个劳动者的合法权益吗？

——表决心式结尾。它是指新闻中的人物、单位对此类新闻事实的发生表达自己内心的真实感情或提出今后保证、表示决心。结尾中的表决心是新闻事实的延伸，是表达新闻事实的必然结果。要注意上下语气和谐、一致，要给读者以合乎情理、顺其自然之感。例如：第5届中国新闻奖获奖消息《昔日伐木建功，今朝栽树“还债”》一稿，在结尾处写道：

听到江总书记问候自己的消息，马永顺非常激动，表示感谢总书记的关怀，只要身子骨不散，还要上山栽树，为青山常在，造福子孙贡献余热。

——呼吁式结尾。针对报道的事实，在消息结尾处提出呼吁，目的是引起读者和社会的关注，使问题得到解决。例如：第9届中国新闻奖获奖消息《采沙毁堤何时休》一稿，其结尾是这样写的：

记者吁请沿江各地政府和有关执法部门严格执法，适度采挖，确保千家万户的安宁，不要使这种只顾眼前利益、置人民安危于不顾的现象再持续下去了。

——信息式结尾。即在新闻结尾处提供新的情况，成为新闻主体事实的补充。例如：第8届中国新闻奖获奖消息《三峡工程实现大江截流》一稿，在结尾处写道：

1994年开工建设的三峡工程预计总投资2000多亿元，是中国两千多年继万里长城之后最宏伟的工程。它于2009年建成后，将大大减轻长江中下游的洪水威胁，改善险峻的川江航道，并极大地缓解中国能源紧张的局面。

在这段结尾中，记者向读者提供了至少6个新的信息，从而使新闻主题更加突出，大大增强了报道的新闻价值。

——比喻式结尾。比喻，即俗话说的打比方。中国的汉语极其丰富，比喻的范畴甚广。比如，用“尚方宝剑”比喻上级的指令；用“桑榆”比喻人到老年；用“春蚕”比喻人的勤恳；用“乌纱”比喻人的官职；用“太阳”比喻“光明”等。运用比喻作结尾，可以形象化，直观性，可以举一反三，引起读者的联想、想象，从而达到增强报道诱惑力的目的。例如：第10届中国新闻奖获奖消息《西方反华图谋再遭失败》一稿，其结尾是：

当大会主席宣布中国提出的动议获得通过时，场内立即爆发出阵阵掌声，西方国家的第7次反华提案终于胎死腹中。

文中用“胎死腹中”比喻“西方反华图谋再遭失败”，读后，余音缭绕让人有一种悦目感。

——悬念式结尾。悬念，是指读者对新闻事件发展和人物命运产生的紧张心情。这种结尾方式，是在结尾处给读者设下“疑问”，然后很快给予释念，或设下疑问，引导读者自己去思考，自己去找答案。例如：第7届中国新闻奖获奖消息《大屋陈乡“鸭官司”发人深思》一稿，在结尾处写道：

这一“随口打招呼”引出“官司”目前正在审理中。

这一“正在审理中”留下的悬念，必然会吸引读者继续关注这一新闻的后续报道。

——背景式结尾。有些背景材料，在消息的前几个自然段中不便过多使用，便可安排在消息的结尾处，用来增加新闻的信息量，或让背景事实与主体事实形成对比，使报道内容更加完整、丰满。例如：第4届中国新闻奖获奖消息《儿子全当兵，姚妈妈好光荣，陆海空武警，四兄弟都过硬》一稿，其结尾是：

当记者向姚大妈要一张“全家福”时，她不无遗憾地说：“这4个孩子在部队上工作忙，很少回家，十多年了也没照成一张团圆相。”

文中交代了十多年没有照成一张“全家福”的背景材料。从这里可以看到此事背后更深刻的东西：4个儿子爱妈妈、更爱祖国；他们虽没有团圆，却使千千万万的家庭生活在团圆、和平、幸福之中。此结尾，看似“闲笔”，实则不“闲”，反起了深化主题的作用。

——自然式结尾。又称“倒金字塔式结尾”。即事实材料按重要递减的顺序安排，把新闻的各种事实要素交代完毕后，全文已具有一种“水到渠成”之势，无须另置尾段或结束语，给读者以相对完整的概念或印象时，即可言尽意止。大多数“倒金字塔式”的动态新闻，均采用这种自然式结尾，像第10届中国新闻奖获奖消息《北约野蛮轰炸我驻南使馆》《中国地铁列车今天穿过天安门广场》等作品，都是采用的自然式结尾。

上面提及的17种结尾方式，往往不是孤立存在的，而是有机地结合在一起的，互有渗透，只是各有所侧重罢了。自然，其他的结尾方式应该还有，难以历尽，更有待于创新。

精心选材 巧妙构思

——短通讯精品是这样写就的

在新闻报道中，短通讯占有一定的比重。在历届“中国新闻奖”的评选中，每届都有短通讯入选。有人说短通讯有“三多”，即通讯员、记者写得多，报纸、广播、电视采用得多，受众中喜欢的人多。

尽管短通讯是常用文体，大家写得比较多，相对而言，较之其他文体写起来又容易些，但是不肯下功夫，不掌握其写作特点，也是写不出精品来的。

要写好短通讯，就要掌握好它的基本特征以及它与其他文体的区别。短通讯与其他文体一样，都具有真实性、典型性、鲜活性和指导性，具有通讯的基本特征，即要求故事性强，有头有尾有波澜；要求完整细致地展开所报道的人和事，并通过具体的活动来揭示新闻思想；要求在保证真实性的前提下，讲究表达方式方法，尽可能运用多种表达方式，如描写、抒情、对话及比喻、拟人等修辞手法，把报道写得生动活泼、平中见奇、出人意料。短通讯与其他文体的区别在于：由于篇幅短小，每篇四五百字者居多，长者也是在千字以内，故不要求反映事物的总体面貌，只要求摄取事物的一个场面、一个矛盾、一个情节或者一个片段来写人写事；它线索单一，无枝无蔓，从一叶悉全树，以一斑见全豹，从人们日常生活中的“小事”来反映社会生活中的大事，使受众从中受到启迪和教育。但也有少数短通讯同时写几个小故事的，如《×××二三事》等；有的故事有情节，也有的可以没有情节。中国新闻奖作品中的《二连浩特“手语市场”》（第3届通讯二等奖）、《428级台阶》（第5届通讯二等奖）、《珍贵的财富——王树理离任小记》（第8届通讯二等奖）、《秋林老总何其多？》（第14届通讯二等奖），等等，都是短通讯的成功之作，是短通讯中的精品。

从“中国新闻奖”作品中的短通讯来分析，要写出短通讯精品，需要注意掌握好以下 3 点。

一、采访要深入，选材要精心。写作短通讯所需要的典型情节和片段，并不像沙滩上的石子，俯拾皆是，而往往像蚌壳里的珍珠，不仅淹没在水里，而且裹着坚硬的贝壳。要获得它，就要像高明的摄影师那样，善于捕捉现实生活中珍贵的一瞬；要深入采访，掌握充足的第一手材料，重点摸清事件发生的时间、地点和背景材料，摸清与这事件有关的人和事，摸清当事人在这事件中的活动、言论和思想以及这件事的效果、影响和周围群众的反映等。然后再去伪存真，去粗取精。也就是说，搜集材料时要韩信点兵，“多多益善”，而写作起来则要孙子用兵，“以一当十”，精选事例。要选那些最能说明问题的事例，让事实说话。要小中见大，平中见奇。

以第 16 届中国新闻奖通讯二等奖作品《这一刻，我在梦中想你千百回——目击航空兵某团女飞行大队长刘文力战胜癌症重返蓝天》（原载《空军报》2005 年 6 月 25 日）一稿为例，刘文力是我国培养的第六批女飞行员，也是我军目前唯一的女飞行大队长，她以顽强的毅力战胜癌症重返蓝天，具有很强的新闻性。记者为了写好这篇 912 个字的短通讯，曾多次对刘文力进行采访，还曾专门到山东泰安看望正在家中养病的刘文力，深深地为她对飞行事业的执着所感动，采写了《给我女儿，也请还我蓝天》的专访。之后，一直密切关注着刘文力重返蓝天的每一个过程。在刘文力重返蓝天的当天，记者还深入到飞行现场，并乘坐刘文力驾驶的飞机一同飞上蓝天。在空中，记者走到前舱，仔细观察刘文力的表情和飞行操纵动作及空地对话，飞机第二次平稳着陆后，记者从后舱跑了下来，拿着一束早已准备好的鲜花等候着刘文力，飞机舱门打开后，刘文力从舷梯走下来，记者把鲜花送给她，她突然紧紧地抱住记者，泪珠大颗大颗往下淌。记者对采访得来的这些材料，进行了精心筛选。通讯采用亲历式的表现手法，文中又将背景材料如刘文力的日记等，像“天女散花”那样，穿插其间，生动地展现了刘文力重返蓝天的飞行过程和心路历程。读后，让人感动，让人敬佩，让人受到教育和鼓舞。

刘文力战胜癌症重返蓝天的消息在军内外引起强烈的反响。2005 年 8 月 23 日，胡锦涛总书记在视察该部队时，亲切地握着刘文力的手说知道她的事迹，“祝贺你重新飞上蓝天”。2006 年 2 月 17 日，新华社、人民日报、光明日报、中国青年报等中央十多家媒体联合组成采访团，对刘文力的先进事迹进行了集中宣传报道，产生了良好的社会影响。

二、主题要鲜明，构思要巧妙。短通讯尽管篇幅小，但主题鲜明是不能忽视的。短通讯的主题，一要集中，不能在小小的篇幅里表达过多的意思；二要突出一个“新”字，要长于标新立异。主题确定之后，要围绕主题，像电影剪辑师那样，巧剪妙裁，将一个个分镜头有机地组合起来，构成一个鲜明的画面。短通讯的构思应像行云流水，行止得当。开头宜开门见山，不要绕弯子；段落之间应按时间顺序和空间位置相结合的原则，上下贯通，过渡自然，一般不宜跳跃太大，应使人一目了然，结尾要简洁明了。

以第15届中国新闻奖通讯二等奖作品《要算一算“三笔账”》（原载《浙江日报》2004年7月16日）一稿为例，2004年7月15日，在浙江省推进党风廉政建设电视电话会议上，习近平代表省委常委会向全省人民作出6条廉政承诺。其间，他脱开讲稿“插话”，以屈指算账的独特方式告诫领导干部要算好经济、法纪、良心“三笔账”。记者在场采访，觉得“三笔账”算得很实在，很真切，入情入理，引人深思，严肃而又亲切地提醒领导干部用权要讲官德，交往要讲原则，保持清醒的头脑，做到两袖清风，做党风廉政建设的表率。同时，发现与会干部也产生了强烈的共鸣，这样的材料如写成报道，无疑主题是鲜明、新颖的。于是当即向有关部门提出，除写好常规的会议消息外，将这“三笔账”进行巧妙构思，以会议侧记的形式，单独写成一篇短通讯。全文540个字，共分5个自然段。以习近平“语重心长地告诫”做开头，然后写一算“经济账”、二算“法纪账”、三算“良心账”，再以“在重商、安商、亲商的同时，慎独、慎初、慎微，做到两袖清风，‘君子之交淡如水’”做结尾，读来顺畅自然，简洁明快，一目了然。

据介绍，作品在《浙江日报》上刊出后，读者反映很好。不少读者给报社打电话说，省委领导的讲话实实在在，令人信服，相信省委提出的6条廉政承诺能够完全实现。习近平在一次省委常委会上说：“浙报的报道，对促进全省党风廉政建设起到了积极的作用。”此稿在全国也引起很大反响。《人民日报》《解放日报》《中国纪检监察报》《解放军报》等15家报刊和9家主流新闻网站都加以转载，有的还配发评论。人民日报浙江记者站记者根据该文内容编发了内参，时任中宣部部长刘云山在内参上批示：“很有思想深度”。在中国新闻奖的评选中，这篇短通讯顺理成章地受到了评委们的青睐。

三、要注意细节描写。短通讯的篇幅小，写细节尤其难，但是，细节犹如点龙睛，传神之微“难”处生。唯其小，更应在“钩叶点心”之笔下功夫。名记者穆青同志说：“有时，一个细节比千言万语生动得多、有力得多。”如果把报道的人物和事件的主要情节比作树干的话，细节就是枝叶；如果把情节比作躯体的话，细节就是血肉。有主干、有深根，还有枝叶，才是一棵葱郁的大树；有灵魂、有躯体、有血肉才能构成一个有机的生命。没有细节描写的报道，会使读者有隔岸观花的感觉。有人说，几百字的短通讯，哪有细节容身之地呢！大量的写作实践证明，这种说法是站不住脚的。

请看第10届中国新闻奖通讯二等奖作品《强震中的宝岛》（原载《人民日报》1999年9月22日）一稿，在全文630个字的篇幅中，就有2/3还多的篇幅是细节描写，如文中写的：

9月21日凌晨1时许，台北市上空飘着细细雨丝，市中心一些大影院的末场电影还没散场。1时47分，突然，大地剧烈地晃动起来。整个台湾岛像是汪洋里的一条摇摆的船。

这座14层高的饭店大楼与台岛一起摇晃着，发出“咯吱、咯吱”的响声；石灰与土渣从屋角裂缝处落到地上，强烈的震动持续了一分多钟。大楼一片漆黑，饭店立即启动自备电机、应急自动照明灯，走廊里的红色警灯、警报器响成一片。

片刻，全体团员都已趁地震间隙更衣跑出旅馆。台湾导演协会的陪同也来到旅馆看望代表团，并发给每人一支手电筒。这时，台北街头响起了警车、救护车的呼啸声。人们扶老携幼，跑到街上，有人把汽车引擎发动，随时准备跑到空旷处。

台北市八德路四段一栋居民公寓与旅馆混合楼倒塌。记者在现场看到，1～6层陷入地下，7～12层倾斜。在马路上，有60多人受困。瓦斯燃烧持续到午后，消防车不断喷水，救护人员竭力从倒塌的楼房中抢救幸存者。

今天，台北全市停电，商店、银行、邮局停业，公共汽车、出租车照常行驶，基本上没有发生恐慌现象。至下午3时30分，记者下榻的饭店房间恢复供电……

谢晋导演坚定地说：“天灾动摇不了我们开展两岸交流的信心。”

这篇发自台湾地震现场的短通讯，见报后，时任人民日报社社长的邵华泽同志批示：“文章短，内容充实，叙述客观，现场感强，有很强的新闻性和可读性。”表现了作者“高度的敬业精神、新闻敏感和扎实的业务基本功”。文章由于注意细节描写，形象地把地震中的台湾展现在读者面前。文中把台湾比作“汪洋里一条摇摆的船”，取自当时在台湾举行的“两岸电影半世纪——谢晋李行电影展”中台湾著名电影导演李行的电影片名，不仅生动贴切，而且针对“两国论”和“台独”，一语双关。这充分说明短通讯不仅可以有细节描写，而且可以有较多的细节描写。短通讯中的细节描写符合新闻写作规律。

短通讯写作没有什么秘诀，关键在于多实践、多摸索。正像雕塑家一样，功夫到了，自然就会雕琢出玲珑剔透、巧夺天工的艺术作品来的。短通讯是新闻报道中的“轻武器”，胡乔木同志曾赞扬它能“切实紧凑地传达着生活和战斗的各个侧面”。在当今实施科技创新、建设和谐社会的今天，充分利用短通讯这种新闻报道形式，大量反映社会生活中多姿多彩的人和事，是时代赋予新闻工作者的使命。新闻竞争，核心是内容的竞争。内容竞争，就是要有好作品，要有新闻精品。各种新闻体裁都可以出精品。其中短通讯同样能够出传世之作。愿记者（通讯员）们能充分利用短通讯这种“轻武器”，采写出更多的新闻精品来奉献给受众，以满足受众日益增长的信息、文化、科技等方面的需求。

灵活多样　勇于创新

——人物通讯精品的写作特色

所谓人物通讯，它是属于通讯体裁中的一种，是以写人的事和思想为内容的一种报道，它所报道的人物要求具有一定的典型意义。它同人物消息写作的区别，主要是用较详尽而形象的文字，描述人物的活动及其事迹，揭示人物的精神面貌或性格特征，从而使受众受到启迪和感染。

人物通讯的分类：从报道内容来说，它可以分为个体人物通讯和集体人物通讯两种。所谓个体人物通讯，即报道一个典型人物的事迹。比如：《英雄赞歌——记独臂英雄丁晓兵》（第 17 届通讯一等奖作品）、《百姓心中的丰碑——追记公安局长的楷模任长霞》（第 15 届通讯一等奖作品）、《领导干部的楷模——孔繁森》（第 6 届特别奖作品）等，就属于这一类。所谓集体人物通讯，即报道一群人物的事迹。比如魏巍写的新闻名篇《谁是最可爱的人》，“中国新闻奖”作品中的《矿难中专与死神搏斗的勇士》（第 15 届通讯二等奖作品）、《长江抗洪录：灾区欢迎三种人》（第 9 届通讯二等奖作品）、《守水记》（第 4 届通讯三等奖作品）等，就属于这一类。

从表达形式来说，人物通讯又分整体式和集纳式两种。所谓整体式写法，即一篇人物通讯，从头到尾只写一个人或一群人，一气呵成。上面所举的丁晓兵、任长霞、孔繁森等人物通讯，不论是长还是短，都是这样写的。这也是一般人物通讯经常采用的写法。

所谓集纳式写法，即在一个主题思想统率下，从不同的侧面分段写若干人物的事迹，然后再“组装”成一篇通讯。比如上面列举的《长江抗洪录：灾区欢迎三种人》一稿，就是由“绿色长城”“白衣天使”“无冕之王”中的解放军战士、医护人员、新闻记者三种人的事迹集纳“组装”而成的。

如何将人物通讯写成精品呢？“中国新闻奖”作品为我们提供了下述十个方面的经验，值得学习和借鉴。

抓开头，以奇句夺目。

万事开头难，写文章也是如此。开头写好了，既可以为下文的写作开辟一条广阔的思路，又可以一开始就将读者牢牢地吸引住，唤起他继续读完全文的兴趣。写好人物通讯的开头，能不能概括出一些一般规律呢？我认为是可以的。“中国新闻奖”作品中的人物通讯，为我们提供了下述8点开头的技法，可供参考和借鉴。

1. 以动人的悬念开头。它是抓住新闻事实中有矛盾、有跌宕的情节，构成引人入胜的悬念，紧紧地吸引读者寻求问题的解答，可给人以“山重水复疑无路，柳暗花明又一村”的感觉。请看下列举例：

例一，《擦鞋者说》（第17届通讯二等奖作品）一文的开头：

南京有一个“郭师傅擦鞋店”，别人擦鞋1元一双，这里都要2元，可生意依然红火。

例二，《挂职检察长忙着卖西瓜》（第17届通讯二等奖作品）一文的开头：

压砂西瓜的事竟要由胡副检察长分管。他对西部检察官参与非职务活动有许多看法。

9月11日下午6时许，从福建省泉州市检察院来到宁夏中宁县检察院任挂职副检察长不足半年的胡向阳，一路风尘向记者走来。满脸的苦涩透过他那瘦弱的身体仿佛告诉记者：我已为压砂西瓜的事奔波几个月了。

例三，《鲁冠球笑谈“猴子”与“老虎”》（第2届通讯二等奖作品）一文的开头：

“山中无老虎，猴子称大王”。当乡镇企业在中国广袤的田野上崛起时，杭州万向节总厂厂长鲁冠球，曾说过这样一句话。

如今，中央再三强调要搞活大中型企业，并出台了相应的政策，各大中型企业摩拳擦掌。“老虎要出山了！”那么此时，“猴子”又是如何呢？

2. 以重要的情节开头。它是用“倒金字塔结构”的形式，将人们关注的要闻放在开篇，使主题鲜明突出，吸引读者注目。请看下列举例：

例一，《他用生命书写新闻》（第15届通讯二等奖作品）一文的开头：

希望和祈祷在继续，但震惊和悲伤却实实在在落在人们身上。

位于海口金盘路30号的海南日报13楼经济部，记者们太异样。换作往日，他们会接到各种采访的通知，这是平常的事。

但9月4日，他们接到的却是“甘远志走了”的噩耗。

“怎么可能？”记者赵红说。她的对面，是甘远志的桌子，上面一瓶药丸，一张贺卡，一只茶杯，里面还装着满满的茶水……

例二，《美丽人生》（第15届通讯二等奖作品）一文的开头：

2002年7月，合肥钢铁集团公司举行十佳干部评选，大家不约而同地写下了同一个名字——苗素娥。

一名普通的共产党员、公司职工医院分院中医主治医生，何以赢得人们如此的爱戴？认识和熟悉苗素娥的人都说，这是苗医师几十年如一日真情奉献的结果。

例三，《生命有限，笑声永恒》（第13届通讯二等奖作品）一文的开头：

采访夏雨田是一件幸福又痛苦的事情。你会不知不觉被他幽默的语言、幽默的人生态度所吸引所感染，但他的病还很重，只要讲一会儿就气喘吁吁，体力不支，我们只好分若干次对他进行采访，每一次见到他的时候，他都在创作新的节目。他说——

3. 以描写景物开头。精彩的描写，生动形象，细致有趣，可以将人们带进一个典型的场景，并给人以艺术的感染。请看下列举例：

例一，《百姓心中的丰碑》（第15届通讯一等奖作品）一文的开头：

细雨绵绵，如泣如诉，灵堂已撤，诗墙依旧。

尽管当初万人恸哭、挽幛如云的场景已经隐去，宽敞的嵩岳大街、少林大道恢复了往日的平静，可隐约中，那悲痛凝重的氛围依然笼罩着这座著名的山城。

例二，《情切切意绵绵》（第13届通讯一等奖作品）一文的开头：

月光如水，花影摇曳。

今年1月的一个深夜，郑培民同志的夫人杨力求挽着培民的手，幸福地漫步在花间小径。刚刚处理完手头一大堆事情的郑培民一身轻松。兴之所至，他赋诗一首：“手拉手，户外走；说说话，散散心；情切切，意绵绵；身体好，永相伴。”

杨力求在心中默默地念着，甜蜜的感觉弥漫了她的全身。

例三，《英烈父子》（第9届通讯二等奖作品）一文的开头：

淅淅沥沥的秋雨打湿了成百上千的花圈、花篮，方圆几十里的乡亲又不断送来新的花圈、花篮。半个月过去了，荆州城下的公安烈士陵园，仍然被花圈、花篮所簇拥。远远望去，仿佛一座高耸的花山。

前来悼念广州军区“塔山守备英雄团”抗洪烈士李向群的人们，每天都有成千上万。人们互相传颂着烈士英勇抗洪事迹，也传颂着烈士父亲李德清深明大义、接替儿子抗洪的感人故事……

4. 以突然的转折开头。现实生活里许多事情本来就是曲折生动的，把握着事物的发生、发展过程，用“欲紧故松”突然转折的手法，能一下子抓住读者的心。请看下列举例：

例一，《夸夸咱连新“八大员”》（第15届通讯二等奖作品）一文的开头：

年年岁岁花相似，岁岁年年兵不同。春节期间，记者探访军区“基层建设标兵连队”驻渝某团一连，有幸观看了连队官兵自编自演的节目《夸夸咱连新“八大员”》。这个表演唱，夸身边人，说新鲜事，令人备受鼓舞。且听记者一一道来：

例二，《幽默精辟妙说“三个代表”》（第13届通讯二等奖作品）一文的开头：

今天上午，已88岁高龄的任仲夷代表在接受本报记者独家采访时，先伸出了三个指头，又伸出了一个指头。他幽默地说，“三个代表”，一个都不能少。

例三，《爸爸妈妈，昂起头来》（第10届通讯二等奖作品）一文的开头：

这是一个平和温馨的家庭。

丈夫尹书章在哈尔滨市物资回收公司工作，妻子王春梅在醋厂上班，活泼懂事的女儿正在读小学，一家人衣食无忧，温暖的居室里总是回荡着女儿银铃般的笑声。

可是，当生活的光阴流到1996年，这个家庭宁静的生活出现了不幸的阴影。

5. 以人物的肖像开头。有的通讯一开始就为读者画出人物的肖像，就像戏剧中的“亮相”一样，开场就给人一个鲜明的印象，使读者对他的身份、性格有个基本的认识，有时还能借此引出故事情节。请看下列举例：

例一，《申纪兰的市场观》（第17届通讯三等奖作品）一文的开头：

鸡刚叫过三遍，申纪兰就起床了。她穿上藏青西服，裹上那条嫣紫色围巾。像往常一样，用一把锁虚挂在家门上——这是向找她的人传递一种信息：她出门了。

新的一天就这样开始，脚下踩着白茫茫的积雪，留下这位76岁老人的脚印。

例二，《索玛花儿为什么这样红》（第16届通讯一等奖作品）一文的开头：

眼前这位苗族汉子矮小、苍老，40岁的人看过去有50开外，与人说话时，憨厚的眼神会变得游离而紧张，一副无助的样子，只是当他与那匹驮着邮包的枣红马交流时，才透出一种会心的安宁。

例三，《大一男生，背起母亲上大学》（第16届通讯二等奖作品）一文的开头：

记者见到腼腆清秀的刘霆时，惊讶于这个19岁男孩的瘦弱：一米六几的身高，九十来斤的瘦弱身子，脸色发黄，一副黑边眼镜，穿着牛仔裤和毛衣，沉默内向——这分明还是一个孩子，难以想象这么大的重担压在这么弱小的刘霆身上。

6. 以鲜明的对比开头。巧妙地、准确地抓住事物的矛盾，前后对比，相互映衬，主旨昭然，余音绕梁。请看下列举例：

例一，《救救我！》（第 12 届通讯二等奖作品）一文的开头：

她曾是一个人见人爱的漂亮女孩，同学们亲昵地称她为“开心果”。如今，“开心果”再也开心不起来。那张面目全非的脸和烧焦的小手告诉人们，她再也无法找回自己的快乐。

例二，《铁党员金占林》（第 10 届通讯二等奖作品）一文的开头：

这是一次撼人心魄的采访，也是让我永生难忘的采访。今年 8 月 1 日，当我采访 60 岁的优秀共产党员、宁夏回族自治区同心县预旺广播电视工作站站长金占林时，这位老人一生在艰苦的岗位上默默奉献的事迹强烈地震撼了我的心。

然而，就在记者结束采访准备返京的当天，却传来噩耗，金占林上午 9 点因肺心病发作去世了，我惊呆了……

例三，《老阿妈和她的国旗》（第 9 届通讯二等奖作品）一文的开头：

雄壮的国歌，威严的战士，鲜艳的五星红旗……每逢节假日，我们可以在布达拉宫广场上，领略升国旗这一激动人心的一幕。与此同时，在遥远的聂拉木县樟木口岸一个绿树掩映的山村，一间简陋的小屋顶上，次仁曲珍老阿妈也会诚挚地升起一面五星红旗，表达一个老党员的爱国之心。

7. 以恰当的引语开头。引语，包括古今诗词、格言、谚语和人物语言等等，一般选的都是警句。在说明事物的时候，适当征引经过历史和实践检验的正确言论，能使要说明的事物更具有说服力和权威性。请看下列举例：

例一，《闪耀在手术刀上的道德光芒》（第 17 届通讯一等奖作品）一文的开头：

“夫医者，非仁爱之士不可托也，非聪明理达不可任也，非廉洁淳良不可信也。”

——题记 · 摘自《诸氏遗书》

例二，《这一刻，我在梦中想你千百回》（第 16 届通讯二等奖作品）一文的开头：

“天很蓝，那是生命的颜色；彩云很美，那是青春的写真。如果再给我一次机会，我依然会选择那深远的天和悠悠的云。”6 月 23 日 18 时，华中某机场，在患乳腺癌停飞治疗近一年之后，33 岁的刘文力驾机重返蓝天，用行动表达了她对蓝天的深深眷恋。

例三，《烛火奏鸣曲》（第 8 届通讯二等奖作品）一文的开头：

我深知是土族之乡的山水滋养了我。我把追求的根扎在这片热土上，把深情倾注到父老乡亲的孩子身上，把幸福寄托在教书育人上。

——主人公的话

8．以精辟的议论开头。精辟的议论，能充分揭示文章的主题和直接抒发作者的思想感情，使读者萦绕于怀，回味无穷。请看下列举例：

例一，《生命的绝唱》（第14届通讯二等奖作品）一文的开头：

4月16日凌晨，与“非典”病魔顽强拼杀了20天的北京总队医院内二科主治医师李晓红，倒在了抗击“非典”的战场上。这名年仅29岁的女军医，在党和人民最需要的关键时刻，用生命谱写了武警部队医护工作者救死扶伤、无私奉献的壮丽篇章，给人间留下了一曲“白衣天使”的生命绝唱。

5月1日，中共中央组织部追授李晓红为“全国优秀共产党员”，北京总队党委为她追记一等功，并批准她为革命烈士。

例二，《教育局长的好榜样》（第12届通讯一等奖作品）一文的开头：

地处湘粤赣边界的桂东县，是国家和湖南省贫困县。然而，这里的土地上却有着一座座现代化的学校；这里的小学适龄儿童入学率达99.3%，巩固率达99.9%；初中生入学率100%，巩固率达98.1%。

贫困地区办出了发达地区的教育！然而历尽艰辛，用自己的生命参与创造这一奇迹的桂东县教育局长胡昭程，却在2000年12月21日走完了他52年的人生里程。父老乡亲们敬仰他、怀念他。一副挽联诉说出了人们对他的评价和思念——“一腔热血倾教育，两袖清风为人民”。

例三，《回良玉怒斥官员不正之风》（第8届通讯二等奖作品）一文的开头：

改革开放的历史新机遇使中国有六千万人口的工农业大省安徽省发生着日新月异的变化。

改革中不断出现的新问题，也在不断地考验着每一个安徽人。

干部作风，这一事关人民大众和全局稳定发展的问题，无时不为安徽高层关注的重点。

日前，安徽省省长回良玉在充分调查的基础上，针对少数官员暴露出来的弄虚作假等不正之风问题，一改平时的温和谦让，以严厉言辞对此批评。

抓情感，增强人物的感染力。

优秀的人物通讯，读者看后之所以感到生动、真实、感人，并可信、可亲、可学，主要是作者对所采写的人物有真实情感，是有感而发。白居易在《与元九书》中说：“感人心者，莫先乎情。”感情是人们对客观事物的心理反应，是世界观的派生物，是一种深刻的、高级的精神行为。人都是有感情的。一篇新闻要拨动读者情感上的心弦，赢得读者，使读者随着报道中人物的命运而喜怒哀乐，就需要作者像袁枚在《随园诗话》中说的：“作者情生文，斯读者文生情。”古罗马著名诗人赫拉修斯有句名言：“你要我哭，首先你自己得感到悲痛。”

善写人物通讯的郭梅尼在谈体会时也说：“记者的感情，记者的哭声，记者的泪水，读者都会感到、听到、看到的。记者感动了，读者才会感动；记者流泪了，读者才会流泪。稿子是记者的血泪啊！”这番肺腑之言，确是这位名记者的经验之谈。有人问郭梅尼，她写的通讯为什么催人泪下，她回答说：“因为我爱他们。”她写《摧不毁的信仰》时，写到中年知识分子栾弗临终前，癌肿已经扩散到全身，剧烈的疼痛无法忍受，栾弗全身都不能动了，只能平躺着，但右手还能写字，他就要来一个硬纸夹放在干瘦的肋条上，继续为党工作。郭梅尼写到这里时，想着栾弗那双瘦得皮包骨头的手，握着笔颤抖着，在纸上打了许多黑点却不成一个字，汗珠从脸上流到枕边……郭梅尼的眼泪也嗒嗒地滴在稿纸上，她的心在大声呼喊，“党啊，你看见了吗，这就是忠贞的儿子！”这一段临终前握笔的描写，许多读者看了也不禁潸然泪下。这说明，作者对主人公爱得真切，有了这样的思想感情，又穿插运用叙述、描写、抒情、议论等多种表现手法，尽可能把人物通讯写活，文章才会溢满情感，人物形象才会跃然纸上。

以第 15 届中国新闻奖通讯一等奖作品《达吾提·阿西木北京探亲记》一稿为例，这篇通讯的作者，在采访中用心去体察自己眼眶一热、心中一颤的东西，当他看到国家总理与一个普通少数民族农民紧紧拥抱在一起的时候，他和在场的人一样，激动地流下了热泪。他一面不停地拍照，一面仔细聆听总理与农民的谈话，并牢牢地记在心里。会见结束后，他用最快的速度冲洗出照片并写出了这篇新闻通讯。可见，这篇通讯写出的“情”不是“挤”出来的，而是水到渠成，自然“流”出来的。报道所以能感动读者，就是很自然的事情。

抓白描，使文中有画。

优秀的人物通讯的另一大特色就是巧妙运用白描。白描原指国画的一种画法，纯用线条勾画，不加渲染和色彩；同时也指文学剧作上的一种表现手法，即用最简练的笔墨，不加烘托，便勾勒出鲜明生动的形象。著名记者、新华社原社长穆青同志在 1977 年写的《谈谈人物通讯采写中的几个问题》一文中说：“我们在采写人物通讯的过程中，比较喜欢运用质朴的白描手法。这种表现手法有时要借助语言的音响和色彩来加强效果，但主要依靠事实、形象、思想来打动读者。”

以第16届中国新闻奖通讯一等奖作品《索玛花儿为什么这样红——记优秀共产党员、木里县马班邮路乡邮员王顺友》一稿为例，文中有这样几段白描：

整整一天，我们一直跟着他在大山中被骡马踩出的一趟脚窝窝里艰难地走着，险峻处，错过一个马蹄之外，便是万丈悬崖。

傍晚，就地宿营，在原始森林的一面山坡上，大家燃起篝火，扯成圈儿跳起了舞。他有些羞涩地被拉进了跳舞的人群，一曲未了，竟如醉如痴。“我太高兴了！我太高兴了！”他嘴里不停地说着。“今晚真像做梦，20年里，我在这条路上从没有见过这么多的人！如果天天有这么多人，我愿走到老死，我愿……”忽然，他用手捂住脸，哭了，泪水从黝黑的手指间淌落下来……

这就是那个一个人、一匹马、一条路，在大山里默默行走了20年的人吗？

这就是那个20年中行程26万公里——相当于21趟二万五千里长征、绕地球赤道6圈的人吗？

这就是那个为了一个简单而又崇高的使命，在大山深谷之中穷尽青春年华的人吗？我流泪了。

在这个高原的傍晚，我永远地记住了他——四川省凉山彝族自治州木里藏族自治县马班邮路乡邮员王顺友。苗族名字：咪桑。

年轻的乡邮员第一次感受到了马班邮路的遥远和艰辛。他每走一个班要14天，一个月要走两班，一年365天，他有330天走在邮路上。他先要翻越海拔5000米、一年中有6个月冰雪覆盖的察尔瓦山，接着又要走进海拔1000米、气温高达40摄氏度的雅砻江河谷，中途还要穿越大大小小的原始森林和山峰沟梁。他这样描述自己的生活：冬天一身雪，夏天一身泥，饿了吞几口糌粑面，渴了喝几口山泉水或啃几口冰块，晚上蜷缩在山洞里、大树下或草丛中与马相伴而眠，如果赶上下雨，就得裹着雨衣在雨水中躺一夜。同时，他还要随时准备迎接各种突来的自然灾害。

1998年8月，木里县遭受百年罕见的暴雨和泥石流袭击，通往白碉乡的所有大路、小路全被冲毁，这个乡几乎成了一个与外界隔绝的孤岛。按规定，这种情况王顺友可以不跑这趟邮班。但是，当他在邮件中发现了两封大学录取通知书时，便坐不住了。他清楚地知道对于山里的孩子来说，这两份通知书意味着什么。“我决不能耽搁娃儿们的前程！”他上路了。

王顺友爱看电影，特别爱看关于英雄的电影，他说，这是父亲给他的遗书。父亲年轻时参加过“剿匪”，打仗不怕死，常教导儿子不要向任何敌人投降。当王顺友第一次在电影《英雄儿女》中看到那个高喊“向我开炮”的王成时，便敬佩上了他。

“王成和我一个姓，他不怕死，为了党，命都敢丢。现在没有打仗的机会了，把信送好就是为党做事。”

上述白描，完全是讲故事的形式。文中并没有堆砌惊人的词语，也没有使用高级形容词，但却实实在在地把一个优秀共产党员呈现在读者面前。透过这些白描，读者会感到好像走到了这位坦率、质朴的苗族汉子身边，给人以亲临其境的感受。这些淡施轻墨的描述，使文中有画，文中有声，文中有情。使读者如见其人，如闻其声，报道中人物的形象及忘我工作的先进思想，自然就深深地打动了读者。

由上述可见，成功的白描手法在勾勒人物的肖像时，只用简练的几笔，就将一个活灵活现的人物勾勒出来；在再现人物的行动时，总是将人物的动作、声音、形象巧妙地融为一体；在描摹场景气氛时，则是以简胜繁，以少胜多。成功的白描手法，应做到鲁迅先生在《作文秘诀》一文中说的：“有真意，去粉饰，少做作，勿卖弄而已。”做到蕴藉深刻，形神俱备；像古人要求的“白描入化，骨相俱出”；“白描入骨，毛发皆动。”

抓行动，刻画人物的形象。

人物通讯中抓描写人物的行动，是展示人物性格、塑造丰富多彩的人物形象的重要手段。一个人的所作所为，是其思想性格的直接表现：人的思想感情经常在千变万化的行动中体现出来。恩格斯曾说过：“一个人物的性格不仅表现在做什么，而且表现在他怎样做。”黑格尔在《美学》里说道：“能把个人的性格、思想和目的最清楚地表现出来的是动作，人的最深刻方面只有通过动作才见诸现实。”人物只有“行起来”“动起来”，才能“站”起来，“立”起来。这两句话告诉我们，要使人物有血有肉、形象丰满，不仅需要通过语言，更要通过让人物处于行动的活动状态中，从不同侧面写出人物性格的发展，从差异的处境中逐渐丰富人物的性格，使人物形象在活动中鲜明起来，静止地描写人物或描写静止状态的人物是难以达到这一效果的。

第6届中国新闻奖特别奖作品《领导干部的楷模——孔繁森》一稿，对孔繁森形象的成功刻画，很重要的一条是作者在各种特定环境和各种人物关系中展现人物的活动，把人物行动的复杂性和矛盾性统一于人物性格的内在规定之中，统一于人物的成长过程之中。这种整体把握，有力地增强了人物形象描写的力度。请看文中的下述几段描写：

孔繁森先后两次进藏，这时已在高原工作6年。按说，他现在应该东进返乡。然而，他却接受了一项更艰巨的任务，驱车向西，奔赴自然条件更恶劣的地区，挑起阿里地委书记的重担。

在岗巴3年，他几乎跑遍了全县的乡村牧区，每到一块地方就访贫问苦，宣传党的政策，和群众一起收割、打场、挖泥塘，……

一次车祸把他摔成了严重的脑震荡，颅骨骨折，高烧昏迷。住院治疗期间，一天，他得知一所学校发生了问题时，便不顾高烧未退、眼睛充血，骑着自行车赶到学校现场处理。

在阿里不到两年的时间里，从南方的边境口岸到藏北大草原，从班公湖到喜马拉雅山谷地，全地区106个乡，他跑了98个，行程8万多公里。

在高原生活，一场严重的感冒有时也会夺去一个人的生命。而孔繁森恰恰一到阿里就感冒了，咳嗽不止。为了不耽误工作，他就大剂量地吃药。病情重了，就一边输液，一边工作。一个多月下来，体重减轻了14公斤。由于过度劳累，他的直肠纤维瘤复发，鲜血浸透内裤，可他一直瞒着别人。等大家都入睡后，他才把内裤换下，悄悄洗干净。

顶风冒雪，孔繁森背着他每次下乡都随身携带的小药箱，走村串户，慰问受灾群众，给被冻伤的牧民看病。

通过上述对孔繁森行动的具体而细致的描写，孔繁森对事业的强烈使命感、责任感，专心致志，全力以赴，迎难而上，无私奉献的人民公仆的形象，便像电影、电视镜头一样，清晰、高大地矗立在读者的面前，使读者如见其人，如闻其声，所受到的感染便自不待言了。

抓语言，展现人物的心声。

苏联的名记者格里巴乔夫说："语言，语言，语言，它既是我们的朋友，也是我们的敌人！可以把普普通通的事件写得有意思又有意义，也可以把英雄写得一般化，读起来枯燥无味。"郭沫若的诗句指出："胸藏万汇凭吞吐，笔有千钧任翕张。"清代戏剧家李笠翁曾说："言者，心之声也。"人物通讯中的语言，是表现人物心理，揭示其内心世界的一个重要手段。人处在一些特殊的环境，如酒后、思想矛盾十分激烈之际，感情激动之时，或生死攸关之刻，往往会表露出自己的真实心境和情感。作者如能把这些语言如实记载下来，不用任何赘言，就能让读者看到一个栩栩如生、有血有肉的人物形象。可以设想，在一篇完全没有人物语言，或者只是生硬加上去几句豪言壮语的人物通讯中，必定不可能有鲜活的人物形象。

在描写人物的语言活动时，应着重抓住个性特征鲜明的语言，使语言活动与内心活动、外在行动有机地统一起来。

以第17届中国新闻奖通讯一等奖作品《闪耀在手术刀上的道德光芒——记医德高尚医术高超的好军医、北京军区总医院原外一科主任华益慰（上篇）》一稿为例，这是胡锦涛主席关注、中宣部推出的解放军报宣传华益慰重大典型的第一篇。记者以丰富翔实的事例、朴实无华的语言、流畅细腻的笔调，生动展示了主人公全心全意为患者服务的崇高医德。在写作中，作者借用电视、广播“同期声”的手法，大量引用了患者的原话，有的是直接引语，有的是间接引语，有效地增强了作品的感染力和可信度。如文中写的：

华主任说：“我也有孩子，理解你的心情。别哭，孩子只要有一点希望，我也会尽全力救！”

“风险太大！”同事们忧心忡忡。华益慰却说：“病人走投无路才来找我们，谁推我们也不能推，谁不治我们也要治！”

“华主任，有人托我转给您一封信。”华益慰说：“别这样，我们都是干部，有工资，有津贴，这些就是国家让我们为人民服务的，怎能额外再拿一分钱？”

“贪财图利，乘人之危，根本不配当医生。”这是华益慰常说的一句话。

他常说：“这些病人贫病交加，不是万般无奈不会到北京来住院求医。我们将心比心，为他们精打细算，不光是救患者的一条命，也是帮他们一家人！”

“高超的医术能治病，暖心的笑容也治病。”

我们如果将华益慰上述带有个性特征的语言全部抽去，所得到的结果，将使华益慰作为医务人员的楷模和共产党员的世界观、人生观、价值观，以及他的高尚行为和崇高情操变得难以使人理解，其整个形象就会变得生硬起来。从这个意义上来说，人物的语言活动是人物心声的支撑点。写人物通讯，单凭作者叙述，是难以把人物写活的。借助语言的音响和色彩来展现人物的心声，就可以实现著名记者、新华社原社长穆青同志在《谈谈人物通讯写作中的几个问题》一文中的经验之谈：“能豪华落尽见真谛，从平凡中见深刻，从沉静中见热烈。”

在运用人物语言来刻画人物形象时，应注意这样几点：一是要合乎主人公的身份，要逼真。因为新闻不同于小说、散文可以虚构，而人物通讯要靠真实的事实说话；人物的经历、性格和文化素养不同，他们的语言也各具特色。请看《红楼梦》，贾府里的焦大怎么也唱不出《葬花词》，而林黛玉无论如何也骂不出——“爬灰的爬灰，养小叔子的养小叔子”之类的粗话。这就是什么样人说什么样话。写人物通讯，如能抓住人物的个性化语言，就会把人物写“活”。二是要做到口语化，切忌把那些空洞的语言、半文不白的语言和倒装式的长句硬塞进主人公的嘴里；三是要合乎“语境”要求，即人物语言应成功地与特定环境、特定时期、特定心情和特定的说话对象有机地结合起来，使语言恰如其分，恰到好处，贴切自然，生动传神。

抓细节，表现人物的思想。

现在报纸上刊登的人物通讯，有的像人物的简历或技术性、业务性介绍，读者反映没有灵魂，像个“木头人”。其关键是只见人物的外形不见人物的内心世界所造成的。反之，凡是写得成功的人物通讯，都是既见人又见思想。不论是写正面人物，还是写反面人物，都应注意到这一点。只有写出人物的思想，才能使纸上的人物有灵魂，也才能把人物写活。报道正面人物，应写出先进思想，报道反面人物，则应着重揭露其丑恶的灵魂。

常言道：“细微之处见精神”“细节决定高度”“细节决定成败”。大量的新闻实践证明，写好细节，就能很好地表现人物的先进思想。

细节，在文学创作中处于很重要的地位，有人将它誉为文学的生命，有人说它是文学的细胞。同样，细节在新闻写作中，特别是在人物通讯的写作中，也是有着不可低估的作用的。穆青同志在《关于新闻改革的一点设想》一文中说：“在外国记者一些成功的新闻报道中，我看有两个东西最突出了。一个是评论，……另一个是注意抓细节。抽象的东西用生动活泼的细节表现出来。”著名作家李准在谈到他阅读作品的经验时说，他有个“窍门”，拿到一篇作品，先数一数有几个动人的细节。著名记者理由，在谈他的写作经验时也说过，“一个人物只需两个生动的细节，读起来就呼之欲出。”美学家王朝闻说：“任何成功的作品，任何大的主题，任何动人的情节，都必须靠一定的细节和具体描写来体现。”

我们要告诉读者一个人如何好，不能老是空口白牙地说好得很，好得不得了，而应用具体、形象的细节去说明。恰当的细节描写，就可以在凝缩的尺幅之间表现出意义深广的内容，让读者透过细节之窗看到天高地宽的大千世界。细节可以起到“以鸟鸣春，以虫鸣秋”，“窥一斑而见全豹”的功效。

以首届中国新闻奖通讯一等奖作品《不私亲属的铁木尔主席》一稿为例，在这篇 700 字的短通讯中，有这样一段细节描写：

亲人相聚，其乐融融。小妹和表姐坐在铁木尔身旁，泪水止不住地往外涌。两个双胞胎弟弟见到当“大官”的大哥，站了好久才在大哥的呼唤声中腼腆地坐下。随行人员悄声问县委书记阿里木：“铁主席兄弟姊妹共几个？”阿里木摇摇头：“不知道”。

此段不足百字，却是细节连串，且完全运用白描手法。从“泪水止不住地往外涌”，“站了好久才腼腆地坐下”到县委书记的“不知道”，寥寥数句，寓意深长。读者从铁木尔亲属的朴实厚道，没有丝毫的优越和“风光”的体态上，看到了他的治家之道，从县委书记的“情况不明”上，看到了他的严于克己。这几个细节，以简练之笔，把一个清正廉洁的铁木尔展现在读者面前，显示出作者善于通过细节表现人物先进思想的匠心功力。

抓矛盾，凸显人物的精神。

矛盾存在于事物发展的一切过程之中，又贯穿于一切过程的始终。一般说来，社会生活中的矛盾运动规定着人物性格的发展，人物最容易在矛盾冲突中显露自己的个性特征。外部环境的变化、人与人之间的差异性等，都对人物构成矛盾关系。面对矛盾，人物不得不表现出选择性，这就使人物不能不想，不能不说、不能不行、不能不做、不能不打开内心的隐私。正是在这种状态下，人物从精神到形体、从情感到神态都处于非常活跃的状态之中。作者抓住这些进行描写，就能鲜活地凸显人物的精神。再加上悉心安排结构、层次，便会使人感到一波三折，跌宕起伏，有如船过三峡，柳暗花明。所谓矛盾冲突中方显崇高精神，就是这个道理。

我们还是以《领导干部的楷模——孔繁森》一稿为例，文中是通过下述矛盾冲突向读者凸显人物的精神世界的：

孔繁森心里很清楚，家里确有不少困难。自己的身体状况不如从前了；已近九旬的老母，生活已不能自理；三个孩子尚未成年，需要有人照看；妻子动过几次大手术，体弱多病。自己一走，全家的生活重担又要压在妻子一人肩上。他不会忘记第一次进藏时家里的情景，里里外外都是妻子操劳。有一次，她在刨地瓜，五岁的儿子没人照看，掉进地窖里爬不上来……孔繁森觉得对不起妻子，对不起孩子。

一天夜里，他终于鼓起勇气说：“庆芝，组织上又安排我进藏了……”话还没说完，王庆芝的眼泪已像断了线的珠子滚落下来，看着妻子难过的样子，孔繁森的心里也一阵阵发酸，他动情地说：“庆芝，我欠你的太多太多了！等从西藏回来，我一定会加倍地补偿。”

要走了，孔繁森默默地站在母亲面前，用手轻梳着母亲那稀疏的白发，然后贴在老人的耳朵旁，声音颤抖地说：

“娘，儿又要出远门了，到很远很远的地方去，要翻好几座山，过好多条河。”

“不去不行吗？”年迈的母亲抚摸着他的头舍不得地问。

“不行啊，娘，咱是党的人。”孔繁森的声音哽咽了。

想到也许这是同年迈多病的老母亲的最后一面，孔繁森再也抑制不住内心的感情，“扑通”跪在母亲面前：“自古忠孝不能两全，娘，您多保重！”说完，流着眼泪给母亲深深磕了一个头。

孔繁森到阿里后，40 多封请求调离的报告摆在了他面前，这对人才奇缺的阿里来说，无疑是雪上加霜。

重重心事加上高山反应，使孔繁森彻夜难眠。

当时，他母亲正卧病在床，水米不进，家里几次催他回去，可为了阿里地区 6 万多群众，他只好在心里默默地为母亲祈祷、祝福。

通过上述矛盾冲突的描述，再现了孔繁森忠于党，忠于人民，毫不利己，专门利人，立党为公的高大形象：他爱母亲、爱妻子、爱子女，但是一旦党和人民的事业需要，他便毫不犹豫地以小家服从大家的崇高精神，强烈地震撼着读者的心灵，并长久地烙印在读者的脑海里。

抓心理，揭示人物的内心世界。

抓描写人物的心理活动，就是通过对人物在一定环境中的心理活动的描写，向读者直接披露人物的精神世界和复杂心理，使读者直接感知人物在彼时彼地的特定心理。人是一个思维着的实体。把人物的心理活动渗透到外在活动中去描写，这是对“思维着的实体”的透视性反映。正是这种描写，使人物的心理活动形象化，从而使人物的外在活动有思想感情的根由，更能把人物写得血肉丰满、富有立体感，这样才有助于揭示人物的内心世界，增强人物形象的可信度。这是新闻媒体塑造人物形象，使人物“复活”“再现”的有效手段。

以第 15 届中国新闻奖通讯一等奖作品《百姓心中的丰碑——追记公安局长的楷模任长霞》一稿为例，文中有下述几段心理描写：

……来公安局给任长霞立碑。任长霞坚辞不让，村民们说啥也非立不可。任长霞最终没有拗过，同意让大家把碑立在公安局后院一个不显眼的地方。等乡亲们离去后，任长霞立即让民警把碑拆了。村民们事后感叹：“任局长能拆掉石碑，可她拆不掉俺老百姓的心碑！”

“多少回，她小鸟依人般偎在我怀里。随着她肩上的担子逐步加重，这些慢慢都没有了。她偶尔回家一次，也是不停地打电话说工作，或者倒头就睡，叫都叫不醒。‘春晓，咱老夫老妻了，我真的太累，顾不了家，你多担待点儿’。”看似刚烈的卫春晓泪光闪闪……

“……任局长拉着我的手，问我啥事儿？我把告状材料递给她，她看了材料后。轻轻地摸了一遍我头上那块去掉颅骨仅剩头皮包着的软坑，她惊讶地说了声‘咦！

咋打成这样！’她的泪水一下流了下来，双手扶住我的肩问：‘人呢？’我说‘跑了’。任局长说：‘你放心，跑到天涯海角我们也要把他抓回来！’当时在场的100多个告状乡亲中许多人都哭出了声。”

今年3月16日，我患病在医院动手术，痛得全身流汗，特别想妈妈，忍不住就给她拨通了电话。妈妈说，工作忙完了就来陪我。我听到妈妈在电话那头哭：“卯卯，好孩子，妈妈腾开手，一定会看你，一定！”为了让妈妈到医院来看我，也好让她借机休息一下，我故意在医院里多待了几天，可直到我出院，妈妈也没顾上来看我一回。

从上述心理描写中读者清晰地看到：在成绩和荣誉面前，任长霞怕张扬的心理；在弱者面前，她的同情心；在听到坏人逃跑后，她的心头非常愤怒；在夫妻情、母子情方面，她内心十分愧疚。从而使任长霞这个模范人物充满人情味，富有立体感，更加丰富而真实可信，读来意趣盎然，使人心灵受到震撼并久久难忘。

抓色彩，使红花与绿叶相映生辉。

这里说的色彩，是指将所写人物比喻成红花，而将人物周围的群众比喻成绿叶。宣传报道先进人物目的在于要形成一种学习先进，振奋精神，艰苦创业，励精图治和无私奉献的社会舆论环境。唯物史观告诉我们，历史是人民群众而不是几个先进人物创造的。毛泽东同志说：“人民，只有人民，才是创造历史的动力。”先进人物绝不可能凭空出现，而是历史发展的时代产物。先进来自群众，没有群众的社会实践，先进就失去赖以生存的基础。先进与群众的关系，是特殊与普通、个别与一般、红花与绿叶的关系。先进源于一般、又高于一般，是一般的集中体现，是一般同类中的佼佼者。“中国新闻奖”作品中所采写的人物，在描写先进人物和群众的关系时，没有肯定一面，否定一面，即用贬低群众来突出先进的问题。而是把先进与群众看成统一体，使之相辅相成，相得益彰；没有用摘掉“绿叶”来突出“红花”，而是使绿叶与红花相映生辉。

还是以第6届中国新闻奖特别奖作品《领导干部的楷模——孔繁森》一稿为例，文中有这样两段文字：

在岗巴3年，他几乎跑遍了全县的乡村牧区，每到一地就访贫问苦，宣传党的政策，和群众一起收割、打场、挖泥塘，与当地群众结下了深厚的情谊。有一次，他骑马下乡，从马背上摔下来，昏迷不醒。当地的藏族群众抬着他走了30里山路，把他送到医院抢救。当他从昏迷中醒来时，看到很多藏族群众守护在身边。1981年，孔繁森奉调回山东离开岗巴时，藏族同胞依依不舍地含泪为他送行。

孔繁森看到一位藏族老阿妈把外衣脱给了在风雪中哀嚎的小羊羔，自己却在摄氏零下 20 多度的严寒中冻得瑟瑟发抖，他的眼睛湿润了。他用手捂住脸，强忍着不让泪水流出来，猛地转身回到越野车上脱下自己的一套毛衣毛裤，递给那位老阿妈。老阿妈伸出已经冻僵的双手，接过那还带着体温的毛衣，嘴唇颤抖着久久说不出一句话。

由上述可见，孔繁森一心为工作、一心为人民的行动，感动了他周围的群众，而群众的行动又给孔繁森以关怀、爱护和有力地支持鼓舞。报道真实、准确地再现了先进人物与群众水乳交融的紧密关系，使红花与绿叶相映生辉，相得益彰。

又如第 12 届中国新闻奖通讯一等奖作品《教育局长的好榜样——追记湖南桂东县教育局局长胡昭程》一稿，文中有这样一段文字：

寒风凛冽，一位教师心疼地给局长披上围巾，另一位教师含着眼泪为局长撑开雨伞。胡昭程忍着剧烈的疼痛，挺立着，犹如一棵不倒的松树。人们怎会想到，这竟是胡昭程壮丽人生的闭幕式！

从这段文字中可以看出，胡昭程在病重的时候，他周围的群众给他以关怀、爱护和帮助。他与周围群众的关系，如同鱼和水一样息息相关，不可分离。可见，群众是先进人物成长的肥沃土壤。也如同绿叶与红花的关系一样，“红花虽好，还要绿叶扶持。”如果没有绿叶，红花除了显得孤独、呆板以外，还会迅速枯萎。“中国新闻奖”作品中的人物通讯，在处理先进人物与群众的关系上，不仅没有给人以任何“图解式”或“鉴定式”，即观点加例子的感觉，也没有出现“墙里开花墙外香”的不正常情况，反而让人读来波澜起伏，曲径通幽，情真朴实，感人至深。鲁迅先生曾说过：“删夷枝叶的人，决定得不到花果。”优秀的人物通讯，应是在培育出枝繁叶茂的绿叶丛中开出绚丽花朵，因而它具有强大的生命力，也必然给人们留下难忘的美好回忆和产生深远的社会影响，教育着一代又一代的后来人；应是“以正确的舆论引导人，以高尚的精神塑造人”的上乘佳作。

抓文采，让人读来诗情画意，回味无穷。

刘勰在《文心雕龙·情采》中讲：“圣贤书辞，总称‘文章’，非采而何？”古人认为：说话要动听，就得讲究辞令；文章要耐看，就得讲究文采。孔子说：“言之无文，行而不远。”倘若文章没有文采，怎么能吸引人看，又怎么能传之久远呢？大量的新闻实践证明，作为一篇新闻精品，不仅要主题深刻，内容丰富，而且要手法新颖，写得精彩，字里行间溢出文采，让人读来朗朗上口，爱不释手。

何谓文采？文采指文章的文辞风采，是构成文章风格和质量的要素之一，属于表现形式的范畴。它是作者的才情禀赋、精神气质、思想性格、语言藻饰、表现技艺、光泽色彩在文章中的有机统一和综合反映。文采飞扬的文章，往往给人以色、香、味、声俱全的感觉，给人以美的艺术享受。因此，人们总是喜欢那些富有文采的文章。

“中国新闻奖”作品中的人物通讯之所以很感人，原因之一就是注重写出文采。作者通过抒情诗一般的语言、饱满的激情，用影视艺术的叙述手法，将这些英模的事迹，描写得如歌如泣，读来朗朗上口，铿锵悦耳，催人泪下。请看《百姓心中的丰碑》一文中写的：

听百姓们含泪讲述长霞的故事，真情似颍水清澈，朴实如嵩岳无华，像追忆逝去的亲人。从那悲痛凝重的氛围里，我们真切地感悟到，一个人们心目中的“好官”“好公安局长”与百姓的血肉联系，感悟到“天地之间有杆秤，秤砣就是老百姓”的朴素哲理。

其实，百姓的眼泪很金贵，也很慷慨，就看是对谁。她抹亮了嵩岳一片蓝天，还给了登封一方平安。百姓就把泪洒给她，把心掏给她，用口为她铸碑！

嵩岳无言，颍水低回。雨像泪一样飘洒，泪如雨一般倾诉。

面对每一位受访者的泪眼，记者视线模糊，无法拍照，无法笔记。

登封“黑幛白花漫嵩山”，“城巷尽闻号啕声”，仿佛一夜之间出了无数诗人，使整个山城涌动着诗的潮水，哀的旋律。

莫道尽铁血，英雄也流泪。她的泪流淌着女人的天性。天性的慈悲，慈悲的纯真，闪耀着彩霞般的丽晖，映照出一位公安局长执法为民、关爱百姓的深切情怀。

是的，只有完美的神，没有完美的人！

作为一个普通的人，一个普通的女人，如果说任长霞也有她的不足和缺陷，那无疑是一种英雄的残缺，残缺的美丽，美丽的崇高！

再看《索玛花儿为什么这样红》一文中写的：

如果说马班邮路是一个人的长征，这条长征路上凝结着他全家人崇高的奉献；如果说马班邮路是高原上的彩虹，他就是绘织成这彩虹的索玛。

三个家，三重情，三份爱。王顺友因它们而流泪，也因它们而歌唱；因它们而痛苦，也因它们而幸福。有人问，这三个家哪个最重要？他说：“哪个都放不下。”放不下，是因为连得紧。三个家，家家都连着同一颗心，一颗为了马班邮路而燃烧的心！“扁担挑水两头搁，顾得了一头，顾不了另一头。”记者的心被一种热辣辣的东西涨得满满的。

5月的凉山，漫山遍野盛开着一片片火红的花儿，如彩虹洒落在高原，恣意烂漫。同行的一位藏族朋友告诉记者，这种花儿叫索玛，它只生长在海拔3800米以上的高原，矮小，根深，生命力强，即使到了冬天，花儿没了，它紫红的枝干在太阳的照耀下，依然会像炭火一样通红。

噢，索玛花儿……

上述形象生动、文采飞扬的描写，让人读来诗情画意，余音缭绕，回味无穷，受到的启迪和感染，将是深刻和难忘的。

怎样才能使人物通讯富有文采呢？首先要有丰富的知识。文采来自渊博的知识。有了丰富的知识才能做到描写人物、勾画场景、叙事抒情时，笔随神舞，左右逢源，得心应手。“读书破万卷，下笔如有神。”这个“神”字，乃是从“万卷”书中得来的。

其次是要有驾驭语言文字的能力。“文采”中的“文”字，在这里指的就是语言文字。要有丰富、优美、生动的语言，文章才能神采飞扬，即有文才有采。

第三是要运用好描写。所谓“描写”，是指用语言文字对人物、场景、事件作比较细致的刻画。人物通讯的文采，很大程度上，是靠形象性的东西体现出来的。这就要去写生动的事实，包括许多真实细节的描写，使读者看得见，摸得着。

第四是要使人物通讯具有文采，离不开各种修辞手段的运用。如夸张、拟人、对比、铺垫、悬念、借代、比喻等。

古人云：“文无定体”。人物通讯写作也不例外，上述文中所谈技法，也只能是个大概的，绝不能把这些内容看成是某种模式、框框或样板。客观事物千变万化，现实生活丰富多彩。人物通讯写作也应灵活多样，不拘一格，勇于创新，将它写得绚丽多姿，引人爱读，以实现最好的传播效果。

剥茧“抽丝” 凤凰“落树”

——新闻精品是这样进行提炼的

缺少提炼，就事论事，罗列事实，是一部分通讯员和年轻记者常犯的毛病。这些同志往往把半成品的稿件寄到编辑部，编辑如果不对稿件进行深加工，稿件是很难见报的。一位参加“中国新闻奖”的评委告诉笔者，在每年参评的作品中，有些稿件其新闻事实是扎实、生动的，见报以后读者的反映也是好的，但从写作技巧上来看，比较粗糙，罗列事实太多，缺少在提炼上下功夫，因而落选，很可惜。由此可以看出，提炼在新闻写作中，无论是从提高稿件的命中率来讲，还是从要使新闻作品成为精品来看，都是非常重要的。

所谓提炼，就是通过对新闻事实的归纳、分析、概括，理头绪，剪枝蔓，使实践的东西上升为理性的，使表象的上升为普遍的，从而使新闻具有强烈的思想性、针对性和指导性。提炼是一个“高级思维”过程，它离不开形象思维，但主要靠逻辑思维，还要有灵感思维。提炼是一个凸透镜，它可以使问题聚焦，使思想升华，使经验更具典型性；提炼是一双神奇的手，它可以把闪光的金子从一堆沙石中筛淘出来；提炼就是对剥茧“抽丝”，把那根能够贯穿所写重要事实的红线抽出来；提炼，也正如著名记者艾丰说的，就是凤凰“落树”。凤凰，是指记者在生活中，经过长期的观察和体验，积累形成某个主题思想；梧桐树，是指最适合于表达这个主题的一个完美的题材，也可以说，它是这个主题最恰当、最合适的一个归宿。二者一拍即合，就像凤凰落到了梧桐树上一样，和谐得体，相得益彰。

纵观一些获奖新闻佳作，归纳起来，提炼的技巧，常见的有以下几种主要方法：

从一种精神上进行提炼。

精神的提炼是一种高层次的提炼。所提炼出的精神应能起到鼓舞士气、激励人心、唤起大众、催人向上的作用。在以往的新闻报道中，所曾提炼出的勤俭节约的“一厘钱精神”，忘我拼搏的“铁人”精神，“三老”“四严”的大庆精神等，就曾激励亿万民众努力工作，拼搏向前。以第 4 届中国新闻奖一等奖作品《战士义勇非凡，人民恩重如山——某红军团班长徐洪刚斗歹徒负重伤之后》（原载《解放军报》1993 年 12 月 31 日）一稿为例，这篇通讯所提炼出的主题，集中体现了人民呼唤英雄，时代需要英雄的时代精神，它不仅宣传了徐洪刚舍身为民、义勇非凡的英雄行为，而且宣传了人民群众崇尚英雄、恩重如山的高贵品格，人民战士为人民的献身精神和人民群众爱英雄的传统美德，汇成了正义与真情相映生辉的时代交响曲，其有足以影响一代人的强烈感染力和生命力。

“文章合为时而著，歌诗合为事而作。”这是唐代白居易写下的千古名言。“为时而著”，“为事而作”，也应是我们在提炼新闻的一种精神时不能忽视的着眼点。

从一种方法上进行提炼。

在经验性报道中，常常容易出现这样两种情况，一种是空洞抽象，另一种是面面俱到。但如果把经验高度概括，提炼出一些可操作的工作方法，是增强新闻指导性、服务性的重要手段。以 1987 年全国好新闻《石家庄第一塑料厂实行满负荷工作法》（原载《工人日报》1987 年 4 月 3 日）一稿为例，针对企业内部多年“大锅饭”的种种弊端，记者适时采访了企业家张兴让，报道了他以科学的态度、大胆的魄力，推出并率先实行的满负荷工作法。由于报道不只是简单地传播一个信息，而是在有限的篇幅中，用洗练的文字提炼同满负荷工作方法的详细内容。由于报道实实在在，可操作性强，刊出后，在企业界引起了重视，反响强烈，收到了很好的传播效果，还有首届全国现场短新闻获奖作品中的《后溹泸村双向承包》（原载《经济参考报》1989 年 12 月 17 日）、《让“明白”技术进村入户》（原载《科技日报》1990 年 1 月 9 日）、《通气日解气日和气日——北科大星期五校长接待日旁听记》（原载《人民日报》1990 年 1 月 6 日）等，都是从一种方法上进行提炼，而受到读者欢迎，并在评奖中获胜的。

从一种新概念上进行提炼。

这种方法是从大量司空见惯的现象中，经过高度概括，高度抽象，提炼出一种新概念、新提法，切中时弊，并能为广大受众所接受、所使用。以第 2 届中国新闻奖获奖作品《“东北现象”引起各方关注》（新华社 1991 年 3 月 21 日播发）一稿为例，这是一篇评述新闻，它运用通俗的语言，对充分的新闻事实进行夹叙夹议的透彻分析，令人信服地揭示了老工业基地和国有大中型企业遇到的共同性问题——不景气。作者抓住这些本来经济实力雄厚的东北三省近几年工业生产步履艰难的异常现象，剖析了产生这种现象的原因，触及了治理整顿、深化改革、搞活国有大中型企业等关系全局的问题。通过新闻报道，把“东北现象”这个新概念摆到了广大读者面前。一时间，“东北现象”成了东北各地街谈巷议的热门话题，“东北现象”引起了上至朱镕基副总理，下至有关省、市领导的高度重视。这正如报道结束时讲的，“东北现象”已开始唤起 9900 万东北人的忧患意识，促使东北老工业基地各方人士更加清醒地看到现实，同时它对全国其他类似地区和企业同样会产生强烈的警示和有益的借鉴作用。

从一种新称谓上进行提炼。

“谁是最可爱的人”是抗美援朝时期志愿军战士的代名词；“铁人”是大庆石油工人王进喜的称谓；“大胡子师长”是大兴安岭救火中沈阳军区某师师长吴长富的别称。虽然岁月流逝，时间过去了很久，但读者还能清晰地记住这些称谓。可见，在报道中如能提炼出一种新称谓，就可以大大增强新闻的吸引力和传播效果。以 1982 年全国好新闻作品《生活中的“乔厂长”——记市劳动模范高桥化工厂厂长刘钧》（原载《文汇报》1982 年 5 月 23 日）一稿为例，“乔厂长”是一篇短篇小说中的主人公，已为人们所熟悉。他在“文化大革命”前期被打倒，在“文革”后期被“解放”，又回到被“文革”破坏了的厂里当厂长。他面对困难，勇挑重担，敢于同左的思想、派性以及种种习惯势力作斗争，是一位具有社会主义品德的老干部典型。这篇通讯中的主人公刘钧，不是小说中虚构的人物，而是现实生活中的“乔厂长”。有着“乔厂长”一样的经历。他也是一位老干部，经历了十年考验之后，重返劫后的上海高桥化工厂担任了厂长，这个厂长也不好当，大家替他捏把汗，但刘钧不仅当下去了，而且使这个厂成为全国质量先进标兵，被工人们称为懂行的厂长、称心的厂长，确实是“现实生活中的‘乔厂长’”。作者提炼出这个称谓很得当，给读者留下了深刻的印象。还有全国好新闻中的《“活着的黄继光”杨朝芬》（原载《解放军报》1979 年 2 月 23 日）、《“才迷”张襄祺》（原载《人民日报》1984 年 12 月 22 日）等，都是因作者在报道中，提炼出一种新称谓，而给读者留下深刻印象，在评奖中受到评委们的青睐而金榜题名的成功佳作。

从语言的运用上进行提炼。

惟陈言务去。一篇好的新闻报道，在语言的运用上，应是新鲜、生动的，总得有几句特有的语言，让人读起来流畅上口，听起来形象生动；而不是满篇陈词滥调和大话、空话、套话，也不是学生腔和文件语言。提炼出生动感人的语言，是增强新闻可读性的重要因素。以第 3 届中国新闻奖获奖作品《上海打出“中华牌”》（新华社 1992 年 6 月 8 日播发）一稿为例，如文中写的：

“改革和开放的历练，使上海变得‘谦虚’和‘豁达’起来了。”“上海如此开城招客，委实少见。明眼人为这个变化高兴：‘阿拉’们是在做一篇大文章：上海要打‘中华牌’”。“关着城门唱独角戏的上海，无论如何也唱不下去了。”“破除老大自居、万事不求人的陈规。上海桑塔纳轿车的成功，值得上海人回味。”“肥水可流外人田。如今号称精明的上海，开始变得高明、心怀也变得开阔了。”“以上海为龙头的长江经济巨龙，已隐约可见其飞跃的神态”，“明智者捷足先登”，“同上海人一起建造一艘远洋巨轮，将来共乘这艘巨轮到国际大市场去驰骋、竞争，打‘中华牌’的威风。共和国经济的长子上海主动开启紧闭的城门，拆除人为的篱笆墙，这对中国经济新格局的形成有着不可估量的意义。愿全国齐打‘中华牌’。”这些从现实生活中，从人民群众口语中提炼出来的语言，都给人以新鲜感和亲切感。语言，不是蜜，但能黏住一切。我很喜欢这句名言。在报道中提炼出生动、感人的语言，是使新闻出精品的不可忽视的重要因素。

笔下带情实可贵

——新闻精品中的情感运用

消息写作的基本特征是用事实说话。既然是用事实说话，那么，写消息还要不要讲究情感呢？有人认为，情感属于文艺作品，在消息中注入情感是自作多情。大量的新闻写作实践证明，这种认识是不对的。现在报纸上有的消息，读者之所以反映“不真实”或“不感人”，究其原因之一是缺情或少情。特别是一些刚刚从事新闻工作的同志，在初采写消息时，往往只顾追求辞藻的华丽和俊俏，忽视自己情感的倾注，缺乏同采写对象感情交流，自然就谈不上对读者的感染力了。

刘勰在《文心雕龙·情采》中说：“繁采雾情，味之必厌。”白居易在《与元九书》中说：“感人心者，莫先乎情。”感情是人们对客观事物的心理反应，是世界观的派生物。人都是有感情的，一篇新闻要拨动读者情感的心弦，赢得读者，使读者随着新闻事实的展现而喜怒哀乐，就需要写得有感情。从阅读机制上看，情感有着重要的作用。在一定意义上说，它是阅读的动力，有了情感，大脑皮层的阅读区域才会兴奋，进而促进阅读。由此可见，情感是新闻报道与读者心理的桥梁。读者只有接受了新闻报道所表达的情感，才能进一步领会报道的思想性，受到潜移默化的教育。大凡读过《刘胡兰慷慨就义》《向秀丽舍身遏火救工厂》《研究员蒋筑英为我国光学事业奋斗终生》等新闻名篇的读者，都曾被文中字里行间荡漾的情感波澜感动得流过泪水。读过全国好新闻《明知故犯吃特殊饭》《工人上书为知识分子说公道话》《工程师三代破屋两间，副局长一家新房四套》等文的人，无不对党内的不正之风，嫉贤妒能和无视党的知识分子政策行为的人产生愤恨之情。

“情”，心理学家和文学家这样解释道：“七情”指喜、怒、哀、惧、爱、恶、欲。“四情”指喜、怒、哀、惧。“情”包括情绪、情感、情境、情操、激情；还有一般感情和高级感情（道德感、理智感、实践感、美感）等。在消息写作中，认真学习和研究情的内涵并加以运用，无疑对提高消息的感染力是大有裨益的。

有情感的消息才有强大的生命力。新闻作品的生命主要来自两大因素：一是历史价值，二是美学价值。新闻的历史价值要求新闻必须完全真实、准确；新闻的美学价值则要求新闻作品要给人以美的享受。而美的享受，是新闻的文气、风格、情感等因素来决定的。美感在本质上就是情感的活动。

情感，是消息作品获得生命力的条件，也是记者表达立场、思想，以文作战的需要。《外国新闻通讯作品选》一书中，有一篇美国记者罗森塔尔写的题为《奥斯威辛没有什么新闻》的消息，文中记者没有花费笔墨去描写德国法西斯的残暴，也没有罗列数字说明，整篇报道描写景物，叙述参观者的表现，而记者内心的感受，痛恨法西斯之情跃然纸上。读完报道，你眼前顿时出现一座惨绝人寰的人间地狱，法西斯的残暴行为昭然若揭。西方记者表达思想感情的高明手法是令人叹服的，值得我们学习和借鉴。

所谓消息中的情感，就是消息写作中表露出来的作者对客观事实肯定或否定、赞扬或贬斥的心理反应。消息中的情感表达的好与坏，同记者（通讯员）的采访作风和自身所具有的情感关系甚密。从一些有经验的记者谈的体会来看，主要应抓好以下几点：

首先是要投身到火热的斗争生活中去。可以肯定地说，坐在办公室里，待在家里，或住在招待所里，与现实斗争生活隔着一段距离，是产生不了情感的。偶尔下来看一看，走马观花地转一转，也很难获得真情实感。只有经常下去跑，下去转，去亲自体验，去同采访对象同呼吸，共命运，才能在自己心中激起感情的波澜。

其次是要怀着强烈的感情去采访，在采访中生情而作文。记者的情感不是天生就有的，要靠在新闻现场中去生发。记者（通讯员）只有首先激发对所采写的人和事的炽热的爱，用自己身上爆发的火花去引燃读者的心头的感情之火，才能把新闻写得情真意切，生动感人。作为一名记者（通讯员），心灵之火应该始终是燃烧着的。这个激情之火，使他对人、对事、对物，总是充满着希望和热情。不及时将自己所感受到的新人新事报道出去，就吃不香、睡不好，有时甚至是心急火燎，有了这个激情，稿件自然就会打动读者。如果记者（通讯员）心里像是揣着一块冰，成天死气沉沉，没精打采，慢慢腾腾，对人对事都无动于衷或冷眼相看，他是不可能采写出有情感的新闻来的。这正像袁枚在《随园诗话》中说的，“作者情生文，斯读者文生情。”魏巍同志也说过：“在现实生活中深入感受，对于写作的人是多么重要！你感受得深了，写出来，人家读了也就必然有那么一股子劲，也就感受得深；你感受得浅，人家从你这儿感受到的，也就浅。你根本还没有感动呢，那就用不着说了。”可见，作者在采访中的“情”对写好新闻报道中的“情”是至关重要的。

第三是在写作中要善于抒情。抒情，就是抒发感情，抒发记者（通讯员）对所写人的喜怒哀乐，好恶爱憎之情，并将这个感情涌向笔尖，注入新闻中。常见的抒情手法有下列几种：

一是借事传情。记者（通讯员）借助对新闻人物的记叙描写，将自己的情感融化在新闻事实中，使新闻事实饱含着作者的深厚感情呈现在读者面前。这是最常用的一种技法，因为我们写消息很多时候是在叙事而不是在写景。叙事往往比较枯燥，在叙事中传情正是解决枯燥毛病的好办法。

如何巧妙地在叙事中传情呢？请看首届中国新闻奖消息二等奖作品《读者你猜：他的职称……》（原载《羊城晚报》1990 年 5 月 29 日）一稿中写道：

1988 年，梁昆浩曾申报过高级建筑师的专业职务，但未能如愿。对此，有人认为，梁昆浩学历低，理论基础薄弱。有人认为他没写过多少篇论文。然而那一座座令人激赏的宏伟建筑，不正说明他的真才实学吗？不正是他的形象化了的“论文”吗？

当然，国家对梁昆浩的贡献是予以充分肯定的。1988 年，他获得国家人事部授予的“有突出贡献的中青年专家”称号，曾当选为广东省劳动模范，得过国家五一劳动奖章，全国总工会曾授予他“自学成才标兵”称号，城乡建设部也曾授予他“优秀科技工作者”称号。

这条消息，全文 800 字，从字面上看，完全在叙事，但字里行间却洋溢着作者对职称评定中重学历，轻成果和实际水平，搞“唯学历论”的不公正做法，表示了愤慨之情。

二是融情于景。人是一种具有思维能力的高级情感的动物。触景生情，是人们的心理特征之一。消息写作应抓住读者这一心理特征，舍得在“景”上花费笔墨，借景来传情，通过描绘景物，抒发一种情感，不但使人耳目一新，情沁心脾，还能使新闻有一种新闻意境美。有人认为，写景抒情只适合于通讯、特写、专访之类的新闻体裁。其实，消息中融情于景成功的例子也不少见。如中国新闻奖中的《向劳模鞠一躬》（原载《人民铁道》报 1992 年 11 月 17 日）、《贵州告别最后一条马班邮路》（原载《贵州邮电报》1992 年 1 月 24 日）、《农民刘春生建碑林呼唤环境美》（原载《辽宁日报》1993 年 12 月 10 日）等报道中，就有多处融情于景，明在写景，实在抒情。

三是运用细节烘托情感。穆青同志说：“有时一个细节比千言万语生动得多，有力得多。”消息中运用细节，不仅能增强报道的真实感，还可以把新闻发生的现场气氛、人物的情感巧妙地烘托出来。以 1981 年全国好新闻《邹振先惊人的一跳》一稿为例，文中有这样一段细节描写：“领奖结束，邹振先刚走出赛场，一位罗马尼亚姑娘立即跳过去热情地在他的脸颊吻一下，并用中国话说：‘这是按罗马尼亚的方式向你祝贺。’”通过这一个外国观众对邹振先的钦佩与祝贺细节的描写，烘托了现场气氛，从而使中国运动员、中国人民的自豪感油然而生。

四是巧用对比发生感情。消息中，对比用得好，不仅能深化新闻的主题，还能增加报道的深度，增添文采，生动感人。通常使用比较广泛的是通过两种截然不同的画面造成是与非，优与劣的形象对比，使作者的情感跃然纸上。像全国好新闻中的《爱集体顾大局得表扬，损集体顾自己受批评》、《同是专业户，境遇大不同》、《工程师三代破屋两间，副局长一家新房四套》等，都是这方面的成功佳作。

五是运用遣词造句表达情感。大量的新闻写作实践证明，同样写一个人，所掌握的素材都一样，但由于使用的词句不一样，结果所表达的情感就不大相同，所收到的传播效果也就不大一样。以我国著名中医赵炳南逝世后的报道为例：

新华社发的消息写道：

我国著名皮外科回族老中医赵炳南教授因病医治无效，于6日晚辞世，终年85岁。

中新社的消息是这样写的：

有“圣手佛心”，“妙手回春”之誉的一代名医赵炳南在北京溘然长逝，终年85岁。

显然新华社的用语平淡无味，而中新社使用的词句带有浓厚的感情色彩，读来情真意切，令人感动，留下深刻的印象。

六是直抒情怀。记者（通讯员）在新闻中，将自己的感情直接表露出来。其具体做法，既可以放在消息的开头，也可以放在消息的结尾，还可以穿插在消息当中。1992年全国好新闻《金山同志追悼会在京举行》一稿，记者在消息的开头直抒情怀地写道：

鲜花、翠柏丛中，安放着中国共产党党员金山同志的遗像。千余名群众今天默默地走进首都剧场，悼念这位人民的艺术家。

而1979年全国好新闻《党组织为马寅初彻底平反恢复名誉》一稿，记者的抒情是放在消息的结尾处的。记者在结尾处写道：

20年的是非终于澄清，冤案终于平反。实践宣布了公允的裁判：真理在他一边。

消息中的情感表达，不像长篇通讯，报告文学中的“情”可以自由淋漓地抒发，它要求惜墨如金，高度节制，含而不露；它反对空洞泛虚，无病呻吟，单纯为情而抒情，也反对那种滥用情感，激烈狂放的抒情方式。消息中的“情”应具体情况具体对待，应因人因事而异，不是所有的消息都要讲究情感，也不是情感越浓越好。情感不是消息生命力的基石而是养料。表达情感不宜过度，要掌握分寸，能表达主题就行了，过分渲染，为情而多笔墨，只能是水分、败笔。还要注意不能感情用事，脱离事实。消息中的情感应生发于客观事实，是作者感情在新闻事实中的自然流露。让我们遵循新闻的自身规律，做到告之以事，晓之以理，动之以情，将消息写深写活，发挥消息的传播威力。

怎样采写深度报道？

——新闻精品展示的七点“诀窍”

现在报纸上不少新闻干巴、枯燥，引不起读者兴趣，可以说是新闻写作上的常见病。究其原因是多方面的，但笔者认为，浅而无味，缺乏深度是一个主要病根。新闻要有可读性，就应在“深”度上下功夫。深度报道越来越受到报纸，特别是党报的重视，《新华日报》等还专门开辟了“深度报道”的专栏。华东地区九家主要报纸还曾开展过“深度报道好新闻竞赛”，其目的是要推动、促进各报提高深度报道的质量，凸显报纸的特色。

何谓“深度报道”？甘惜分主编的《新闻大辞典》的解释是：“它是运用解释、分析、预测等方法，从历史渊源、因果关系、矛盾演变、影响作用、发展趋势等方面报道新闻的形式。”

深度报道深在哪里？这是当前迫切需要解决的问题。从一些采写深度报道有经验的记者（通讯员）谈的体会和部分“中国新闻奖”获奖作品所展示的内容来看，深度报道应该“深”在下列 7 个方面：

——深在深入采访上。大量的新闻实践证明，记者在写深度报道时首先要关注热点、研究热点问题，从热点问题切入，作深度剖析。因为“热”，受众的关注度就高，如果避开社会的热点，报道大部分人不关心、无关主旨的东西那就谈不上深度。热点问题从哪里来？只能从生活中来，要写深度报道、写好深度报道，就要求记者的作风要深入，深入实际写出深度。

以第 13 届中国新闻奖通讯二等奖作品《决策为何连连失误》（原载《人民日报》2002 年 5 月 29 日）一稿为例，据介绍，2002 年年初，人民日报编辑部和淮北市一些干部告知人民日报驻安徽记者站，淮北一些领导干部盲目决策，要在这个人口不到 200 万、经济又不发达的城市里上高尔夫球场、建设耗资 30 亿元的高消费的温哥华城，结果造成难以挽回的经济损失和形象损失。作者敏锐地感到，在认真贯彻“三个代表”重要思想的过程中，如何把握好一切工作的出发点和归宿点，树立正确的政绩观，对各级干部来说，是一重大的课题。而对淮北现象的核实和剖析，正能从反面揭示这个主题。当地干部为了“政绩”而搞形象工程，问题的实质是没有处理好“做官”与“为民”的关系，没有处理好出政绩与办实事的关系，与实践“三个代表”重要思想背道而驰。为此，记者排除重重困难，先后两次到淮北，跑工地，进农家，拍照片，采访干部、外商、工人、农民等150多人，收集了大量材料，历经两个月方正式成稿。采写过程中，编辑部与记者进行了多次沟通，并精编此稿。由于有了深入的采访，因而写出的稿件主题集中、鲜明，行文简练、明了。仅2000字，就将一个涉及地市级党委和政府决策行为失误的重大而复杂的问题，写得很有深度和说服力，不能不说这是一篇深入采访、精心写作结出的硕果。

——深在信息化上。深度报道不能以牺牲报纸的信息量为代价，相反只能增加报纸的信息量。这就提出了一个问题，深度报道的深度怎样来实现？深度报道的深度，不同于纯言论作品，它不是通过层层说理，立论、驳论等来实现，需要通过大量的事实来说理，通过一个个有说服力的事实来实现深度。这种写法可谓“深度报道的信息化”。深度报道的信息化，就要通过信息的采掘和组合，引导读者从已知认识未知，致力于追求信息的含金量。

以第14届中国新闻奖消息二等奖作品《今天火车登陆海南》（原载《中国铁道建筑报》2003年1月11日）一稿为例，据介绍，在新闻事件发生的当天，全国有150多家新闻媒体的200多名记者在现场采访。之后，在众多的新闻媒体上刊登和播发的“火车登陆海南”的消息中，唯独这一篇一枝独秀成为获奖的新闻精品。它之所以受到评委们的青睐，笔者认为，除主要是它具有新闻精品的重要特征，即主题重大，反映的是我国的铁路渡海的新闻大事件，新闻的时效性强外，还具有独有的深度，一条800字的消息，竟然容纳了与新闻主题相关的70多个信息，可谓深在信息化上而制胜。

深度报道的信息化，要求深度报道要用事实说话，通过事实变动中的信息来诠释深度，通过新闻事实折射深刻的时代命题。

——深在用好背景材料上。写新闻都要使用背景材料，这已经是个老生常谈的问题了。强调用好背景材料和实际上是否真正用好了，这是两回事。写作实践证明，新闻中使用好材料，对开掘新闻的深度大有益处。因为有了广泛而深刻的背景材料，才能将新闻事件发生的前因后果，清晰地展现在读者面前，也才能较详细地说清与新闻事实相关的方方面面，使新闻具有时间和空间上的纵深感，从而突出新闻的主题，增强新闻的穿透力度。以第4届中国新闻奖获奖作品《蒲城农民申志诚投资百万兴水利》（原载《陕西日报》1993 年 3 月 11 日）一稿为例，农民个人投资兴办水利，是水利基础产业走向市场的重要标志。过去搞水利建设主要是由国家和集体投资，实行市场经济后，如何改变这种格局，各地都在探索。农民申志诚开创民办水利的先河，无疑具有重要新闻价值。这篇新闻的成功之处，在于把现场描写与新闻背景材料有机地结合起来。如文中写的：

“龙山马湖，渴死寡妇”是人们对这方土地的真实写照。多少年来，这儿的群众想方设法，力求改变这里的面貌，但都未能如愿，随着商品经济的发展，这里迅速建起了万亩果园，但是每当灌溉季节，果农们起早摸黑，开着车到六七公里远的地方拉水，吃尽苦头。仅距 5 公里的韩河引水工程虽举目可望，但只能“望水兴叹”。前洼村年逾半百、精明能干的申志诚，近年来办企业、建果园、搞贩运，在市场经济的搏击中，赚了数十万元。面对果农对水的迫切渴望，他细细地算过一笔经济账后，毅然自筹资金 120 万元，兴建全乡引水工程，实行商品供水。

通过这段背景材料的交代，帮助读者深层地认识从计划经济向市场转轨中出现的新情况、新问题，使读者深刻了解农民申志诚投资百万办水利的重要意义。报道刊出后，先后被中央台、农民日报、山西日报等多家新闻单位转摘或转载，在读者中引起了强烈反响，为水利走向市场起了巨大的推动作用。该文受到了国家水利部门的表扬和肯定。这是一篇巧用背最材料写出深度报道的成功范例。

——深在改变思维方式，增加思辨色彩上。社会主义市场经济和全面建设小康社会这些新生事物，在中国的大地上出现的时间还不很长，不少人对它的认识还不深，比如何谓正面？何谓反面？何谓先进？需要在实践中不断认识、不断分析才能得到正确的结论。同样一件新生事物，在某一地区是适合的，而在另一个地区则可能是不适合的，因为它们的条件不同。某一事物，在此一时可能是正确的，而在彼一时，则可能走向反面。新闻报道中的辩证法，无处不在。在采写新闻时，只有改变思维方式，增加思辨色彩，才能起到正确的舆论引导作用。这里所说的思辨色彩，不是大道理的简单堆砌，不是理论观点的表象演绎，它是隐含在事实对比叙述中的理性思考，事实叙述本身就体现了报道者的思辨性。眼下阅读许多媒体上的成就报道，常常会有这样的感觉，由于报道者过于强调和凸显成就，进而自觉不自觉地忽视了报道主体不足的另一面，很容易使人产生肤浅、溢美的不良印象，这在一定程度上弱化了新闻报道的真实性和可信度，进而影响新闻的传播效果。要改变这种状况，把报道写得有深度，就要在改变思维方式，增加思辨色彩上下功夫，多角度、多侧面地分析事物的本质，并上升到理论的高度，给人以新的思想，新的境界，新的经验。

以第7届中国新闻奖消息三等奖作品《王封矿四千余职工实现整体转移》（原载《河南日报》1996年12月26日）一稿为例，这篇消息以强烈的思辨色彩赢得了读者的好评和评委们的青睐。如文中写的："穷则思变"，"有人寄希望于'等、靠、要'"，"开会、讨论、分析，王封人战胜了自己。国家有困难一味向上伸手，只能是等过了时机，靠懒了思想，要短了志气。只有面对现实，瞄准市场，自己给自己找出路，才是衰老报废矿井的唯一希望"，"观念一转天地宽""天道酬勤"，等等，都具有思辨色彩，对读者的思想有启迪作用。

——深在要树立宏观意识，多从"面"上进行报道。市场经济的发展，与方方面面紧紧相连，生产、流通、分配、消费、贸易、金融、文化、教育以及历史的延续、宏观政策的调控等，都会反映到市场这个大舞台上来，因此，只有从宏观上、从全局的角度去审视市场发展的动态，才有深度。而绝大多数读者受各自工作、生活环境的制约，往往只从一个视角去观察自己面前一小块现实，这就难免有认识上的偏差。作为记者（通讯员），就不能跟着"见一报一""人云亦云"地去进行表面信息的传递，而应该以更广、更高的角度，用新思维对微观事实进行宏观的审视。

在以往的新闻报道中，我们有的记者（通讯员）缺乏宏观意识和多向思维，常常习惯于对一个厂矿、一个商场、一个村镇、一种商品上看得多，从宏观的面上观察分析少，习惯于从"点"上采写新闻，而忽视从"面"上进行分析报道，从全局的高度和理性的深度来反映那些群众关注的热点、难点问题。

以第4届中国新闻奖获奖作品《关于粮食市场的通信》（新华社1993年12月21日播发）一稿为例，1993年下半年，南方一些地区粮价上扬，引起人心波动，记者敏锐地感到，粮食市场的稳定关系到整个大局的稳定，应该抓住这个城乡居民十分关心的热点问题做文章。于是迅速采访了全国主要的粮食批发市场负责人，从宏观上、从全局上分析了粮价上扬原因。稿件播发后，由于针对性强，事实中蕴涵着深刻的道理，起到了沟通情况，安定人心的作用，受到了从上到下的普遍好评。

要做到从宏观上、从"面"上进行报道，写出有全局高度和理性深度的经济新闻，就要求记者（通讯员）经常深入到实际工作中去，深入到群众中去，把握时代前进的脉搏，把握群众的思想脉搏，把群众情绪当作新闻市场的第一信号，当作第一手材料，切实改变以跑机关、泡会议、抄材料为主的采访方式，到群众的伟大实践中去，到市场经济的汪洋大海中去调查研究，去捕捉新闻，去采撷信息。这样奉献出来的新闻产品，才无愧于我们的时代。

——深在要提出针对性问题，发表独特见解。新闻也要有思想性，而在很大的程度上它的思想性表现在针对性上，也就是人们常说的切中时弊、一针见血地提出现实生活中的某些弊端及问题，并探索其解决问题的路子和办法，而这些路子和办法，又是发人深省的，有新意的，具有独特见解的，能使人茅塞顿开，举一反三。以第10届中国新闻奖获奖作品《深圳部分外来劳务工劳动安全状况堪忧》（原载《工人日报》1999年3月13日）一稿为例，改革开放以来，大量农民离土入城务工经商，据有关部门统计，全国有1亿多人，仅深圳就有300万人。现代化建设中有他们的汗马功劳，但他们的人身安全问题又如何保障、如何维护呢？这是一个事关经济发展、事关维护法律尊严、事关维护劳动者合法权益的大问题。这篇消息在897个字的篇幅中，向人们揭示了“部分外来劳务工劳动安全状况堪忧”及造成这种状况的深层次原因。呼吁国家有关部门应高度重视，解决这部分“弱势人群”的人身安全问题。可见，消息的主题是重大鲜明的，具有普遍意义，对贯彻执行党和政府的有关方针政策、法律法规，有着强烈的针对性和指导作用，是一篇独家新闻。

新闻的针对性和独特见解，来源于记者（通讯员）对某些问题和现象的深入观察和思考，来源于在经济、哲学及对中央政策等方面有较深的功底和深刻的理解。只有这样，才能透过现象抓住事物的本质，从而做到独具慧眼、以其独特的视觉观察问题，引导读者正确去对待社会生活中出现的新情况、新问题。

——深在“超前”意识上下功夫，要多写预测性新闻。所谓超前意识，就是指新闻的前瞻性，亦即预见性。在建立社会主义市场经济体制和全面小康社会的过程中，社会生活中的很多问题变幻莫测，但不管如何变化，一切社会活动都遵循着一定的规律运行，都有一定的轨迹可循。社会活动本身具有可预测性，也就是在一定的空间、时间范围内，它是可以预测的。这种预测建立在深入调查研究的基础上，在把握大量新闻事实之后，进行科学分析、判断，最后得出结论，而不是凭空想象。因此要增强新闻的指导性，就要在“超前”意识上下功夫。通过新闻报道，向读者提出符合客观事物发展规律的预见和对策，帮助广大受众分析研究各项改革发展的趋势。好的新闻，应该是不仅要告诉受众现实社会生活中发生了什么事，还应让受众知道将要发生或发生后某些社会现象的变化趋势，如市场预测、消费预测、生产预测，某一行业的宏观预测，金融情况分析，等等。

以第14届中国新闻奖消息二等奖作品《面对商机，为何无动于衷？》（原载《今晚报》2003年4月12日）一稿为例，这篇报道，在第一时间独家披露了“联合国每年采购额高达30多亿美元，但从中国采购产品不到其总额1‰，本市则只有两家企业进入联合国采购系统”这一尚未引起广泛关注，但对于我国企业又极端重要的一个社会问题，通过披露这一具有深刻社会意义和广泛代表性的问题，既给一些企业敲响了警钟，又通过层层深入的报道让更多的企业对联合国采购有了足够的认识和了解。经过报道的推动，促使政府部门建立起专门的网站帮助企业与联合国做生意。报道有很强的“超前”意识，推动解决问题有针对性，具有广泛的社会影响和深远的历史意义，是一篇具有前瞻性的新闻报道。

最后还有一点需要指出的是，深度报道的深度，并不与文章的长短成正比，不少报纸的编辑部要求深度报道不超过1500字，许多深度报道的精品也就是千字文。短中求深，当是深度报道的追求。

此外，采写深度报道还应处理好以下几个关系：

一是要处理好“深”与“新”的关系。人们都有这样的感受，当你在逛蔬菜、水果市场时，那些挂着露珠的蔬菜、水果总是最抢眼，也最受消费者欢迎。为什么？因为它们新鲜。报刊在推出自己的深度报道时，就更有个以新鲜感取胜的问题。

二是处理好“深”与“浅”的关系。深度报道以新鲜感吸引了读者的注意力后，接下来的问题是要让读者看得懂，这就要求处理好“深”与“浅”的关系，也就是解决好高屋建瓴与通俗易懂的关系。做到“雅俗共赏”的办法是深入浅出。

三是要处理好“深”与“活”的关系。深度报道让读者能够看懂还不够，还应该让读者饶有兴味地看下来，这就需要处理好“深”与“活”的关系。深度报道虽然题材大、内涵深，但只要行文生动活泼就能将“深”与“活”的矛盾有机地统一起来。

四是要处理好“深”与“近”的关系。一方面指的是深度报道在选题上要“三贴近”，即贴近实际、贴近读者、贴近生活；另一方面还有个时效上贴近问题。要想在时效上出奇制胜，其办法是在选题的策划上要有预见性和前瞻意识，在具体操作上要有时间差意识，选择好新闻由头。

如何写好非事件性新闻

——以“中国新闻奖”作品为例

何谓非事件性新闻？目前新闻界多数人的看法是：经过选择的、有普遍意义的典型事实，是构成非事件性新闻的基本条件。非事件性新闻，有人也称它为组织性新闻。它是反映某个地区或某个单位，一个阶段以来的形势或面貌变化、重大成果及意义、工作成绩与经验、存在的问题或教训等的新闻。

世界上既有事件性的变化，又有非事件性的变化。非事件性新闻不仅中国有，外国也有。它不是社会主义新闻的特殊规律，而是新闻的普遍规律。

非事件性新闻，是为了区别于事件性新闻而提出的一个科学的概念，它是记者（通讯员）经常运用的新闻体裁之一。大量的新闻实践证明，它在社会主义新闻学中，有着重要的地位和作用。报纸要传播信息，要引导舆论，要成为集体的宣传员、鼓动员和集体的组织者，要帮助人民认识真理，要为读者服务，只靠事件性新闻的力量是不够的。非事件性新闻突破反映单独事件的局限性，通过对许多事实的分析、综合、论述，或展现某一中心工作的全貌，或阐明某种思想，或反映党的路线、方针、政策在贯彻中取得的成绩、问题、经验等，以此鼓舞、激励、帮助人民为革命和建设而奋斗。实践表明，从党中央、各级党委到从事各行各业的广大干部和群众，都很重视报道新问题、新思想、新见解的非事件性新闻。

关于非事件性新闻的确切定义，多数人赞同甘惜分主编的《新闻学大辞典》中的解释："与事件性新闻相区别的新闻报道，即对一段时间内或若干空间里发生的诸多事实、情况、事件的综合反映，揭示带有分析性、启发性的总体性情况、倾向或经验等。非事件性新闻的特点是点面结合，以点证面，以面为主，反映事件发展变化中的阶段性、概貌性、倾向性、经验性或典型性。典型报道，综合消息，经验性消息，述评性消息等属之。非事件性新闻的时效要求较为宽松些，但也要尽力找寻和体现新闻根据（由头），善于利用新闻发布的契机。"

在全球信息共享媒体竞争深入发展的当今，要获得独家的事件性新闻报道已经非常困难，而把非事件性新闻做大做深做出特色则成为媒体竞争的主要阵地。

从以往各大报纸的版面上看，非事件性新闻被刊登的地位是显著的，标题也很醒目。从新闻报道的数量上来看，这种新闻也占据多数，报纸上几乎每天都离不开非事件性新闻。有资料显示，我国报纸中的机关报和行业报非事件新闻一般比例都占 70% 以上。都市类报纸这个比例虽然低一些，但也超过了 50%。从非事件性新闻所报道的质量上看，它不仅要对新闻事实作客观报道，而且还要对新闻事实作分析、综合、解释、评论，以揭示其事物的本质和发展规律。可见，非事件性新闻对读者和实际工作所产生的作用，是其他体裁的新闻不可取代的。全国好新闻中的《贫困乡的出路在哪里？》、《关广梅现象》、《绿色的悲哀》、《是经营商品，还是贩卖权力？》及"中国新闻奖"获奖作品中的《"东北现象"引起各方关注》、《长虹启示录》、《面对商机，为何无动于衷？》等等，都是这方面的成功佳作。

一位报社的总编辑在评价非事件性新闻的作用时说：现在的读者看新闻，既要了解正在发生什么事，又要了解“为什么发生这类事”，还想了解“将要发生什么事”。如果没有分析性、解释性和预测性的非事件性新闻，就无法满足读者的要求。一张报纸，如果只登事件性新闻，而把非事件性排斥于外，这样的报纸，必然单调、乏味，是一张可读性差的报纸。以上看法是很有见地的。

非事件性新闻与事件性新闻的主要区别在于：

在时间上，非事件性新闻所报道的事件不如事件性新闻那样强调时效，因为事件性新闻往往是突发性或继发性的，事件发展过程比较短暂，或有明显的时间性、阶段性；而非事件性则一般是延续性的，事件的发生、发展要有一段过程。事件性新闻的时间概念是“今天”“昨天”等最近的时间概念，而非事件性新闻的时间概念在“前一阶段”，但延续到现在，事态仍在进行之中。

非事件性新闻的时效不完全表现在时间层面上，而主要体现在主题的选择和提炼上，因为，非事件性新闻的传播目的是通过展示、解释、分析事实实现指导性。在党和政府出台新的方针政策和重大决策时，在澄清和揭示社会上众说纷纭、莫衷一是的重大事件的真相时，非事件性新闻适时的指导、判断是难能可贵的。如果在最短的时间内发现并抓住社会生活与实际工作中亟待解决的矛盾，我们就认为这篇新闻报道主题的时效性很强，新鲜、重要、有针对性等价值也极有可能同时得以实现。

在内容上，事件性新闻往往是动态性的（最新的动态），事件的本质也比较明显、集中地反映在一个事件上，侧重告诉读者一件新鲜事；而非事件性新闻往往是总结式的，剖析纵横断面，揭示事物发展的规律，不仅告诉读者什么事情，还要重点回答“为什么”的问题。事情的本质不是一眼就能发现的，而是要经过细心观察和比较周密的调查研究才能发现。非事件性新闻中以客观事实为依据所讲出的道理，由于有针对性，有新意，讲的又实在，因此，它有较强的指导性，自然也同样受到读者的青睐。

在写作上，事件性新闻有头有尾，情节贯通；而非事件性新闻则有分析、有综合，夹叙夹议。一般说来，非事件性新闻比事件性新闻容量大，难度也大，要写好很不容易。目前，有部分非事件性新闻在写作上，存在着问题不新、概念化、公式化等毛病。非事件性新闻由于时间跨度大，事件性不强，还容易给人以旧闻的感觉和使人读来枯燥、乏味。因此，改进非事件性新闻的写作，是新闻改革中需要解决的一个问题。

怎样改进非事件性新闻的写作呢？根据一些有经验的记者（通讯员）谈的体会，

参照“中国新闻奖”中推出的非事件性新闻的成功之作，我认为可以从以下几个方面去努力：

一是要善于不拘一格地使用材料。一条好的非事件性新闻，在组织材料上，既可以按逻辑思维写作，也可以按形象思维写作，要做到观点和材料、理与事的统一，将观点寓于事实之中。在对背景材料的使用时，要巧妙安排。面对采访来的大量背景材料，要善于取舍，使材料达到以一当十的说理效果；同时还应注意逻辑性，在充分研究、透彻理解材料的基础上，可以按照材料的时间先后或重要程度安排新闻结构，揭示各部分材料与新闻事件之间的内在联系。背景材料既可以放在导语中，也可以放在主体之后，不要形成呆板的背景段落。在章法、段落上，要疏密错落，长短结合，还可借鉴“蒙太奇”的手法，交叉排列，纵横交错。像“中国新闻奖”中的《浚县少年怀揣“两证”出学堂》（第9届消息二等奖作品）、《浙江贫困农民依法享有最低生活保障》（第12届消息一等奖作品）、《广东着力解决农村困难家庭子女读书难》（第13届消息二等奖作品）等，都是这方面的成功之作。

二是要有较好的分析和概括。一条非事件性新闻，如果没有较好的分析和概括，就容易形成事实的堆砌，缺乏灵魂，使人摸不清头绪。写非事件性新闻就要注重纵横联系，把新闻事件或现象放在一定的社会背景和时代背景下面来分析，或者把单一的、孤立的新闻事件与其他事件相比较、相联系，从而揭示其蕴含的意义。任何一个事物，都可以向它纵的方面（历史、发展演变过程）挖掘，也可以向它横的方面（周边环境、同类对比）拓展。纵横挖掘的结果，往往能发现一般人所意想不到的“富矿”。有很多事情，单独地、孤立地看，新闻价值不大，而如果与其他事件相对比、相联系，把它放在历史的坐标上来观察，就往往能发现其中蕴含的深刻意义。

在写作非事件性新闻的时候，还要求记者的视野要开阔，要有历史的纵深感和判断力，而不能就事论事，以作一点注释为满足。在纷繁复杂的事物面前，在浩如烟海的信息面前，记者要有综合归纳提炼能力，要能去伪存真、去芜取菁，而不被表面的现象牵着走。像“中国新闻奖”获奖作品中的《好药出局，竟因报价低》（第17届通讯二等奖作品）、《保护还是破坏》（第16届通讯二等奖作品）、《“轻负担”照样“高质量”》（第15届通讯二等奖作品）等，都是由于有较好的分析和概括而赢得读者好评和评审专家的厚爱的。

三是要注意分寸。非事件性新闻，一般都要联系到一项工作，一个单位或一个人的成绩、缺点或问题。在评价上，要留有余地，要有分寸，宁可说得不足，也不可说过头。

四是要改进非事件性新闻的导语写作。力戒"……以来"和"必须……"的写法和空洞的说教。有的非事件性新闻的导语，寻找人物活动或事情发生的现场情景，构成画面，给人以现场感、立体感，把静态理性变成读者能看得见，摸得着的感性客体，别开生面，引人入胜，值得效法。请看"中国新闻奖"获奖作品中的3例导语：

例一，在素有"病死不离床，饿死不离乡"的黔东南苗族山乡，最近传出一条新闻：凯里市凯棠乡的3650名苗族农民走出山门，到全国各大中城市经销民族工艺品。今年1至7月，仅通过邮局汇回的现金即有114万元，相当于去年该乡工农业总产值的32.5%，使边远落后的苗乡经济为之一振。（第2届消息二等奖作品《三千苗胞出山，招财进宝百万》一文的导语）

例二，唱了几十年"马儿啊，你慢些走"的晴隆县城至中营邮路，去年末已响起了汽车喇叭声。至此，全省告别了最后一条农村马班邮路。（第3届消息二等奖作品《贵州告别最后一条马班邮路》一文的导语）

例三，本报昆明9月24日电 云南边防扫雷部队在建国45周年前夕，向祖国和人民放飞一只和平鸽：提前3个月完成云南边境大面积扫雷使命，将全部清除雷障的262平方公里和平土地移交给边疆人民。（第5届消息二等奖作品《六百勇士斗死神，雷场放飞和平鸽》一文的导语）

五是寻找新闻根据以增加材料的新闻性。要尽量避免开门见山就是"最近""前一段""今年以来"等叙述，给人以陈旧的感觉。大量的新闻实践证明：选择新近发生的事作为由头，由近及远；或发掘新闻事实意义中之"首创"作为新闻根据，以"特"补"迟"；或用"周几"代替具体日期；或披露与事实相关的新近变动，以新带旧，等等，都是增加非事件性新闻的新闻性的好办法。

六是要从局部性的事实中提炼带全局意义的经验，否则就没有大的新闻价值。以第15届"中国新闻奖"消息一等奖作品《昆山31万农民刷卡看病》一稿为例，这篇消息反映的是在经济飞速发展的外向型经济重镇昆山，农民可以像城里人一样刷卡看病了。中国几代农民心中的梦想在昆山变成了现实。可见这是一个具有时代特征的重大新闻主题。在全国率先实现农村医疗保险全覆盖，这既是当地城市化进程中老百姓社会生活中发生的重大变化，也是具有全国影响的一件大事。因此，这篇消息是源于当地，又高于当地，并具有震撼力的报道。显然这是一篇以小见大，以点到面，由微观到宏观，由当地到全省、全国、从局部性的事实中提炼出带有全局意义的经验，无疑是一篇新闻价值高，进行正确舆论导向的新闻佳作。

七是要抓住新闻事实发生的关键，由此而提出新颖、醒目的问题，以引起读者

的注意。以第 8 届“中国新闻奖”消息二等奖作品《寂寞烈士坟 纷纷春雨泪》一稿为例，作者从烈士墓园堆堆黄土裸露的现象中，提出了烈士墓园遭冷落的社会问题。抓住这个问题的主线，作者先后采访了市民政局和银河革命公墓的有关负责人，对“问题”作了解释说明，最后含蓄地点到了问题的解决方法。报道中大问题套着小问题，写得情景交融，动人心弦。报道见报后，立即引起了很大反响，形成了长达数月的追踪报道，有关部门后来耗资 40 万元重建了烈士墓，使问题得到了很好的解决。报道收到了良好的传播效果。

八是运用生动形象的语言使报道立体化。非事件性新闻因为要介绍工作与活动的进展和效果，包含许多总结性和经验性的东西，给文字表达的生动带来一定的困难，很容易变成呆板的说教。改进的办法是：尽量用生动形象的语言，用白描手法去解释；用口语化的语言取代公文式的书面语言；借用比喻、拟人、衬垫等修辞手法。

以第 5 届“中国新闻奖”消息二等奖作品《陆家嘴金贸区一派沸腾》一稿为例，文中这样写道：

中国唯一以“金融贸易区”命名的上海浦东陆家嘴金融贸易区，经过 3 年的开发，到今年 8 月底，已有 67 幢高层和超高层的高标准大厦开工，其中 5 幢将在年内竣工交付使用，15 幢年内结构封顶，形成了沿江商务区，陆家嘴浦东南路金融区，张杨路商业街，竹园内贸区，龙阳物流综合区等 5 个功能区域。

位于内环线浦东段与黄浦江环抱之中的陆家嘴金融贸易区与高楼林立的外滩隔江相望……陆家嘴金融贸易区……形成了五个功能性区域。这些区域，宛如一串珠子撒落在规划中的浦东轴线大道两旁。

再从天上看地面。南有盘旋的南浦大桥、北有弯曲的杨浦大桥，中间一颗闪闪发光的东方明珠，陆家嘴地区构成了一派“双龙戏珠”的沸腾景象。有位外国商人参观后预言：“这里将是 21 世纪的国际资本市场”。

这是一篇报道成就的非事件性新闻，像报道这类成就的非事件性新闻最容易碰到的问题就是“平”，也就是展现一些平面性信息，平铺直叙地讲工作过程和罗列事实，令人读来干巴、枯燥。而这篇报道却较好地解决了这个问题，即写的较活又有较强的可读性和吸引力。成功的关键原因在于从陆家嘴金贸区不同凡响的开发气势和开发水平中截取了一些鲜活的新闻事实，并把这些体现成就的新闻事实等平面信息运用生动形象的语言进行立体化的展现，注重成就的现场感和动感，让这些成就处于一幅幅流动的画面之中，陆家嘴金贸区的宏伟壮观、流光溢彩和吸引人的魅力跃然纸上。读后，一个全景式的陆家嘴金贸区的沸腾景象，自然而然就深深地留在了读者心中。

九是要从非事件中寻找事件，使非事件新闻“事件化”。大多非事件性新闻报道的是一些社会现象和问题，呈现的是新闻事物的一种渐变态势，是社会现象、社会问题的总体情况的反应。非事件性新闻不是说没有事件，而是指没有一件具体的新闻事件，不像事件新闻那样以一个独立事件为主体，也不需要围绕一个事件详细展开报道，它往往注重对事件渐变过程中某些带有规律性内容的揭示。但是这些带有规律性的内容往往隐藏于一般性的零碎的事实里，是通过大量的独立的原始新闻事实显现出来的。

在新闻界流传着这样一句口号：“主题事件化，事件故事化，故事人物化，人物细节化”。从这句话中我们可以看出，不管是报道非事件性新闻还是事件性新闻，都要以“事”为基础。非事件性新闻和事件性新闻是对立统一的，它们其实都统一在事件中，只是事件性新闻是非事件性新闻的阶段性过程，非事件性新闻是事件性新闻的有机集合。所以我们在报道非事件性新闻中要坚持用辩证的观点看问题，从非事件中找寻事件。

在非事件性新闻中，相关的事件会有很多，有的甚至纷繁复杂，怎样在这集合的复杂的事物中找到最有说服力的事件呢？这就要求记者把握两个标准：一是这个具体事件能够让非事件性新闻报道有新闻性，二是这个具体事件能够代表一种事物使主题升华。以第 12 届“中国新闻奖”消息二等奖作品《调查表明：达赖在藏传佛教徒中的地位急剧下降》一稿为例，记者在大量的调查中选取了这样一件具体事情：一位 1985 年回国定居的藏胞毫不犹豫地在问卷中填上了“达赖是分裂分子”。他说：“在这一点上我最有发言权，因为我在国外对达赖了解得很清楚。我看不惯达赖的所作所为，才决心回国定居。”他补充说：“十多年来，我目睹了家乡的变化。当地人民的住房比过去农奴主的庄园还要漂亮，吃的比庄园主还要丰盛。这和达赖统治的旧西藏是不能相提并论的。”这个事例既有新闻性又能升华主题。

十是用感性来表达非事件性新闻的理性思想。非事件性新闻长期存在的问题是过于抽象和空洞，新闻记者在实践中往往过于强调对主题的阐释和提出观点。的确有些非事件性新闻报道的目的是要引导读者对新闻事物进行理性思考，使读者形成对新闻事物的一种理性认识。而读者认识客观事物最初是对具体事物的一种感性直观，并不能把握事物的内在本质和规定，只有当他们在看了许多具体的现象之后通过思考，对感性材料进行分析，一步步地深入到事物的内部，舍掉偶然的、表面的东西，才能找出事物的内在规定。这时读者的认识已由感性表象上升到了抽象规定，并且沿着抽象规定继续前进，从抽象规定上升为把握许多规定的综合，从而在思维中再现事物的具体，这种具体是活生生的包含着事物的各方面联系和全部丰富性的具体，也就是一种具体真理。读者的认识程序是从“感性具体”上升为“抽象规定”，最终在思维中再现事物的“具体”，用公式表示是“具体 —— 抽象 —— 更高层次的具体”，使读者获得更高层次的具体是报道的目的所在。

以第 18 届“中国新闻奖”通讯二等奖作品《为了共同的母亲河——闽粤汀江流域水资源保护见闻》一稿为例，据申报资料介绍，在岁末寒冬里，记者翻山越岭，穿林涉水，踏上汀江发源地长汀县龙门，进入汀江流域治理水土流失成效显著的长汀县河田乡，登上汀江在广东入口处永定县峰市镇芦下坝坝头、汀江与梅江交汇成韩江的广东梅州大埔县三河坝头，直至广东韩江流域的重镇潮州，行程近 2000 公里，贯穿两省 6 个县市，以纵贯闽粤的汀江为载体，通讯以见闻的方式，择取汀江流域严格实施封山育林、节能减排、保护水资源过程中的生动事实，结合记者的体验和感受，通过诉诸人们感性的具体材料传递给读者，使读者从这样的非事件性新闻报道中，就很容易从粗浅的感性认识上升到一种理性认识，即福建深入贯彻落实科学发展观，努力建设生态文明，积极促进社会和谐的深刻主题，体现了汀江上游人民从大局出发，为闽粤两省青山常在，绿水长流，不惜牺牲局部利益、个人利益的崇高精神。同时也看到了海峡西岸经济区战略实施以来，跨地区加强协作、共同发展的良好态势。这就是用感性来表达非事件性新闻所结出的理性思想之硕果。

灾害新闻的特点、作用及其报道原则

——以“中国新闻奖”作品为例

一、灾害新闻的含义

灾害新闻作为新闻术语，掺杂了很多政治、社会、科学等方面因素，因此一直以来属于非主流的模糊地带。西方新闻学的术语中，没有相应的“灾害新闻”一词，因为在他们的新闻定义里，灾难本身就意味着新闻。美国新闻学者杰克・海敦认为，“战争、灾害、地震、喷气客机失事……”这些就是新闻，甚至说“灾害和事故，都是每天的基本新闻。”

中国的新闻学者普遍认为，通常意义上的灾害新闻主要包括两大类：一类是人类无法防止的自然灾害，即地震、台风、海啸、洪水、旱灾、火山爆发等；另一类是人类自身造成的灾害，即“人祸”，如战争、恐怖活动、空难、火灾、交通事故、桥塌、楼倒等。简单地说，凡是对给人类造成的灾难性事件的报道都统称灾害新闻。它不仅仅是灾难事件的报道，还包括对灾难事件全方位的报道，如对灾害形成原因的分析、抗灾、减灾、责任追究、经验、教训等。

二、灾害新闻的特点

1. 快速反应，确保“第一发布”。传播学中有这样一个定律：首先进入人们记忆的信息具有先导性和稳定性，后来要改变这个信息，需花费7倍的功率。这个定律表明了新闻传播时效的必要性和重要性，这也要求新闻管理机构和新闻传播媒体，应当尽量创造确保新闻时效的制度和机制。

在当今，信息传播的全球化、开放性已非昔日可比。我们要同国外媒体争夺舆论阵地，就要力争在第一时间报道，以赢得更多受众。灾难的突发性决定了报道的速度是第一位的，最快的时间、最新的报道，才能满足人们在灾难发生后对信息的巨大需求和思想混乱时的心理需求。能否快速地投入新闻报道成为决定此类新闻报道能否成功的关键性问题。这时候事件现场的一切都是有极高新闻价值的，记者看到的一切都是受众想看到的，都成为人们关注这个媒体所作报道的理由。以第21届“中国新闻奖”消息一等奖作品《179小时，王家岭见证生命奇迹》一稿为例，这篇消息的取胜，无疑在率先抢占“第一落点”、确保“第一发布”上。据中国新闻奖参评材料介绍，当日凌晨，一版编辑组得知王家岭煤矿首批矿工成功升井后，马上与人民日报前方记者核实新闻事实；同时根据电视直播、电话连线，抢在新华社前编发了中央领导对获救矿工的慰问电，突破了人民日报刊发中央领导新闻必须送审的惯例。在头条位置上予以刊发，同时精选新闻图片，细致打磨稿件，反复推敲标题，在第一时间，以极强的新闻时效，以大量的信息报道了受困矿工获救的新闻。

2. 深入现场，掌握全方位的“第一手材料”。灾难发生后，公众希望通过媒体了解灾难的性质，灾难发生的原因，灾难发生的过程，灾难造成的危害后果包括次生灾害情况等灾难的全貌，从而对灾难及相关问题作出内心评价，所以灾难新闻的报道要求通过传播多种多样的信息内容，形成立体化的信息传播格局，让受众可以了解同一新闻事实的不同方面的内容，使其能够针对新闻事实作出周详的判断，避免“管中窥豹”的片面理解。因为灾难引发的连锁反应是极其纷繁复杂的，相应的应对措施也是千头万绪，牵涉社会生活的方方面面，只有有关信息的多层次、全方位、立体化报道，才能体现报道的客观、真实、准确性。像“中国新闻奖”中的《大学生结梯救人》（20届系列报道一等奖作品）、《永远和人民在一起——献给顽强奋战在抗震救灾最前线的中国共产党人》（19届通讯特等奖作品）、《地震灾区第一夜》（16届电视消息一等奖作品）等，都是这方面的成功之作。

3. 以人为本，突出“第一要务”。科学发展观的核心是以人为本，新闻是人学，是为人而作，必须由忽视人变成重视人。抗灾救灾报道，起始点是“灾”，但落脚点应该是“抗灾”“救灾”“减灾”“自救”和“重建”，是维护最广大人民群众的根本利益。灾害报道，事关人民生命财产的安全，作为新闻媒体，应高度重视，把做好抗灾救灾作为“第一要务”，精心组织，精心指挥，不惜广播电视的黄金时段和报纸的重要版面，应大力宣传党中央、国务院对抗灾救灾工作的高度重视和对受灾群众的亲切关怀；应大力宣传地方政府抗灾救灾、重建家园的重大决策部署；应大力宣传各省市各部门千方百计做好抗灾救灾的有力举措；应大力宣传广大基层干群万众一心团结抗灾的典型事迹。

在新闻大战中，媒体为了率先、独家报道新闻的心情可以理解，但这不是它忽略以人为本，忽视人文关怀的理由。灾难报道是“温柔抚慰者”，还是“痛苦加剧者”，就要看它有没有秉承以人为本，践行“人文关怀”的新闻专业主义精神。只有坚持以人为本，突出“第一要务”，才能使灾难性报道的新闻价值得到本质上的提升。

4. 引导舆论，立足“第一高度”。灾难往往是在无预警的情况下所爆发的紧急事件，若不立即在短时间内作出决策，采取有效策略将状况加以排除，就可能对人类生存与发展造成重大的威胁。因此，当灾难发生时，新闻媒介的任务不再仅仅是单纯地进行信息的传播，同时需要成为一个发表意见、影响舆论的工具，把能了解到的事件的真实情况准确地提供给公众，同时宣传政府在灾难发生时的态度、救援计划和救援进度、国际社会关注或采取的措施等，从而在一定程度上影响公众的思想和行为，力图使整个社会群体在灾难面前朝着积极的方向发展。灾害新闻要求媒体时时绷紧“导向第一”这根弦，始终坚持团结稳定鼓劲、正面宣传为主，牢牢把握正确的舆论导向，在新闻价值与舆论导向发生冲突时，必须坚守导向至上、社会价值优先的原则，做社会民心的“稳压器”。

三、灾害新闻的作用

1. 使民众第一时间获知灾情真相的“报警”作用。普利策的名言：“倘若一个国家是一条航行在大海上的船，新闻记者就是船头的瞭望者。他在一望无际的海面上观察一切，审视海上的不测风云和浅海暗礁，及时发出警告”对记者在灾难新闻中“报警员”角色定位做了一个很好的诠释。

灾难事件往往具有不可预见性，新闻记者有机会、有条件、有责任最先了解事实，就应该及时、客观、全面地把灾难发生的时间、原因、伤亡人数等告知公众，充分尊重公众的知情权。很多成功与失败的经验教训表明，灾害新闻中记者具有“报警员”的作用。

2. 有利于国际和社会救援及时开展的作用。我国的2008年“5·12”汶川地震发生后，无数社会救援队在通过灾难新闻获取地震灾难情况后迅速赶赴现场开展救援工作，挽救了无数生命。日本地震发生后数小时，包括中国在内的数十个国家的救援队根据灾难性质和次生灾害情况，整装待发，表示在得到日方允许的情况下，能马上进驻日本。美国两艘航母在获得地震报道后也紧急开往日本海域救援。救援队的及时准备和开进，大多依靠的是新闻报道而非仅仅是受灾政府的请求。可见，灾害新闻对国际社会救援工作的及时开展起着不可缺少的重要作用。

3. 监督政府实施有效救援工作的作用。灾害发生后，受众非常关心政府采取的应对措施和情况，政府需要通过新闻报道把政府的应急行为、务实态度和具体要求等等传达到受众当中，形成整个社会上下的互动，取得全社会的支持与配合。政府在民众心目中应对灾难的形象，不光是救援计划，最终还要看救援效果。以我国的“5·12”汶川地震、青海玉树地震、云南盈江地震为例，表现出大政府的作风，以人为本，果断迅速，新闻媒体的客观、真实报道，引发了国际社会的好评。相反，日本发生大地震后，菅直人政府因受贿丑闻备受民众指责。此次地震能否救援得力、核辐射能否有效控制、核辐射造成的影响能否消除、重建计划能否按计划实施是改变群众对现任政府信任与否的关键。通过灾难新闻及其后续报道，群众能有效监督政府承诺实施和兑现的情况，作出合理的评价。

4. 减小谣言传播影响的作用。大路不通，小道必兴。信息不能及时发布，人们就必然产生各种猜测，各种传闻、谣言、猜想就会快速滋生，并通过非正常渠道迅速传播。等到谣言满天飞的时候再迫不得已出来辟谣，就已经有口难辩，失去了引导舆论的主动权。更重要的是，在现代社会，一旦人们感到知情权、参与权、表达权、监督权得不到尊重，就会本能地产生反感和对立情绪。这足以损害政府的形象，甚至危害社会的和谐和稳定。新闻反映现实，灾难新闻在报道内容与规模上与灾难现实发生的频率、影响是一致的。但是，媒介议程与真实世界总是有差异的。作为客观报道的灾难新闻，自然也与真实世界有差异。但存在差异不等于无根无据的谣言，相反，它与谣言是针锋相对的。所以灾难新闻能有效减少谣言传播的机会，甚至能斩断谣言的传播。以 1999 年 4 月 15 日，韩航一货运飞机在上海莘庄镇坠毁为例，空难发生后，国外舆论界流言四起，为空难蒙上一层恐怖的阴影。我国媒体一直关注事件进展，及时进行全面报道，使事实得以澄清，谣言不攻自破。为此，上海卫视的灾害新闻：《4·15 韩航空难调查》荣获第十届中国新闻奖电视专题二等奖。

5. 使受众情感得到宣泄的作用。在灾难面前，受众心理往往失常、恐惧和不安，受众社会情绪有可能产生恐慌、悲伤、焦虑等各种情绪，此时，灾害新闻报道可以采取摆事实、讲道理的方法，引导受众对灾难事件进行理智的分析和判断，从而消除盲目恐慌的不良心理。在报道的过程中，要用适当的表现方法、恰如其分的传播方式使得受众的相关情感得到合理宣泄，使群众的愿望、意见、要求得到及时反映，群众的情绪能够通过正当渠道得到疏解。灾害事件发生后，传媒要准确地把握住社会心理特点，让受众普遍的心理需求有目的性地表达出来，说出受众想说的话，做到受众没有想到却应该做的事，稳定受众心理，安抚民心。

四、灾害新闻报道目前存在的问题

1. 缺乏人文关怀。所谓人文关怀，就是以人为本，尊重人，理解人，关心人，将人作为考察一切事物的中心价值趋向。但是，我们的灾难新闻报道在这方面欠缺不少。主要表现在：①渲染。用渲染的方式报道灾害，直接向受众展示畸形的病状、灾难、暴力、血腥、痛苦的照片或画面。②调侃。无视灾难给当事人及其亲属带来的巨大痛苦，用戏说的方式描述悲剧事实，以他人的灾难为取乐对象，使原本沉重的命题变得轻如空中飞舞的鸿毛。在这种报道方式主导下，受众解读新闻的聚焦点常常被引向媒体附加的调侃戏谑，而不是悲剧事件本身。例如：杭州某报报道一位民工施工时从脚手架上掉下来身亡，标题是《昨日一民工自由落体》；一位青年在水库洗澡上堤时遭雷击身亡，某报标题是《赤条条来，赤条条去》；四川自贡一青年不慎被机器切掉了 9 只手指，到医院接指时发现其中一只忘在了自贡，成都某报标题为《哦嗬第 9 根断指忘在自贡了》；广州一位农民工在天桥上对着桥下京广铁路边的高压线撒尿时触电身亡，媒体形容死者“像烧焦的烤鸭”，称之为“电死”“毙命”“自吃苦果”，同时庆幸民工的死亡没有对列车运行造成影响。③以粗鲁的采访方式对待采访对象，诱导幸存者、遇难者家属回忆痛苦。如记者为了抓取“生动”的现场，不顾灾难受害及其家属的悲痛，追问事件发生时的场景，拍摄下他们悲痛欲绝的表情；在采访遇难者家属时，有的记者常常会问他们知道不幸消息后的心情如何、感受如何，这种问题，等同于在受害者的伤口再撒上一把盐，造成再次受到伤害。

2. 欠缺科学性。灾害发生后，人们通常会产生不同程度的恐惧和焦虑情绪，这种情绪妨碍人去客观认识事物。这时候，就需要媒体在灾害报道中做到科学解释灾难产生的原因、告知受众灾难发生以后的预防措施和摆脱困境的方法等等。但是我们一些媒体的灾害新闻报道在这方面存在明显失误，有的科学报道、解释性报道失败，科学性报道反而被伪科学报道掩盖了。例如 2005 年 6 月在安徽泗县大庄镇部分学生接种甲肝疫苗后出现了异常反映，短短数日，“疫苗事件”引起众多媒体的关注。该事件当时解释为“违规集体接种疫苗引起的群体性心因性反应”，由于“心因性反应”对于非专业的媒体来说过于陌生，所以这个关键的问题就被搁置，甚至淡出众多报道的视野。相反，许多媒体热衷于将“疫苗有问题”作为新闻的焦点。一些媒体采用了自身非专业、不科学的结论，新闻也就成了“夺命疫苗”。一时间关于“疫苗不安全”的传言四起，引起民众惶恐不安。而事件最终调查结果显示，所用疫苗为合格品。可见，关于“疫苗有问题”的报道，明显是欠缺科学性。

3. 灾害信息同质化。在灾害新闻的报道中，常常出现报道内容、报道方式、报道理念非常相似和类同。如有关受灾的数据和图片。某位幸存者、遇难者家属、救援人员在各媒体上反复出现，千篇一律，千人一腔，造成了受众的阅读疲劳和心理困倦，使得受众不堪重负地接受各种媒体的信息轰炸。

五、灾害新闻的报道原则

灾难新闻本身是具有破坏性的。它会冲击受众原来的平稳心理，造成压抑、悲伤、痛苦等情绪，这种情绪一旦弥漫，就会给整个社会带来悲观消极的影响，正因为如此，灾难新闻的报道更应该讲究报道原则。这些原则归纳起来主要有：

1. 客观、真实、准确的原则。社会转型期，各种矛盾凸显，特别是灾害性事件发生时，由于信息不对称，社会上会产生一些不和谐因素，作为一个负责任的媒体，应该主动地介入，不回避矛盾，帮助政府把客观、真实、准确、可靠的信息传递给受众，还受众一个明白。因为灾难性事件是一个复杂的多面体，我们在报道中不要一叶障目，只报道某一方面的情况而对另一方面的情况避而不谈，或把个人情绪和意见掺杂其中而误导受众；同时，还要注意灾难性事件是一个过程，报道不能只停留在事件的发生阶段，还要注意其发展变化，做到全面反映，有始有终，从而在政府与百姓之间架起一座沟通的桥梁。这样媒体所报道的灾害新闻才会有很好的社会效果，才能使群众满意、政府满意，最终达到社会的和谐和稳定。

2. 趋利避害的原则。在灾难中，人的生命是脆弱的，但人性的光芒却是伟大的。从生物学的角度看，趋利避害是人的本性，这是人的低级属性；而从社会学的角度看，人是具有高级属性的，即有高尚的精神追求。人不仅要活着，还要活得有意义。而人文精神就是一种植根于内心的修养，一种悲悯生命的情怀，一种甘于奉献的境界，一种舍生取义的理想。面对突如其来的灾害，党和政府的目标就是要把灾害损失降到最低限度，将伤害最小化。新闻宣传也是如此，不能夸大或渲染灾害负面因素的影响，更重要的是要在灾害中发现“建设性”的契机，发掘党和政府领导人民群众奋起抗灾的亮点。为此，灾害新闻要善于发现并揭示那些灾难性事件发生、发展中的正面因素，表现一些有积极意义的东西。如，要突出报道人民群众在灾害面前的抢险救助行为、互助互爱精神，突出报道公安干警同违法犯罪行为英勇斗争的事迹，突出报道党和政府处理重大突发性事件中的果断决策和有力措施，等等。引导人们准确、全面地了解情况，正确地看待灾难性事件的发生，使灾难性事件的负面影响降到最低限度。灾害新闻不能仅从通常意义上的新闻价值来衡量，不能仅仅是“抢新闻”，更不能猎奇、追求“轰动效应”。

对于一些极端剧烈的突发事件，以及犯罪手法残忍情节极其恶劣的犯罪案件，在报道时还应注意有所报有所不报。要隐去那些可能在受众心理上产生恐惧、血腥感受的细节，同时，避免详细描述犯罪方法，以免他人仿效，对社会和公众造成不良影响。

3. 诉诸情感的原则。在突发性灾害发生时，由于对预期的不确定性，多数人处于心理危机状态，渴望人文关怀，主流媒体是他们满足这一需求的主渠道。因此，我们在宣传报道中不仅要见物见事，更要见人见精神，新闻媒体的情感传递有助于引导舆论、化解疑怨、凝聚力量、振奋精神，有助于进一步树立党和政府亲民爱民的形象，密切党群、干群、军民关系。

新闻媒体在深入灾难现场，亲身体验灾难中，应把亲历的情景和感受传达给受众，用人文关怀展示灾难事件中的人性光辉，与受众产生心灵的契合，使之产生情感共鸣。

需要注意的是，媒体的情感表达应该是真实的、发自内心的，而不是虚伪的炒作和煽情；应该是客观的、克制的，而不要陷入情感的漩涡中无法自拔，甚至丧失理性。切莫让“末世情怀”笼罩在自己的报道中，应通过报道人们与灾难的顽强抗争来充分肯定人的本质力量，给人以超越的勇气和信心。

参考资料：

① 朱爱敏、陈力丹：《我国新闻中人性冷漠现象的伦理分析》《当代传播》2008 年第 2 期。
② 唐远清：《汶川地震报道中的新闻伦理反思》《当代传播》2008 年第 4 期。
③ 汪家驷：《灾害报道中的党报社会责任》《中国记者》2008 年第 3 期。
④ 沈正赋：《灾害性事件报道方法论初探》《新闻战线》2003 年第 9 期。
⑤ 刘浪：《浅议现代社会信息场的要素及特征》《新闻导刊》2008 年第 4 期。

时政新闻如何创新出佳作

——以“中国新闻奖”作品为例

时政，时事政治之谓也。时政新闻，古已有之。宋代的邸报是我国可查究的最早涉及时政新闻的报纸，迄今已有一千多年的历史，若对时政新闻的传播进行追溯，则起源更早。时政新闻是我国新闻领域中的一种重要的新闻形式。世界传媒研究权威机构最新成果表明，随着读者人文素质的日益提高和生活节奏的不断加快，新闻也将恢复它“消息”的本来面目，时政新闻、经济新闻、社会新闻将构成未来新闻的三大支柱，其中，时政新闻在“新闻纸”中所占据的地位将会愈来愈重要，而其担纲的地位主要取决于它的权威性。由此可以看出，新时期时政新闻所承担的任务是十分繁重的，它是党报增强权威性和影响力的一种重要的实现形式。

何谓时政新闻？关于时政新闻的定义，目前还没有统一的说法。但大家比较多的看法是：时政新闻是关于国家政治活动中新近或正在发生的事实的报道；或有关政党、国家和军队的最新政务活动、政治会议、政策发布以及重大经济、文化、军事事件的报道；或是指发生在当地有影响的、涉及全局的重大事件和重要问题的报道，它包括政治、经济、社会生活的各个方面。时政新闻是党报一块不可或缺的重要内容，它也是主流媒体权威性、指导性和影响力的体现。时政新闻具有很强的政治性、政策性和敏感性的特点。报道什么、不报道什么、报道多大的规模，口径松紧、时机选择和节奏的控制，都要从党和国家、军队的全局利益和长远利益去考虑，稍有不慎，就会给党和国家的事业造成难以弥补的重大损失。因此，新闻工作者要牢固树立马克思主义新闻观，继承和发挥党的新闻工作者的优良传统，坚决维护党的理论路线和方针政策，进一步增强政治意识、大局意识、责任意识，不断提高政治敏锐性和政治辨别力，这是采写好时政新闻的基础。

由于时政新闻的突出地位和重要作用，各级党委机关报均十分重视，有些报纸不惜采用大篇幅、大版面进行报道，但常常是连篇累牍、单调枯燥，把开过的会在报纸上又开一遍。出现了会议报道程序化、模式化、材料化、说教化的现象。会议报道常常是出席会议的领导名单一长排，会议议程一大串，会议内容依次罗列，照抄照搬领导讲话，“会议强调”“会议指出”“会议要求”“会议号召”充斥其间，读者说这样的报道是让群众在报纸上开会、听报告。还有领导干部的活动，无论是参加会议、下基层调研，还是参加奠基、剪彩、揭幕、颁奖等方式，不管有无新闻价值，都要报道登报，而且多是领导干部行动的流水账，这样的态度官僚化，内容空洞贫乏，结构僵化老套，文风八股呆板，语言枯燥无味，新闻性、可读性很差的政务活动报道，拒人于千里之外，门庭冷落，读者寥寥，传多受少，甚至传而不受。党报的这一宝贵新闻资源就不能得到有效的利用和发展，政务活动报道就难以发挥应有的导向作用。因此，有新闻传播专家指出：“我国的新闻改革事业中时政报道改革意义重大，时政报道不予突破，我国的新闻改革就不能认为是成功的”。

时政新闻如何才能创新出佳作呢？笔者对一些成功的时政新闻及“中国新闻奖”中的时政新闻进行研究发现，要使时政新闻创新出佳作，可以从以下7个方面去努力。

一是时政新闻要增强新闻性。政务活动既然作为新闻存在就必须充分体现它的新闻性，即应选择、提炼有新闻价值的事和思想，而不是事无巨细的一味报道领导活动、工作总结、会议程序等。目前有相当多的时政新闻是以工作简报、会议文件的形式出现的，因此，带有浓厚的宣传味和说教味，致使很多有价值的新闻淹没在冗长繁杂的内容中，造成可读性和感染力差。可见，时政新闻要创新出佳作，首先就要明确时政新闻也是“新闻”，应将宣传价值和新闻价值有机地统一起来，寓宣传性于新闻性之中。记者要善于捕捉新闻“亮点”，突出政务活动中受众最关心、最感兴趣，而且是最新鲜、最重要的内容，从受众的角度予以报道。时政新闻绝不能有闻必录、有事必记，面面俱到，不分主次，而应认真地研究、分析、比较，沙里淘金，吹糠见米，从大量多样的政务活动信息中过滤、发掘、精选出新鲜信息、非常规信息，抓住事物最新发展变化的闪光点，选取受众对政务应知、欲知而未知的关注点、趣味点、兴奋点强化报道、进行新闻传播，让读者窥斑见豹，一叶知秋，从一滴水中见到太阳，从一朵浪花中见到大海，这样才能使读者爱读、速读，读得懂，消化得快，使政务活动报道别开生面，内涵丰富，当好党和政府的喉舌，当好社会的守望者。

以会议新闻为例，作为记者，遇到会议抓材料无可厚非，甚至可以说有必要，但关键是拿到材料后要挖掘其中的精华，有价值的才拿来用，没价值的要坚决舍弃。另外，记者还要关注领导即兴的讲话。抓住那些闪光点，挖掘那些有价值的信息，去掉那些过多强调要求之类的官话套话。这样写出来的新闻稿件紧凑而不冗长，简单而不繁杂，才会引起受众的兴趣。像“中国新闻奖”获奖作品中的《向劳模鞠一躬》（第 3 届消息三等奖作品）、《首都女记协纪念杨刚逝世 40 周年》（第 8 届消息三等奖作品）、《中国成为国际反倾销最大受害者》（第 11 届消息二等奖作品）、《簰洲湾溃口“淹”出 7000 人》（第 10 届消息二等奖作品）等，都是以突出时政新闻的新闻性而取胜的代表作。

二是时政新闻要注重细节描写。细节决定成败。细节决定高度和深度。细节是指那些细小的、局部的但又能反映出新闻事件和新闻人物特点和风貌的环节和情节。注重细节是指要求用细节说话，用事实说话，而不是僵化的新闻八股。眼下的许多时政新闻忽略了细节，多是一种形式套路的平铺直叙报道，使新闻少了动情点，读者读完也没留下什么感觉，因此，时政新闻要争取更多的受众就应注重细节描写。

在时政新闻中，细节无处不在。只要记者留心，就会发现很多虽小但能反映大问题的细节。只要抓住了这些细节，新闻稿件就会一下子活跃起来。像第 15 届“中国新闻奖”消息一等奖作品《中国国家主席与艾滋病人握手》一文中“握手”的细节；第 16 届“中国新闻奖”消息一等奖作品《海拔 4161 米：总理跟我们合影》一文中“照相”的细节；还有 2008 年汶川大地震废墟中那个已经僵硬却紧紧握住铅笔的小手至今仍让人记忆犹新；胡锦涛总书记那句“任何困难都难不倒英雄的中国人民！”仍然时时回荡在我们耳旁，让人激情澎湃，热泪盈眶。这就是细节的魅力。

大量的新闻采写实践证明，凡成功的时政新闻佳作，都比较注重细节的描写。第八届长江韬奋奖获得者张晖在介绍采写经验时说，她非常注重捕捉领导人活动中的细节。有一次普京总统邀请胡锦涛主席做客，张晖就观察到这样一个细节：普京总统拿着鲜花等待胡锦涛主席到来时，忽然跑到俄文翻译那里求证“您好”的发音。胡锦涛夫妇一到，普京总统把鲜花献给胡夫人，然后用不是特别标准的汉语说了句“您好”。这是一个小小的细节，但可以看出普京总统的认真和务实态度。这就是细节的巨大作用。

三是时政新闻要注重实用性。在浅阅读时代，实用是新闻价值的核心。时政新闻的实用性主要体现它的人文情怀，一切从以人为本出发，关注国计民生，关切百姓生活，关爱弱势群体，发布有参考价值的信息和进行正确的舆论引导。让时政新闻摒弃以往那种假大空的纯粹工作报道，减少自说自话，单向的发布新闻，让时效新闻来到读者身边，有用、可读、亲切、具有可触摸的感觉与温度。以第20届“中国新闻奖”消息二等奖作品《省委书记向官员支招如何与媒体打交道》一稿为例，据“中国新闻奖”参评材料介绍，按照原来的报道计划，记者对海南省宣传工作座谈会的采访只写一篇会议消息。省委书记卫留成在讲话时，突然脱稿讲到官员如何与媒体打好交道，记者敏锐地意识到这是一个好新闻，因为舆论意识已是现代政治文化的重要构成和基本支撑，是政治民主建设的重要内容。

结合多年与媒体打交道的心得体会，卫留成谈得深刻和朴实，非常具有现实针对性和实用性。如果把这一内容揉进会议消息，可能会被淹没在大量的工作部署和要求中，无法取得良好的传播效果，因此记者决定从省委书记向官员支招如何与媒体打交道的实用性角度上单独成文，写成此篇时政消息。稿件不足600字，文中有现场直接引语，又有充分的背景介绍，主题明确，语言简练，过渡自然，一气呵成，最为可贵的是，记者在写稿中注重实用性，较好体现了报道主体不打官腔不说套话，诚恳善诱的讲话作风，亲切朴实，晓畅易懂，可学可用。同媒体打交道的实质是做群众工作，是提高党的执政能力和政府施政能力的重要任务。对我国很多官员来说，这是一个亟待提高的短板。本文见报后被多家网站转载，且成为很多单位的学习读本，收到了很好的传播效果。

四是时政新闻要构建和谐的传受关系。传统新闻媒体常常陷入“传者本位”的泥潭，总是按照自己的主观意愿来决定传播的内容和方式。传受关系的“不和谐”成了传统媒体传播模式的软肋。人民大学郑兴东教授指出：“受众在接受传播时，可以为之付出必要的经济上、时间上的代价，但是绝不会乐意为之付出人格上的代价。处于不平等地位，是一种屈辱，无疑是对人格的一种伤害。只有当传播者在态度上是与自己平等时，才会感到传播者不是出于自己的目的来传播，才会激起愉快的情绪，传播才能有良好的氛围，对受众的引导才能有效地进行。”党委机关的平民化传播思想，让受众和传者处在同等地位，使受众感受到尊重和平等，这就优化了传受关系，为传播顺利进行打下了基础，营造了受众乐于阅读时政新闻的氛围。像“中国新闻奖”获奖作品中的《农民女代表顾双燕对话温家宝总理》（第20届消息一等奖作品）、《胡锦涛考察北京国庆期间安保、交通和旅游工作》（第 20 届消息一等奖作品）、《“总书记给我们拜年了”》（第 17 届通讯二等奖作品）等，都是这方面的成功之作。

五是时政新闻要有故事性。时政报道的故事性体现在时政报道应该有一个好的文本，矛盾、冲突、曲折的情节是提高时政报道可读性的一个重要因素。时下的一些时政新闻一般多是平铺直叙，没有多少悬念和故事性，可读性很差。古人云，“文似看山不喜平”。平平淡淡的时政报道，让人读来如喝白开水一般，索然无味且令人不忍卒读，而具有穿透力、震撼力的时政报道，则能够吸引广大读者的目光，并能成为当下的热门话题。

时政新闻如何写出故事性呢？如果说“人”是故事的骨头，“事”是故事的肉，光靠骨头和肉还无法组成一个有机的生命体，还需要血液，而“情”就是故事的血液。与显而易见的人和事相比，情往往是最难发现和把握的，需要特别灵敏的嗅觉。面对选题，记者一定要多闻闻，不仅要找对人、找对事，还要找到包含甚至是隐藏在人和事中间的情。记者探寻故事的特殊嗅觉，就体现在这些细微深处，好故事往往都是从这些细微深处嗅出来的。判断一个选题有没有故事、故事的成色如何，一定别忘了这个“情”字，有没有情，是虚情还是真情，将直接影响故事的质量。见到人、见到事、见到情，记者就要冲上去、沉下去、钻进去，把生动的故事挖出来，展示给读者。

以第 14 届“中国新闻奖”通讯二等奖作品《总理为农民追工钱》一稿为例，文中这样写道：

△“温总理到我们村子里来了！”正在田里干活的村民们，闻讯纷纷拥进曾家小院。

看着老老少少一院子的村民，温家宝显得十分高兴：“乡亲们，快都坐下，咱们一起聊聊！我很想知道你们村子里的情况。”

家里有几口人？粮食够吃吗？养的猪好卖吗？柑橘多少钱一斤？水库蓄水后土地还够不够种？孩子们都能读上书吗？上学一年要花多少钱？农村电费降了多少？家里有几个人在外面打工？移民补偿拿到没有……

△“总理，我想，我想说说我家里打工的事。”一直坐在温家宝左侧的农家妇女熊德明有些腼腆地说。

温家宝总理侧过身对她说：你说吧。

这时，坐在旁边的重庆市委书记黄镇东也鼓励熊德明：有什么事只管对总理照实说。

熊德明说，现在农民的收入主要靠打工，村里大多数劳力都在云阳新县城搞建筑，一年收入有五六千元左右，但是在修建新县城中心广场阶梯的过程中，包工头拖欠农民的工钱一直不还。她爱人李建明有2000多元钱的工钱已拖欠了一年，影响娃儿们交学费……

听着熊德明的叙述，温家宝神情顿时严峻起来。

“听说政府把修广场阶梯的钱拨下去了，但是包工头们扣着民工的钱不发。”曾祥万接过话头说道。

温家宝双眉紧锁，沉吟片刻后说：“一会儿我到县里去，这事我一定要给县长说，欠农民的钱一定要还！”人群中立刻响起热烈的掌声。

△当天夜里11时多，熊德明和丈夫拿到了拖欠的2240元务工工资。

整篇报道有情有景，有矛盾冲突，有曲折的总理行程描述，通过总理为农民追讨拖欠工资这一主题，反映了以胡锦涛同志为总书记的新一届中央领导集体高度重视“三农”工作，尤其重视促进农民增收和全力维护农民的权益，它折射出新一届中央领导集体亲民、爱民、为民、务实的作风，向社会各界再次展示了中央领导同志“时刻要把人民的疾苦放在心里”的感人形象，向各级领导干部树立了“群众利益无小事”的榜样。稿件刊发后引起社会各界强烈反响。据统计，海内外有近500多家报纸、电视台、电台在显著版面或重要时段刊播了这一报道。一些新闻院校还将这篇生动活泼、故事性强的时政新闻作为“范文”研讨。一位“中国新闻奖”得主在谈采写体会时说：“如今对时政新闻的报道，都强调主题事件化、事件故事化、故事人物化、人物情节化，做到有声有色，写活人和事。”这是经验之谈。

六是时政新闻要有深度和厚度。当下大量时政新闻缺乏深度和厚度，报道流于表面，浅尝辄止，显得单薄，它无法满足在新形势下受众的知情权。如今是信息膨胀的网络时代，媒体话语权的争夺从对新闻首发权的竞争逐渐转向解释权的竞争。提高媒体竞争力和引导力，就必须在抢抓新闻第一落点的基础上，做透新闻的“第二落点”，深入调查研究，加大对新闻事件的解读、透析力度，进一步做好分析性、解释性报道，拓展时政新闻报道的增量空间，充分满足受众的知情权，让受众看得更明白。以第19届“中国新闻奖”通讯二等奖作品《“文化包工头”垄断舞台剧制作》一稿为例，据“中国新闻奖”参评作品申报材料介绍，记者去观摩一台民族舞剧时，听到一位业内人士无意中说起，这台戏的编剧费高达50万元，导演的费用是100万元！记者以其新闻敏感，感觉这里面有新闻可挖。于是，采访了大量业内人士和专家，掌握大量确凿的材料，同时结合10年采访文艺新闻的积累，一气呵成，写成此文。报道就“文化包工头”现象提出尖锐批评，很有勇气，引起读者关注。报道列举了充分的事实，文中所述的桩桩件件，事实确凿，令人有触目惊心之感。报道观点鲜明，讲出了改变这类不正之风的必要性与紧迫性。报道所批评的现象，具有很强的现实针对性。

报道刊发后，由于有深度和厚度，在文化演艺界引起较大反响。全国“两会”期间，“文化包工头”更成为文艺界两会代表热议的话题。时任中宣部部长刘云山同志于2009年2月1日在中宣部阅评简报上作出批示：“要重视《文汇报》批评的此类现象，要从深化文化体制改革入手，研究制定引导和规范的具体措施，解决文艺创作领域的不良风气，促进舞台艺术健康发展。”根据这篇报道，有关部门在深入调查研究的基础上，对“五个一工程奖”等重大文艺奖项的评选规则进行了调整和修改。对涉及同一主创人员的作品做了限制，明确要求，终评时同一主创人员的作品不得超过两件。从而在制度层面，有效遏制了“文化包工头”现象的蔓延。

七是时政新闻要有延展性。所谓延展性即不满足于对新闻题材作一次性报道，而要以连续报道或系列报道的形式对新闻资源进行充分利用，对新闻事件进行全过程、多角度、全方位的报道，以实现社会效果和社会影响的最大化。像“中国新闻奖”获奖作品中的《拉萨“3.14”事件与达赖集团的分裂本质》（第19届系列报道二等奖作品）、《“达尔富尔问题”》（第18届系列报道一等奖作品）、《县乡人大换届选举》（第17届系列报道二等奖作品）等，都是这方面的代表作。

常言道：机遇总是垂青有准备的头脑。无数新闻实践表明，时政新闻要创新出佳作，绝不是难以跨越的，只要大胆探索，推陈出新，遵循新闻价值规律，从新闻内容、新闻形式、新闻方法、新闻手段上，按照“三贴近”的原则，把“领导视角”与“受众视角”相结合，把“政治话语”“百姓话语”相融合，把“俯视”变为“平视”，练就慧眼识珠、沙里淘金的火眼金睛，尽量从受众感兴趣的角度去捕捉信息，摒弃“多而全，大而空”，就一定能写出清风拂面，让人耳目一新，既让领导满意，又让群众认可的时政新闻佳作来。

参考文献：

①黄钦、杨睿：《江作苏时政报道特点研究》，《新闻知识》2010年8月。
②刘俊洋：《改革时政新闻中领导活动的报道》《新闻爱好者》2010.7（上半月）。
③郑兴东：《受众心理与传播引导》新华出版社1999年4月第一版。

成就报道如何才能出精品

——以“中国新闻奖”作品为例

成就报道是指对新近产生的有关社会发展建设的新思想、新举措、新成就进行报道的一种报道形式。这种报道形式是我国主流媒体中的主流新闻。由于它旨在报道我们工作中的成就发展和趋势，因而对于鼓舞受众建立信心、增强战胜困难的斗志、创造正面鼓劲的舆论氛围，增强自豪感、成就感、满足感，具有其他报道形式无法替代的功能和作用。像“中国新闻奖”获奖作品中的《中国质量的一座丰碑——来自杨浦大桥的报告》（第 4 届通讯一等奖）、《中华铅笔写出大文章》（第 8 届消息二等奖）、《中国农家半世纪》（第 10 届通讯一等奖）、《洞庭湖长大五分之一》（第 12 届消息一等奖）、《壮丽的发展诗篇——从数字看上海巨变》（第 13 届通讯一等奖）、《昆山 31 万农民刷卡看病》（第 15 届消息一等奖）等，都是这方面的成功代表作。

但我们也必须看到，现在报纸上的成就报道还有许多读者不满意之处。突出表现在：“旧闻”较多，形式单一；工作性强，乏味老套；数字较多，报道面窄；时效性差，缺少由头；宣传味浓，语言陈旧；有的从概念到概念，从理论到理论，有故弄玄虚之嫌，无实事实说之意。

要使成就报道摆脱陈旧模式，增强可读性，出新出彩，写出精品，满足读者的要求，从“中国新闻奖”部分作品提供的经验来看，应从下述几个方面去努力。

以人为本，见物又见人。众所周知，创造历史成就的是广大人民群众，能够切身直接地感受到这些成就带来变化的还是人民群众。政治民主、社会进步和经济发展取得的成就会表现在每个人、每个家庭、每个社区的发展变化中。实践“以人为本”的理念，就是倡导成就宣传对社会变化中人的成长、发展和创造活动予以关注、重视和关怀，以人的所见、所知、所感和人们周围的各种变化来透视整个国家和社会在前进中的变化，体现我们已经取得的各种成就。无论是权威人士还是普通老百姓，他们和时代一起前进，他们的生活在前进中发生了变化，让他们以自己的方式表达出对变化的欣喜，让他们讲述身边的变化，这些越来越好的变化无声地体现了人民对成就的肯定评价，而且有效地缩短了成就报道舆论引导目标与人民群众的普通生活之间的时空距离。

成就报道要牢牢把握“见人见物”的原则，这也是提升成就报道宣传效果的关键所在。在成就报道的采制过程中一定要有人的参与，以人作为成就报道的载体。这就是所谓的成就报道中要“见人”。在当下的一些成就报道中，人这个报道要素往往被不经意间忽略，从而造成见物不见人。所谓“见人”，是指成就报道的选题要与普通百姓息息相关，要注重选取鲜活的新闻事例，立足于用事实说话，要言之有物，所报道的成就要让广大群众切身感受得到。只有把握住了题材的贴近性，才能抓住受众，才能引起人们的关注。

选择见物见人，还要从选择吸引读者的角度入手。比如，经济发展要突出给百姓带来的实惠，反映百姓生活水平的提高；政治发展要突出造福于民、执政为民、权为民所用；文化发展关键落实到“育人为本”，强调人们精神境界的净化与升华：社会发展成就则更应立足百姓视角，探讨人与人、人与社会、人与自然的和谐有序相处。切不可把工作成就和发展记成流水账，让坚实的数字变得硬邦邦，让政策改进变得冷冰冰，让文化发展变得轻飘飘。报道的选题应多联系发展与读者自身的关联点，让发展成果看得见、摸得着，同时及时反映发展中涉及群众生活的问题，让成就报道成为联系群众与党的纽带。

以刊登在2004年3月4日《苏州日报》上的《昆山31万农民刷卡看病》一稿为例，这篇消息一等奖作品反映的是在经济飞速发展的外向型经济重镇昆山，农民可以像城里人一样刷卡看病了。中国几代农民心中的梦想在昆山变成了现实。无疑这是一个具有时代特征的重大新闻主题。在全国率先实现农村医疗保险全覆盖，这既是当地城市化进程中老百姓社会生活中发生的重大变化，也是具有全国影响的一件大事。因此，这篇消息是源于当地，又高于当地，以人为本，见物又见人，从吸引读者的角度切入，并具有震撼力的报道。显然也是一篇以点到面，由微观到宏观，由当地到全省、全国，进行正确舆论导向的新闻精品。

绿叶衬红花，“让历史告诉未来”。成就报道，特别是重大成就报道，一般时间跨度长、内容丰富，包罗万象。尤其反映“新中国成立 ×× 年”和“改革开放 ×× 年”这样的命题，要使这样史诗般的鸿篇巨制鲜活起来，必须在报道中运用背景材料，引进历史，从历史中发掘闪光点，要从受众的兴趣出发，到浩瀚的历史背景材料中去提取“值得”回忆的事实，这样运用背景材料将历史事实与现实热点相连，就拉近了时空距离。

鲁迅先生曾说：“删夷枝叶的人，决定得不到花果。”花儿失去提供营养的枝叶，必定是要枯萎的，没有绿叶扶持、映衬的花也谈不上艳丽。新闻报道也是如此。

任何一条新闻都是在一定的环境和历史条件下形成的，因此，新闻背景也是一种事实，它虽然不属于新闻事实本身，却是可以用来说明、映衬新闻事实的。正像胡乔木同志曾指出的：“你得在你的新闻里每一次供给他详细的注释，纵断面和横断面的背景。”该写背景的没有写，就会使人看不明白，看了也难以相信，起不到应有的作用。

善于运用背景材料是增强新闻信息量和可读性的关键之一。注意运用背景材料已成为世界新闻写作发展的趋势。有经验的记者总是极为重视新闻背景的写作的，他们把新闻背景与新闻主题的关系比作绿叶与红花，红花虽好，还要绿叶映衬。《新闻报道与写作》一书的作者，美国哥伦比亚大学教授麦尔文·曼切尔说：“不使用背景材料，几乎没有什么报道是全面的。”因此，有经验的记者（通讯员），在新闻写作中，总是精修绿叶扶红花。

以第13届消息一等奖作品《我省交通图五年七变》一稿为例，这篇消息在使用背景材料宣传成就上是值得学习的范例。如文中写的：

△ 一是石家庄到沧州的高速公路上舒适、快捷、干净的旅途让他连说“没想到过去要走六七个小时的路现在只用3个小时。”

第二个没想到就是他离家前买的1996年版的《河北省地图册》已失去了作用，因为里面的河北交通图上，只标有京石和石太两条高速公路，而现在连沧州这个号称“交通死角”的地方都有两条高速公路穿过。

△ 河北省制图院总工程师师云杰介绍说：“近几年，我省公路建设，特别是高速公路建设速度太快，交通图每年都要更新，有时一年要更新两次。从1997年到去年年底，河北交通图一共出了7版。”

△ 从1996年底的“一横一竖”，到2001年底初步形成以北京为中心，石家庄、天津为枢纽，辐射10个中心城市和秦皇岛、京唐、天津、黄骅4个港口以及大同、阳泉两个煤炭基地的“两纵两横”开字形布局的高速公路主骨架，我省已建成高速公路13条（段）。

△ 我省近几年加大了公路建设投资，1997年到2000年几乎每年投资都近130亿元，从1996年到2001年底我省已完成公路投资639亿元，新增高速公路1332公里。1999年全省高速公路突破1000公里，跃居全国第二位，2001年，通车里程达1563公里，继续保持全国第二。

通过以上绿叶衬红花的背景材料运用，使读者看到了5年来河北交通行业发生的喜人变化，并看到了未来发展的希望。从而大大增加了报道的深度和广度，有力地深化了新闻的主题。

事实说话，形象类比。历史是由具体的事件组成的，这些在历史上产生了重大影响、具有不可替代价值的事件犹如一颗颗珍珠散落在历史长河中，那些有价值的、影响深远的事件对社会发展意义重大。这些事件推动了历史的进步，书写了社会发展成就的辉煌。在成就报道中，记者要摆正自己的位置，记者只是事件的反映者，不是法官，不是包公。新闻是用事实说话的，事实的深刻胜于思辨的深刻。在报道中，用理论思辨深化新闻主题，强化新闻的社会意义，起到画龙点睛的作用，是允许的，但不应过量运用。没有深层事实，只有一些自以为是的议论，这样的报道不是真正的成就性报道。在用事实说话的同时，采用形象类比，就促使成就报道出新出彩。以第 12 届消息一等奖作品《洞庭湖长大五分之一》一稿为例，文中运用大量事实进行类比写道：

△ 1998 年以来，我省已对 220 处阻洪堤垸实施了平垸行洪、退田还湖，洞庭湖蓄洪能力增加 27 亿立方米，扩大蓄水面积 554 平方公里。水利专家称，整治后的洞庭湖如果再遇到 1998 年那样的特大洪水，水位可平均降低 0.1 米。岳阳城陵矶的水文标尺上，凶猛的洪水再也爬不到那令人毛骨悚然的高度。

△ 1998 年特大洪水过后，党中央、国务院对洞庭湖极为重视，投资 70 多亿元支持我省。改变单纯加高加固大堤“堵”的传统办法，实施以疏导为主的综合治理方略，湖区 30 个县（市、区）及大型农场实施了平垸行洪、退田还湖、移民建镇。广大群众对治理洞庭湖企盼已久，表现出极大的热情，使这项浩大工程进展顺利。三年中，湖区 8.4 万农户、30 多万群众告别故地，实施大迁移，成为湖湘史上的一大壮举。澧县的澧南垸、西官垸是治理的重点地区，许多老人虽难舍故土，但更感谢党和政府让他们离开了“水窝子”。两个垸子 7 万多人有序搬迁，实现了安居乐业。“平垸行洪还洞庭浩浩荡荡，移民建镇让百姓世代安康”，搬迁户新居门上贴的这副对联反映了湖区人民的共同心声。

△ 长大了的洞庭湖别是一番景象。隆冬时节，记者在湖区采访看到，原来人丁兴旺的华容县小集成垸、汉寿县青山湖垸已无人迹。成千上万的白鹭、野鸭、天鹅在栖息、飞翔，成片的杨树在风中摇曳着，赶走了冬天的苍凉。

通过上述事实说话，形象类比，使读者看到了湖南省平垸行洪、退田还湖 3 年带来的历史性变化，看到了人与自然和谐相处的真情美景。这样的成就报道，无疑是读者爱看的，是领导和群众共同关注的。

以小见大，大题小做。我们周围每时每刻都在发生着各种各样的变化，站在历史的角度看这些变化，有的是点滴变化，有的是沧桑巨变。而通常我们所指的成就报道是重大成就报道，这些成就涉及政治、经济、军事、教育等很多方面，点多面广，内容庞杂。因此，很多报道在选取角度和切入点时就注意从“小”字做文章，敢于“大题小做”，以小切口来反映大主题，是成就报道通常采用的一种报道手段。但是怎样把大主题与小切口紧紧联系起来，而不是让两者貌合神离；怎样让大主题的背景成为小切口故事的锦上添花，而不是无味鸡肋，这需要重新从读者的角度，从细微的、点上的变化达到“见微知著”的效果，把这些小的变化和成绩放在一起管窥到时代发展的深刻变化和巨大成就。

以第5届消息二等奖作品《取下神像挂地图》一稿为例，千百年来，农村上房的中堂一直是农民祖祖辈辈供奉祖先灵牌和神像的宝地。但在改革开放春风的吹拂下，河南省南部上蔡县东黑河村的村民却惊世骇俗地在这块农家最神圣的地方取下神像挂上了地图。过去东黑河地势低洼，“村民因十年九涝一贫如洗，在茅草屋里度日月，不傍城不临镇，谁要跑一趟五六十里外的县城，都是轰动全村的新闻”。

如今，地图却把东黑河人与外部世界越拉越近，当地居民日子越过越富，每到农闲季节，80%的青壮年劳力都带着地图走出去做工，搞建筑。全村第一个取下供奉的全神图，换上一个崭新地图的李满仓，凭着一张地图建起了一个覆盖几个地市的家电经销网络。36岁的李世英办起了农副品购销公司，走南闯北，手里总离不开一本地图册。他的生意越做越红火，家里的地图也越挂越大。而今，“东黑河村周围的农民，也开始喜欢地图了”。

东黑河人的惊世骇俗之举给作者带来惊喜。作者从事物发展的变动中，巧选了这件新鲜小事，从一个侧面反映了改革开放以来中国农村从封闭转向开放，从传统转向现代，从自然经济、计划经济转向社会主义市场经济的沧桑巨变。广大农民在摆脱贫困、奔向小康的过程中，不仅创造了全世界所注目、惊奇的经济成果，而且在思想上、文化价值观上，经历了从保守到开明、从愚昧迷信到信仰科学的心理嬗变。这无疑是窥一斑见全豹，一点水见太阳的以小见大，大题小做的成功佳作。

数字解读，令人信服。在成就报道中，自然离不开数字。实践表明，在一部分成就报道中，如果没有数字的分析和解读，就会不具体、不实在，就会缺乏有力的说服力和可信性。如果不用数字，就必然用形容词或程度副词，如“很大”“很多”“显著”等，就必然显得空洞、笼统。数字在成就报道中，可以用来对新闻中的名词、术语进行解读。如对“燎原工程”的解释：“‘燎原工程’是一项在五年内扶持两千个乡镇企业，培养发展七万个科技示范户，并由他们以一帮一、一带五的比例，扶持七万农户脱贫，带动三十五万农户走上科技致富道路的系统工程。”通过运用这些数字加以解释，读者对“燎原工程”的含义就明白了。

用数字来衬托事例。新闻中有些事例在表述时，需要借助于数字。有了数字事例才显得丰满和富有感染力。例如有一则消息中写道：“目前我国小麦单产与世界小麦平均单产相比已高出40%，摘掉了中国小麦低产的帽子”。

用数字作背景材料。如有一则消息写道：“王庄煤矿是国家大型煤矿之一。在过去的一年里，这个煤矿生产原煤120万吨，超过年度计划26%。今年又夺得开门红，元月完成原煤生产11.4万吨，超计划2.5万吨。”这些数字，成为这篇报道有力的背景材料。

用数字解读成就报道，在“中国新闻奖”获奖作品，不乏成功之作。以第13届通讯一等奖作品《壮丽的发展诗篇——从数字看上海巨变》一稿为例，这是一篇以数字解读的方式全面反映上海13年发展成就的报道。记者与统计专家多次切磋，以新闻价值为标准，从一本本厚厚的统计年鉴中筛选最有说服力的数字，力求数字的典型性和针对性，最后拿出一份清单，并反复核实。记者凭借对全局的了解，又充实了其他方面的内容，因此文章血肉丰满。如文中八个小标题上运用的数字：

一、经济总量增长2.6倍，人均GDP跨越新台阶；

二、三、二、一产业比例“28.8 ： 66.9 ： 4.3→50.7 ： 47.6 ： 1.7”的变迁，折射出上海城市的转型；

三、全社会固定资产投资13年增长8.3倍，城市建设从还债型向发展型转变；

四、吸引外资13年增长高达40.7倍，外贸进出口总额增长6.8倍，经济运行从相对封闭转向全方位开放；

五、城市居民人均可支配收入实现从千元级到万元级的跨越，人民生活从温饱型转向比较富裕的小康型；

六、市区人均居住面积从6.4平方米到12.5平方米，上海正向宜居城市迈进；

七、从一张“报纸”到一个“房间”，上海的绿意浓了；

八、99到211，每万人拥有大学生数的变化见证了上海科教事业的发展。

以上数字，给人以看得见摸得着的具体实感。读后一般都能留下较深刻的印象，从而增强新闻报道的传播效果。大量的新闻实践证明，在成就报道中，对数字的运用只要讲究技巧，确实是可以让枯燥、单调的数字“跳起舞”来的。不过记者（通讯员）不要忘记一点：如果发现生动的事例能够代替数字的话，那就应该把数字坚决抛弃掉，毫不可惜。

用“新闻故事”让成就报道“活”起来。成就报道要好看，最先要解决的一个问题就是让报道生动起来，活起来。成就报道不等于简单的工作成绩的报道。这就要求我们转变报道理念，用好看的“新闻故事”替代以往的“工作总结”。美联社特写新闻部主任布鲁斯·德希尔说：“以说故事的方式向人们提供的信息更容易被理解和记忆。因为这种方式让人放松，让人觉得有趣。以这种方式整合过的新闻素材将更加有效地吸引读者，因为读者看到的不再是干巴巴的事实罗列，而是真实的生活。”（《如何成为顶级记者——美联社新闻报道手册》第 157 页 [美] 杰里·施瓦茨著）通过个人化的故事和体验切入来报道工作成就和重大变化或解释新出台的法规政策，其所传达出来的就是新闻信息而不再是“工作报告”或“成就变化”的表象。

以第 18 届消息二等奖作品《家庭开旅馆，农民办公司青藏铁路正在改变农牧民生产生活方式》一稿为例，它采用以点带面的写实手法，穿插情境、对话描写等技巧，巧妙地通过像讲故事一样，把青藏铁路通车一年来给西藏农牧民生产生活方式带来的变化活灵活现地展现在读者面前。如文中写的：

△ 这些天，堆龙德庆县丹增贡嘎老人家开办的家庭旅馆忙得不可开交。时值西藏旅游旺季，客人走了一拨又来一拨，旅行社的导游还特意带着游客来他家的旅馆参观，看他们表演民族歌舞。“青藏铁路修到家乡，火车来到家门口，这条‘幸福线’让我家的生活越过越幸福！”丹增贡嘎乐呵呵地说。仅在拉萨火车站附近，像这样的农牧民家庭旅馆就有 40 多家。

△ 铁路通车后，“农家乐”，让群众吃上“旅游饭”。在火车站附近的桑木村，开办“农家乐”的群众由原先的 36 户增加至 52 户，占全村总户数的 76.5%。最早开办的“桑木民俗自然村”更是门庭若市，游客和从市区专门来“逛林卡”的人数比往年增加了一倍多。旅游业为桑木村农民提供了 70 多个就业岗位，全村 68 户农户，实现了“一户一人”就业，每户年均增收 3150 元。

△ 随着铁路的通车，乃琼镇的绿色无公害蔬菜、土特产品也越来越多地走进市场，受到消费者的青睐。

以上描述，让人读来亲切、自然，形象生动，一扫过去有的成就报道中的干巴、枯燥和居高临下的说教。据“中国新闻奖”参评作品推荐材料介绍，稿件见报后，纷纷被新华社、中新社等新闻媒体转载，社会反响很好。更重要的是对于西藏更多的农牧民改变等、靠、要思想，改变过去传统的生产生活方式产生了较大的影响，引领着更多的西藏农牧民跳出“农门”，走出“山门”，闯进“市场门”，发家致富。这种用“新闻故事”让成就报道“活”起来的作法，值得大家学习和借鉴。

社会新闻的价值取向和采写技巧

——以“中国新闻奖”作品为例

一、社会新闻的起源与发展

社会新闻是新闻的“鼻祖”，自人类有原始的新闻活动以后，便有了原始的社会新闻。据考证，我国最早见诸文字的社会新闻，是唐代尉迟枢所撰写的《南楚新闻》[①]之后，宋代的小报上已有社会新闻。到了近代，报纸上的社会新闻逐渐多起来。较早刊登社会新闻的是1815年创刊的《察世俗每月统记传》，该刊刊登过《忤逆子改悔孝顺》、《不忠受刑》、《官司受贿之报》等。在近代商业报纸上，社会新闻往往占据报纸50%的篇幅，其中灾祸新闻自然是重要组成部分。1872年在沪创刊的民营报纸《申报》，就很重视社会新闻的采访与刊登。

新中国成立以后，社会新闻在我国曾经经历过一段十分艰难的岁月。经历了“三落四起一高潮”的过程：解放初“一起”，宣传婚姻法的一些社会新闻很受欢迎；学苏联经验“一落”，报纸不刊登社会新闻；1956年改版“再起”；1957年反右斗争“再落”，主张报道社会新闻被视为宣传资产阶级新闻观点；60年代初“三起”；“文化大革命”中“三落”，社会新闻被彻底否定，被划入资产阶级黄色新闻范畴；1978年至今“四起”，它随着社会的转型和人们思想的解放，社会新闻才开始得到较大的发展，并在新闻报道的种类中唱起主角；除了反映文明礼貌、道德情操、邻里关系、社会公德等的社会新闻屡见刊播外，受到人们普遍关注的灾祸新闻、案件新闻也得到了广泛的重视和报道，涌现出了一大批优秀的社会新闻。据不完全统计，自1979年以来被评选出的全国好新闻作品中，消息和通讯类作品，社会新闻每年占

---

① 及时反映社会生活中的新思想、新道德、新风尚。这是我们社会主义国家的本质和主流，应该作为社会新闻的一个永恒主题。比如我们中华民族传统美德的展现；尊老爱幼、见义勇为、扶贫济困等等。目前在深入贯彻《公民道德建设实施纲要》中，要用大量生动的新闻事实，热情讴歌广大人民群众高尚的精神风貌。像“中国新闻奖”获奖作品中的《我要做一个诚实的人》（第19届通讯一等奖作品）、《抗冰保电三英雄》（第19届通讯二等奖作品）、《3.5万救命钱留给病友》（第16届消息一等奖作品）等，都是这方面的代表作。

总数的 20% 以上。[1] 像新近评选出来的第 20 届“中国新闻奖”中消息和通讯类获奖作品《暴徒以弟弟的死为借口闹事我们绝不答应》《我国首台千万亿次超级计算机研制成功》《美国人到瑶山养猪》《武大专家：我国买卖论文成“产业”》《村支书“一家人”吃低保》《一场特殊的婚礼》等，都是社会新闻的佳作。

二、什么是社会新闻

对社会新闻的界定，虽然没有统一规范的说法，但大体上没有什么争议。业界的基本共识是：反映社会生活中有关的社会问题、社会现象、社会事件、社会动态、社会趋向、伦理道德、人际关系、社会风尚、生活情趣，等等，都可归入社会新闻的范畴。

有人从学术的出发点定义为，“以社会学的研究对象为内容的变动的事实的报道……所谓以社会学研究对象为内容就包括社会问题、社会事件和社会生活方面的内容。”[2]

国外，如英国媒体对于“社会新闻”的概念比较宽泛，他们认为，社会新闻是指不与重大的政治或经济话题直接相关、影响市民生活的“低级别政治新闻”。首先，社会新闻可以理解为政治新闻，因为其关注和社会性事件的解决往往依靠权力主体机关的政策决策；其次，相对于较高级别的政治新闻，如国家总统选举、议会和内阁相关新闻等，“社会新闻”关注大众社会和普遍民众，具有地区性和社会公共性特点，其报道的事件往往关系社会公众的直接切身利益。[3]

由上可见，无论怎么定义，普遍都认为社会新闻与政治新闻、军事新闻、经济新闻、科技新闻、文化新闻相比，具有动向性、社会性、广泛性、生动性、趣味性，

---

① 抨击现实生活中的假、丑、恶和各种不良社会现象。比如贪污腐败、假冒伪劣、卖淫嫖娼、吸毒贩毒等，媒体就要坚决予以揭露和抨击。像“中国新闻奖”获奖作品中的《甘肃 14 婴儿同患肾病，疑因喝“三鹿奶粉”所致》（19 届通讯二等奖作品）、《山西霍宝干河煤矿矿难记者领“封口费”事件》（第 19 届系列报道一等奖作品）、《女博士卧底酒楼写论文幕后》（第 18 届通讯二等奖作品）等，都是这方面的成功之作。

② 报道有典型教育意义的恋爱、婚姻、家庭及其他日常生活问题。像“中国新闻奖”获奖作品中的《14 万考生名单被出卖之后》（第 19 届通讯三等奖作品）、《我国离婚率算高一倍》（第 18 届消息二等奖作品）、《3000 小考生“妖魔化”妈妈》（第 16 届消息二等奖作品）等，都属于这类题材的代表作。

③ 介绍有一定影响的民事、刑事案件。像“中国新闻奖”获奖作品中的《拉萨发生暴力事件》（第 19 届消息一等奖作品）、《56 名女工状告工厂搜身侵权》（第 12 届消息二等奖作品）、《谁来管技术权益纠纷》（第 4 届消息二等奖作品）等，都是这类题材的新闻精品。

富有人情味等特点。具体说来，社会新闻常见的题材包括如下八个方面：

1．及时反映社会生活中的新思想、新道德、新风尚。这是我们社会主义国家的本质和主流，应该作为社会新闻的一个永恒主题。比如我们中华民族传统美德的展现；尊老爱幼、见义勇为、扶贫济困等等。目前在深入贯彻《公民道德建设实施纲要》中，要用大量生动的新闻事实，热情讴歌广大人民群众高尚的精神风貌。像“中国新闻奖”获奖作品中的《我要做一个诚实的人》（第19届通讯一等奖作品）、《抗冰保电三英雄》（第19届通讯二等奖作品）、《3.5万救命钱留给病友》（第16届消息一等奖作品）等，都是这方面的代表作。

2．抨击现实生活中的假、丑、恶和各种不良社会现象。比如贪污腐败、假冒伪劣、卖淫嫖娼、吸毒贩毒等，媒体就要坚决予以揭露和抨击。像“中国新闻奖”获奖作品中的《甘肃14婴儿同患肾病，疑因喝“三鹿奶粉”所致》（第19届通讯二等奖作品）、《山西霍宝干河煤矿矿难记者领“封口费”事件》（第19届系列报道一等奖作品）、《女博士卧底酒楼写论文幕后》（18届通讯二等奖作品）等，都是这方面的成功之作。

3．报道有典型教育意义的恋爱、婚姻、家庭及其他日常生活问题。像“中国新闻奖”获奖作品中的《14万考生名单被出卖之后》（第19届通讯三等奖作品）、《我国离婚率算高一倍》（第18届消息二等奖作品）、《3000小考生“妖魔化”妈妈》（第16届消息二等奖作品）等，都属于这类题材的代表作。

4．介绍有一定影响的民事、刑事案件。像“中国新闻奖”获奖作品中的《拉萨发生暴力事件》（第19届消息一等奖作品）、《56名女工状告工厂搜身侵权》（第12届消息二等奖作品）、《谁来管技术权益纠纷》（第4届消息二等奖作品）等，都是这类题材的新闻精品。

5．报道天灾人祸及特殊条件下的气象、交通、卫生等影响人们出行、健康、生活的资讯。像“中国新闻奖”获奖作品中的《“无极”走了，香格里拉痛了》（第17届通讯二等奖作品）、《广西南丹矿区发生重大灌水事故》（第12届消息二等奖作品）、《白色皇冠拉着被撞伤者狂逃，众出租车怀着满腔义愤猛追》（第8届消息二等奖作品）等，都是这类题材的代表作。

6. 反映社会知名人物的活动和相应文化动态。像“中国新闻奖”获奖作品中的《博客，不是放纵的天堂》（第17届通讯二等奖作品）、《国家大剧院建设思路存在诸多问题》（第9届通讯二等奖作品）、《昔日伐木建功，今朝栽树“还债”》（第5届消息二等奖作品）等，都属于这类题材。

7．介绍具有文化价值的风土人情和地域民俗。像“中国新闻奖”获奖作品中的

《张品正带着“奶奶”出嫁25年》（第18届消息二等奖作品）、《取下神像挂地图》（第5届消息二等奖作品）、《建碑林呼唤环境美》（第4届消息二等奖作品）等，都是这方面的佳作。

8. 报道能够增长见识或有一定娱乐价值的珍闻、趣闻等。像“中国新闻奖”获奖作品中的《上小潭村34年每年举办运动会》（第16届消息二等奖作品）、《大一男生背起母亲上大学》（第16届通讯二等奖作品）、《医药代表向“老百姓”下跪》（第15届通讯一等奖作品）、《交口县委大院竟挖出“升官符”》（第12届消息二等奖作品）等，都是这类题材的成功之作。

从这些最基本的概念出发，我们不难发现，社会新闻的覆盖面其实是很广的，要做好社会新闻，并非只能依靠“耸人听闻”的所谓“猛料”。

三、社会新闻的价值取向

近年来，社会新闻虽然获得了长足的发展，赢得了越来越广泛的受众，但对社会新闻的认识还存在着许多误区。一提起社会新闻，在部分采编人员中，就有这样两种片面的理解。一种是认为社会新闻就是“杀人放火、贪污盗窃、暴力吸毒、嫖娼卖淫”之类的东西；另一种则将社会新闻简单理解为题材琐碎化、立意市井化、功能取向娱乐化、监督指向模糊化的报道内容。在这样的错误认识下，媒体上的社会新闻出现了价值取向上的错位。其具体反映在下述几种不良倾向上。

1. 哗众取宠。一些媒体热衷于报道男女私情以及杀人、事故、车祸等负面新闻。经常把一些怪异、刺激，甚至畸形的事件作为吸引读者的卖点。正是这些“哗众取宠”的社会新闻，弱化了媒体的舆论导向功能。

2. 低级庸俗。当前，在一些媒体上，内容庸俗、格调低下、偷盗扒窃、吸毒贩毒、绑架勒索、卖淫嫖娼及婚外恋、包二奶、一夜情、开房、同居等字眼时常充斥其间。而这种低级庸俗常常为冠冕堂皇的“满足受众需要”所遮蔽和合理化。正是这种低级庸俗，使媒体缺乏内省精神和批判意识，背弃了新闻媒体作为“社会公器”应具备的责任。

3. 琐碎浅薄。一些媒体在追求所谓“经济效应”“社会轰动”的前提下，对真正具有新闻价值的社会新闻或蜻蜓点水，或敬而远之；对真正具有社会批判意义的新闻事件、新闻人物视而不见，而是热衷于影星歌星的隐私秘闻、名人的风流韵事，或是市井百姓中鸡毛蒜皮的琐碎小事，还美其名曰“民生”新闻、“公共”新闻。正是这些琐碎浅薄的新闻，使媒体忘记了自己肩负的时代使命感、社会责任感和社会守望功能。

4. 假闻不断。一些媒体为了抢新闻，常常不经过核实就刊发一些通讯员来稿、国内外网站上的稿件。一些记者由于责任心不强，缺乏应有的职业操守，不惜编造新闻，导致假新闻层出不穷，其他媒体也不加分析竞相转载，以致假新闻泛滥成灾。如 2008 年的《孙中山是韩国人》、2007 年的“纸馅包子事件”、2006 年的《垃圾场惊现儿童残肢》、2005 年的《布什要卖掉夏威夷》、2004 年的《180 万买辆宝马砸着玩》、2003 年的《警察鸣枪八次镇住百人群殴》、2002 年的《千年女木乃伊出土后怀孕》、2001 年的《中国少女改写牛津大学 800 年校史》等轰动一时的社会新闻，都是有名的假新闻。假新闻的不断出现，不仅削弱了媒体的公信力，也严重损害了受众的利益。

大量的新闻实践表明，社会新闻的正确价值取向至少应包括下述几个方面。

一是坚持社会新闻的人文关怀精神。现代“人文关怀”脱胎于欧洲文艺复兴时期新兴资产阶级反封建、反宗教而提出的人文主义。人文关怀的核心是尊重人、关怀人、强调人的价值，主张以人为本，关怀人的生存状态和权益，它是新闻实践活动中一种必然的追求。充满人文关怀的新闻也是实践活动中一种必然的追求，充满人文关怀的新闻也是实现社会价值的重要途径。党中央近年来提出的贴近实际、贴近生活、贴近群众的“三贴近”原则和“以人为本”的发展观，为媒体彰显人文关怀精神指明了道路。因为，新闻是对事实的报道，但落脚点应该是“人”，是新闻事件中人的作用、人的观念、人的情感以及事件对人的影响等一切关于“人”的因素，而且新闻最终也是给“人”看的，所以，新闻要“以人为本”，坚持社会新闻的人文关怀精神。

二是把握好“通俗”的尺度，要“通俗”不要“媚俗”。目前，以“明星取代模范、美女挤走学者、绯闻顶替事实、娱乐淹没文化、低俗代替庄重”的报道取向必将会使媒体丧失自己应有的品格，遭到社会大众的唾弃。

新闻要做到通俗，媒体要做强做大，就要考虑到多方面读者的意见。不仅有高端读者，还要包括市井百姓。不仅要让退休老人读得懂深奥的经济新闻，也要让文化不高的普通老百姓读得懂社会新闻，这就对媒体提出一个很高的要求：新闻要做到通俗易懂。

三是要正确处理好负面社会新闻报道。一般认为，正面报道利于和谐社会的构建，负面报道不利于社会的和谐运转。但这种理解最多只对一半。天灾人祸等负面事件是社会新闻的常态题材，不可避免，也不必刻意回避。负面报道是新闻美学价值的间接表达，主要体现在：有利于丰富人们的审美认识，强化人们的美丑分辨能力；有助于激发人们的审美追求，增强人们的历史使命感；有助于发挥新闻的舆论监督作用，促进社会管理机制的完善。在生活节奏日益加快、生活压力越来越大的今天，负面社会新闻受到部分受众的偏爱，客观上也起着调剂心情、舒缓压力的作用。负面社会新闻的报道，也是社会压力的一个减压阀，是促进问题解决的一股推动力。因此，正确处理好负面社会新闻的报道，显得尤为重要。

大量的新闻实践证明，负面报道不能过多，过多就会造成不良的社会后果。在一份报纸上，每天见诸报端的都是一些打打杀杀、夫妻吵嘴、恋人分手、邻里纠纷、跳楼自杀、车祸死人等新闻，读者的感觉必然不好，觉得整个城市的治安不好，会对城市的形象造成一定的伤害。报纸考虑的不仅是自身的营利情况，更多的应该考虑传播效果。要将生活中美好、积极、令人鼓舞的一面，传输给读者，而不是那些肮脏、消沉、悲痛的新闻事件。记者在采写负面新闻时，要考虑好角度和着力点，不能肆意夸大事实，不能带有偏向性，不能带有主观性。媒体不能成为当事人的发泄渠道，也不能成为群众隐私的暴露窗口。新闻传播的目的是为了促进社会的良性运行。社会新闻不应该以肤浅琐碎的新闻噱头来取悦受众，而应以贴近群众的身边事作为切入口，将暗藏在复杂事件背后的理性的深层次的寓意传达给受众，关注社会的基本生活形态，真实报道社会环境的客观变化、文明进步的重大动向，在正确的舆论导向上下功夫。

四、采写社会新闻的要求

社会新闻涉及面是很广的，把握得正确，它的导向作用也是十分明显的。它可以帮助党和政府了解社会、研究社会，从而作为决策参考；它可以起到潜移默化、移风易俗的作用；它可以起到生动、具体、形象的法制教育作用；它可以发挥舆论监督的作用。采写好社会新闻，关键是记者要不断提高自身的素养，从现状来看，要着重从下述6个方面去努力：

1. 要牢固树立政治意识、大局意识。社会新闻报道什么，不报道什么，怎么报道，都要以大局为重，以“三个代表”重要思想作指导，以是否有利于先进生产力的发展、是否有利于先进文化的传播、是否符合最广大人民群众的根本利益为准则。有了这种政治意识和大局观念，社会新闻的报道，就有了主心骨，就有了明确的方向，这样才能够真正发挥以正确舆论引导人的导向作用。

2. 要有自觉的问题意识。所谓问题，指的是需要研究和解决的实际矛盾。毛泽东同志说过："问题就是事物的矛盾，哪里有没有解决的矛盾，哪里就有问题。"社会新闻的内涵丰富，记者应该从多种社会问题中调查研究、深入思考，善于提出推动社会进步的各类问题。问题意识是一种积极的精神状态，是一种辩证的思维方法，是有作为的新闻工作者必须具备的基本功。以第20届"中国新闻奖"消息三等奖作品《武大专家：我国买卖论文成"产业"》一稿为例，作者针对高校中存在的学术腐败之风，抓住这个问题，从武汉科技大学正使用反剽窃软件检测学生论文，顺藤摸瓜找到了从事"论文买卖"研究的武汉大学副教授沈阳，说服他接受采访，并拿到了第一手材料，对"论文买卖"的内幕、成因及解决路途进行全国追踪，最后写成这篇消息。消息见报后，引起了国内外媒体的广泛关注和跟进报道，将"学术腐败"推向最热门的年度话题，收到了很好的传播效果。这就是记者具有问题意识结出的硕果。

3. 要有高度的社会责任感。记者、编辑在采写、编辑社会新闻中，必须坚持对社会、对人民群众高度负责任的精神，不能为了追求新闻的"轰动效应"和"卖点"而钻头觅缝去搞低级庸俗的东西；也不能对社会生活中存在的丑恶现象不闻不问，熟视无睹。特别是在开展新闻批评和舆论监督中，一定要客观、公正，要以法规为准绳，要以理服人，把握好度，切忌片面性，更不能感情用事，挟私报复。以第12届"中国新闻奖"消息一等奖作品《南京冠生园：年年出炉新月饼 周而复始陈馅料》一文为例，记者从最初知道"南冠"的生产内幕，到最终节目播出，拍摄等待时间长达一年。记者以高度的新闻敏感和负责任的精神，一年之中七下南京，拍摄了大量素材。在此基础上，又对稿件和画面进行反复推敲，最终拿出一条严谨、客观、真实的新闻。节目播出后，立即在全国引起强烈反响，有关部门制定出措施，对各地月饼市场进行质量监督，整顿经营秩序。这条新闻维护了亿万人民群众的利益。

4. 要确保新闻事实的真实和准确。不能搞合理想象，不能编造假新闻。社会新闻与人的生活联系是十分紧密的，事实不真实，信息不准确就成了一种误导，甚至还可能影响社会的和谐稳定，所以它的真实性和准确性是十分重要的。

5. 要善于取舍，详略得当。要选择有社会意义，有代表性和典型性的人和事来进行报道，切忌琐碎浅薄。要选择人们普遍关心、与人们的社会生活密切相关的社会事件、社会问题、社会现象进行报道。在采访写作社会新闻的过程中，必须对这一新闻的社会反应、社会效果进行预测，对可能产生的负面影响，如让人丧失信心，可能产生心理恐慌的东西就不宜进行公开宣传。在选材上应服从主题需要，要考虑舆论导向和社会效果，不能一味地迎合少数受众的低级趣味，而不加选择地和盘托出。色情、血腥、恐怖、怪诞的情节和细节要坚决割舍。不能有闻必录，有闻必报。

社会上确有凶杀、奸情、乱伦、盗窃、诈骗、赌博、腐败等丑恶现象，但我们不能听风就是雨，原封不动地搬给受众。报道什么，不报道什么，要严格选择和取舍。有的压根儿就不值得报道；有的只需少数人知道，不宜公开报道，可写内参上报；就是公开报道，也不能自然主义、纯客观地去报道。如犯罪过程、作案现场、作案手段和工具等不宜写得过细和过实。像某报有一篇关于“扫黄”的报道，文中连嫖客如何“嫖”，付多少嫖资，公安人员如何侦查，采用何种手段捉拿，嫖娼现场的状况等，都津津乐道，其负面影响不言而喻。这是不可取的。

6．要选择带有故事性、趣味性和可读性强的事实来进行报道。社会新闻不仅有很强的接近性、服务性，有的还有很浓厚的趣味性。正因为如此，人们十分关注社会新闻，所以故事性、趣味性是社会新闻采访写作中不能忽视的东西。以1987年全国好新闻消息一等奖作品《钱向金动用“拉达”轧场火烧连营》一稿为例，这是一篇以揭露县建设银行副行长以权谋私、弄巧成拙、作法自毙为题材的批评性报道。作者在尊重新闻事实的基础上，运用漫画式的手法，以辛辣的文字，形象的比喻，冷嘲热讽，嬉笑怒骂，对以权谋私的腐败之风作了无情的嘲弄和鞭挞。像文中写的：

（肩题）有钱能使“鬼推磨”，有权汽车能轧场；（主标题）钱向金动用“拉达”轧场火烧连营；（副题）近三万元的进口小汽车成了“糊家雀”，几千斤麦子化为灰烬。

△ 一辆银白色小汽车，像磨道里的小叫驴，在打麦场上“嗖嗖”地打转转——用小汽车轧麦子，村里人围着看稀罕！是谁这么“现代化”？

△“拉达”轧场就是快当，气死老牛拉碌碡。不一会，一场麦子就“出溜”完了。钱向金的爱人见到小汽车轧场“多快好省”，乐不可支地说：“明儿叫于师傅再来一趟，连孩子他舅那麦子也给轧轧。”

△ 但“拉达”牌越野汽车毕竟不是轧场的玩意儿，想不到转着转着，滑到了场边被麦秸掩着的土坑里。麦秸打滑，司机用上前后加力，也进退两难。司机猛踩油门，车下麦秸冒烟起火。烈日、干柴、南风，眨眼火焰腾腾，场里无灭火设施，人们用铁锹往汽车上扔土，但“杯水车薪”，无济于事，麦场相接，火烧连营。价值29700元，才购进7个月的“拉达”车被烧得一塌糊涂，1500多公斤小麦化为灰烬。

以上内容，由于事例的故事性、典型性、趣味性，讽喻的深刻和文笔的形象生动，让人读来谐趣横生，发人深省。有人称赞它是一篇优美的讽刺性新闻小品，可谓名副其实，也堪称社会新闻的佳作。

抓好深度报道，增强报纸的竞争力和影响力

——以“中国新闻奖”作品为例

近年来，深度报道越来越受到报纸，特别是党报的重视，《新华日报》曾专门开辟过“深度报道”的专栏，华东地区九家主要报纸还曾开展过“深度报道好新闻竞赛”；2007年中国社科院与新疆日报联合在乌鲁木齐举办“深度报道”学术研讨会。其目的是要推动、促进各报提高深度报道的质量，凸显报纸的特色。在互联网比电视传播快，电视新闻比报纸新闻快已成为不争事实的今天，在新闻资源同源化和新闻报道同质化日趋普遍的形势下，抓好深度报道，是增强报纸的竞争力和影响力的“利器”。

一、关于“深度报道”概念的界定

“深度报道”本是西方新闻学中的术语，在英美等国也称“大标题后的报道”，在法国则称为“大报道”。它在第一次世界大战后就逐渐出现，被西方学者称为“任何人都不能抗拒的、一天比一天流行的报道趋向”。深度报道在我国亦早已有之。

何为“深度报道”？我个人比较赞赏这样两种说法：美国专栏作家朱蒙得认为深度报道就是“以今日的事态，核对昨日的背景，从而说出明日的意义来”。甘惜分主编的《新闻大辞典》的解释是：“它是运用解释、分析、预测等方法，从历史渊源、因果关系、矛盾演变、影响作用、发展趋势等方面报道新闻的形式。”

深度报道能否构成新闻的一个品种（体裁），把它当成“文章的类别和样式”吗？绝大多数人的回答是否定的。原因有二。其一，深度报道可以运用于任何一种新闻报道体裁之中。这就是说，各种新闻报道体裁包括消息、通讯、专访甚至评论等都能采用深度报道去表现。它只是新闻报道的一种方式，是属于深层次新闻报道表现的方式。其二、在我国，组合文体深度报道的出现进一步否定了“深度报道是一种新闻文体”的判断。因为组合文体的深度报道是将各种新闻文体（包括图片）加以整合，使之从整体上变成了深度报道。一篇深度报道中就包括了消息、通讯、特写、评论等各种新闻文体。这样看来，认为深度报道是一种不同于消息、通讯、评论等的新文体的看法显然是站不住脚的。

在我国新闻报道中，深度报道不仅以解释性新闻、新闻分析、新闻综述等单篇形式表现出来，而且更多的是以连续报道、系列报道、组合报道等形式表现出来。

因为部分连续性报道包含了属于深度报道形式的事件性通讯、解释性新闻、新闻分析和新闻故事等；而系列报道是一种以延伸新闻领域、深入新闻事实内部、揭示新闻事实的含义为目的的一种报道方式，组合报道则是以拓宽新闻领域、详尽报道同一新闻主题下的各方面事实为目的的一种报道方式，因此，把它们纳入深度报道这个大类之中，是符合深度报道要求的。

二、深度报道的基本特征及类型

从中外学者关于深度报道的种种定义来看，深度报道具有以下基本特征：

第一，题材的重大性。主题重大是深度报道的必然要求。首先是题材重大，其报道对象多为重要的，与受众利益密切相关的事件或问题，或为社会各界关注的热点，多为重大事件调查剖析、社会透视、大众热门话题评述。其次是意义重大，其报道的事件具有典型性，有强烈的现实针对性和时代感，通过深入的剖析得出具有普遍价值和意义的结论，用以指导全局，有力引导舆论，以更深入地宣传党的主张，满足广大受众的需求。

第二，主题思想的深刻性。深度报道要挖掘新闻背后的新闻，揭示新闻事件或事物现象深层的发人深思的内部规律性、本质意义及其发展趋势。其主要任务不在于写“是什么”，而在于写“为什么是这样”和“现在与未来如何”，目的在于为受众提供深层次的信息，因而具有深刻的思想内涵，以深度取胜。

第三，材料的丰富性。深度报道必须整合宏观、中观、微观各个层面的背景，将新闻事件放到各个层次的背景中去表现它对人和社会的意义，“必须注重事件与事件、背景与背景、事件与相关背景之间的联系，而不能像细菌培养实验那样将事物与外部隔离开来”。这说明，深度报道要依靠大量的背景材料对所报道的事物进行全方位的扫描，以展示事物的立体形象。它常常表现为围绕新闻人物和新闻事件，上下求索，左右逢源，时时穿插进以时间为条件的历史背景，或以空间为条件的环境背景，或生动通俗地介绍有关的科学知识等，内容丰富，材料翔实。

第四，思维的立体性。深度报道的对象是一个广泛联系、不断发展的动态体系，只有运用立体思维，对报道对象进行宏观的、运动的、全面的、多角度的扫描，才能既“新”又“深”地反映事物。它常常将一个具体的新闻事实放置于宏大的空间来思考和诘问，它是一种宏观地、开放性地审视事物的行为。

第五，表现方法的灵活多样性。正因为各种体裁都可作深度报道，几种体裁综合起来也可作深度报道，所以我国深度报道会灵活运用多种表现手法。在一篇深度报道里，常常既有“通讯的技巧，消息的简明”，又有“文学的笔调，政论的气势”；表达方式多种多样，既有叙事也有描写、既有抒情也有议论，无所不用，无所不包。

第六，内容的综合性。深度报道的综合性往往表现为大时空、全局性。报道往往多侧面、多角度、全方位展示事件过程，广泛涉及社会现实多个方面，同时围绕主题进行整合，回顾过去，剖析现在，预测未来。

深度报道的类型，总体上可以分为评述性深度报道与调查性深度报道两种。这两种类型体现了“深度”的两种表现方式。一种是通过对众多新闻事实进行归纳、总结，分析现象，阐述观点，预测走向。一种是通过对一个有代表性的具体新闻事件的调查，了解事件发展，揭示深层含蕴，厘清问题本质。

评述性深度报道，通过大量使用背景材料，通过运用分析、综合、比较、评述等方法，揭示新闻事件来龙去脉和深层意义，使受众对事件发生的必然性及性质、意义有准确把握的一种报道方式。

调查性深度报道，是针对某一新闻事实，通过展示调查过程，提供大量事实、数据和有关反映及评价的方法，来揭示其本质、特征、发展规律的一种报道方式。调查性深度报道的特点，是不依赖于现成材料，通过记者的深入调查，揭示事件的发生、发展和本质，是一种功夫大、篇幅长、分量重的重型报道。它有解释性报道、成就性报道、话题性报道、典型性报道等几种类型。

三、深度报道在采写上存在的几个误区

目前，记者（通讯员）在深度报道采写上存在以下几点误区：

一是对社会大局缺乏正确的把握和深刻理解。时下一些记者热衷于参加新闻发布会，凑饭局捞实惠，这种风气在新闻界颇有市场。有些记者由于不能够准确把握当前的政治经济形势，对社会发展缺乏深刻的理解，对政策导向把握不到位，理论功底不扎实，欠缺有关知识，因而，所写的深度报道篇幅看似“深度”，但实质上文字内容单调肤浅，没有时代感和说服力。

二是欠缺深入挖掘新闻的态度和吃苦耐劳的精神。长期以来，新闻采写方式局限于一种接受型，记者与被采访者定格为“取”与“予”的关系。记者习惯于一成不变的跑经验、跑会议，追逐“头头脑脑”要现成的材料，以会议和文件为拐杖去采写新闻。深度报道的出现，在某种程度上打破了这种传统的采写模式，要求记者自觉去开辟新闻采写的渠道，深入调查、深入研究、深入思考，从而挖掘出具有深

层含义的新闻事实；而不是浮光掠影、走马观花式采访。采访不深入，报道必然缺乏深度。我们的一些新闻记者摆开写深度报道的架势，却没有从根本上转变新闻报道的采写方式，这样写出来的新闻充其量只有深度报道的“壳”而没有深度报道的“质”。同时，缺少吃苦精神，不做艰苦的调查研究工作，也不做过细的采访。深度报道不但要求记者弄清楚事件的来龙去脉、前因后果，而且还要报道与新闻事件相关情节和细节；不仅要着眼于今天的新闻事件，而且要掌握分析大量的新闻背景，推测新闻事件的发展趋向。没有艰苦的调查研究，就写不出深度报道。

三是材料不够议论来凑。人们常说“形象大于思想”，而我们的一些深度报道却是思想大于形象。有些记者把深度报道当作负载理论，随意罗列事例，贴理论标签的工具。由于采访不够深入，掌握的材料不够，写作时一旦陷入困顿，便出现了“材料不够议论来凑”的现象，打起理论的幌子，表现出矫揉造作的喻理主义倾向，使新闻报道理论化、学术化，理论思辨大于新闻事实。

四是贪大求长，拉杂冗繁。近年来见诸报端的深度报道，以连续报道、系列报道、组合报道居多。在具体单篇的写作上，有的深度报道引经据典、纵横论述、对比分析，给人的感觉是深度报道就是要洋洋洒洒，见报就要占一大块版面，非此不能显示出恢宏的气势和深刻的思想。但是，这样版面如何受得了，读者如何受得了？这和当今新闻界提倡的“深、实、新、活、快、短”的文风也不相符。其实，深度报道大可不必都要写成长篇。记者一定要在思想上转变写作观念，多在新闻的“短小精悍”和“所以然”上下功夫。

四、深度报道应当“深”在哪里？

从部分“中国新闻奖”获奖作品所展示的内容来看，深度报道应当“深”在下列十个方面：

一是深在抓“热点”问题上。记者采写深度报道，首先要关注热点、研究热点，从热点切入，做深度剖析。我们切不可回避“热点”，如果回避读者所关心的东西，就会失去读者，进而影响报纸的公信力。以第9届“中国新闻奖”通讯一等奖作品《困难之中显本色——申新九厂党委实施解困再就业工程纪实》一稿为例，报道抓住“解困再就业”的热点问题，写得很有针对性、很有深度、很有指导意义。

困难企业走出困境，党组织如何发挥作用？尤其是大量职工下岗的困难企业，如何搞党建工作？许多人心存疑虑。这篇报道选取了中国最古老的机器纺织企业，也是敲响压锭第一锤的典型企业——申新九厂，以酣畅的文笔，反映了上海困难企业党委依靠职工，上下同心，扭亏解困的精神风貌，很好地回答了人们的疑问。写党建工作容易“上天不着地”，此稿却见物见人见精神，读后令人回肠荡气，感奋不已。对国企改革有重要的指导借鉴作用。

二是深在对新闻事实的深层次挖掘上。新闻终究是“对新近发生的事实的报道”。这一特点决定了深度报道最根本的还是陈述事实。深度报道的深度，不是通过层层说理、立论、驳论实现，而是需要大量的“用事实说话”。深度报道的深度，必须通过大量有说服力的事实来实现。“用事实说话”是新闻报道的基本要求，但在信息时代，“许多看起来不相关的事，其实是有关联的”（凤凰卫视《新闻今日谈》）。对深度报道来说，如何表达这些关联非常重要。报道的重点要放在深层事实的挖掘上，深层事实出来了，深层思想也就自然而然地产生了。以第18届“中国新闻奖”系列报道一等奖作品《走进卢氏土坯房》一稿为例，这篇报道没有口号式警句，没有冗长的理论探讨，却用大量深层的新闻事实，让读者在阅读的快乐中，体会和感受到卢氏县委土坯房精神的伟大和力量。

三是深在用好背景材料上。新闻中使用好背景材料，对开掘新闻的深度大有益处。因为有了广泛而深刻的背景材料，才能将新闻事件发生的前因后果，清晰地展现在读者面前，也才能较详细地说清与新闻事实相关的方方面面，使新闻具有时间和空间上的纵深感，从而突出新闻的主题，增强新闻的穿透力度。还是以第18届“中国新闻奖”系列报道一等奖作品《走进卢氏土坯房》一稿为例，这篇报道的成功之处还在于巧妙用好背景材料。如文中写的：

这是一座上世纪50年代典型风格的机关大院。高大的椿树、桐树、婆娑的竹子在雨中显得更加青翠欲滴。花木掩映下，西四东五九排平房很有点田园气息。只是外墙赭红色的涂料在日晒雨淋下早已褪色斑驳，露出混着麦秸的土坯。

让他记忆最深的是初到任的几天，半夜起夜，举着打火机半天才找到厕所。好不容易上完厕所回来，把身子裹进冰冷的被筒中，呼啸的寒风从窗缝钻进来，天花板上的老鼠不停地窜来窜去，实在难以入睡。上班后，几个群众推门就问：“县委书记在哪个屋？”群众走时关门重了一点，震掉了门后的一块墙皮。

“据我所知，从1991年我到财政局上班开始，县财政至今没有安排过一分钱用来修建、新建办公场所。”县财政局副局长王静说，特别是从2003年县里开始实行“零基预算”制度，各单位的行政管理费用“5年一个样”。

到过王振伟办公室的人，都对墙上的一副对联印象深刻。

上联是“得一官不荣，失一官不辱，休说一官无用，地方全靠一官”；下联是“吃百姓之饭，穿百姓之衣，莫道百姓可欺，自己也是百姓。”中堂摘录的是范仲淹《岳阳楼记》中的名句：“先天下之忧而忧，后天下之乐而乐”。

通过上述背景材料的交代，卢氏县委坚持土坯房办公50年不变的忧患意识、公仆意识，及艰苦奋斗的精神、厉行勤俭节约的作风、执政为民的思想，把有限的财力用在推动发展上，用在为人民办好事、办实事上的行动上，让人敬佩和感动。报道刊出后，在社会上产生了极大的影响，河南省还召开了学习卢氏土坯房精神的现场会。

四是深在改变思维方式，增强思辨色彩上。这里所说的思辨色彩，不是大道理的简单堆砌，不是理论观点的表象演绎，它是隐含在事实对比叙述中的理性思考，事实叙述本身就体现了报道的思辨性。大量的新闻实践证明，同样一个新生事物，在这一地区是适合的，在另一地区可能不适合；在此一时是正确的，在彼一时则可能走向反面。新闻报道中的辩证法，无处不在。要把报道写得有深度，就要改变思维方式，增加思辨色彩，用联系的、发展的、全面的观点看问题。像全国好新闻中的《关广梅现象》、《水水水》、《红色的警告》及“中国新闻奖”获奖作品中的《开封缘何不“开封”？》（第5届通讯二等奖作品）、《长虹启示录》（第8届系列报道二等奖作品）、《品味范匡夫》（第12届系列报道二等奖作品）等，都是这方面的成功之作。

五是深在从宏观审视上进行报道。从宏观、全局的角度去审视事物发展的过程，才会有深度。写宏观报道需要宏观视角，写小事情、小人物、小片段也要以小见大，对微观事实进行宏观审视。这就是我们说的“要站在田埂上看天安门”“要想国家总理想的事情”“要以微观之‘矢’射宏观之‘的’”。

市场经济的发展，与方方面面紧紧相连，生产、流通、分配、消费、贸易、金融、文化、教育以及历史的延续、宏观政策的调控等，都会反映到市场这个大舞台上来，因此，只有从宏观上、从全面的角度去审视市场发展的动态，才有深度。作为记者（通讯员），就不能跟着“见一报一”“人云亦云”地去进行表面信息的传递，而应该以更广、更高的角度，用新思维对微观事实进行宏观审视。

以第8届“中国新闻奖”系列报道一等奖作品《“资本运营”》一稿为例，据刘明华教授撰文讲：在舆论界正式提出“资本运营”这一概念，从资本运营的角度谈结构调整、盘活国有资产，这组系列报道是第一“篇”。因此，令人耳目一新。我国经济改革正向纵深发展，正处在攻坚阶段，上上下下正在摸索国有企业走出困境的办法，其中不乏创新之作。以资本为纽带的资产重组方式便是其中之一。《经济日报》这组报道的作者们，正是站在全局的高度，从宏观上进行审视，把握了经济改革大的走向，及时地总结和介绍了这一新的观念、新的作法。由于这组报道总结了实践经验，又超越了实践经验的局限，它始终贯穿着理性的思考，从宏观的高度揭示了资本运作的规律，说明了资本与增殖、增殖与流动的关系，使系列报道具有很强的理论威力和深度。从而，引起了上级有关领导和广大基层经济工作者的重视，产生了很好的传播效果。

六是深在要有独特见解上。新闻的思想性，在很大程度上表现为针对性，也就是一针见血地提出现实生活中的某些弊端及问题，并探索其解决问题的路子和办法，而这些路子和办法，又是发人深省的，具有独特见解的，能使人茅塞顿开的。

新闻的针对性和独特见解，来源于记者对中央方针政策的深刻理解，来源于对经济学、政治学、哲学等学科理论的深厚造诣，来源于对社会问题和现象的深入思考。只有这样，才能独具慧眼、抓住本质，引导读者正确看待社会生活中的新情况、新问题。以第10届"中国新闻奖"系列报道二等奖作品《土地承包中维护妇女合法权益》一稿为例，这组报道强调性别视角，从长期以来被很多人习以为常的事情中透析出不合法、不合理之处。报道通过对在土地承包过程中出现的歧视妇女，剥夺妇女土地承包权的现象进行批评，大张旗鼓地宣传了男女平等的国策。这篇深度报道以其丰富的内容、翔实的材料、质朴的语言及独特的视角，受到了读者的广泛好评和"中国新闻奖"评委们的青睐。

七是深在要有前瞻性上。这里指的前瞻性，亦即预见性。这种预测是建立在深入调查研究的基础上，在把握大量事实之后，进行科学分析、判断的结果，而不是凭空想象。要通过深度报道，提出符合事物发展规律的预见和对策，帮助广大受众分析研究改革发展的趋势；还要在深入宣传政策的同时，善于发现政策中的不足和问题，帮助党和政府不断完善各项政策。

以第14届"中国新闻奖"系列报道二等奖作品《变革"三问"起风雷》一稿为例，据"中国新闻奖"申报资料介绍，这组系列报道除涉及的课题新、阐述的思想新、贴近实际针对性强而外，还具有极强的前瞻性是它最大的特色。

积极推进中国特色的军事变革，是军委领导审时度势高瞻远瞩提出的重大决策，是加强我军现代建设的新的历史任务，也是必由之路。如何应对这场深刻的变革？在很多人甚至全军部队多数单位还没有作出更多反应的时候，这组深度报道以强势推出，体现了作者较强的大局意识和新闻敏感。正是由于这组报道的前瞻性，所以具有很强的冲击力，引起读者广泛关注，在读者中引起强烈反响。很多官兵给报社来电来信说：这组报道拨云见雾，消除了心中的疑虑和困惑，不少单位还把报道作为军事变革教育的教材，组织官兵学习讨论，极大地激发了广大官兵投身中国特色军事变革的热情。

八是深在言简意赅，讲究文采上。深度报道的深度，并不与文章的长短成正比，不少报纸的编辑部要求深度报道不超过 1500 字，许多深度报道的精品也就是千字文。短中求深，当是深度报道的追求。“言之无文，行而不远”。深度报道不能板着面孔，也不必故作深沉，而应当讲究文采，力求立意新、内容好、开掘深、文笔美。像“中国新闻奖”获奖作品中的《决策为何连连失误》（第 13 届通讯二等奖作品）、《对面商机，为何无动于衷？》（第 14 届消息二等奖作品）、《今天火车登陆海南》（第 14 届消息二等奖作品）等，都是这方面的代表作。这些报道，字数大都在千字以内，但信息量大，内容丰富，写得文采飞扬，可读性很强，受到读者和评审专家的一致好评。

九是深在“深度采访”上。深度报道它要求对新闻事件进行全方位、多层次、立体化的观察和表现，多视角地对事物进行深度扫描。深度报道的这种特点，决定了记者在采访中要付出比一般采访更多的时间和精力，进行更为艰巨的“深度采访”。

“深度采访”并非简单的采访工作量的叠加，更需要对新闻事实究根探底的“追问”，以及适当的采访技巧。成功的采访多半取决于提出恰当的问题。杰克·海敦在《怎样当好新闻记者》一书中写道：“大约有 99% 的新闻是部分或全部以访问，也就是向人提问题为基础写成的。”在深度报道采访中熟练运用“问”的技巧才能提出问题，问出结果，问出你想要的前因后果和本质。

在深度报道的采访中，对不同的采访对象，应该选择不同的采访方式。对那些善于言辞、思想敏锐的受访者，要抓住核心问题，开门见山，切中要害。而对不善表达的采访对象，则需要进行诱导式提问，引导他说出记者需要的素材。此外，采访中有时还须保持适度的沉默。沉默也是深度报道采访提问中的一个重要技巧，因为深度报道的提高多是要点性、针对性、独家类的提问，需要给采访对象留出思考和阐述问题的时间。聪明的记者一般不会打断采访对象的话，这样可能得到直接询问得不到的情况。故意地不露声色，有时同样有效。美国著名的电视节目主持人迈克·华莱士说：“我发现，在电视采访中最有趣的做法就是问一个漂亮的问题，等对方回答完毕你再沉默三四秒钟，仿佛你还在期待着他更多的回答。你知道会怎样吗？对方会感到有点窘促而向你谈出更多的东西。”这是经验之谈，值得学习和借鉴。

第 13 届“中国新闻奖”系列报道一等奖作品《山西繁峙矿难》一稿，就是一篇以“深度采访”而求“深”的范例。据“中国新闻奖”参评作品推荐材料介绍，为了采写这篇报道，中国青年报接到遇难者家属电话举报后，便立即赶往矿难现场。当时，当地金矿黑恶势力控制着遇难者的家属，并对记者进行了跟踪，人身安全受到威胁。但为了揭开真相，记者冒险走进孤立无援、以泪洗面的遇难者家属中，并为他们提供帮助，在极为危险的情况下，向北京报社发回电稿。首篇调查《惨剧真相扑朔迷离——聚焦山西繁峙金矿爆炸案》一文见报后，举国震惊，国内外舆论广泛关注。

山西省忻州市警方根据这篇报道，分析目击证人、运送尸体车辆、搬运尸体者三条线索，直接破案。为此，当地领导称赞“《中国青年报》立了大功”。接着，发挥日报优势，10 多天连续报道，朱镕基、吴邦国等领导同志作出批示，中央 6 部委组成联合调查组赶赴现场即首先约见本报记者，交换意见，分析线索，最终，使这起新中国历史上罕见的“死亡 37 人、毁尸灭迹、隐瞒不报”的恶性金矿爆炸事故真相大白。这种通过报道直接推动中央、省、市各级政府调查矿难真相，并以报道为官方调查直接提供线索、帮助，在我国新闻史上并不多见，是新世纪新闻舆论监督的崭新尝试。中央电视台曾以专题节目《讲述——揭开矿难真相》的形式，对中国青年报记者的“深度采访”和不畏艰险、勇于揭露繁峙矿难真相的事迹进行了介绍，受到了受众及国内外新闻学者的重视与好评。

这一典型事例再一次说明：佳作来自现场的“深度采访”。无论通信技术如何发达，现场的“深度采访”始终是新闻的源泉，是独家新闻的发祥地。为了准确、深刻地反映新闻事实，记者必须潜入新闻事实的“海底”，与第一线的人们共同思考、共同探索、共同总结，乃至共同“苦斗”，只有这样，才能写出扣紧时代脉搏的新鲜而又深刻的新闻来。这是《“资本运营”》系列报道一文给予我们的深刻启示。

十是深在精心组织、精心策划上。古人云：“凡事预则立，不预则废”。要把一件事情办好，如果没有事前的周密计划和准备，是很难成功的。新闻要出精品。也是同样的道理。作为一个新闻单位，一个时期，抓什么题目、上什么栏目、怎样组织报道、如何合理使用编辑记者的力量，等等，都需要上至总编辑，下至部门负责人的策划、组织、拍板。特别是一些重要会议报道，重大主题及事件的连续报道、系列报道、跟踪报道、专题报道等，由于涉及面广，内容多，信息量大，如果没有老总们、部主任的策划，是很难开掘深度，写出特色来的；当然，同时也需要编辑、记者献计献策，参与策划。

新闻是客观事实的报道。新闻事实是不可能通过“策划”制造出来的。“新闻策划”不是“按图施工”“制造新闻”的代名词。大量的新闻实践表明，新闻报道是可以策划的。策划包括战略策划、战役策划、内容策划、组织运筹等。具体的如选什么题材，角度如何确立，主题怎样提炼，采用什么表现形式，版面怎样安排，选择什么时机发表，等等，都是可以策划，也应该策划的。新闻策划是对新闻事实的一种能动反映，是对传统宣传手段的扬弃和发展，新闻策划是一种理性行为。

由于上述原因，“新闻策划”这一新名词，近年来在新闻界不胫而走，并且被越来越多的新闻媒体认同和推行。不可否认，凭着记者个人的素养随机抓取新闻事件，写出精彩的作品来，这种事过去有，今后也会有。但是，现代事务的处理是非常讲究预见性、系统性的。新闻报道也不例外。那种媒介无须策划，随波逐流，凭运气出好新闻的时代已经一去不复返了。在新闻竞争日益激烈的今天，哪家媒体要不在策划上下点功夫，没有自己的一手，就势必在竞争中失败。采写深度报道，更是需要在精心组织、精心策划上下功夫。

以第 17 届“中国新闻奖”系列报道一等奖作品《城市河流，让我们重新认识你》一稿为例，据“中国新闻奖”申报资料介绍，在我国城市化、工业化加速推进的过程中，城市河流治理与开发作为环境建设和城市建设的重要内容之一，关系到千家万户的切身利益和持续发展的百年大计，不仅迎来了新的机遇，也面临着许多新的问题。以科学发展观统领经济社会发展全局，建设资源节约型和环境友好型社会，需要我们对城市河流治理和开发有一个全新的认识。科学确定城市河流治理与开发的目标、速度、规模、水平和手段，使其与经济、社会、环境协调发展，对于科学发展、共建和谐，具有重要意义。

为了采写好这篇深度报道，报社领导事先进行了精心组织、精心策划，并派分属 5 个部门的 23 名记者，深入到 10 个城市采访，还联系采访建设部、水利部和国家环保总局的负责人以及清华大学、中国城市规划设计研究院的专家学者，同时调动 9 位驻外记者在国外采访相关内容，参与采访的记者总数达 32 名。刊登的文字总量达到了 8 万多字，可以说是经济日报历来重点报道之最，包括头版的 10 组文章、6 个专版，还有多达 28 幅的图片，抓住城市河流治理与开发中的具有宏观意义的共性问题作深入分析。

报道见报后，读者纷纷来电来信予以赞扬。建设部、水利部、国家环保总局有关负责人指出，这组系列报道很有针对性，对于在城市建设中贯彻落实科学发展观起到了很好的推动作用。新华网、人民网、中国经济网、搜狐、中华网、中国水文化网、中国城市规划行业信息网等上百家全国性网站及各地电台、电视台、报刊，对报道进行了转播、转载，收到了很好的传播效果。

参考资料：

甘惜分：《新闻学大辞典》，河南人民出版社，1993
程世寿：《深度报道与新闻思维》，新华出版，1991
彭朝丞：《“深度报道”的写作》，《新闻与成才》，1988.9
袁 超：《深度报道的误区及其规避》，《新闻三昧》，2007.6
姜小凌：《中国深度报道概论》，《新闻爱好者》，2007.12

问题性新闻的写作

——以“中国新闻奖”作品为例

在新闻竞争当中，历来就有所谓“抓准问题写新闻”之说。大量的新闻实践表明，抓住重大问题进行报道，是产生影响社会、震撼人心的好新闻之源。因此，在新闻精品生产的过程中，问题性新闻的写作，自然就受到了新闻从业人员的高度重视。关于这一点，在历届“中国新闻奖”的评选中，也得到了充分的展示。根据“中国新闻奖”部分获奖作品提供的实例来看，有以下几点成功的经验值得大家学习和借鉴。

一、揭露问题，提出批评，写好批评性问题新闻。

对某些突出的倾向和工作中存在的尖锐矛盾，以及群众不满意的问题，将它揭露出来，通过摆事实，讲道理，进行严肃的批评，对促使问题的解决是有重大作用的。以第19届“中国新闻奖”通讯二等奖作品《十四万考生名单被出卖之后》一文为例：

2008年高考过后不久，各地落榜考生便陆续收到很多陌生的大学发来的录取通知书，上面有各种美好的承诺，同时收取高额费用。就在家长们疑惑之时，新华日报发表的通讯《十四万考生名单被出卖之后》，及时揭露了这些非正规学校招生背后的黑幕，轰动全国，引起人们的关注。

通讯以“出国读书的小丽却同时被国内7所大学录取”的荒诞事实作为开头，

在第一部分展现了网络上普遍公开售卖“全国各地落榜生信息”的现象，具体、细致地描述了这些个人信息涵盖的内容和真实的程度。第二部分深入一层，通过几个非法购买个人信息者的直接引语，说明招收落榜生有利可图，甚至购买者之间形成竞争，而有关部门对考生个人信息的管理存在漏洞。第三部分再挖深一步，完整地呈现了个人信息泄露背后的利益链条：各种民办非学历办学机构为获取利益违规招生，雇用招生代理、提供丰厚回扣；招生代理为了赚钱而不惜非法购买考生个人信息，形成“竞争”；有关部门对考生个人信息管理不善，使得个人信息购买成为可能。

通过揭露这类违法行为的利益链条，通讯展现了社会各类人的心态：贩卖考生个人信息者对利益的贪婪，对道德的无视，对法治的漠视，人际关系淹没在金钱关系之中；家长的狭隘和偏执，考生的茫然和被摆弄；职能部门的不作为和面对违法的“平和”心态等等。通讯在展现事件本身的同时，努力挖掘出事件的背景，配合有关部门打击了这种不法行为，受到了广大读者的欢迎，收到了很好的传播效果。

二、群策群力，献技献计，写好建议性问题新闻。

这类新闻报道，通常是根据实际工作中存在的某个问题，提出改进意见和建议。以第19届“中国新闻奖”评论二等奖作品《以诽谤罪追究记者必须慎之又慎》一文为例：

《法人》杂志刊发通讯《辽宁西丰：一场官商较量》后，引来了西丰县公安局到北京拘传记者朱文娜的事件。自2006年重庆“彭水诗案”以来，引起全国关注的同类案例已经有十多起。如何在法治理论上提供新思维，是考察媒体时评的标准之一。在即时发表的几十篇关于这一事件的时评中，《检察日报》李国民的时评《以诽谤罪追究记者必须慎之又慎》，提出了一个在我国尚未被重视、而在国际法学界已经成为共识的观点。作者在文中，直截了当地亮出观点：“动辄以刑事手段追究记者责任是危险的，这将让正常的舆论监督举步维艰”。并指出：在法制健全、法治意识比较成熟的国家，“诽谤”属于“民事行为”；而在我国，尽管法律行文上趋向这个目标，但尚未完全达到这一步。这正是我国法治化需要完善的一个方面。作者在下文中，进一步阐发了这一论点：

首先是总的原则，即诽谤指控行为应该被非刑事化；退一步，对以官员为“诽谤”对象的案件，认定记者构成诽谤罪的条件应该更加严格；同时要求，公共权力机关不应参与发动或者提起刑事诽谤案诉讼。

以上三个层次的论述，针对我国诽谤法的不完善，提出了可行的操作程序，是有法律依据的。关于诽谤罪去刑法化，2000 年在伦敦召开的“诽谤法专题讨论会”，已将此列为言论自由与保护名誉的基本原则（参见陈力丹编《自由与责任：国际社会新闻自律研究》，河南大学出版社 2006 年版）。2007 年 7 月 30 日《检察日报》组织我国法学界的讨论《面对虚假信息传播，刑法的手伸到哪儿》，即已提出这个问题，建议对于言论和表达错误实行这样的“处罚三原则”：当务之急是在司法过程中少用、慎用刑法；对于民事领域里解决的问题，公权力不应轻易介入；刑法若有模糊之处，应当善意解释法律，应当以“有利于被告人”的原则来解释法律。

作者先破后立，在文章最后提出借鉴“实际恶意”原则、完善诽谤立法或司法解释的建议，具有建设性。

这篇获奖作品的成功告诉我们，要给“问题”“把脉”和“开药方”是写好建议性问题新闻的关键。简单的披露，是不负责任的，提出问题，还要从法规、制度、人民群众的要求、官员的态度及作为、群众反映的主要效果等方面“把脉”和“开药方”，这样才有助于问题的解决。报道问题性新闻，目的不是为了单纯满足读者的好奇心理，也不是媒体自身图痛快，把问题摆出来就了事。报“问题”，受众知晓了“是什么”“为什么”，更重要的还要让他们明白“怎么办？”，要有明确的解决问题的路子。这不是说“新闻万能”，这是一个负责任的媒体舆论导向的基本需要。

三、切中时弊，发人深省，写好评述性问题新闻。

这类新闻，从具体事实出发，提出问题，进行评述和议论，以引起人们的注意，并加以改进。以第 16 届“中国新闻奖”评论二等奖作品《农科院所制假坑农的多重恶劣性》一文为例：

改革目前已经进入到了利益博弈时期。关注利益博弈时期的贫弱群体的利益表达，在当前显得尤为重要。毕竟，今天的贫弱群体，更多的是改革代价的主动承担者。高度关注他们的利益表达和诉求，而不是将他们遗忘在繁荣之地的阴暗角落，成为检验一家媒体是否具备社会责任感的试金石。

我国农民人数众多，居住分散，文化水平相对不高，组织化程度较低。由于历史的原因和体制原因，农民在中国社会实际上长期处于弱势地位，他们的权利最容易被忽视和被侵害。我们一直说我国存在“三农”问题。近年来，坑农害农事件不断发生，引起了党和政府的高度关注。为解决“三农”问题，从中央和地方，各级政府机关，先后发出了一系列指示，并制定了相关法规。在全国反哺农业的大趋势下，仍有部分农科院所置国家的法令、法规于不顾，发生坑农害农事件。对此，本文作者根据新华社披露的惊人数字和事实，撰写了这篇评论。可见，评论的主题选择是重大的，文中揭示的问题和主题思想，对进一步落实党和政府关于“三农”的政策，建设和谐社会，有着强烈的针对性和解决问题的现实意义。因而稿件刊出后，在受众中引起了强烈反响，自然在“中国新闻奖”的评选中，就得到了评委们的青睐。

四、针对问题，积极引导，写好疏导性问题新闻。

对于现实生活中出现的问题，对于群众思想上存在的疑虑，报纸不应简单地批评，而应积极地引导，做深入细致的思想政治教育工作。以第12届“中国新闻奖”评论一等奖作品《慎张“排行榜”》一文为例：

近几年来，在文艺界存在着某些不良现象，其中乱张“排行榜”就是其中典型的一例。如文章在开头写的：“近来，文艺界出现了不少排行榜。有文学‘大师’排行榜，有‘优秀’作品排行榜，有‘百年’排行榜，有‘近期’排行榜……编辑们在版面上刊登排行榜，教授们在课堂上介绍排行榜。仿佛文艺界应当向水泊梁山学习，不排出个座次，大家都活得不自在。”文章对“排行榜”的泛滥、草率，提出质疑和商榷，写道：“有的单位发出几百张问卷，收回的很少，就堂而皇之地据此公布排行榜。”“有的连问卷调查也不搞，几个人凑在一起‘策划’一下，一份纵贯上百年横跨全中国的排行榜就出来了。有的单位公布问卷调查结果，被认定为最受读者喜爱的什么‘家’当中，本单位的人竟占好几个，名字还摆得很靠前。对于这样的排行榜，读者怀疑其中有自我炒作的成分”，“有的排行榜被用来宣传某种偏见，譬如前几年炒得很热的现当代十大作家排行榜，竟然把茅盾排除在外。”通过这些质疑论辩，纠正错误，指明了错谬之所在，拨开了人们思想上的阴霾，澄清了模糊观念，拨正了舆论导向，使人们明辨是非，顿开茅塞。

要写好问题性新闻，关键在于要搞好调查研究，掌握群众的思想脉搏，知道群众在想什么，实际工作中有什么问题需要报纸来回答。目前问题性新闻写作中存在的主要问题是没有抓准问题。主要表现在所抓的问题不是一碰就响的问题，所抓的问题不具有普遍意义，指导性不强。“中国新闻奖”获奖作品提供的经验是：要抓广大人民群众普遍关注的问题、要抓带有倾向性的问题、要抓“热点问题”、要抓人民群众中有“疑点”的问题、要抓人民群众中急待解决的问题等。

在抓准问题的基础上，要让问题性新闻有可读性和可感性，还应讲究表现形式。下述笔者归纳总结出的8种表现形式，值得大家学习和借鉴。

1. 通讯型的——就是用近似通讯的手法表现，其特点是：逻辑思维与形象思维并用，记述事实与评析问题相结合，有高度概括，也有具体描写，感情真实，材料丰富，议论风生。

2. 述评型的——就是常见的“有述有评，述评结合、以述为主，以评点睛的记者述评”。

3. 讨论型的——即对那些重大而又较复杂的问题，特别是那些有争议而一时难以统一认识的又具有普遍教育意义的问题，开展讨论。通过讨论、争鸣，辨真伪善恶，明是非曲直，以统一思想，规范行为。

4. 回答型的——有的是针对群众普遍反映而又感到困惑的问题由编辑部组织回答。

5. 工作研究型的——许多报纸辟有“工作研究”专栏，其中有些报道的倾向是研究某项工作中的问题的，或针对工作中的问题发表改进意见的。当然也有研究成功经验的。

6. 调查报告型的——“调查报告”也是许多报刊一个固定栏目。其中有报告某项工作成就的，有报告某个新生事物的发展过程的。这后者就是“问题新闻”。

7. 采访札记型的——这种写作形式也很自由，就是对所要评析的问题把采访中的所见所闻所感写进去，有述有感有评，亲切自然。

8. 来信型的——是记者、读者用给编辑部写信的形式，叙述见闻，反映问题，评析问题，发表意见，提出建议。

评介性稿件的写作

——以“中国新闻奖”作品为例

在某报举办的记者、通讯员培训班结业考试中，有一道题是给一条消息写一篇八百字左右的评介文章。参加考试的同志，大多数人不知道怎样写。考试结果，在近五十份考卷中，只有几份做得比较好，得了优，其余大多数是良好和及格。考试之后，有些同志问：什么是评介性稿件？为什么要写评介性稿件？如何才能写好评介性稿件？我就这些同志提出的问题，结合考卷中存在的缺点，联系自己撰写评介性稿件的体会，谈如下几点看法：

所谓评介性稿件，是指就报纸杂志上刊登的某篇报道、文章、作品或出版的某一本新书等，进行评论、分析、介绍、推荐所写的文章。它包括赞扬和批评两个方面，通常以赞扬为主，批评为辅。

撰写评介性稿件的目的在于对一部分优质稿件和书刊进行赞誉、支持、推荐和鼓励。这样做，可以调动作者的积极因素，使群众喜闻乐见的佳作源源不断问世，从而使报纸、杂志、出版、文艺的百花园内，日新月异，繁花似锦、万紫千红；通过评介，引起读者的关注，加深读者对作品的理解，使作品发挥出最大效力。撰写评介性稿件，是提高写作水平，繁荣创作的需要，也是每个记者、通讯员和一切从事写作的同志的一项光荣任务和不可缺少的基本功。

评介性稿件的写法有多种多样，不必千篇一律，拘泥于某一种形式。要写好评介性稿件，一般应从下述几个方面去努力：

一是要认真阅读，弄清原文。阅读是评介的基础，是第一步的工作。为了准确地进行评介，首先要认真阅读原文。恩格斯为了对拉萨尔所写的《弗兰茨·冯·济金根》这一剧作进行评介，先后阅读了至少四遍。他这样写道：为了“使阅读了之后提出详细的评介，明确的意见”，“所以需要一个比较长的时间，我才能发表自己的意见。”毛泽东同志也曾说过，《红楼梦》要读五遍，不读五遍就没有发言权。可见，只有熟读弄懂原文，才有评介的发言权。有的同志写的评介文章之所以跑题，原因就是没有认真阅读原文的结果。比如让评介“写作特点”，有的同志写成了评介稿件的社会意义和作用，这就错了。关于阅读的要求，就评介的作品而言，应全面掌握作品的思想内容及表现特点，深入理解作品的写作意图和社会意义。通过阅读，应对所评介的作品的主题思想、人物形象、情节结构、写作特色、社会作用等有较为全面、正确的认识，对其某一方面的问题，最好能有一个较深或较新的见解。

二是要找出特色，重点评介。这种评介方法通常使用得最多。像笔者编著的《中国新闻奖作品赏析》（新华出版社 2006 年 11 月第一版）一书中的各篇文章，就属于这类评介。像书中的《一篇报道保护藏羚羊的美文》——评介第 13 届“中国新闻奖”消息二等奖作品《请过路吧，亲爱的藏羚羊》、《源于当地，高于当地》——评介第 15 届“中国新闻奖”消息一等奖作品《昆山 31 万农民刷卡看病》、《生动·传神·感人》——评介第 16 届“中国新闻奖”通讯一等奖作品《索玛花儿为什么这样红——记优秀共产党员、木里县马班邮路乡邮员王顺友》等，是从写作特色进行评介的。像《一篇舆论监督的短新闻佳作》——评介第 14 届“中国新闻奖”消息二等奖作品《大足县三驱法庭集体编假案》、《关注民生，聚焦热点》——评介第 13 届“中国新闻奖”消息一等奖作品《看个“咳嗽”要掏 1065 元》、《维护社会公正，敢于仗义执言》——评介第 15 届“中国新闻奖”评论二等奖作品《指责熊德明是社会的耻辱》等，是从主题思想、传播效果方面进行评析的。写这类评介性稿件，问题要写得集中，口子要选得小，特点要抓准、讲透，篇幅不宜过长，还要有真知灼见。

三是用材料说明观点，做到观点和材料统一。写文章，要求观点能统帅材料，材料能说明观点，做到观点和材料统一。写评介性稿件也不例外。这个问题处理得好，评介的逻辑性就强，评介就有力量。凡是写得不好的评介稿件，毛病之一就是观点和材料脱节。比如有一篇评介文章，观点是“以小见大”，但材料却写的是用事实说话、如何选材、巧用数字等，显然观点和材料就不统一了。而另一篇的观点是“以新取胜”，稿件以事实新、角度新、语言新为材料来进行阐述，把观点和材料有机地结合在一起，就具有很强的说服力。

评介性稿件的写法，就其“色彩”来说，大致有这样三类：

一类是重在“分析”，即侧重于作品本身内容的剖析与发掘，目的在于向读者讲解作品，使其正确地把握作品的基本精神。像书中的一篇会议新闻的典范之作——评介第 8 届“中国新闻奖”消息三等奖作品《首都女记协纪念杨刚逝世 40 周年》一稿就属于这一类。

另一类是重在“评介”，即侧重于分析作品的成就、意义、地位、不足等，帮助读者更为深刻地理解作品。像《具体生动，可学可用》——评介第 9 届“中国新闻奖”消息二等奖作品《浚县少年怀揣“两证”出学堂》一稿就属于这一类。

再一类是重在“发挥”，即通过作品做“由此及彼”的联想，针对现实生活或读者中某些有代表性的事例加以生发，将作品的内容与评介者的感想相互交织，融成一体。这样有助于发挥作品的潜在能力。《一篇有深度有力度的舆论监督佳作》——评第 13 届“中国新闻奖”通讯二等奖作品《决策为何连连失误》一稿就属于这一类。

有些评介性文章之所以写得不好，通常表现为这样三个问题：一是“肢解”作品，复述原文，烦琐散乱，言不及义；二是离开作品，大发感慨，空泛议论，不着边际；三是面面俱到，什么都谈，但没有一个问题讲透的。鲁迅说：“取其有意义之点，揭示出来，使那意义格外分明、扩大，那是正确的批评家的任务。”（《鲁迅全集》第四卷第 358 页）

要写好评介文章，还应注意以下四个方面的问题：

一是要有感而发，不要硬写。“诗圣”杜甫留给后人一句名句：“感时花溅泪，恨别鸟惊心。”杜甫之所以吟咏出“花溅泪”和“鸟惊心”的绝句，盖出于“感时”和“恨别”之深情。进行诗歌创作是如此，写评介文章也是同样的道理。无数写作实践证明，凡是成功之作，大都是作者被某篇文章或某部著作中的人物或事件、语言、技巧所感动得身不由已的程度，到了不吐不快，不写不畅之境地。这时写出的作品往往是思路畅通，似行云流水，一气呵成，感人至深。相反，你对某篇文章或某部著作感受不深，却硬要去写，那是肯定写不好的。

二是要在“评”字上下功夫，必须凸现这个“评”字。意思是说要讲出点道理来，那稿子好在哪里？不能只是笼统地说“写得好”“真不错”“很管用”；不能只是感慨的话语，而是要从理论上、技巧上，从新闻业务的深度上作出评析；不论是评介人还是评析事，不论是评单篇还是评系列稿，都要多加分析。我曾经就“评稿”的具体内容归纳出这样“12 个要点”：

1. 分析文章是如何立意确定主题的？
2. 观点和材料是怎样结合的？
3. 文章是如何谋篇布局的？
4. 背景材料是如何运用的？
5. 作者是如何展开思维和联想的？
6. 文章是怎样开头、结尾的？
7. 写作语言运用上有何特点？（引语、成语、俗语、排比、叠词等技巧的运用）
8. 文章在大小标题运用上有何特点？
9. 细节描写运用上有何特色？
10. 情感使用上是否到位？
11. 传播效果如何？
12. 文章中还有什么不足之处？

把握上述“12个要点”，再反复字斟句酌原文，反复精读原文，抓住特色进行评析，并常写不断，就能写出好的评介稿件来。

三是要苦练概括、提炼之功。评析报刊文章，在消化、吃透原文的基础上，要进行高度的概括和提炼，评出稿件的特点和不足，不能大段大段地抄录原稿的文字，要少而精地引用原文来说明要评析的重点内容。

四是要实事求是，不说过头话。评析的稿子，要从实际出发，一是要实事求是，千万不可说“过头话”。邓小平同志曾经说：“过头的话不要讲，过头的事不要做。”

评析要留有余地，对稿件要“两分法”，既要肯定长处、优点、积极的社会效果，又要看到缺点、弱点及不足。评析中注意把握好“度”，既掌握分寸，评优点不言过其实，溢美拔高；评缺点，不以偏概全，无限上纲。这样，就能做到客观一些、公正一些。多年来，我先后撰写评介文章几百篇，编著《消息范文评析》（与别人合作）（新华出版社 2001 年 1 月出版）和《中国新闻奖精品赏析》（2006 年 11 月出版）两本书。基本上都能符合实际，没有引起过读者的反感和“官司”。这一方面是读者对我的宽容与厚爱，另一方面就是我注意了实事求是，不说过头话的结果吧。

第三篇

关于记者修养

新闻工作者理当学习、学习、再学习

2003年7月23日，某报上刊登一篇文章，介绍一家报社的一位专栏主编在清华大学向学生们介绍他从事新闻工作的“理念”和“诀窍”。当学生问“怎样才能做一个好记者”时，这位主编说：“没事跑图书馆的人，对不起，你别当记者。”当学生再问“你受过新闻教育吗？你的新闻素质是怎样培育的”时，这位主编回答说：“我没有受过任何新闻教育，甚至没有受过大学教育。刚刚扫盲而已……新闻是做出来的，不是学出来的。”如果我没有理解错的话，这位主编成功的“理念”和“诀窍”是当记者用不着到图书馆去看书，用不着受任何新闻教育，用不着学习，刚刚扫盲的人就可以当好编辑记者了。他不就是一个现身说法的典范吗？

这样的“理念”和“诀窍”，在当今要求人们必须终生学习的时代，在充电、培训和优化已成为新闻人口头语的今天，让我感到吃惊。拿它来向青年学生传授，登在报纸上向读者推荐，我觉得很不合时宜。对此有话要说，不吐不快。

事实果真像这位主编说的当记者用不着学习吗？回答是否定的。大量的新闻实践证明，打铁先得本身硬。我们新闻工作者要搞好新闻报道工作，奉献出更多的让党和人民满意的新闻作品，就必须不断学习各方面的知识，充实和提高自己。

新闻工作者必须努力学习是党赋予我们的使命所决定的。因为我们肩负着“科学的理论武装人、正确的舆论引导人、高尚的精神塑造人、优秀的作品鼓舞人”的光荣使命。但教育人者必须自己首先要受教育。“武装人”首先要武装自己，“引导人”首先要正确引导自己，“鼓舞人”首先要鼓舞自己，“塑造人”首先要塑造自己。不用说不学习了，就是学习少了，学习慢了，学习的知识面窄了，都不可能完成好“武装人”“引导人”“塑造人”“鼓舞人”的神圣使命。

关于学习的重要性，我们党的四代领导人，从毛泽东、邓小平、江泽民到胡锦涛，都反复在各种场合和自己的著作、文章中，强调和告诫人们：“学习、学习、再学习”。有人把学习比作人的精神食粮，我同意这个看法。

新闻工作者不仅要学习，而且要不断学习，终生学习，这是现代高科技飞速发展时代对我们的要求，有专家撰文讲，近40年来，科学技术上的新发现、新发明，比过去两千年的总和还要多，仅宇宙空间领域就出现了1.2万多种新产品。同时，科学发现、发明从产生到应用的周期愈来愈短，技术含量高的产品，尤其是高技术产品的更新换代越来越快。电能的发现到第一座发电站的建立时隔282年，而激光的发明到应用只有两年。据统计，现在一个大学生在校学到的知识中，继承性的只占10%，现代科学知识占90%。而一个人一生中，大学阶段只能获得所需知识10%，其余90%要靠在工作中的不断学习来获取。没有哪一个行业像新闻工作这样需要广泛的科学文化知识，因为世上三百六十行，行行都是新闻报道的对象，学习哪一行知识，对新闻工作者来说，都是必要的。过去说，新闻工作者应该是“杂家”，时下不少人提出这还不够，应向学者和专家方面努力。联合国教科文组织提出，教育已扩展到一个人的整个一生，唯有全面的终生教育才能够培养适应时代需要的完善的人。

新闻工作者要不断学习，也是时代的呼唤。知识经济时代已经到来，我们面临的是一个日新月异的世界。中国前进的脚步、世界前进的步伐都是那么快，那么异彩纷呈。我们不熟悉、不了解的东西，又来得太快、太多。时代要求我们必须抓紧学习，迅速抛弃已经陈旧、过时、老化的知识，而不断学习新知识、新情况，解决新矛盾、新问题，以跟上时代前进的步伐。几年来，在我们的新闻队伍中，有部分同志由于放松了学习，使自己从科学理论的高度判断问题、分析问题、解决问题的能力明显下降；所撰写、策划的稿件，在可读性和深度等方面都难以满足受众的需求；有的缺乏宏观意识，停留于就事论事；有的良莠不分，是非不辨；有的褒丑贬美，抑善扬恶，造成不良后果。这些都说明要跟上时代前进的步伐，要与时俱进，树立“学习、学习、再学习”的观念是何等重要。

从目前已评选出来的范长江、韬奋新闻奖获奖者及“全国百佳”新闻奖获奖者所介绍的经验来看，都说自己是通过努力学习而取得成绩的。有的人介绍自己为了做好采访前的准备，多次到报社、电台、电视台的图书资料室去查找有关资料，特别是采访科学家、领导人、名人之前去图书资料室的次数更多；有的人介绍自己为了写好新闻中的背景材料，不得不赶到图书资料室去查找相关资料；《解放军报》社将军级著名评论员、高级编辑、韬奋新闻奖获得者陈贤德撰文介绍说：“70年代，我利用业余时间，通读了《资本论》1—2卷，《列宁全集》1—38卷，《马克思恩格斯选集》1－4卷，《斯大林全集》1－13卷，《鲁迅全集》1－10卷，总计2500万字。80年代到现在，通读了《毛泽东选集》第5卷，重读了《毛泽东选集》，又通读了《邓小平文选》1－3卷，20多年来，一共摘抄和制作卡片万余张，分40多个大类，126个小类，近300万字。”（见《新闻业务选编》1997年第11期）由此可以看到，不学习也能当好编辑记者的说法是不符合实际的。唐代大诗人杜甫“读书破万卷，下笔如有神”的诗句是至理名言。

有的同志虽说没有受过正规的新闻教育或大学教育，不是科班出身，但不能说这些同志没有受过任何新闻教育，他们自学新闻教材或大学教材，不能不算是学习新闻吧；他们在工作实践中，向老一辈的新闻工作者学习、请教，在工作实践中不断总结提高自己，也应该算是在努力学习新闻业务吧。我是不相信有什么无师自通的天才，更不相信“刚刚扫盲”的人也能做好新闻工作。

有人撰文说，“记者不学习，等于盲人骑瞎马”，我看这是经验之谈。“厚德载物”，“厚积薄发”，这是众人都知道的常理。在新闻竞争日益加剧的今天，新闻记者拼什么？除拼政治意识、社会责任感、敬业精神和采访作风外，就是在拼知识，拼各种知识的积累。在社会分工越来越精细的时代，隔行如隔山。没有广博的知识是很难当好记者的。而知识的取得，不通过学习能从天上掉下来吗？能从娘肚子里带来吗？不能，绝对不可能，只能通过不断的学习获得。

学习是个说不完的话题，学习也是个常说常新的话题。古往今来，有几多人写过“劝学篇”，又有几多人写过“问学记”。愿我们的新闻工作者以宋代苏轼所说的“人不可以无学”（《登州谢上表二首》），以汉代刘向所言：“少而好学，如日出之阳；壮而好学，如日中之光；老而好学，如秉烛之明。”（《说苑·建本》）为座右铭，让我们记住《人民日报》2003 年 7 月 31 日的“人民论坛”文章题目《选择学习就是选择进步》，活到老，学到老，“学习、学习、再学习”。

新闻欲——记者成才的重要因素

同一个时期毕业的新闻系学生，在学校学习时的成绩分不出上下，分配到新闻单位工作后，随着光阴的飞逝，其水平、能力和成就就表现出明显的差异来。造成这种差异的原因固然是多方面的，据笔者对一部分人的调查分析研究中发现，新闻欲是造成这种差异的重要因素。

何谓“新闻欲”？《新闻学大辞典》是这样解释的：新闻欲指人类了解社会或自然界新近变动的一种欲望，这种欲是人的社会联系的必然产物，是求知欲的组成部分。新情况、新事物、新经验、新问题、集体感、安全感、正义感、上进心等是新闻欲的主要内涵。某些西方新闻学者还认为，新闻欲是新闻媒介产生的根据。杉村广太郎说："欲知道；欲使人知道；欲被人知道"。这种声浪是任何时代任何国家的一种共同的欲望，由这种愿望才产生新闻纸，历史唯物主义则认为，只有人类的社会存在和相互沟通的社会需求，才是新闻传播活动产生和演变的根本原因。

笔者在翻阅一些名记者写的回忆录和得奖新闻作者谈的体会中发现，记者（通讯员）的新闻欲大体是由以下几个方面构成的。

强烈发现新闻的欲望。这种欲望的高低，决定记者（通讯员）发现新闻的动力的大小。有强烈发现新闻欲望的记者（通讯员），就能时时刻刻开动着捕捉新闻的"雷达网"，使新闻鼻和新闻眼随时处于搜索新闻的工作状态之中。这类记者（通讯员），无论走到哪里，随身都带着笔和采访本或袖珍收录机，一旦发现有新闻价值的采访线索后，便立即投入工作。出门遇到熟人和朋友，总是打听一下最近看到、听到有什么新闻没有；在同路人扎堆聊天、"侃大山"中，也不放过随时捕捉新闻信息或注意发现社会生活中的"闪光点"；就是在同家人逛商店、游公园时，身上的新闻细胞也处在兴奋状态之中。对这类记者（通讯员）来说，真可谓随时都在眼观六路，耳听八方。在他们的身上，采访无处不在，无处不有。自然他们就有采访不完的新闻，写不尽的好题目。

有无强烈的发现新闻的欲望，是关系到记者（通讯员）能否采访到独家新闻和重大新闻的关键。以《家规》（原载《吉林日报》1992 年 7 月 15 日）一稿为例，这是一篇发表及时、在全国范围产生强烈反响的独家新闻。文中以翔实的典型事例，不但披露了谁是邓颖超唯一的侄子这一为广大读者所急切想知道的新闻，而且为邓颖超对邓光弼所做的评价提供了最可信的佐证，起到了烘托邓颖超同志一个共产党人高风亮节的风范作用。而这一篇报道的新闻线索，是记者的一个同学向他提供的。在作者获得此新闻线索之前，他的同学和邓光弼同志的单位，早已先向别的一家新闻单位通告了。但由于新闻欲的关系，并未引起这家新闻单位的重视。而该文作者在获得此线索后，由于有强烈的发现新闻的欲望，立即自费租车前去采访，并连夜成篇，在经有关部门批准后迅速见报。这篇报道荣获第3届中国新闻奖一等奖。还有"中国新闻奖"获奖作品中的《八百公里跟车记》（原载《农民日报》1992 年 1 月 27 日）、《二连浩特"手语市场"》（原载《人民日报》1992 年 8 月 12 日）、《人迹罕至的藏乡》（原载《中国日报》1992 年 7 月 5 日）等，都是这方面的成功之作。

强烈的写作欲望。大量的新闻实践证明，凡是新闻欲望强烈的记者（通讯员），在完成采访后，总是争分夺秒，废寝忘食地抓紧时间进行写作。挑灯夜战，有时为了抢新闻时效，白天黑夜连轴转。对这类记者（通讯员）来说是常事。他们是不会把采访得来的材料攥在自己手里迟迟不动笔的。为了使报道尽快脱稿，欧阳修的“马上、枕上、厕上”的写作经验，对他们来说，运用得可谓得心应手，以第2届中国新闻奖获奖作品《真正的“秘密武器”》（原载《经济日报》1991年3月29日）一稿为例，作者在山东采访结束后，连续两天两夜赶写到凌晨三点过，并将两次形成的初稿拿给同行的记者征求意见。返回北京后，又做了第三遍润色、加工，从而使报道迅速见报。它以主题深刻，针对性强和出众的文采赢得了读者的赞扬，引起国务院领导的重视，收到了很好的传播效果。还有“中国新闻奖”获奖作品中的《珠海出了“科技富翁”》（原载《羊城晚报》1992年3月9日）、《安慧里工区18号楼质量太差》（原载《北京晚报》1992年1月18日）、《革命圣地延安无铁路的历史结束》（原载《人民铁道》报延安1991年12月26日电）等，都是在采访结束后，迅速赶写，以今日新闻的时效见报的。当前报纸上那些“最近”“前不久”“今年以来”等缺乏新闻时效的报道，其中有一部分就是由于作者写作欲望不强烈造成的。使本来捕捉到的“活鱼”，在摆到读者面前时已变成了“死鱼”，使本来采摘时还带着露珠的“鲜花”，送到读者手中时，却已发蔫了。这样，严重地影响了新闻的传播效果，自然也就不可能有新闻佳作问世了。

强烈的发表欲望和自我总结的欲望。有强烈的发表欲望的记者（通讯员），一旦他们的稿件发出后。总是急切盼望着见诸报端或电台广播，以充分发挥新闻时效的威力。这类记者（通讯员），每天都注意及时收看报纸和收听广播，注意寻找自己的稿件是否被采用。如果发现被采用，便立即分析稿件被采用在报纸上什么位置，篇幅长短如何，用原稿进行对比看有无删改。如有改动，是怎么改的。反之，写完稿件发出后，采不采用无所谓，不着急，漠然处之，这样的记者（通讯员）的业务水平，就不能迅速提高，也就不可能迅速成才。

一位在新闻业务上有成就和造诣的记者，在他申报高级记者职称的个人小结材料中写道：“我所走过的路是一个等边三角形的路，即一条边是读书，通过读书不断积累起工作所需要的各种知识；另一条是调研，通过深入实际，深入群众，深入生活的调查研究，体察下情，及时发现新闻线索；再一条是及时进行自我总结，通过总结，把自己在新闻实践中的感性认识上升到理性认识，从而减少工作的盲目性，增强自觉性。”这是记者成才的经验之谈。

记者（通讯员）的新闻欲，不是天生来就有的，而是通过在新闻工作的实践中，逐渐磨炼和养成的。它通常受下列三个方面因素的影响。

一、热爱新闻工作是记者的新闻欲是否强烈的基础。常言道，热爱是成功之母。

大凡有成就的人，无一不是对他所从事的工作有着痴爱的深情。新华日报原总编辑、高级记者刘向东撰文说：“我信奉的座右铭之一是‘好之不如痴之，不痴不能成才’”。这个看法是很有见地的，一个记者（通讯员），只有对自己所从事的新闻工作热爱、至爱、挚爱、炽爱、痴爱，把新闻工作视作自己的恋人，视作自己的生命，他才能全身心地投入到新闻工作中去。为了采访到有价值的新闻，他才能愿吃人间最大的苦，受最大的罪，走最艰苦的路，攀登最险的山，他才能耐得住清贫和寂寞，受得住最大的委屈，顶得住金钱的诱惑，才能承受得住最大的压力，并为新闻工作奉献自己的青春和毕生精力，甚至宝贵的生命。

目前在社会主义市场经济大潮的冲击下，在我们的新闻队伍中，有的人没有新闻欲，或新闻欲不强，其原因之一就是这些人并不热爱自己所从事的新闻工作，他们之中，有的见异思迁，以新闻工作为跳板，随时准备跳槽或下海经商、出国发洋财；有的人沽名钓誉，以新闻工作为日后升官发财的阶梯；有的人大搞第二职业，主业副业颠倒，利用工作之便去炒股票、拉广告，写有偿新闻，借新闻工作这个职业大肆捞取钱财。可见，不从心底里热爱新闻工作，就不可能有敬业精神和良好的新闻职业道德，也就谈不上有什么新闻欲了。不少老一辈新闻工作者，之所以能做到在新闻工作岗位上几十年如一日地笔耕不辍，就是因为他们热爱党的新闻事业，因而他们的新闻欲长盛不衰。

二、勤于思考是记者的新闻欲是否强烈的关键。新闻既是一门实践性很强的科学，又是一种充满理性思维的科学。作为一名记者（通讯员），如果做不到勤于思考，就不可能透过事物的表象发现其本质的东西，就不可能从事物的萌芽状态看到新生事物所具有的强大生命力，就不能见微知著，从一叶落而知秋，就不能从一堆杂乱无章的材料中发现有报道价值的材料。即使在有了新闻素材时，也不能发现新观点，选择新角度，找出感人的细节材料来写进新闻中。孔子在《论语·为政》中说：“学而不思则罔，思而不学则殆。”勤于思考是古今治学之道，也是记者（通讯员）有无强烈的新闻欲的关键。

凡记者（通讯员）都应该有过这样的体会，写一篇报道，从选材、构思、提炼主题、筛选事例，从制作标题到写作导语和结尾，无不绞尽脑汁，“刻骨搜新句”、反复思考。有时为了推敲一个观点或一句重要的提法，常常是吃不好饭，睡不安觉。有的记者（通讯员）在入睡前突然想到一个好的思想或一个好的词汇，便立即起床记下来。真可谓像唐刘禹锡在《浪淘沙九首》中写的：“千淘万漉虽辛苦，吹尽狂沙始到金。”一切有强烈新闻欲望和有成就的记者（通讯员），都是勤于思考的能人。著名记者田流，长期养成了一种思考的习惯，他每天 4 点半起床思考有关问题。勤于思考使他对问题判断准确，分析深刻，写起来就顺手，五千字的稿子，在他的笔下常常不用一天的时间就完成了。人民日报高级记者艾丰，也有勤于思考的习惯。他把练习写杂文当作一种思维体操，而且强迫自己不要在纸上写提纲，而是打腹稿。他常常找个僻静之处来回踱步，双皱眉头，让思维的波涛在脑海中翻腾。他的许多得奖作品，包括他那获社会科学最高奖吴玉章基金奖的《新闻采访方法论》一书，都是他勤于思考的大脑结出的硕果。这正如许多新闻界老前辈说的：记者的头脑，除睡觉之外，一直是启动着的一架机器。郭沫若生前说过："爱好出勤奋，勤奋出天才"。华罗庚说："天才在积累，聪明在于勤奋"。这些都是至理名言。

三、眼高是记者的新闻欲是否强烈的动力。"志当存高远""不想当将军的士兵不是好士兵""不想当名记者的记者不是好记者"。古人云："取法于上，取得其中；取法于中，故为其下。"一个人的追求层次越高，积极性就发挥得越充分，素质就提高得越快，工作中的贡献就越大。这里说的眼高，绝不是大话连篇，狂妄自大，而是在新闻工作中，要有雄心大志，不以点滴成就为满足，而要脚踏实地，一步一个脚印向着最高峰攀登。

无数的新闻实践证明，记者（通讯员）只有不断地追求，不断地攀登，不断地超越，永不满足，永远向上，才可能始终保持着强烈的新闻欲，也才能迅速成才。以一位普通的通讯员姚志德为例，他在专业报、地区报登了稿子后，还追求到全国性的大报上去登稿。经过他的努力，《人民日报》、《工人日报》以及海外一些报刊，都纷纷刊登了他的稿件。他在熟练地掌握了消息、通讯、专访的写作技巧之后，还学会了写评论，做到了"十八般武艺样样精通"。他在省、市得了新闻奖后，又向全国的新闻奖冲击。由于他不断地攀登和超越，最后捧回烫金的"主任记者"职称的证书，成了江苏省新闻界小有名气的人物。可见，眼高是记者（通讯员）成才的永久动力。

激情——记者写出精品的力量

据《新闻出版报》载，我国著名作家巴金老人在接待来访者时说："我写作不是我有才华，而是我有感情，对我的祖国和同胞我有无限的爱。我用作品来表达我的感情。”文学创作如此，新闻写作也不例外。激情是指记者在新闻活动中引起的一种情绪，一种精神力量，它是做好新闻工作的强大动力。翻开中国现代新闻史，凡是有成就的记者，无不具有高尚的情怀和火热的激情；凡是有影响的新闻佳作，无不闪耀着情感的火焰。

新华社原社长、著名记者穆青同志，人们称他为“激情社长”。他在谈他的成功体会时说：“有了激情，也就产生了不写出来吃不下睡不着的动力。”众所周知，他采写焦裕禄的事迹时是流着眼泪采访，流着眼泪写的。当他听到吴吉昌谈到那些困难的遭遇和不屈的斗争，就抑制不住内心的愤慨和激动，写成了新闻名篇《为了周总理的嘱托——记农民科学家吴吉昌》，赢得了成千上万读者的眼泪。穆青同志深有感触地说：“这种和英雄人物思想感情上的息息相通，水乳交融，有时是掺和着血和泪的。它往往产生一种无论如何都抑制不住的冲动和激情，这是一种巨大的力量，甚至简直是一种魅力。”火一般的激情正是穆青成功的“秘诀”之一。

记者（通讯员）要记录下火热的时代生活场景，要表现生动多样的社会实践活动，要用自己的笔去激动读者，感奋读者，引导读者，就需要对五彩缤纷的生活抱着满腔的激情。我们不妨联系第4届中国新闻奖部分获奖作品作分析，对这一点会有更深的体会。以《9·24，我们一起升国旗》（原载《中国青年报》1993年9月25日）一稿为例，“9·23”我国申办奥运失败之后，亿万炎黄子孙心中充溢着一种难以名状的情绪。在新闻工作者强烈的社会责任感和激情的驱使下，同时也出于中华民族一分子的本能的冲动，记者想到了升旗。于是下了夜班之后，不顾疲劳，顶着秋寒骑自行车来到天安门广场。在国旗下，记者被普通老百姓表现出来的爱国主义激情深深震撼了。返回报社后，立即含泪记录下了一次不同寻常的升旗仪式，并选择了一个直白却寓意深刻的标题：这一天，和国旗一同升起的是中国人强烈的民族自尊心和不屈不挠的奋斗精神。报道见报后，受到了读者的青睐。被新闻界同行誉为“平静中透着激情的好新闻”。

激情，是一种深刻的、高级的精神行为。在新闻工作的实践中，大家不难发现，记者（通讯员）交际广，朋友多，信息灵，感情非常丰富。记者（通讯员）遇事易激动，多是属于激动型的。因此，有激情应该成为记者（通讯员）的一个性格特征。很难想象，一个对生活、对人对事冷漠，心灵封锁、耳目闭塞的人，会发现生活中的闪光点。记者（通讯员）的激情，不是凭空产生的，而是在深入社会生活、深入实际、深入群众之中，对客观事物的一种特殊反映，是对人的心灵的撞击而产生的。像上面列举的《9·24，我们一起升国旗》一文，如果作者不深入到天安门广场去观察升国旗，去体验普通老百姓的心态和听取人民群众的心声，就不可能使自己当初产生的感情得到升华，从而写出这篇得奖新闻来。

然而在我们的新闻队伍中，却有一些自称为“无冕之王”的人，他们居高临下，盛气凌人地对群众指手画脚；还有一些人，就是被鲁迅批评过的那种“感情已经冰结的思想家”，这些人就很难有激情，很难发现动人的素材，也就很难写出感人的新闻作品来。

充满激情，这也是当今新闻传播规律对记者（通讯员）提出的要求。当今的新闻传播，已由封闭型转向开放型，由灌输型转向交流型，由单向流动转向双向流动。记者（通讯员）要使自己的新闻作品能打动人，为受众所接受，就要少一点冷面孔，多一点人情味，少一点说教，多一点规劝和商议。要做到这些，没有一点激情是办不到的。唐代诗人白居易在《与元九书》中说，“感人心者，莫先乎情”。古罗马著名诗人赫拉修斯有句名言；“你要我哭，首先你自己得感觉悲痛。”凡成功的新闻作品，都是作者的心与采写对象的心一起跳动的结晶。是作者的感情同采访对象的感情反复交流，产生共鸣的结晶。无数事实证明，记者（通讯员）自己动了情，就会自然地寻找途径，通过采访和精心写作去表达这种感情，用自己的感情感染读者。

第 4 届中国新闻奖获奖作品《守水记》（原载《人民日报》1993 年 6 月 10 日）的作者就是这样做的。他深入农村，在与乡村干部一起熬夜守水的过程中，为基层干部尽心尽力替老百姓办实事的行为所感动，于是采用实录的办法，通过对村民浇水的现场描述，写出了这篇耐人回味和感人至深的好新闻来。

又如《谁来为农民说话》（原载《贵州日报》1993 年 12 月 4 日），是一篇舆论监督稿，即批评性报道。写批评报道很难，难就难在作者可能会遇到许许多多扯不完的皮和来自方方面面的压力，这使很多记者为此而却步。而本文作者，由于有激情，出于对社会上某些人坑农、害农、吃农行为的愤怒，旗帜鲜明地站在农民一边，对歪风邪气举起了讨伐之笔，用激情写出了这篇报道。报道见报后，在社会上引起了强烈的反响，有关单位向农民赔偿了 30 万元，使问题得到了圆满解决。

当然，凡事都应该有个“度”，记者（通讯员）的激情，必须控制在一定的范围之内。这个范围就是：要热情奔放，而不狂热。因为狂热会被片面性所俘虏，会导致轻信一面之词，使自己一叶障目，不见泰山。在采访中冷静地思考，在写作时恰如其分，不妄加渲染，同样也是激情的一种表现。

以第 13 届中国新闻奖消息二等奖作品《10 名“瞎眼”评标专家被清出局》一稿为例，它是一篇实施舆论监督的报道。这是 2002 年在深圳很有影响的一个新闻事件，题材重大。工程招投标市场是深圳市政府极力推行的三大有形市场之一，一直是社会各界关注的焦点。工程招投标市场能否实现“阳光交易”，关系到政府的形象。深圳工程招投标市场运行以来首次查处工程串标行为，并且一次将涉案10名专家全部清除出局，表明政府敢于“动真格”，一切破坏“游戏规则”的单位和个人将难逃厄运。消息见报后，由于是独家披露了两串标企业的真实身份，使其在同类报道中卓然独立，在社会上引起了强烈反响，“‘瞎眼’评标专家”一时成为深圳街谈巷议的热门话题。各界认为《深圳特区报》充分发挥了主流媒体的舆论监督作用，尤其对该报敢于向两串标企业“叫板”表示敬意。深圳市政府主管部门积极行动起来，采取果断有效的措施，使报道达到了整肃工程招投标市场之目的。

尽管在报道中记者将不能公正评判的专家形容为“瞎眼”，将违法公司的行为比喻为“玩猫腻”，针对社会上在招投标市场中存在的丑恶现象，直点其怪，淋漓痛快。但由于注意了采用客观手法，用事实说话，逻辑严密，从而使报道见报后，被批评者也无话可说，收到了很好的传播效果。多家报刊转载了这篇报道。这些，都值得学习和借鉴。

触景生情　有感而发

“诗圣”杜甫留给后人一对名句：“感时花溅泪，恨别鸟惊心。”杜甫之所以吟咏出“花溅泪”和“鸟惊心”的绝句，盖出于“感时”和“恨别”之深情。进行文艺创作是如此，写新闻也不例外。大量的新闻实践证明，凡是成功之作，大都是作者被某件事感动到身不由己的程度，因而写出的作品往往思路畅通，一气呵成，感人至深。相反，你对某件事感受不深，却硬要去写，那是肯定写不好的。

新闻名篇《谁是最可爱的人》的作者魏巍深有感触地写道：“在朝鲜的每一天，我都被一些东西感动着；我的思想感情的潮水，在放纵奔流着；它使我想把一切东西，都告诉给我祖国的朋友们。”由于是有感而发，故这篇报道像一棵常青树，长盛不衰，教育和影响着一代又一代的后来人。

感情，是人们对于客观事物的心理反应，是世界观的派生物。凡感人至深的新闻作品，无不倾注着作者对采写对象的深情厚谊，字里行间无不荡漾着作者情感的波澜。著名记者、新华社原社长穆青同志在谈他的成功“秘诀”时写道：“欲使自己的记者工作获得成就，就要有奔放的无产阶级激情。”“有了激情，也就产生了不写出来吃不下睡不着的动力。”解放战争时期，穆青采写了大量的战地新闻. 常常一天连写数篇。这样的“高速度”，若不是有感而发，是难以办到的。新中国成立后，穆青采写的《县委书记的榜样——焦裕禄》、《再访兰考》、《为了周总理的嘱托——记农民科学家吴吉昌》和《没有写完的报道》等人物通讯，更是激情洋溢，草木含情。他采写焦裕禄的事迹时是流着眼泪采访，流着眼泪写作的。当他听吴吉昌谈那些困难的遭遇和不屈的斗争，以及提笔写到这些时，他就抑制不住内心的愤慨和激动，因而《为了周总理的嘱托——记农民科学家吴吉昌》赢得了成千上万读者的眼泪。可见，有感而发的力量是多么巨大。

那么，有感而发的“感”从何而来呢？宋朝诗人朱熹在《观书有感》中说：“问渠哪得清如许，为有源头活水来。”刘勰在《文心雕龙·神思》篇中说：“登山则情满于山，观海则意溢于海”。这就是说，人的感情是随着对事物的了解认识而产生的。记者（通讯员）的激情、“有感”来自现实生活，来自深入群众，深入实际，深入生活。可以肯定地说，坐在屋里，与现实生活隔绝，是不可能有感的。跑出去转一转，走马观花地看一看，也难以产生真情实感。如果魏巍同志当年不到战火纷飞的朝鲜战场上去看看、去听听、去亲身体验一下，在国内了解的事情再多，也写不出《谁是最可爱的人》这样感人的传世名篇来。一位老记者说过：人们心中的情感、印象，并不只是从视觉得来的，他们还来自人们的触觉、嗅觉、味觉、听觉。有了这个源头，触景就能生情，作者激情的火花就会迸发出来，其笔下的人和事也才能使广大读者产生强烈的共鸣。

记者（通讯员）的“有感”，来自同采访对象在感情上的交流。在现实生活中，我们常常看到这样的情况，一些刚刚从事新闻工作的同志，在最初采写新闻报道时，往往只顾追求辞藻的华丽，而忽视感情上的倾注，缺乏同采访对象在感情上的交流。如果说生动的材料是新闻报道中的血肉和骨架，那么，记者（通讯员）的感情则是不可缺少的脉搏。只有通过同采访对象感情上的交流，才可以产生情感，也才能写出生动感人的新闻报道来。

记者（通讯员）的“有感”还来自责任心、同情心和正义感。第2届中国新闻奖获奖作品《勋章背面的未了情》（原载《光明日报》1991年8月8日），是一篇通过写“夫妻情”，展示一代知识分子的高尚情操和无私奉献精神的报道。作者在深入黄土高原腹地的绥德水保站采访时，深为这里的一批五十年代毕业的大学生几十年在山沟默默奉献的精神所感动。尤其是这里的总工程师徐乃民坎坷的经历令作者感慨不已。记者与徐乃民深夜长谈，与徐乃民的女儿交谈，与徐乃民的同事交谈，多次被感动得热泪盈眶。于是，要写出一个有血有肉、有情有感的优秀知识分子形象，就成了作者的一种强烈责任。这就是这篇报道成功的重要原因之一。正如著名记者、新华社原社长郭超人说的："记者不是文字匠，他们有着强烈的社会责任感和历史使命感。他们把这种情感转化成为自己的内热，随时准备迸发。"这是经验之谈。

要做到有感而发，记者（通讯员）还要有马列主义的理论修养和对党、对人民、对祖国的忠贞不渝，要有对党的路线、方针、政策的深入理解。没有这些，在采写新闻过程中就没有鉴别事物的标准和分析问题的武器，坚持正确意见就缺乏胆识，有感而发就缺乏基础。全国好新闻中的《日本文部省在审定教科书时有意篡改历史美化侵略》《计划生育非抓紧不可》《周谷城说，西方资产阶级民主不是一朵花》和"中国新闻奖"获奖作品中的《乱收费已成为我区农民沉重的负担》《救救教师，救救孩子》等，都是由于记者有了有感而发的各种知识和情感的积累而迸发出来的时代强音。

新闻精品需要的十二种意识

新闻传媒的竞争，如同其他生产行业一样，最终归结为能否出"拳头产品""名牌产品""优质产品"。新闻传媒的拳头产品就是新闻精品。要创出新闻精品，从部分"中国新闻奖"获奖作品来看，新闻工作者需要具有多种意识，归纳起来主要有如下 12 种意识。

——精品意识。新闻工作者要想奉献给受众以精品，首先就必须有精品意识，弄清什么是新闻精品，精品的含义和特征是什么。从目前报刊上已发表的文章看，对新闻精品的认识，比较一致的看法是：精者，经过反复提炼产生的精华也。精品：精良的物品；上乘的作品。新闻精品的特征主要有：一是导向正确，意义重大，新闻价值高之作；是权威性、指导性、吸引力、感染力的统一之作。二是精心采写、精心编排、精雕细刻、精益求精之作；是呕心沥血、有血有肉之作；是高水平、高质量的结晶。三是传播效果好，社会反响大之作；是既能轰动一时，又有长期保存价值，能流传于世之作。

实践证明，只有精品意识渗透到新闻工作者的全部工作中，才有可能创出无愧于受众、无愧于时代的新闻精品来。

——策划意识。古人云："凡事预则立，不预则废。"要把一件事情办好，如果没有事前的周密计划和准备，是很难成功的。新闻要出精品。也是同样的道理。作为一个新闻单位，一个时期，抓什么题目、上什么栏目、怎样组织报道、如何合理使用编辑记者的力量，等等，都需要上至总编辑，下至部门负责人的策划、组织、拍板。特别是一些重要会议报道，重大主题及事件的连续报道、深度报道、系列报道、跟踪报道、专题报道等，由于涉及面广，内容多，信息量大，如果没有老总们、部主任的策划，是很难开掘深度，写出特色来的；当然，同时也需要编辑、记者献计献策，参与策划。

新闻是客观事实的报道。新闻事实是不可能通过"策划"制造出来的。"新闻策划"不是"按图施工""制造新闻"的代名词。大量的新闻实践表明，新闻报道是可以策划的。策划包括战略策划、战役策划、内容策划、组织运筹等。具体的如选什么题材，角度如何确立，主题怎样提炼，采用什么表现形式，版面怎样安排，选择什么时机发表，等等，都是可以策划，也应该策划的。新闻策划是对新闻事实的一种能动反映，是对传统宣传手段的扬弃和发展，新闻策划是一种理性行为。

由于上述原因，"新闻策划"这一新名词，近年来在新闻界不胫而走，并且被越来越多的新闻媒体认同和推行。不可否认，凭着记者个人的素养随机抓取新闻事件，写出精彩的作品来，这种事过去有，今后也会有。但是，现代事务的处理是非常讲究预见性、系统性的。新闻报道也不例外。那种媒介无须策划，随波逐流，凭运气出好新闻的时代已经一去不复返了。在新闻竞争日益激烈的今天，哪家媒体要不在策划上下点工夫，没有自己的一手，就势必在竞争中失败。

以第12届中国新闻奖消息一等奖作品《洞庭湖长大五分之一》（原载《湖南日报》2001年12月26日）一稿为例，这篇消息的成功实践，再次证明了这一点。据介绍，创优出精品，一直是湖南日报编辑部的中心任务，创优的理念已扎根于从总编到一般编辑、记者的心底。为此，他们设立了月度优稿奖、年度优稿奖、总编辑奖、当日鲜活新闻奖，基本上做到了天天议、月月评。此稿就是经过精心策划而成的。当经济新闻部记者从湖南省水利工作会上获悉，洞庭湖经过3年综合治理，蓄水面积扩大554平方公里的信息后，这条新闻线索立即引起了编委会的注意，于是，总编万茂华、副总编王利亚和记者赵成新、李志林，立即组成采访组，深入到新闻事实发生的现场，进行深入采访。

他们带着精心策划的内容：洞庭湖蓄水面积扩大后是什么样子？它是如何变化

的？湖区人民有什么反应等问题，又前后 3 次下洞庭，跑了湖区 10 多个县市，还跑了 7 个移民新镇，召开座谈会，到农家访问，记录下移民的生活情景。在深入基层实地采访的基础上，记者按策划的要求，还多次上门向有关单位的领导和专家请教，并查阅有关历史资料。“功夫不负有心人”。他们在占有大量生动素材后，经过反复推敲，几易其稿，最终写成这篇新闻精品。

——宏观意识。这里说的宏观意识，就是大局意识、全局意识，就是作者需要从大处着眼，从宏观上把握对客观事物的认识。其中包括：把握党的基本路线，即一个中心、两个基本点，和党中央的一系列方针、政策；把握改革开放的历史进程；把握改革开放过程中遇到的新情况、新问题，即热点、难点和焦点等等。宏观意识是创出新闻精品的关键所在。因为只有具有宏观意识，才能采写出立意高、主题大、时代感强的稿子来。

以第 7 届中国新闻奖消息一等奖作品《我军在台湾海峡成功举行三军联合作战演习》（原载《解放军报》1996 年 3 月 26 日）一稿为例，由于作者具有宏观意识，在报道中准确地把握了中央对台斗争的方针政策，既重申了坚定不移地贯彻和平统一、一国两制的基本方针，又强调决不承诺放弃武力。报道刊出后，在国内外引起了强烈反响。它既增强了全军官兵的根本职能意识和使命感，又使人民群众受到一次生动的国防教育，还有力地打击了“台独”势力。作者如果没有宏观意识，是不可能采写出这篇精品来的。

——独家意识。在竞争中要立足于不败之地，就要有“绝招”“绝活”。就要有像先进企业具有的“拳头产品”。记者（通讯员）的“绝招”“绝活”和“拳头产品”就是独家新闻。

何谓独家新闻？目前比较一致的看法是：1.“独家新闻”是指只有一家新闻传媒单独刊发或率先刊发的新闻。这种新闻的新闻价值高，它一经播发，往往会引起社会的广泛关注和高度重视，也常常被其他新闻传媒再传播。2.“独家新闻”从内容上来说，它具有独有的新闻事实，即“人无我有”的新闻事实。但并非任何一件独有的事实都可称独家新闻，它必须是具有共同兴趣的、特别新颖的、能够产生积极社会影响的新闻事实。3.“独家新闻”具有独有的地方特色。这种新闻在所在地区应是拔尖的，而且在全国又是能叫得响的，有人称它是“土特产品”。4.“独家新闻”应具有独特的见解。它应提出新的观念、新的见解、新的理念。5.“独家新闻”具有独有的问题。就是有的同志说的，应是“多一些问号，少一些句号”的新闻。“问号”能引发受众去思考“为什么”“怎么办”；“句号”是已经有了结论，用不着再去动脑筋。

以首届中国新闻奖消息三等奖作品《这家家属的眼光和胸襟》（原载《南京日报》1990 年 2 月 10 日）一稿为例，这是一篇在同类题材中以独有的角度取胜的好新闻。类似这样的题材，以往记者、通讯员的笔触，总是滞留在“一家有难，八方支援”的老套路上，而本篇作者，却以孤儿亲属谢绝捐款这一独特的角度，向读者展示了在这个通情达理的大家庭里，长辈们在处理金钱和孩子前途问题上表现出来的眼光和情操。这篇报道给那些斤斤计较单位补助的遭难家庭树起了一面镜子，给千千万万个家庭一个启示——在我们社会主义制度下，孩子们最需要的是精神上的财富。读后令人耳目一新。

——求新意识。新闻事业是常干常新的事业，是有着广阔的驰骋空间的事业。常言道：“鱼吃跳，猪吃叫”；“宁吃鲜桃一口，不吃烂杏一筐”。新闻本姓新，求新是新闻写作的规律决定的，求新是新闻的主要特征和写作新闻的第一要求，是新闻生命力所在，也是时代的需要和受众的呼唤。

著名记者、新华社原社长穆青同志在《新闻要抓新和实》一文中说：“新闻要指导实际工作。但是，实际工作是不断前进、不断发展的，不能老是报道那些人们早已知道的老情况、老问题，总是说千篇一律的老话。我们要随着实际工作形势的发展，不断研究新情况，提出新问题，宣传新人物，介绍新经验，在‘新’字上努力下功夫。”这是新闻写作出精品的经验之谈。

目前，在我们的新闻传媒上，部分报道存在着“浅”“平”“旧”和“呆板”等毛病，严重影响了它的指导性和服务性作用的发挥。要克服这些问题，进一步提高新闻报道的质量。采写出新闻精品，就必须有求新意识，在“求新”上下功夫。以新的事实、新的时效、新的立意、新的角度、新的手法、新的语言、新的深度、新的构思等取胜。

以第 9 届中国新闻奖消息特等奖作品《九江段 4 号闸附近决堤 30 米》（原载《中国青年报》1998 年 8 月 8 日）一稿为例，由于这则消息“公布了灾情”，在当时受到批评，但后来在全国抗洪报道评选中，这则消息被公认是最杰出之作，荣获一等奖，在后来的“中国新闻奖”评选中，又荣获特等奖殊荣。这篇消息以报道方式的新颖、独特而受到新闻界同行的称赞。消息以“实况转播”的形式，分 8 个时间段的电头，即由 8 篇相对独立的小稿组成一篇 800 字的消息在头版头条位置配大幅照片刊出。消息发表的当天，《中国青年报》“洛阳纸贵”，备受广大读者的欢迎。由此可以看出，要开展进行式报道，及时、真实、具体地反映不断变化着的时间及事实，少搞结论式、总结式的报道。不只是写事、写经验、写问题，还要写人、写思想、写对话，使新闻作品尽可能有现场感、跳动感。要提倡自然、轻松的散文笔法，增强报道的可读性和感染力。

——竞争意识。即抢新闻的意识。市场经济是竞争的经济，经济上的竞争，必然反映到人们的物质文化生活领域。我们的新闻竞争是在根本利益一致的条件下，新闻机构之间展开的比质量、比价值、抢时效、争受众的竞争关系。新闻竞争的一个重要方面就是抢时效，只有抢时间，抢新闻才能占领和扩大新闻市场，才能有效地防止某些歪曲事实真相的蛊惑宣传。记者、通讯员一旦发现新闻线索，就要争分夺秒地去采写，走在别人的前面，抢先发出稿件，以快制胜。就同一内容，同一主题的报道，实践证明，谁动手早，谁就是强者，慢了就无法同别人竞争，别人已把重要消息传到世界各地去了，你再放“马后炮”那就失去了新闻价值。这就是有的同志总结的经验，“你好我早”。以新华社2000年6月13日，以滚动的方式播发的《朝韩领导人55年来首次会面》一稿为例，这组新闻稿以时效快、部分重要内容独家所有、观点导向正确等特点为中国在国际新闻市场的竞争中赢得了声誉。这组滚动报道的时效与西方各大通讯社相比处于领先地位。金正日到机场迎接金大中的独家新闻播发后引起世界媒体的广泛关注，并被多家媒体转发。在随后的滚动报道中，又有一些内容是新华社记者独家得到的，属于“人无我有”“人有我早”。因此，这篇消息具有了新闻精品的特征：独有的时效、独有的内容。此消息荣获第11届中国新闻奖一等奖当之无愧。

——深入意识。即深入采访和挖掘新闻的意识。没有投入就没有产出。农民种地没有足够的投入就不会有好收成。企业家做市场，没有足够的投入就难以创出名牌。军事家攻城略地没有足够兵力投入就难以取胜。当然并不排除农民碰上好天气，企业家碰上好运气，军事家靠敌人的疏忽大意侥幸取得成功的，但从规律上讲，要有足够的投入才会有比较大的胜算。经济活动是这样，新闻写作同样如此。新闻工作者的投入就是深入，深入是为了写好报道，写出新闻精品。新闻事实是第一性的，记者如果只靠开会听听、看看简报、打打电话、听人谈谈，是绝对写不出精品来的。常言道：涉浅水者见虾，其颇深者察鱼鳖，其尤甚者观蛟龙。“不入虎穴”，焉能得到“虎子”？新闻实践还证明，记者、通讯员好像是一个勘探者，要挖掘、钻探事实真相这个矿藏。谁深入，谁不怕吃苦，谁脚板底下功夫过硬，谁就能找到富矿。作为记者、通讯员，谁深入，谁就能采摘到带露珠的“鲜花”，谁就能捕捉到活蹦乱跳的“大鱼”。以第10届中国新闻奖消息二等奖作品《深圳部分外来劳务工劳动安全状况堪忧》（原载《工人日报》1999年3月13日）一稿为例，据介绍，这篇消息的作者，为了采写这篇不足千字的报道，曾前前后后进行了 3 个月的艰难采访。每天，天一亮就揣着方便面、饼干和矿泉水上路，隐姓埋名深入到港台资企业、医院、出租屋和法医鉴定室等地查实情、挖材料。连春节都是和伤残工一起过的。因此掌握了大量证据式材料，录了几十盘打工者及法医工作者的含泪诉说，拍了几十卷伤残工人的照片，还取得了 1 万多个伤残者名单及伤残鉴定表。有了这些通过深入采访挖掘得来的第一手材料，就为出精品打下了坚实的基础。

常言道："七分采访，三分写作"。这篇获奖作品的采访实践再一次生动地印证了这句话。对那些被人们讥为"五子"即"拿着请帖赶场子、关起门来想点子、抓起电话要例子、蹲在宾馆写稿子、翻着报纸套路子"的记者（通讯员），无疑是一种有力的鞭策，即使这些人写的稿子不管他如何妙笔生花，也不可能写出获奖精品来。

——情感意识。我国著名作家巴金老人在接待来访者时说："我写作不是我有才华，而是我有感情，对我的祖国和同胞我有无限的爱。我用作品来表达我的感情。"文学创作如此，新闻写作也不例外。新华社原社长、著名记者穆青同志，人们称他为激情社长。他在谈他的成功体会时说："有了激情，也就产生了不写出来吃不下睡不着的动力。"众所周知，他采写焦裕禄的事迹时是流着眼泪采访，流着眼泪写作的。当他听到吴吉昌谈到那些困难的遭遇和不屈的斗争，就抑制不住内心的愤慨和激动，写成了新闻名篇《为了周总理的嘱托——记农民科学家吴吉昌》，赢得了成千上万受众的眼泪。穆青同志深有感触地说："这种和英雄人物思想感情上的息息相通，水乳交融，有时是掺和着血和泪的。它往往产生一种无论如何都抑制不住的冲动和激情，这是一种巨大的力量，甚至简直是一种魅力。"火一般的激情正是穆青成功的"秘诀"之一。

新闻报道是记者（通讯员）对客观事物的主观、能动反映。记者（通讯员）作为生活在纷纭复杂的现实社会中的活生生的人，他的这种反映在对客观事物的选择、评判，以及对所要反映的事物的表达、转述等方面，无不带着鲜明的个人情感色彩。一名记者（通讯员）对自己所选新闻素材的"兴趣"从何而来呢？首先应来自记者（通讯员）对党、对祖国、对人民的忠诚和对人民的事业的无限热爱。新闻是记者对事物的价值判断，只有对人民的事业充满爱心、热心的人才会对人民群众的喜怒哀乐、成功与失败感同身受，休戚与共，他的价值观就会与人民、与时代同步，他就会紧追社会潮流，从而唱出时代的最强音。

记者的情感是始终贯穿新闻采写的全过程的。首先，在采访阶段，这种情感会影响到他对新闻素材的取舍，他对事物的本质、全面性等问题理解的深度和程度。其次，在写作阶段，记者的情感将渗透在文章的字里行间。有时一篇稿子费尽心血却未找到感觉，有的素材却让人觉得胸中阵阵冲动，有不吐不快的感觉，这就是情感的作用。新闻作品被称为易碎品，指的就是作品对受众影响力的持续时间。要想获得对受众持久的影响力，除了高昂的主题、动人的形象、精湛的文笔之外，通篇要有激荡人心的情感。有了这种情感，就会激起受众的阅读、观看、收听欲望，引起受众的强烈兴趣。同时，作者的情感，会在受众的情感中产生发酵作用，情感的双向交流，就是作品的感染力所在。

情感意识，这也是当今新闻传播规律对记者（通讯员）提出的要求。当今的新闻传播，已由封闭型转向开放型，由灌输型转向交流型，由单向流动转向双向流动。记者（通讯员）要使自己的新闻作品能打动人，为受众所接受，就要少一点冷面孔，多一点人情味，少一点说教，多一点规劝和商议。要做到这些，没有一点感情是办不到的。

心理学原理还告诉我们，要想增强新闻报道的说服力，除了依靠诉诸理性（即摆事实、讲道理）外，还需要诉诸情感，用感情和情绪去打动人心。特别是那些面向千百万群众的报道，更需要诉诸情感。唐代诗人白居易在《与元九书》中说，“感人心者，莫先乎情”。古罗马著名诗人赫拉修斯有句名言：“你要我哭，首先你自己得感觉悲痛。”凡成功的新闻作品，都是作者的心与采写对象的心一起跳动的结晶，是作者的情感同采访对象的情感反复交流，产生共鸣的结晶。新闻不是无情物，感动记者自己的作品才会感染受众。情发乎中，笔表于外，方能声情并茂，写出无愧于时代、无愧于人民的新闻佳作来。

以第 5 届中国新闻奖通讯三等奖作品《一个军人遇到的冷嘲与敬重》（原载《解放军报》1994 年 3 月 26 日）一稿为例，如文中写的：“心灵深处在颤抖”，“今天这餐饭破费点，也算是庆祝军人的节日吧。”“我异常愤怒，血管都要爆裂了，咽了口唾沫，拳头攥得出了汗，终于忍了”，“你们想过没有，假如没有我们这些军人，能有你们挣大钱的安宁环境吗？假如边防军人们知道保卫的是你们这群酒肉之徒，那他们肯定会伤心的。”“我的双眼模糊了。哽咽着说：谢谢，谢谢两位经理，谢谢大家。菜我不吃了，但大家的深情厚谊，我代表边防军人领了。”等等。这些情感的叙述，无疑对增强传播效果起到了催化剂作用。

——前瞻意识。新闻媒体的基本功能是告诉受众今天发生了什么，对明天的影响是什么。现代传媒业竞争的实践表明，那些竞争力强、深受受众喜爱的媒体，不但让受众知其然，知其所以然，而且还要让受众知道今后如何然。这里所说的前瞻意识，就是预测、引导意识，即追踪新潮流，引导新风尚，开启新思路，传递新信息新经验，传播新思想新文化，催生新事物新境界。作为产生新闻精品的作者，只有时时刻刻站在时代的前列，密切关注能够真正体现先进生产力发展要求，能够昭示先进文化前进方向的一切新鲜事物、新鲜思想，并通过有效的方式把这些信息及时传递给受众，让受众在潜移默化中受到启迪得到教益，才有可能不辱使命，赢得受众的认可。像中国新闻奖获奖作品《非典型肺炎病原是衣原体？》（原载《南方日报》2003 年 2 月 19 日）、《昆山：全球化催生“金蛋”》（原载《苏州日报》2002 年 7 月 3 日）、《浙江贫困农民依法享有最低生活保障》（原载《浙江日报》2001 年 12 月 18 日）等，都是这方面的成功之作。

——风险意识。为了在竞争中采访到有分量、有价值的重要新闻，记者（通讯员）常常就需要有敢担风险的意识。当今的战地采访、抗震救灾和登山运动的采访，抗洪抢险的采访，等等，都需要有不畏艰难险阻的作风。第 8 届中国新闻奖通讯二等奖作品《夜探“虎穴”》（原载《福州晚报》1997 年 11 月 20 日）一稿，是记者顾伟冒着可能挨骂、挨打的风险，明察暗访一些利用电子游戏机赌博的娱乐场，写成的佳作。见报后，有个歹徒竟往记者家里打黑枪，但这位记者毫不畏惧。又如第 10 届中国新闻奖消息一等奖作品《北约野蛮轰炸我驻南使馆》（原载《人民日报》1999 年 5 月 9 日）一稿，是作者冒着生命危险写成的。以美国为首的北约，在 1999 年 5 月 7 日午夜，即北京时间 1999 年 5 月 8 日 5 时 45 分，悍然用导弹袭击我驻南使馆，造成我使馆人员重大伤亡和馆舍严重破坏，这一野蛮行径，令人发指。面对这一粗暴践踏国际法及外交史上极为罕见的事件，当时作为我使馆内唯一幸存的中国记者吕岩松，从烈火熊熊的事件现场，冒着敌人随时可能再次袭击的危险，面对被炸使馆的惨状，在事件发生后仅 15 分钟，第一个向国内用手机报回了使馆被袭的消息，随后，又书面撰写了这篇报道。世界上其他新闻传媒，则在数小时之后，才发出了相关报道。这篇消息，以其独有的新闻时效、独特的新闻事实，在全世界产生了重大影响。消息发表后，在中华神州大地上，立即引发了反对霸权主义、维护世界和平的怒吼声浪，并将以美国为首的北约的狼子野心暴露于光天化日之下。报道为中国在外交上赢得了时间和主动，对激发全国人民的爱国热情起到了难以估价的作用。

——亲民意识。即受众意识。人民群众是历史的创造者。今天的新闻是明天的历史。作为新闻的记录者的记者，和人民群众有着天然的、密不可分的关系，没有人民群众，就如鱼儿没有水，树木没有空气一样，记者将无法生存，媒体也就闹稿荒，也无法办下去。随着当今记者社会地位的提高和经济生活的改善，以及社会三六九等人为的划分，记者的一些传统职业美德随之淡然，新闻界前辈们留下的诸如蹲点采访、实地调查等逐渐被短平快的采访形式所代替，一些深度报道或现场新闻只能浮于表面，而可遇不可求的新闻亮点也会轻易流逝。因此，正如道德领域呼吁传统美德一样，在当今市场经济时代，在媒体竞争日趋激烈的背景下，新闻要出精品，就必须强化记者的亲民意识。大量的新闻实践证明，凡是用平等、愉悦、商量、规劝、服务等方式写出的新闻作品，或充满人文关怀的新闻，受众都是比较喜欢的。相反，采用说教、训斥、居高临下，没有贴近实际、贴近生活、贴近群众的作品，受众就会持排斥态度，传播效果就会差。

纵观已评选出的历届“中国新闻奖”获奖作品，在亲民意识上还是做得比较好的。在这些作品中，看不到板着面孔的说教，诸如开口“必须”，闭口“要求”“禁止”等受众讨厌的、不尊重别人的词语。在报道内容上，都是记者亲临现场采访，在接触当事人与物中捕捉到的感人细节和真实情感，反映的是人民群众的喜怒哀乐和真实生活。以第4届中国新闻奖评论二等奖《金杯银杯，不如百姓口碑》（原载《吉林日报》2002年12月21日）一稿为例，这篇评论的作者毕政，是吉林日报社的总编辑，他在文章中，并没有以领导者的身份来对待受众，也没有以居高临下的口气对受众讲话，而是以平等的态度对待受众，文章以清新、亲切、自然的口气围绕主题，娓娓道来，层层递进，少有说教的痕迹，文中的观点、思想很容易被受众所接受。文章刊发后，收到了良好的传播效果。

——精编意识。新闻稿件在成为精品过程中，需要编者精心编排。如精心给稿件制作一个亮丽的“眼睛”——标题，达到“题好一半文”的效果；对稿件中的用语进行精心推敲，防止语病和词不达意的问题出现；正式出版前的认真校对，将那些错别字剔除出去；最后还要安排一个适当的版面，或配发一个短评、编者按，以增强稿件的传播效果。这些环节，哪一处疏忽了，都会前功尽弃。从参加“中国新闻奖”的一些评委撰写的评述评奖情况的文章中我们可以看到，有的参评作品由于没有编好，按新闻的题材、价值和传播效果，本可以评上一等奖的，最后由于有的是有病句，有的不够简练，有的文字超长，有的有个别错别字等编辑上的工夫不到家造成的缺陷，不得不降低获奖等级，有的甚至只好忍痛割爱。

新闻精品在叙事、说理和文字表达上，应是别致、简洁和畅达的。大量的事实证明，稿件写成后，真正一字不改，一点不动就见报，就能获得“中国新闻奖”的作品，几乎是找不到的。从一定意义上来说，越是精品，编辑所花费的心血和劳动越是要多一些。以第7届中国新闻奖通讯三等奖作品《总书记关怀的盲人重见光明》(原载《安徽日报》1996年1月5日）一稿为例，责任编辑收到稿件后，两次用电话核实了解有关情况，对全文进行了较大篇幅的改写，把最有价值的内容提到文章最前面，将与主题不相干的内容删去，突出了事件本身的时效性，并精心配发短评，从而使通讯的主题得以升华。又如另一篇通讯三等奖作品《请市长吃西瓜》（原载《北海日报》1996年6月19日）原稿写得很一般，经过报社总编辑亲自删改，并指导作者抓住“请市长吃西瓜”这个角度，用瓜农们的话来写，几易其稿，最后才编成此获奖作品。可见，一篇精品是作者、编者共同劳动的成果，是集体智慧的结晶。

新闻精品需要的创新思维品质

作家孙犁说：“艺术家的特异功能不在反映，而在创造。”新闻记者与作家从事的精神劳动虽有不同的特点，但应用创新思维是共同的。大量的新闻实践证明，同样一个人和一件事，在有的记者眼里什么也不是，而在有的记者眼里却是值得报道的好新闻；同样一个人和一件事，由这个记者写出来的新闻是白开水一杯，淡而无味，而由另一个记者写出来的报道却是一篇精彩的好稿。差别就在于有无创新思维品质。优秀的记者应该是一个勇于进行创新思维的记者。

我们说记者需要有创新思维品质，它是由新闻自身的规律所决定的。新闻本姓新。新闻的这个“新”有三层意思，一个是时间的概念，它是新的、快的；另一个是内容，它是新鲜的，受众关心的重要事实；三是表现技巧是新颖的，是对受众有较强吸引力的。由此可见，做一名合格的新闻工作者，树立创新思维品质是何等的重要。

记者要使自己有创新思维品质，就要极端地喜新厌旧，对新生、新鲜、新奇的人和事要嗜之如命，而对旧闻、套话、陈词、滥调要深恶痛绝。极端地喜新厌旧，是创新思维品质高的表现。这就要求记者必须精心追逐内容是第一次出现的事物，传递的是令人耳目一新的“第一信息”，时效上是第一个报道的，道理上是第一次阐述的，写作技巧是令受众乐于接受的。

与时俱进，顺变求新，是记者创新思维必不可少的重要条件。记者的工作是一种创造性的劳动，其本质属性要求它必须与时俱进，顺变求新。记者的职业特点就是不断探求新情况，研究新问题，善于发现鲜为人知的新鲜事实，善于总结解决当前各种社会矛盾的新鲜经验，善于捕捉给人以启迪的各种新思维、新观点，善于探寻体现事物发展规律的新趋向。只有如此，记者才能写出充满生机与活力的新闻来，才能使自己的报道胜人一筹。

从无数获奖新闻佳作来看，笔者认为，记者的创新思维品质主要表现在如下几个方面：

——求异性思维。美国新闻学家吉尔福特根据人的思维方式不同，把思维分为求同思维和求异思维两种。求同思维是运用已有的知识经验，沿着一个方向去思考，寻求唯一的答案；而求异思维则不依常规，沿着不同方向思考，以探求新的多样性结论。求异，就是指对现象差异的思考。“新”和“异”是一对天然的孪生姐妹，创新离不开求异，求异是为了创新。异能给人以新鲜感，使人惊喜，使人喜闻乐见。许多名记者正是有了这种追求，从而在写作上形成了自己独特的风格，读者看到他们的文章，不看署名也知道是谁的手笔。比如范长江的通讯、邓拓的杂文、柏生的专访、徐迟的报告文学、穆青的人物通讯、艾丰的经济新闻，等等，这些名家的作品，无不充满求异思维品质的闪光。在历届“中国新闻奖”的获奖作品中，不少都是记者求异性思维品质结出的硕果。以第 14 届中国新闻奖消息一等奖作品《非典型肺炎病原是衣原体？》（原载《南方日报》2003 年 2 月 19 日）一稿为例，这篇报道的记者，在衣原体是不是非典型肺炎的病原的争论中，以自己的求异性思维品质和社会责任心，没有随波逐流，而是同中求异，实事求是，尊重科学，以独特的视角，勇敢地站在广东专家一边，没有认同北京专家的意见，在全国众多媒体中，独家如实报道了广东专家的观点。报道见报后，因为与众不同而受到广泛关注，引起强烈反响。并对世界卫生组织后来宣布“非典”的病原是变种冠状病毒提供了论据，对鼓舞广东专家坚持实事求是，没有按衣原体的结论来制订治疗方案，为降低“非典”的病死率，提高治愈率作出了重要贡献。

从这篇报道的成功可以看出，求异性思维在认识过程中往往凝视于客观事物间的差异性和特殊性，现象与本质的不一致性，已知事物的局限性。求异性思维要求记者报道要不落俗套，要善于“同中求异”，有自己的特色、视角，要敢于提出新问题、新见解，在主旋律一致的前提下，要敢于发出自己的独有的“音调”，做到先声夺人，敢开“第一腔”。

——开放性思维。当前，我们面对一个开放的社会，面对纷繁复杂的大千世界。随着开放的扩大，现代社会的信息、技术、知识正广泛交流，打破了地区、城市、国家之间的疆域。通过城乡经济体制改革，我们正在建立充满生机与活力的新的经济运行机制，生产、分配、流通、消费之间，工业、农业、科技、贸易、金融之间，正在按内在的规律建立新的联系。中国加入世贸组织后，我国经济融入全球经济的步伐进一步加快。在这种形势下，记者封闭型的思维方式已不能适应现代社会要求，只有开放性的思维方式才能接受各种信息。大量地接受知识和信息是开放性思维的基础。有人说，大部分的好点子，都是由平凡的事物或观念组合而成的。“组合”，就需要大量的素材，而获得素材的最便捷最经济的方法，就是大量接受知识和信息。没有足够的知识积累，开放性思维便无法启动。从这一点来说，丰富知识储备，拓宽知识面是造就开放性思维的关键。开放性思维的另一方面，是指思路的开阔。记者在思考问题的时候，不是沿着单一线索进行，而是纵横交错，四面开花，要广伸“触角”，思维要像“雷达”一样，在360度的空间“扫描”：本地和外地的，本行业及其他行业的，中央和基层的，国内和国外的；进行全方位多角度的比照、观察和思考。只有这样，才能发现新问题，接受新事物，得出与常人不同的看法，写出有新意的报道来。

以第14届中国新闻奖消息二等奖作品《今天火车登陆海南》（原载《中国铁道建筑报》2003年1月11日）一稿为例，这篇报道的作者是“范长江新闻奖”获得者朱海燕，在新闻事件发生的当天，他同全国150多家新闻媒体的200多名记者在现场采访。之后，在众多的新闻媒体上刊登和播发的“火车登陆海南”的消息中，唯独他写的这一篇一枝独秀成为获奖的新闻精品。他的成功，就是运用了开放性思维写稿。在一条800字的消息中，他为读者提供了与新闻主题相关的信息竟然多达70多个。除生动、细致的现场情景描写外，还运用回顾历史法、比较对照法、来龙去脉法，从苏东坡、海瑞写起，又写到张之洞、孙中山曾提出“筑铁路至海南”的设想；还写了日本侵略者为掠夺财富，在八所一带用4万中国人的生命筑了200公里的铁路；最后写到现在因交通不畅，使海南的物流不顺，引进外资逐年下降，瓜果蔬菜因为运力不足烂在地里，旅游本来可以接待2000万人的能力也只能接待1200万人，等等。如果记者的思维不是开放性的，不是全方位的、多角度、多侧面的，而是沿着单一线索进行，就不可能涉及如此众多的信息，报道也就没有现在的深度和高度，也就很难成为独树一帜的新闻精品。

——宏观性思维。所谓宏观性思维，就是记者站在一个制高点上，鸟瞰林林总总的大千世界，从纵览全局中，去考察报道对象及其与外部世界的联系，从在全局的地位和作用中去判断事物的分量及其新闻价值。“会当凌绝顶，一览众山小。”借助马列主义政治上的望远镜和放大镜，分析复杂的社会现象，透过事物的表象挖掘出事物的本质。通过宏观性思维写出的报道，既能剖析新闻事实的内涵，充分揭示其蕴涵的意义和价值，又能说明新闻的来龙去脉、前因后果和发展趋势，使新闻成为有事实、有背景、有分析的深度报道。

以第 13 届中国新闻奖消息三等奖作品《昆山：全球催生“金蛋”》（原载《苏州日报》2002 年 7 月 3 日）一稿为例，这是一篇经济新闻，他向人们揭示了经济全球化已经成为一股时代发展的潮流，在中国加入世贸组织之后，如何抓住经济全球化带来的机遇、积极谋求自身发展成为很多地方不懈探索的重大课题。作为江苏的一个县级市，昆山的外向型经济发展近年来在苏南地区处于领跑地位，这里已经成为长三角地区重要的高新技术制造业基地之一，其迅速崛起引起了国内乃至国际上的广泛关注。昆山经济之所以能够飞速发展，主要得益于潮涌而来的国际资本，是全球产业梯次转移造就了这个新兴城市的强大增长动力。究其实质，昆山的发展正是经济全球化浪潮催生的结果。本文作者运用宏观性思维，站在全球的制高点，意识到对这一经济现象进行具体表现的时机已经成熟，在该市半年度统计数字出来之后当即采访了有关部门，选取“每天三个一千万”即每天合同外资 1000 万美元，出口 1000 万美元，财政收入 1000 万美元为新闻主体，从具体的数字来源入手，并将其置于经济全球化背景下加以观照，从中提炼出“全球化催生‘金蛋’”的主题，写成消息，见微知著地揭示了昆山经济与经济全球化之间的紧密联系，主题无疑是鲜明突出的，并有着重要的现实启示意义。

这篇消息是最早见报的关于昆山“每天三个一千万”的新闻作品。报道见报后，引起了社会各界的强烈反响，《解放日报》《新华日报》《扬子晚报》等以及新浪、搜狐、雅虎等各大门户网站都转载了这一消息，香港、台湾等地媒体在随后对昆山的采访中都提到了“每天三个一千万”的经济成就，对提升昆山的海内外知名度和促进当地的招商引资工作起到了积极的促进作用。时任江苏省委书记的回良玉获悉这一消息后，称赞昆山是“江苏的亮点”，不久，江苏省经济工作分类指导苏南片会议在昆山召开。可见，这篇运用宏观性思维写出的报道其传播效果是良好的。因而在“中国新闻奖”的评选中，受到了评委们的青睐。

——问题性思维。创新思维要求记者在报道中要勇于提出问题、研究问题。大量的新闻实践证明，一个记者，如果对实际工作中存在的问题不关心，对群众关注的问题没兴趣，头脑中不装着问题，不研究问题，那他是断然写不出有新意的报道来的。对记者来说，如果不具备问题性思维，那就没有创新思维。密切关注实际工作与群众关注的问题，下大力气进行调查研究，提出解决这些问题的新思路、新对策，这是当好一个记者的重要思维品质。处在社会转轨时期，社会上必然会出现各种各样的热点问题。一个有作为的记者，应敢于介入群众关心的热点问题。把中央关注的重点、社会经济生活中的难点同群众关注的热点问题结合起来，“沉”到改革开放的第一线，深入调查，潜心研究，缜密思考，深挖新闻主题，是写出既体现中央精神，又贴近群众的新闻佳作的必由之路。

像第13届中国新闻奖获奖作品中的《首府“公款圣诞”令人担忧》（原载《新疆日报》2002年12月24日）、《10名“瞎眼”评标专家被清出局》（原载《深圳特区报》2002年9月4日）、《看个“咳嗽”要掏1065元》（原载《武汉晚报》2002年8月10日）等，都是记者运用问题性思维，勇于抓问题，关注民生，关注社会热点，张扬真理与正义，抨击歪风与谬误所结出的硕果。

——前瞻性思维。记者的创新思维离不开前瞻性。处于当今信息爆炸的时代，随着各种信息的迅速跃动与交汇，受众再也不满足于那些浅层次的动态新闻，而是希望了解新闻事件的前因后果，特别是渴望了解事物发展的趋向与对前景的预告。要满足受众的这种新要求，记者的思维就要面向现代化，面向未来，具备前瞻性思维的能力，把昨天的事实背景与今日发生的新闻事件连接起来，进而揭示明日发展前景与意义。所谓前瞻性思维，就是记者对客观事物率先认识与预测，对未来可能发生的变化及其走势进行洞察，它包含了对事物细致的观察、透辟的分析以及用发展的眼光正确估量等一系列繁杂的思维活动。一些有深度、有见解的分析性报道，一些“风起于青萍之末”就能敏锐抓住的“先知先觉”的报道，一些展示事物发展趋向的预测性报道，都离不开前瞻性思维。记者要想写出新闻佳作，就需要具有前瞻性思维。通过深入采访，能预见到形势的发展、变化，及时地在报道中进行前瞻性判断和分析。

以第12届中国新闻奖消息二等奖作品《义乌外来务工人员首次当选人大代表》（原载《浙江日报》2001年12月8日）一稿为例，这篇消息所报道的是浙江省“义乌外来务工人员首次当选人大代表”的内容，无疑是新颖的，是独家所有的，是超前性的。大量富余劳动力外出打工，这是改革开放后出现的新的社会现象。浙江是民工流动大省，每年都有数十万人进出。如何使他们能参加基层人大的换届选举，依法享有民主权利，是我国基层民主法制建设的新问题。记者敏感地抓住了这个带有普遍性的问题，将外来民工依法当选为人大代表这件事写成消息，具有很强的针对性和指导意义。由于新闻的主题鲜明，富有特色，并具有前瞻性，因此该消息见报后，获得了浙江省人大常委会领导的表扬。随后，人民日报、中央电视台等全国各大新闻单位以及境外10多家媒体到义乌采访。全国人大常委会研究室把这一新闻作为我国基层民主法制建设的标志性事件，收入《2001年全国人大年鉴》。这篇展示我国基层民主法制建设发展趋向的报道，在“中国新闻奖”的评选中获奖就自然在情理之中。

记者要具有创新思维的品质，绝不是一件容易的事，要靠长期新闻实践的磨炼和积累。记者的创新思维品质需要有两个支撑点：一个是掌握各种理论与新知。一个是扎实、深入的调查研究。也就是说，靠两个基本功：一是理论的基本功，二是调查研究的基本功。从某种意义上说，记者的创新思维品质是这两种功底融合的结晶。

记者创新思维品质的培养，是同“三贴近”分不开的。如果记者不贴近生活、不贴近群众、不贴近实际，把自己封闭于高楼深院，沾沾自喜于一得之见，缺乏深入实际探索新事物的热情，满足于关起门来想点子，下到基层找例子，回到报社写稿子。这样就会窒息自己的创新思维。因此，记者一方面要“吃透上头”，悉心研究大局的发展与变化，通晓中央的路线、方针、政策，开拓自己的宏观视野；另一方面要深入调查下情，了解民心民意，把握群众心态，摸准实际工作跳动的脉搏，把“下情吃透”。善于把上头与下头、宏观与微观巧妙地结合起来，这样记者的创新思维就会胜人一筹，也才能不断采写出新闻佳作来奉献给受众。

长期积累出佳作

南宋·朱熹在《观书有感》一诗中写道：

昨夜江边春水生，艨艟巨舰一毛轻。
向来枉费推移力，此日中流自在行。

诗人在这首说理诗中，以“行舟”作比喻，说明“春水”对于“行舟”的重要性，借以阐发了思维与写作的自由来源于广博知识的积累。我们的记者（通讯员）是时代巨轮上的瞭望哨兵。要胜任此职，保证时代的巨轮始终沿着正确的航道前进，没有满江知识的“春水”，就只能走“枉费推移力”了。

随着全民族文化水平的不断提高，受众对新闻报道的生动性、知识性、趣味性及报道的深度与广度的要求也越来越高，而要提高新闻的可读性，在很大程度上取决于记者（通讯员）对各方面资料的长期积累，日本《朝日新闻》的辰浓和男说：“报纸上一二行简洁的描写，背后包含着数百行的积累，要写一百行的报道，就要积累一千行的素材，如果用一百行素材写一百行报道，就会失之肤浅，想写出深刻的报道，必须用二千行素材垫底。”这是经验之谈。

著名数学家华罗庚有一句名言：“聪明在于学习，天才在于积累”。古今中外善为文者，几乎没有一个不注重积累的。从某种意义上来说，没有平时的长期积累，就没有真正意义上的写作。在现实生活中，不难发现这样一种奇而不怪的现象：不少搞文字工作的能手、高手，不一定是学文科出身。他们之所以能写出漂亮的文章，其中一个重要的原因，就在于他们自觉养成了一种边干边学习、边学习边感悟、边感悟边积累的习惯。实践证明：积累到了一定的程度，就会由量变引起质变，给作者一种神助的力量，帮助作者进入一种新的写作天地。

许多著名记者在新闻写作上表现出来的惊人速度和质量，都是由于注意了平时广泛积累各种资料的结果。以新闻名篇《上海严冬》一稿为例，这是 1957 年正月上海下了一场大雪，当时新华社记者写的一篇消息。文中引用了臧克家 1946 年 2 月在上海写的一首诗《生命的零度》中开头的两句：“前天一夜风雪，昨夜八百童尸”。记者写完这两句接着写道：“这几天比十年前冷得多，但据上海市民政局调查，到目前并没有发现冻死的人。”写得很有文采。如果记者没有读过这首诗，没有把它积累下来，临时现翻材料是不赶趟的。没有平时的积累，就不可能有“倚马可待”的写作本领。第 8 届长江韬奋奖获得者陈泉涌在“获奖感言”中说：“积累是拓展的基石，唯有积累，才能富有升华的底蕴。积累孕育创新，勤奋依托积累。做一个合格的新闻工作者，积累是不能缺少的。”可见，积累资料对记者（通讯员）来说，是多么的重要！

19 世纪世界上最杰出的科学家之一、微生物学的奠基人巴斯德说过一句著名的话：“在观察的领域里，机遇只偏爱那种有准备的头脑。”这句话在科学界不胫而走，至今仍为一些科学家当作重要格言。爱因斯坦也说过：“只有你的眼睛看见东西，那是不会发现什么的，还要你的心能思考才行。”“能思考的心”和“有准备的头脑”是一切科学家成功的“诀窍”。对于一名记者来说，要想写出新闻精品，既需要有“能思考的心”和“有准备的头脑”，还需要不断积累资料。

第 10 届中国新闻奖消息二等奖作品《中国地铁列车今天穿过天安门广场》（原载《人民铁道》报 1999 年 9 月 29 日）一稿的成功，就是作者用心思考、认真准备、深入采访和不断积累结出的硕果。

据介绍，为写这篇消息，作者进行了采访前的认真准备，搜集、积累了大量的相关信息，反复提炼筛选信息之魂和最佳切入点，甚至为写好这篇消息而专门购买了大部头的城市地铁专业理论著作，并对背景材料拟写了初稿。举行地铁开通仪式的当天，作者提前到现场观察、捕捉鲜活的信息，并抢在首发地铁列车到达天安门站后的第一时间把稿件发回报社编辑部。直到报纸签发印刷前的最后一刻，作者还对这篇消息的标题、导语、正文反复进行了字斟句酌的推敲和修改。最后奉献给读者的是一篇信息量大、现场感强、可读性高、具有独家新闻特色的新闻精品。

如何积累资料？根据一些成功者的经验，有以下几点是值得学习和借鉴的。

一是积累资料要做有心人。即需要练好“内功”和“外功”。所谓“内功”，就是史学家吴晗劝青年做到的“三勤”：勤读、勤抄、勤写。“外功”就是“四勤”：勤跑、勤看、勤听、勤问。有些年轻的记者（通讯员）总自信自己的记忆力好，平时读书看报，甚至包括采访，总是不愿意做笔记。实践证明，记忆是不可靠的东西。

我国著名报人邵飘萍有个好习惯，他在社交场合，一旦听到什么新闻时，马上把手放进口袋里，用事先准备好的铅笔和笔记本暗中记下来，而后迅速发稿。勤跑也是如此，真实是新闻的生命，而“真实”又不像罩在玻璃罩里那样容易观察，一目了然，真实，仿佛隐藏在砖墙后面，难以捉住它。因此，只有勤跑到生活中去观察、分析、比较，把自己的见解和感受随时记载下来，日积月累，久而久之，你就有“取之不尽，用之不竭”的写作宝库。

著名漫画家华君武，走到哪里就积累到哪里。一次他在理发店理发，有人说了一句歇后语：“高射炮打蚊子——小题大做”。他立即掏出本子记下来。他画的漫画题目多是从群众中来，从积累中来。新华社著名记者郭超人，当年采访登山队攀登珠穆朗玛峰时，坚持天天写个人日记和笔记，随时记下自己的所见所闻所感，包括自然的景象，人们的谈吐，个人的思绪，以及一切使他感兴趣的东西。后来他利用这些积累，撰写出了专著《向顶峰冲刺》。著名记者邓拓生前曾这样打比方说：“你看农民出门，总随时带粪筐，见粪就拣……积累知识也应该有农民积肥的劲头。”这是经验之谈。

二是积累资料要有战略眼光。俗话说，“养兵千日，用兵一时”。积累资料不能搞急功近利和“立竿见影”。平时长期的积累是为了写报道时的急需。西方一些新闻学者强调，记者必须有自己的“资料库”。给自己所分管报道的新闻人物的单位、团体建立“档案”，并不断补充、丰富。比如说，一个文艺记者，对自己所采访范围内的艺术家、作家，要尽可能地收集他们的资料，做成卡片。内容包括姓名、性别、年龄、婚否、家庭成员、作品、爱好等。有了这些“家底”，一旦需要写什么，背景材料马上就出得来，稿子就写得快，下笔就有激情，有把握，写出的新闻就能“立”起来。以第17届中国新闻奖消息二等奖作品《研究生蔡成龙回乡当农民》一稿为例，记者在得到这条新闻后意识到，这是一条难得的农村题材的好新闻。但由于蔡成龙当时回乡不久，事业刚起步，他还不愿意接受采访，记者感到采访时机不成熟。于是在以后一年多的时间里，记者多次与蔡成龙联系，交流感情，了解情况，不断积累有关资料；在争得他接受采访后，记者抓住时机，赶到乡下采访了乡镇干部，又深入村屯采访村民和他本人，在掌握积累了大量新闻事实后，及时写出了这条独家新闻，经过编辑认真修改，在报纸一版头条位置发表，在社会上引起强烈反响，并得到了高度评价，收到了很好的传播效果。可见，积累资料不能急功近利，是需要有战略眼光的。

此外，搜集资料时，要“以百当一”，用材料时要“以一当百”。这就是说，不要收集一个例子就满足了，同一个观点，同类问题，要收集三五个、十个八个例子，而在用材料时，则要选择最有代表性、最能打动人心的例子。诗人马雅可夫斯基说过这样一段话：“开采一克镭，需要终年劳动。你想把一个字安排妥当，就需要几千吨语言的矿藏。”多方面的积累对我们做好新闻工作大有益处，只要我们有战略眼光，持之以恒，力戒浮躁，学用结合，就一定能采写出新闻精品来。

三是积累资料贵在持之以恒。那种“三天打鱼，两天晒网”的做法，是难以做好资料的积累工作的。凡是积累资料做得好的，都是由于长期坚持、持之以恒的结果。例如美国著名记者约翰·根室为了撰写《非洲内幕》一书，他从1931年起即系统收集资料，并保存了近25年的关于非洲的文章；马克思为了写《资本论》，先后查阅了1500多种书籍，摘录、笔记达100多本；鲁迅为了撰写《中国小说史略》这部篇幅不算很长的学术著作，前后几乎用了20年的时间收集资料，辑成了《古小说钩沉》《唐宋传奇集》《小说旧闻钞》三部资料专用书。第17届中国新闻奖通讯二等奖作品《长征启示录——献给长征胜利70周年》一稿的新华社记者贾永，在写此稿之前，为了积累资料，他曾在1996年沿长征路采访；2004年又组织了“我的长征——寻访健在老红军”活动，熟练掌握并积累了136位健在红军的感人故事；2006年作者再次赴长征沿线采访。由于有了上述持之以恒的积累，最后才采写成这篇新闻精品。可见，积累资料是一件长期、艰苦、细致的工作，只有持之以恒，才能积少成多，集腋成裘。

四是积累资料贵在系统化。收集一堆杂乱无章，乱麻似的材料，是没有多少用处的。资料收集起来后，应按内容分类，归入一定的系统，并且沟通每条资料的相互关系，做到主次分明，合理编排，使平时分散、零碎的资料系统起来，由浅入深，由粗到精，由广博到专深。不然，一大堆头绪纷繁的资料，天文、地理、历史，包罗万象，看起来内容丰富，实际上使用价值不大。著名作家秦牧认为，作家应该有3个仓库，一个是直接材料仓库，装从生活中得来的材料；一个是间接材料仓库，装从书籍和资料中得来的材料；再一个是日常收集的人民语言仓库。这种作家资料的系统分类，值得新闻工作者借鉴参考。

美国哥伦比亚大学教授麦尔文·曼切尔对记者知识仓库是按照“基本知识”和“专门知识”分类的。对积累的资料还要注意它的准确性、完整性、可靠性、科学性、权威性，等等。

“问渠哪得清如许，为有源头活水来”。有了“资料库”这个源头汇成的滔滔“春水”，就能载着新闻工作的“巨舰”，自由自在地向前行驶，新闻精品就会源源不断地呈现在受众而前。

道德高于山

记者这个行业是受人尊敬和瞩目的。因为它能够将最新的消息、最新的信息及时传达给我们的受众群体。尤其现在随着新闻事业的蓬勃发展，多媒体的不断发展和壮大，大家通过媒体能够了解到的信息越来越丰富。对新闻事业向往的人，也确实越来越多。

记者应该有什么样的职业操守和道德品质呢？ 2008年3月，温家宝总理在十一届全国人大一次会议闭幕后回答记者提问时讲过这样一句话：如果我们的国家有比黄金还要贵重的诚信，有比大海还要宽广的包容，有比高山还要崇高的道德，有比爱自己还要宽广的博爱，那么，我们这个国家就是一个具有精神文明和道德力量的国家。同年7月20日，温家宝总理在广东与企业家座谈时又说：企业家不仅要懂经营、会管理，企业家的身上还应该流着道德的血液！

道德高于山，身上应该流着道德的血液！这不仅是对企业家道德的准确定位，也是对国人的殷切期望。对新闻工作者来说，道德高于山更为重要！新闻工作者是时代航船上的“瞭望者”和“人类灵魂的工程师”，其肩负的重大社会责任和历史使命，决定了新闻职业道德较之于普通公民的道德，有更高的要求、更高的标准。

记者是公众的代言人，但更重要的是党的方针政策的宣传者。没有高尚的道德是难以担当起公众代言人的角色的。记者的道德水准事关媒体的公信力，媒体的公信力决定受众认可，受众认可决定舆论引导的传播实效。因此，记者更需“道德的血液”。如果缺少了“道德的血液”，便不可能抵御腐朽思想的侵蚀，不可能经受住私欲诱惑的考验。有事实为证：目前在某些新闻工作者心目中，爱国主义、集体主义、社会主义的观念比以前淡薄了，而个人主义、享乐主义、拜金主义的私欲却比以前膨胀了。见利忘义、损人利己，利用手中之权力谋取一己之私利，像传染病一样逐步蔓延开来。除业界内外一致公认的有偿新闻、虚假新闻、低俗之风和不良广告这“四大公害”以外，还有导向偏差、缺乏诚信、脱离群众、违法侵权等现象也屡见不鲜。最典型的是去年山西霍宝干河为隐瞒矿难，向数十名假冒记者和真记者支付“封口费”。它使记者良知被湮灭，事实真相被封裹，公众知情权被剥夺。如此见利忘义，任何情况和任何恳求都不能使其得到宽宥，任何悲痛和任何悔改都无法弥补其耻辱。它为新闻界敲响了警钟。这警钟振聋发聩！它告诉我们，“道德的血液”维系住新闻的生命。

党和人民赋予媒体信息传播和舆论引导、舆论监督的权力，这种权力本质上是一种公权力，任何时候都不容玷污，不容用来进行权钱交换、权色交换等肮脏的交易。防止这种公权力被滥用、被玷污，新闻工作者多么需要“道德的血液”来滋养自己，多么需要“道德高于山”的品质来铸就防止腐败堕落的铜墙铁壁。

在我国新闻史上，能让人崇敬的新闻工作者无一不是视“道德高于山”的人：从范长江、邹韬奋到穆青都是这样。范长江在国民党统治时期，看到中国共产党的存在才是中国未来的光明前途，所以行程数万里深入大西北，秉笔直书写就了通讯集《中国的西北角》，其高尚的道德至今受人敬仰。伟大的爱国者、著名的政治活动家、新闻工作者邹韬奋毕生的愿望就是办一张“真正人民的报纸”。1944年，在其临终遗嘱中他给中共中央的信中写道：“审查我一生奋斗历史，如其合格，请追认入党。”消息传到延安，中共中央高度评价他的功绩，并接受他的入党请求。而穆青的高尚道德品质也决定了他文章的品格：对人民充满爱，对敌人充满恨，文风朴实，文笔细腻而犀利。他题写的“勿忘人民”“四字经”，已成为激励新闻工作者的座右铭。此外，历届范长江、韬奋新闻奖获奖者，无一不是视“道德高于山”的践行者，也都是值得大家学习的榜样。

对于党的新闻工作者而言，只有身上流着道德的血液，笔下才能有浩然之气；只有站在道德之巅，也才能“铁肩担道义，妙手著文章”，为民鼓与呼；只有视“道德高于山”，时刻牢记“厚德载物”，“富贵不能淫，贫贱不能移，威武不能屈”的名言，努力带头践行社会主义荣辱观，努力成为社会主义核心价值体系的坚定信仰者、积极传播者和模范实践者，才能不辱使命，像胡锦涛总书记去年6月20日《在人民日报社考察工作时的讲话》中要求的那样：“把坚持正确导向放在新闻宣传工作的首位，坚持团结稳定鼓劲、正面宣传为主，唱响主旋律，打好主动仗，更加自觉地为人民服务、为社会主义服务、为党和国家工作大局服务。”

一位哲人说过：“在道德的力量中，真实是最具有震撼力的。”作为新闻工作者，要做到视“道德高于山”，就要敢于说真话，敢于报真情，敢于激浊扬清，敢于坚持真理。面对社会生活的现实，对那些贪污腐败、不正之风、伤害群众利益的典型人和事，要旗帜鲜明地予以揭露和抨击。新闻工作者绝不能迎合某些或某种违背党和人民利益的某些人的“欲望”，不能屈服于某些人或某种违背党和人民利益的压力，不作违心报道，不写违心文章，不收“封口费”。此外，记者在人民面前，要虚怀若谷，对人民要有感情，爱他们所爱，“真诚地和人民共患难、同甘苦、齐爱憎”（马克思：《莱比锡总汇报的查封》）要始终不渝地去体察和反映人民群众那种不可遏止的历史主动性和创造性，“写天地之光辉，晓民生之耳目”（刘勰：《文心雕龙》）只有同人民站在一起，不断加强自身修养，记者的身上才能永远畅流着道德的新鲜血液，记者也才能洁身自好，始终保持着旺盛的斗志，满怀激情去讴歌时代的新人新事，去弘扬时代的精神，才能写出无愧于党和人民期望的新闻作品来，才能完成党和人民赋予新闻工作者的光荣使命。

非诚勿写

谈到“走转改”，其中大家说得最多的是文风。如何改进文风呢？依我看，很简单，别的不多说，那就一个字——诚。即非诚勿写。

诚，具体说来它至少应包括下述三个方面的内容：

首先是忠诚。忠诚于社会主义的新闻事业，这是新闻从业人员的灵魂之所在。众所周知，我们所从事的新闻事业，是党和人民事业的重要组成部分，是党和人民的耳目喉舌。因此，每一名新闻从业者，都应把党和人民的利益看得高于一切，尽心尽力，无限忠诚。

唯有忠诚，才能在大是大非面前保持清醒头脑，站稳脚跟，明辨是非，认清方向；才能站在时代航船的船头，瞭望历史、现在与未来，唱响思想和生命的主旋律，坚持正确的舆论导向，传播社会正能量。

唯有忠诚，才能离大地更近，离天空更远，坚持“三贴近”原则（贴近实际、贴近生活、贴近群众）和实行“三抛弃”，即抛弃道听途说和浮光掠影，抛弃不求甚解和浅尝辄止，抛弃空话、套话和废话。

唯有忠诚，才能“心存天下不平事，意念人间疾苦情”（凤凰电视台主持人吴小莉语），弘扬传播真善美，揭露鞭挞社会中的假丑恶；才能为民立言，唯真为美。

然而现在在我们的新闻队伍中，出现一些奇特景观和怪事。如有的人在将党性与人民性对立起来的思想支配下，作为党的喉舌却不愿为党说话；在党报工作，享受着很多采访特权，却与商业化媒体从业者一起兜售“市场万能”，代言利益集团；有的鼓吹“普世价值”，掩盖利益争夺；有的信奉西方的“言论自由”，散布新闻是“第四种力量”“社会公器”，在“新闻自由”的名义下，滥用话语权。

要真正改变文风，就必须纠正上述不正之风，就必须在忠诚上下功夫。在这里，我套用黄埔军校大门口上的一副对联，上联：升官发财，请往他处；下联：心无忠诚，莫入此门。横批：非诚勿写。

其次是虔诚。这里指的是对新闻工作的敬意、敬畏，对新闻事业的使命感、责任心，指发自心底的职业自豪感。有了这种虔诚，才能自觉养成优良的新闻职业道德，才能全身心地投入到新闻事业之中，也才能有点理想主义的色彩，有点改变社会的冲动；才能拥有大彻大悟的智慧，悲天悯人的情怀和俯仰天地的境界。“当你看见我的时候，我和新闻在纸上；当你没有看见我的时候，我和新闻在路上。”“富贵不能淫，贫贱不能移，威武不能屈”。“彩笔不为丽人醉”。这是一个具有对新闻事业虔诚从业者的形象。

如今在我们的新闻队伍中，良莠不齐，有的相当敬业，相当出色，对新闻工作相当虔诚，像已评选出的历届长江、韬奋新闻奖获得者，就是这方面的杰出代表。相反，有一部分新闻从业者，他们把新闻工作只当成一份饭碗工作，一份普遍的挣钱手段。由于他们对新闻工作无敬意、敬畏之心，采访起来贵族化，住的是宾馆，见的是大官大款，想的是吸引眼球，写的是云山雾罩。“愤世嫉俗”成为某些人的心态，甚至违背新闻的职业道德，搞有偿新闻和传播假新闻，煽动社会负面情绪，过度渲染历史与现实存在的失误，不顾事实肆意美化西方社会，制造人民与政府的对立。

无数事实证明，只有对新闻事业有虔诚之心，才能坚持马克思主义的新闻观和方法论，才能尊重新闻规律，人民至上，“勿忘人民”“铁肩担道义，妙手著文章”，才能把党的意志和反映人民群众的心声统一起来，把新闻的思想性、指导性和可读性结合在一起，打造出符合时代的新闻佳作。

再次是真诚。真诚是体现在作品中的一种认真负责的工作态度或状态。真能动人，诚能感人。即便是一件批评性的新闻，如果能让被批评者感受到一种真诚，也能达到精诚所至、金石为开的传播效果，令被批评者心悦诚服。很多新闻作品缺乏感染力，主要不是因为事实本身缺乏亮点，而是因为作品中体现不出、感受不到作者的真诚。记得有一位哲人说过：“在道德的力量上，真诚是最具有震撼力的。”孔子曰：“人无信不立。”孟子曰：“诚者，天之道也；思诚者，人之道也。”真诚是中华民族的传统美德。真诚是通向荣誉之路。真诚才是人生最夺目的美丽。

当下受众对我们的新闻文风最不满意之处就是不够真诚，虚假、做作太多。如今的传媒界，过去曾出现过的“人有多大胆，地有多大产”“粮食亩产上万斤”的假新闻虽然不见了，但报道某地、某企业，也常常出现形势大好，成就辉煌，夸大其词，报喜不报忧的情况。给人的印象是到处莺歌燕舞，一派繁荣景象。至于形势大好中的不足，辉煌中还有什么问题，对不起，只字不提。这怎么让受众信服呢？怎能不让受众背后犯嘀咕呢？写地区、写企业如此，写个人也不例外。写一个先进人物，常常看到的是加班加点，忘我工作，有病也不休息，家中的父母和老婆孩子病了，也不闻不问，心中只有工作。这样的先进人物，可亲吗？可信吗？可学吗？自倡导“走转改”后，记者深入基层，深入一线，在真诚上接地气，真实报道社会中的假丑恶，真实反映人民群众的喜怒哀乐，不假了，不做作了，受众对报道的信任度增加了，觉得愿意听、愿意看、也愿意接受了。

大量的新闻实践证明，只有真诚，才能“酌奇而不失真，玩华而不坠其实”（刘勰《文风雕龙》·辨骚）。才能摒弃道听途说，浮光掠影；才能抛弃不求甚解，浅尝辄止，维护新闻的真实性。只有真诚，才能客观公正，追求极致的作风，精益求精，精雕细琢，采写出叫得响、传得开、留得住的新闻精品来。只有真诚，才能在报道中坚持实事求是的思想路线，一是一，二是二，不夸大，不缩小，拂去诱惑云与雾，苦攥笔杆写真诚，使报道真正“取信于民”“取悦于民”，充分尊重和满足受众的知情权。并针对受众的需要，重在疏导，以理服人，春风化雨，以情动人，以事感人，引起共鸣。

新闻文风的改进，除了追求一个“诚”字外，还有更多更宽广的内容，比如要写得更加生动活泼些，写得短些短些再短些，写得深些深些再深些，但依我看，只要抓住一个“诚”字，非诚勿写，认认真真，持之以恒，就会收到实效。但也不可能一蹴而就，而是要与时偕行，与时俱进，与时俱新。这样，改文风才不会像自然界的一阵风，来之急快，去之倏忽。

为实现中国梦奋发读书

2014年2月7日，国家主席习近平在俄罗斯索契接受俄国电视台采访时说：“现在，我经常能做到的是读书，读书已成了我的一种生活方式。读书可以让人保持思想活力，让人得到智慧启发，让人滋养浩然之气。”（据新华社电）习主席关于读书这段谈话，为我们提供了读书的强大动力和学习榜样。他告诉人们，应将读书作为一种自觉的行动和需要，把读书当成一种快乐和生活方式，而不是任务和负担。

读书可以让人保持思想活力，增强精神能量。因为能是功的前提，要做功，就必须先有能。我们每天工作时不断思考、创造，对脑力消耗很大，如果不抓紧时间读书学习来补充自己，势必容易被“掏空”，势必思想容易僵化和停止不前，造成跟不上形势发展变化的需要，势必难以完成肩负的职责和使命。

读书可以让人得到智慧启发。习近平主席在中央党校建校80周年庆祝大会暨2013年春季学期开学典礼上讲：本领不是天生的，是要通过学习和实践来获得的。当今时代，知识更新周期大大缩短，各种新知识、新情况、新事物层出不穷。有人研究过，18世纪以前，知识更新速度为90年左右翻一番；20世纪90年代以来，知识更新加速到3至5年翻一番。近50年来，人类社会创造的知识比过去3000年的总和还要多。还有人说，在农耕时代，一个人读几年书，就可以用一辈子；在工业经济时代，一个人读十几年书，才够用一辈子；到了知识经济时代，一个人必须学习一辈子，才能跟上时代前进的脚步。如果我们不努力提高各方面的知识素养，不自觉学习各种科学文化知识，不主动加快知识更新、优化知识结构、拓宽眼界和视野，那就难以增强本领，也就没有办法赢得主动、赢得优势、赢得未来。

这段讲话明确告诉我们为什么要读书学习，讲明了读书学习的重要性。这是针对广大党员干部讲的，而对我们新闻工作者来说，读书学习就更为重要。媒体竞争说到底是人才竞争，人才是媒体的第一资源，读书学习是媒体人的文化自觉。新闻工作是一项业务性很强的工作，不仅要求从业人员具有良好的思想政治素质，而且还要有较强的业务能力。我们具备了这种素质，采写的报道才会主题好、导向正确；才会语言精彩，感染力强；才会使读者在获得新闻信息及知识的同时，还能得到美的享受。这就要求我们每一位记者、编辑都要认真学习政治理论和新闻业务知识，熟练掌握各种新闻题材的写作技巧，为受众奉献出新闻佳作。

新闻媒体是大众媒体，新闻工作面对的是社会群体，从业人员需要方方面面的知识，需要了解各行各业的工作和规律。当今世界，日新月异，新观点、新事物、新知识、新技术层出不穷，只有不断地读书学习，而且是终身学习才能适应时代发展的要求，才能做到导向正确，引导有力，使新闻传播收到预期的效果。

读书可以让人滋养浩然之气，戒骄戒躁。阅读是一种美好的生活方式，是通往心灵自由之路。抓紧时间读一些书，可以使人清心、清静、清气、清脑。美国学者尼尔波兹曼写过一本《娱乐至死》，他在这本书中说，媒介泛娱乐化的后果，是人类思考的空间被大幅挤占了，思维方式变得扁平而浅层，成为“娱乐至死”的物种。我们的先人则把读书比作磨剑，十年磨一剑，读书以戒躁。

读书提倡深阅读。在新媒体时代，在网上阅读的人越来越多，不少年轻人以网读取代纸读，这种重上网、轻纸读的现象，已成为一种时尚。笔者并不反对网读，但网读不能取代传统的纸读，因为网读大多是一种快餐式的浅阅读。对于新闻工作者来说，在多种阅读方式并存的时代，还是应以纸质阅读为主，其他阅读为辅。

当下，在新闻从业人员中，缺少读书风气甚至不读书者并非个别。有的人借口工作忙，压力大，一年到头忙忙碌碌很难静下心来认真读几本书。尤其是一些刚刚进入新闻队伍的年轻人，他们思想解放、头脑灵活、思维敏捷、眼尖手快，却由于受社会浮躁风气的影响，急功近利，学习心态被扭曲了，常常沉湎于网络的浅阅读中，浏览新闻、微博、名人博客等等，对传统的读书习惯或学习交流方式不屑一顾，这已严重影响了新闻采写能力和报道质量的提高。网上得来终觉浅。笔者以为，在当下的新闻从业人员中，应大力提倡深阅读并形成读书风气。

读书要读好书。当下图书的质量良莠不齐。据中国青年报社社会调卷中心进行的一次调查显示，73.2% 的受访者直言如今“垃圾书”很多，著名文学评论家白烨也指出，在目前的图书出版领域，可看可不看，可出可不出的书比较多，好书难寻已经成为几乎所有读者遇到的现实问题，因此在读书时，一定要认真筛选。“读人读大师，读书读经典。”这是经验之谈。

读书要学会挤时间。古人在读书挤时间上，有谓之“三上之功”即枕上、马上、厕上。如今“三上之功”已变化了，即谓之地铁上、飞机上、巴士上。当有人问起：

我们“时间都去哪儿了？”我们可以自豪地说：“没有虚度年华，时间都用去读书了。”让我们每一个人都像习近平主席那样，把读书当成一种生活方式，积极投入到读书活动中去，勤于读书，为实现中国梦奋发读书。

媒体人当守好三条底线

在互联网和自媒体时代，传播手段的多样性，已经使媒体人不能简单地以文字记者、摄影记者、报社记者、电台记者、电视记者等分类了。所有的媒体都进入了“复合”时代，所有的记者都讲“复合型人才”。“我们正在被逼到墙角”。这是传统媒体人道出的肺腑之言。据共青团北京市委的一项调查数据显示：49.6% 的青年媒体人感到自己目前“压力较大”或“压力非常大”，认为“没有压力”或“压力很小”的仅占 12.6%。其中，工作方面的压力占到 39.7%，经济方面的压力占 32%。在这样一个时代背景和大环境下，作为一个媒体人，要想立于不败之地，笔者认为应当守住三条底线。

一是守住社会责任感的底线。在实行市场经济中，我国的新闻媒体由原来的纯事业属性转变成有着事业和企业的双重属性。它在弘扬主旋律，进行舆论引导的同时，也面临着市场竞争的压力和挑战。近年来，由于市场竞争日益激烈，迫于各方面的压力，一些媒体不能正确处理好经济效益与社会效益的关系，社会责任感逐渐缺失。为获取好的经济效益，不少媒体千方百计地追求新奇低俗以博得受众的欢喜，以吸引受众的眼球，使媒体的公信力大大下降，对社会的发展造成了不同程度的危害。更为严重的是媒体在传播信息过程中出现的违反道德规范，给受众和社会带来的负面影响更是不可低估。

媒体的社会责任缺失突出表现在：无病呻吟、哗众取宠的所谓“新闻策划”；大肆炒作明星的三角恋、绯闻及离婚生子；大曝特曝贪官的包二奶、通奸、性贿赂；对灾害事件的细节进行渲染、煽情，甚至无中生有，制造假新闻；将一些具有刺激性的照片、文字进行放大处理，安排在显著位置和报刊的重要版面；将最具刺激的内容提炼出来，运用危言耸听做成标题以刺激受众的感官，等等。受众将低俗之风，有偿新闻、虚假新闻、虚假广告列为媒体业的四大公害一点都不为过。

央视主持人白岩松在他的新书《白说》新闻发布会上说：“当新闻人，一定得有点情怀。不管世人怎么看，情怀仍不可丢，尊重自己，不辜负自己；对世上的苦难保持痛感，不闭上眼，也不背过脸；对丑陋现象不容忍，时刻保持揭露的敏感，保持针砭的自觉。无论坚守还是退场，心中的使命都不应放弃。”这是媒体人守好底线的经验之谈。媒体人的社会责任感，它不仅是职业的要求，更是人民群众对媒体人寄予的一种厚望。媒体人应该用一双干净明亮的眼睛呈现这个世界的美好、困苦、挣扎、肮脏以及黑暗。传媒人是责任、重托、公平、正义的代名词，这个职业考验着传媒人的良心、良知。只有守住这个底线才能有力量、有勇气做好社会发展的记录者和守望者，才能坦然面对“无冕之王”的称号，才能完成喉舌、哨兵的职责。社会责任感也是媒体人最重要的道德修养。媒体人只有不断地加强政治思想品德的修养，提高自身的职业素养，自觉抵制社会上各种诱惑，才能真正做到心为民所系、责为民所担、魂为民所立，与人民同呼吸，共患难，做让党放心、让人民满意的媒体工作者。

二是守住客观真实的底线。全媒体时代的来临，给人们带来了信息资讯的极大丰富，新闻的来源、渠道、内容、传播等都在日新月异地变化，当有了微博以后，人人都有麦克风，人人都是信息的传播者。各种虚假新闻在不断冲击人们的道德底线。新闻的客观真实性作为新闻曾经的最为基本的属性，又一次次拷问传媒人的良知。

真实是新闻业得以生存的基础，也是新闻最本质的核心要素。综观新闻失实的现状，媒体对新闻的真实性要求没有把握好，导致了报道的主观有意“失实”和浮躁心态引起的客观“失真”两种新闻失实的情况。其中，媒体的功利观念是损害新闻真实性的最直接因素，也是主观有意“失实”的主要原因。部分媒体从业人员利用职务之便，赚取“灰色收入”，掩盖事实真相，帮助一些企业、组织进行宣传性炒作，将事件的客观真实面貌置于面纱背后，迷惑了公众。

2015 年 9 月 28 日，国家新闻出版广电局公开通报了《扬子晚报》等 15 家媒体刊登虚假失实报道的查办情况。这已是自 2014 年中宣部等 9 部门深入开展打击新闻敲诈和假新闻专项行动以来，总局第 7 次公开通报违法违规案件的查处情况。可见，新闻失实已成了传媒业的“顽症”。上海的《新闻记者》杂志自 2001 年开始，每年推出年度虚假新闻评点报告，到 2014 年已经是第 14 次。该杂志总结 2013 年的不实报道其特点是：第一，数量大、种类多；第二，涉及的媒体类型广泛；第三，虚假新闻体现出鲜明的媒体融合特征。到了 2014 年，虚假新闻案例出现碎片化的态势，具有影响力的案例少了，存活期也短了，往往很快就被发现和揭露。众所周知，媒体作为社会的守望者，它不同于一般的社会组织机构，在寻求自身发展的同时，也扮演着社会组织者的角色，向社会传播正能量，是社会风气的标杆。因此，在传播各种信息面前，媒体人应树立牢固的新闻真实观，把新闻的客观真实摆在第一位，从客观事实入手去报道新闻。新闻的真实性原则本来就是同社会公德存在一定距离的，甚至很多好新闻都是记者在权衡公德心与记录真实之间作出的艰难选择。新闻的真实性原则应当服从于社会伦理道德，受到社会公德的约束，新闻报道应该对社会关系的调节起到正确的导向作用。让今天的新闻经得起历史的检验。这是媒体人必须守住的底线。

三是守住人文关怀的底线。传媒业的现实告诉我们，这些年媒体的价值观出现不小的偏差，具体表现在过多地关注了一些无关痛痒的娱乐新闻、花边新闻和财富新闻；在报道对象的选择上偏向精英阶层、明星人士，忽视对弱势群体和普通人的关注；对有影响的社会事件或其他领域的新闻关注度也不高，人文关怀精神缺失。长此下去，必将降低媒体的品位，也违背媒体“铁肩担道义”的公众期待，不利于信息和文化的传播。

当下，新闻报道中“人文关怀”的缺失突出表现在：一是对弱势群体关注不够。弱势群体主要是指社会资源占有少，缺少表达自己权益的机会和能力，与社会中其他人缺少平等话语权的人。如儿童、老年人、下岗职工、漂泊在城市的打工者、偏僻乡村的教师及医务人士、残障人和在劳动关系中处于弱势地位的人等。对他们的报道常常被忽视或报道很少；有时媒体在聚焦弱势群体时，又过多过细地介绍他们的不幸、艰辛及落后的生存状态，过度呈现弱势群体的痛苦，给人有消费弱势群体之嫌。二是对灾难新闻的报道常常出现一些违背科学规律和伦理道德的现象。如采访时干扰正常的救援工作；不顾受灾者的身体状况和心理感受进行强行采访；刻意渲染悲情和痛苦，暴露受灾者的隐私等。

人类社会发展至今，仍然对大大小小的各种灾害性事故难以避免。媒体人及时传播各种灾害事故是无可指责的，但一定要把握好一个“度”，要把挖掘新闻价值与人文关怀有机结合起来。对此中国人民大学新闻学院喻国明教授在各地讲学时有一段精彩的论述。他说：“新闻工作者不光要把新闻当作职业，更应把它当成人生的事业。造就一篇好新闻的，绝不仅仅是漂亮的文字、敏锐的嗅觉和技巧的处理，最重要的是一种俯仰天地的境界、一种悲天悯人的情怀、一种大彻大悟的智慧。当这种境界、情怀和智慧面对社会发展进程的现实‘问题单’时，一篇好新闻也就应运而生了。”习近平总书记说：“人民对美好生活的向往就是我们的奋斗目标。”“要树立以人民为中心的工作导向，把服务群众同教育引导群众结合起来，把满足需求同提高素养结合起来。”（引自新华网 2013-08-20）无数新闻传播的事实表明，媒体人只有具备了人文关怀的情怀，具备了以人为本的平民意识，才可能获得受众发自内心的尊重、认可和信赖，新闻传播才能收到好的传播效果。

新闻要有文化含量

网络时代，报纸到底拿来有何作用？除了读新闻、看解读新闻外，便是给予读者以文化知识及审美享受。纸媒体与读者那种如影随形、可以信手翻来、非常方便携带阅读，是别的媒体所不具备因而也是无可替代的。纸媒体上的新闻如具有文化含量，应该说是自身的一大特点和竞争优势。

“新闻要有文化含量”。这是著名记者、人民日报社原总编辑范敬宜生前所一直推崇和提倡的。他曾对他的研究生、现任人民日报社浙江分社社长王慧敏说：“新闻要有文化含量，记者要有人文情怀。要想当个好记者，文化底蕴非常重要。一个人文笔的高低，赖于文化的深浅厚薄。”他还说：“现在新闻圈里有一种不好的现象——轻视文字。如果谁要鄙薄一个记者，会在数说了一顿不是之后来这么一句，‘这人，文字还行’。其实，这是把本末闹拧了。文字是新闻从业的基础，没有过硬的文字基础，绝对当不成好记者。”（转引自《新闻战线》2016 年 3 期，王慧敏《不改初衷》一文）

新闻实践的现状表明，范敬宜先生多年前讲的这段话，至今仍具有现实意义。参加第 25 届中国新闻奖评审工作的评委唐绪军撰文披露，评审会统计在报送的参评作品中，存在的各种文字差错不少。在已审核的 323 件作品中，就存在有 663 处各种差错，占总核审作品总数的 37.7%，其中 168 件作品被撤销参评资格，文字类作品共有 102 件，占 60.7%。这些文字作品存在的主要问题是：词语搭配不当，句子成分缺失，语句杂糅，硬凑句式，标点符号乱用，等等。

众所周知，报送参评中国新闻奖的作品，都是千挑万选出来的佳作。佳作尚且如此，窥一斑可见全豹。从这一方面反映了在我们新闻从业人员中，确实存在着文化底蕴浅薄的问题。这个问题切不可等闲视之。一位评审委员会同志对此感叹道，新闻工作越来越业余了，是社会不重视我们，导致记者、编辑自暴自弃，还是我们不重视自己，让社会觉得我们可有可无？值得新闻界的同志们深思。

新闻工作者要有文化底蕴，所采写编辑出来的新闻要有文化含量，这是当下贯彻落实习近平总书记于 2016 年 2 月 19 日，在党的新闻舆论工作座谈会上讲话的需要。习近平总书记在讲话中有一段精彩的论述，即新闻工作的 48 字箴言："高举旗帜、引领导向；围绕中心、服务大局；团结人民、鼓舞士气；成风化人、凝心聚力；澄清谬误、明辨是非；联接中外、沟通世界。"要实现习总书记所提出的这个任务，新闻工作者没有一定的文化底蕴，所采写出来的新闻如不具有所需要的文化含量是不可能完成的。这也是全媒时代，报纸提升竞争力的需要。

何谓文化？《现代汉语词典》是这样解释的。"文化：①指运用文字的能力及一般知识。②人类在社会历史发展过程中所创造的物质财富和精神财富的总和，特指精神财富，如文学、艺术、教育、科学等。"可见，文化含量的内容是极其丰富的。要使新闻有文化含量，记者编辑除了必须具备一定的文字基础外，就采写技巧而言，首先所选的题材要有文化含量，记者在采访时要深入挖掘；其次还应处理好下述三个方面的关系。

一是红花与绿叶的关系

现在报纸上有部分新闻，读者看了不知其所以然，弄不懂，缺乏应有的深度，其传播效果甚微。究其原因，主要有：其一，新闻为求短而不加背景材料；其二，以为自己清楚，别人也一定清楚；其三，以为从前的报道中已交代过背景而不必再交代；其四，前方记者和后方编辑相互依赖，都不主动加背景；其五，一时情况不明，难度大，找不到有关的背景材料。

鲁迅先生曾说："删夷枝叶的人，决定得不到花果。"花儿失去提供营养的枝叶，必定是要枯萎的，没有绿叶扶持、映衬的花也谈不上艳丽。文学创作如此，新闻报道也不例外。任何一条新闻都是在一定的环境和历史条件下形成的，因此，新闻报道要正确反映新闻事实，常常就需要介绍与新闻事实有关的历史、地理、政治、事件、人物等背景。新闻背景也是一种事实，它虽然不属于新闻事实本身，却是可以用来说明、映衬新闻事实的。正像胡乔木同志曾指出的："你得在你的新闻里每一次供给他详细的注释，纵断面和横断面的背景。"该写背景的没有写，就会使人看不明白，看了也难以相信，起不到应有的作用。巧用背景材料是使新闻要有文化含量所不可缺少的。

二是真实与美感的关系

生活离不开美，缺少美的生活就像沙漠缺少绿洲一样单调枯燥。同样，新闻也离不开美，没有美的新闻，只能是事实的堆砌，数字的罗列，让人感到面目可憎。社会发展到今天，美已经成为全民族精神文明的一个重要方面。新闻如果单是告诉读者一些信息，披露一些事实和数字，已经远远不能满足读者需要了。人们在阅读新闻时，除了解自己所关心的信息外，还要求对新闻事实有新鲜、简洁、准确、生动的描述，使心灵受到陶冶。这正是著名记者、新华社原社长穆青当年所提倡的“用散文的笔法来写新闻。”

新闻必须真实，真实是新闻的生命。新闻来自社会生活。先有事实，后有新闻。这是新闻报道中的一条基本规律。法国文艺批评家布瓦洛说：“只有真才美，只有真才可爱，真应统治一切。”由于新闻是真实的。所以新闻是美的。没有真实，便没有新闻，也就没有新闻美了。读者评价一条新闻美不美，首先看这条新闻是否真实地反映了客观事实。新闻精品都是以真实赢得读者，给读者心理上带来一种满足和喜悦的。而这种满足和喜悦，正是这些新闻产生的美感所致。相反，有些新闻，记者为了使其具有文化含量，在文中展现新闻事实时，或无中生有，或夸大拔高，或虚情假意等，使人看后，不但不能产生美感，还使人厌恶。以曾获得过 1980 年全国好新闻奖的《钱被风刮跑以后》一稿为例，最初人们不知道它是虚假之作时，都为新闻中所写的人的高尚风格和品质所感动，从而产生了美感。后来当这条新闻被揭发出来是假新闻时，最初读新闻所产生的美感便立刻消失，代之而起的是一种厌恶、憎恨、愤慨之情。这条新闻则由美变丑了。所有不真实的假新闻都是丑陋的。

当然，真的不等于全是美的，但美的必须是真的。新闻写作中常常遇到这样的情况，当你选用的材料不具备美学价值时，那么你写出来的新闻不全是美的。比如，在法制报道中经常涉及的腐朽和淫秽的东西，即使事实是事实的，作者也写得很生动，但它不会给人带来美。因此，记者在使新闻有文化含量时，一定要处理好事实与美感的关系。只有具有真与美文化含量的新闻，才能达到像习总书记所要求的“团结人民、鼓舞士气；成风化人、凝心聚力；澄清谬误、明辨是非”的目的。

三是精练与繁杂的关系

有人说，要使新闻有文化含量，势必会使新闻写得冗长、繁杂。在海量信息的今天，人们的生活、工作节奏大大加快。读者要求在最短的时间内获得最多、最丰富的信息，这就要求我们的新闻既要精练，又不能繁杂。

精练，绝不意味着简单，而是大匠运斤，就简生繁，一字千金，要在有限的篇幅里，使读者获得更多有文化含量的信息。“精练”也作：“精炼”，在古代本意是指从矿石中提取的黄金。如汉朝王褒著《四子讲德说》中说：“精炼藏于矿璞。”就是这个意思。发展到后来，人们才用“精炼”这个词形容那些千锤百炼，去芜成菁，有文化含量的好文章。“精炼”这两个字，不单纯指字数的多少，而是指文章既要在内容上精粹，又要在文字上洗练。做到宋朝陈骙在《文则》中所写的：“凫胫虽短，续之则忧，鹤胫虽长，断之则悲。”

要使新闻有文化含量，反映在写作技巧上，就要字斟句酌，惜墨如金。要像唐代“诗囚”贾岛那样，“两句三年得，一吟双泪流”的认真精神；要像诗圣杜甫那样“为人性僻耽佳句，语不惊人死不休”及卢延让的“吟安一个字，捻断数茎须”的“炼字炼句”精神；还要像鲁迅先生说的那样，“写完后至少看两遍，竭力将可有可无的字、句、段删去，毫不留情。”使读者看到的新闻是被“浓缩”了的，是达物传神、传情的。只有这样，才能产生“君看萧萧只数笔，满面风雨不胜寒”的传播效果。

新闻要有文化含量，离不开记者长期的知识积累。随着全民族文化水平的不断提高，读者对新闻报道的生动性、知识性、趣味性及报道的深度与广度的要求也越来越高，而要提高新闻的文化含量，在很大程度上取决于记者对各方面知识的积累。大量的新闻实践表明，报纸上的一二行简洁的描写，背后包含着数百行的积累，要写一百行的报道，就要积累一千行的素材，如果用一百行素材写一百行报道，必然失之肤浅，想写出有深度的、有文化含量的报道，必须用二千行素材垫底。

记者知识积累的范围是很宽广的，如中外名著的熟读、中国古典诗词的背诵、中外新闻名篇的学习、名人名言的记录，等等。“问渠哪得清如许，为有源头活水来。”有了长期的、丰富的知识积累这个源头汇成的滔滔活水，就能载着新闻工作的“巨舰”，自由自在向前行驶，新闻精品就会源源不断地呈现在读者面前。

修行律己　拼搏向前

——当下新闻人应有的心态

近年来，一些新闻人在反腐败声中倒下，新闻人的职业道德遭到拷问。在呼啸而来的互联网时代中，随着新媒体的崛起，“报纸终结论”“报纸冰河期”“报纸衰亡论”的观点甚嚣尘上。在这股声浪中，一些新闻人心态失衡，深感压力山大，整日寡言少欢，焦虑抑郁，不安心自己的工作，人际关系也搞得十分紧张，对新闻事业的敬畏感也下降。其中，有的选择离职、跳槽，有的得了抑郁症而不得不休息或住医院，个别的甚至产生不想活的念头。这些人心态的走“偏”走“失”，向我们提出这样一个值得深思的问题：在当前这个新形势下，新闻人应该有一个什么样的心态？不少成功新闻人士的经验告诉我们，要想跟上飞速发展的新形势，不落伍，要想事业上取得成功，需要有一个健康、阳光的心态，一个始终如一、不改初心、不忘根本，修行律己，积极向上的心态。

在普遍的危机感里，北京大学新闻与传播学院教授陆地撰文认为：即便传统媒体衰落，“未来传播媒介事实上可能会裂变为新闻传播媒介、行业传播媒介、娱乐传播媒介和生活服务类传播媒介四大专业性传播媒介。最有实力的媒介集团可能会融合上述各类媒介，成立一个融媒集团。但任何时候，新闻产品对一个人和一个社会都是不可少的。”我想，多数人会认同陆地教授这个看法的。可见，在自媒体风行天下的传播环境里，新闻人依然会生存下去，依然会与时代同行。

“铁肩担道义，妙手著文章”。作为时代巨轮上的“瞭望者”的新闻人，担负着记录历史事实的重任。在社会转型中，决不能消沉、浮躁，决不能自暴自弃，裹脚不前。要想不辱使命，不犯错误，跟上时代前进的步伐，就需要调整好自己的心态。

首先要有一个正确对待压力的心态。加拿大医学教授塞勒博士说：“压力是人生的香料。”他提醒人们，不要认为压力只有不良影响，人们应该转换认识，多去开发压力的有利方面。现代社会是一个“压力社会”。对于每个人来说，压力是不可避免的。但每个人的情绪和态度是可以改变的。积极的人生态度可以改变一切。有人说，“态度决定高度，角度改变观念，尺度把握人生。”这确是经验之谈。套用一句俗话：没有压力就没有动力。

其次要有一个拼搏的心态。在里约奥运会上，中国女排姑娘夺冠的历程，让每位国人都为之振奋。女排精神，就是“人生难得几回搏”的拼搏精神。春天是在与严寒的搏斗中吐出的新蕊，黎明是在与黑夜的较量中绽放的曙光。无数事实告诉我们，在人生的漫漫征途上，只要拼搏，就能从不利中看到有利，从黑暗中看到光明，从挑战中看到机遇，化不利因素为有利因素。只要拼搏，就能让生命之光熠熠生辉。逆水行舟，不拼搏必然后退。在我们前进的道路上，已有“吃螃蟹者”勇立改革的潮头，为我们树立了学习的榜样。我们应该以他们为榜样，拿出壮士断腕的勇气来投身到社会转型中去，奋力求索，走媒体融合之路，努力去成就事业，实现梦想。

第三，要有一个敬畏的心态。敬畏是人类在面对权威、庄严或崇高事业时所产生的情绪，是对一切神圣事物应有的心态。在这样一个有些奢靡、有些浮躁、有些功利的年代里，红尘滚滚，诱惑多多。新闻人职业的特殊性，也常常是腐败之风袭击的对象。只有具备敬畏的心态才能对党对国家忠诚，才能自觉遵守法律法规，做政治上的明白人；才能在金钱、得失、名利面前，紧绷“高压”“底线”之弦，用法律法规约束自己，坚决不越雷池半步，切实将自己的言行举止关在制度约束的笼子里，做到拒腐防变，不落陷阱，洁身自好。

新闻舆论工作，坚持什么，反对什么，说什么话，做什么事，都要符合党的要求，符合新闻职业规范的要求。不能因为个人利益而编造假新闻，不能因为个人好恶而发表不负责的言论，这是新闻人的职业道德底线，只有道德刻在心上，把责任扛在肩上，才能使自己永远立于不败之地。

第四，要有感恩的心态。感恩是一种处世哲学，也是工作乃至生活中的大智慧。学会感恩，我们才会有一个积极向上的人生观，一种健康的心态，在工作和生活中，才会多些团结，多些和谐，多些进取，少些抱怨，少些指责，少些颓废。

感恩是一种美德，人人都应该怀有感恩的心。常言道：滴水之恩，涌泉相报。一个人从出生到长大成人，要感谢父母给予的生命和恩惠、感谢老师的教诲，感谢同学、同事和朋友的帮助、感谢组织和单位的培养信任、感谢社会的关怀、感谢国家的发展繁荣昌盛。

感恩又是一种奉献。如果你对别人的帮助表示一下谢意，那么彼此间的关系就会因此而变化，彼此间距离也因此而缩短，感情就有呼应和共鸣，你的衷心感谢也会换来真心相报。懂得感恩的人更容易获得成功，因为成功守则有条黄金定律是“待人如己”。凡事为他人着想，站在他人的立场上思考，就会赢得别人的尊重和帮助。具有感恩心态的人必然是天天有好心情，天天快乐无忧，工作也必然是高效率的。感恩所有的一切，就会收获生命中最美好的一切。

我们处在一个微博时代，一个网络时代，一个飞驶在信息高速公路上的时代，一个大变革的时代；网上有句名言这样说：一个跨界打劫你，你却无力反击的时代；一个不是对手比你强，而是你根本连对手是谁都不知道的时代。生活在这样一个时代里，我们必须有一个健康好的心态。曾因呼格案而闻名我国新闻界的“全国优秀新闻工作者”、新华社内蒙古分社记者汤什的好心态是值得我们学习和赞赏的。他说：“当你心中有日月，眼前绝对是一片光明。有些记者的痛苦是建立在西方新闻观之上，把新闻紧紧跟名利连在了一起。而我们要志存高远，站在党和国家事业发展的高度思考问题，只有这样，内心的格局才能宽广；也只有这样，才能真正关心并体会到百姓疾苦。当你真正全心全意为人民服务时，所有的纠结、挣扎与不安都可以消解。

敏锐的鹰眼 坚实的脚板 敬业的精神

——写在《新闻眼》出版之际

首都北京的春天虽然短暂,但却很美丽。阳春三月,草长莺飞。路边绽放的迎春花,香山植物园的玉兰花,中山公园的郁金香,玉渊潭公园的樱花,无不让人陶醉。

就在这春光融融,春风拂柳的大好日子里,我收到了寄自祖国南疆边城、美丽的海港城市湛江的邮件。打开一看,是《湛江日报》副总编辑黄康生寄来的。20 世纪 60 年代来,我曾在湛江工作过,对这个曾经战斗过的地方怀有特殊的感情。如今收到来自这个地方的信件,自然倍感兴奋和亲切。

我认真地读着邮件中的来信。从中得知,黄康生是一位年轻有为的新闻界同仁,他从业十几年,年年都有作品获奖,29 岁那一年就摘得了广东省新闻界最高奖——金枪奖,成为湛江第一位获此殊荣的记者。2001 年被选为湛江市十大杰出青年之一,之后,还被选为湛江市赤坎区人大代表、政协委员。可见,这是一个各方面都表现不错,并大有作为的优秀青年。

我俩能相识,看来是"缘分"。我当即下定决心,一定要与这个青年人交朋友,成为"忘年交"。于是,我便用了几天的时间,详细地翻阅了他寄来的新闻作品选稿,并逐一点评。在点评中,我既肯定好的方面,也指出不足之处,希望能对他今后新闻采写水平的提高有所裨益。我还建议他将自己的采写经过和体会,附在每篇新闻稿后面,结集成册出版。这样,既是对自己前一阶段新闻工作的总结,又可供年轻记者、通讯员学习与借鉴。

又是一年春草绿。2008 年春天,他便寄来了名为《新闻眼》的书稿。书名"新闻眼"三字为广东省人大常委会副主任邓维龙所题。全国记协副主席、南方报业传媒集团社长杨兴锋为本书作序。当认真地阅完书稿后,我深深地感到:黄康生同志之所以在同龄的新闻人中取得如此好的成绩与进步,成为佼佼者,主要在于他有一双敏锐的鹰眼(正如他的书名"新闻眼"),有一对坚实的铁脚板,还有一种难能可贵的敬业精神。

古人云:"言为心声","文如其人"。虽然至今,我与黄康生同志还未谋过面,但从他的新闻作品的一字一句里,从几次通电话,征求我对稿件的修改意见中,他的形象已在我的脑海里浮现。我想,他应该是一个这样的新闻界年轻人:生龙活虎，朝气蓬勃，诚实善良，勤劳勇敢，感恩敬业，永不自满。我之所以有这样的印象，是因为有如下事实作为佐证：

为了抢新闻，在没有采访名额的情况下，他居然潜入采访现场，爬到一棵大树上进行隐蔽观察。

为了写一篇“豆腐块”消息，他在海上颠簸了十天，胃液都呕出来了，却在疲惫至极的情况下，又继续奔往广州与大港油田，直到“逮”住采访对象，完成采访任务才罢休。

为了弄清市区菜价暴涨的情况，他向朋友借来三轮摩托车、秤和筐，当了一回菜贩子。

为了采写《灌水肉为何屡灌不止》的新闻，他在手臂被屠工尖刀划了几刀，鲜血直涌时，仍然坚持采访，直至弄清事情真相为止。

为了获取第一手材料，他多次冒着生命危险，深入新闻事实发生的现场，实地观察，多方面搜集材料，有时一条几百字的新闻，他竟然会搜集 3 个笔记本的素材。

为了及时获取新闻线索，他广交工人、农民、渔民、干部等各行各业的朋友，书中的部分作品，最早的新闻线索就是由他结交的朋友提供的。

为了写出获奖作品，他常常对新闻的标题、导语、结尾等，反复修改十多遍才发稿。

为了不让一个小女孩受冻，他脱下上衣披在冷得颤抖的小女孩身上。

为了……

不用再赘述了，从这些“为了”中就足以看出黄康生的《新闻眼》是怎样产生的，黄康生同志是怎样的一个年轻新闻人。

春天是美好的。春天是播种的季节，有播种，有耕耘，就必然有收获。“长江后浪推前浪，世上后人超前人。”看到有黄康生这样的年轻新闻人在成长，作为一名老新闻工作者，我感到无比欣慰。我在书中的“点评”，意在“抛砖引玉”，希望能引来无数的后起之秀，将新闻这块舆论阵地，打扮得色彩斑斓，耀眼夺目。由于本人水平有限，“点评”中难免有挂一漏万，或欠准确、全面之处，敬请读者赐教和补正。

借《新闻眼》出版之际，我在首都北京遥祝黄康生在他所钟爱的新闻工作岗位上，趁着青春的大好年华，不断攀登，继续前行，早日登上我国新闻的最高奖——“中国新闻奖”的领奖台。

努力吧，年轻人！

应当“雄鸡报晓”勿学“乌鸦乱叫”

——鸡年寄语青年记者

我国著名新闻理论教育家、新闻学泰斗甘惜分教授生前曾针对年轻记者在作风、文风等方面存在的问题以及不负责任的传播行为指出：“青年人是报晓的雄鸡，不是整天乱叫的乌鸦。”①

今年是农历丁酉年鸡年。鸡在古代是神圣之物。它在中国创日神话中，被充当创日第一日之祥物。在《太平御览》卷三十《谈薮》注中云：一说，天地初开，以一日作鸡，七日做人。

鸡在我国民间艺术中是常见的吉祥形象。陕北地区流行的生命保护神和繁衍之神中就有头梳双鸡、手举双鸡、脚上双鸡、膝上双鸡的“抓髻（鸡）娃娃”。传说小孩：“吓掉了魂”，剪了鸡烧掉，可以攘病祛灾、死而复活；男女合鸾，剪了鸡贴在窗上，可以生儿育女，传宗接代。此外，还有《鸡卧莲》《抓髻娃娃》等用来表达生命意识和生殖崇拜内涵的剪纸。这些具有地域特色并被多数人所共识的鸡的民俗内涵，也正是中华民间文化的重要特征之一。

鸡是报晓的晨钟。每天清晨，当人们听到第一声雄鸡鸣叫时，便被告知该起床了。从古至今，大多数遵循健康作息时间的人，在听到雄鸡报晓后，便闻声即起，或洒扫庭院，或闻鸡起舞。古人魏源具有拯时匡世的高怀远抱，他从鸡声着笔，写人生短促而时不待我，全诗如同催人警醒的晨钟。

鸡不仅可爱，还曾被人誉为德禽。对此有诗云：“鸡戴冠者，文也；足傅距者，武也；敌在前敢斗者，勇也；见食相呼者，仁也；守时不失者，信也。”（见《韩诗外传》）这是说鸡文、武、勇、仁、信五德俱备。鸡虽不会思想，亦不能如人作道德的修炼，然而鸡的一些行为表现，比如按时上班，斗争的勇猛、血性和老母鸡对小鸡的爱护照顾等，则常会引起人的感叹和联想。人们说鸡有五德，乃是希望在人类社会中能弘扬鸡的这些德行。

鸡是勇敢的斗士。鸡喜欢搏斗打架，尤其是公鸡，这在人们的日常生活中是常见的现象。我国南方的一些地区，如贵州，常见斗鸡比赛。两只公鸡相遇，一场血腥搏斗便展开。母鸡之间偶尔也有短暂厮杀。为了观看斗鸡的精彩搏杀，有人还饲养了专门的斗鸡。人们在观看斗鸡比赛时，也从中受到启发和鼓舞，学习斗鸡的血性和勇猛顽强、勇敢善斗。

而乌鸦，则被多数人厌恶。人们常用“天下乌鸦一般黑”来形容恶人的形象。唐·刘长卿在《赠西邻卢少府》中写道：“犬吠寒烟里，鸦鸣夕照中”。宋·辛弃疾在《鹧鸪天》中云：“乱鸦毕竟无才思，时把琼瑶蹴下来。”可见，乌鸦在“夕阳无限好”时的哇哇鸣叫，“时把琼瑶蹴下来”的行为，是令人不快的。乌鸦还常偷吃农民埋在田地里的种子及快收割的玉米、麦子等庄稼，也非常让人反感和失望。

由上可见，甘教授号召青年人应是报晓的雄鸡，而不能学乌鸦乱叫是很有道理的。“雄鸡报晓”，给社会与公众带来的是光明和安详，而“乌鸦乱叫”给社会和公众带来的则是噪声和慌乱。作为用笔和镜头记录时代风云、记录是非曲直，记录毁誉忠奸的记者，在假新闻当道、浮躁之风盛行、标题党猖獗的当下，要坚决防止和抵制乌鸦乱叫时的噪声干扰。

一年四季，不管刮风下雨，雄鸡都守时诚信报晓。记者应学习雄鸡的这种精神。及时发现有价值的新闻信息，准确、公正、客观地传达给受众，让假新闻及谣言失去传播市场。处在转型时期的中国，为记者提供了广阔的舞台。一名有职业抱负的记者，不仅要见证和记录社会变迁的轨迹，还要积极参与和推动社会发展的进程，作社会进步的推动者、公平正义的守望者。唯其如此，才无愧于社会前进航船上的瞭望者和引领者的称呼。

雄鸡有血性，敢搏斗。“铁肩担道义，妙手著文章”。这是记者的职责所在，也是记者职业的价值和良知之所在。“书生报国无他物，唯有手中笔如刀。”记者的职业特点，决定了记者不仅要有仗义执言、为民请命的责任感，而且要有为国家为正义敢于拍案而起的使命感。记者的血性，不仅表现在对新闻事实真相的挖掘维护上，还要在报道遇到较大阻力、个人前途和安危受到影响时，应知难而上，勇往直前，直至向社会和公众传达出维护党和人民利益的声音。记者这一职业，从它诞生以来，就与安逸和懦弱绝缘。它总是与危险和挑战相伴。在血与火的战场，在洪水、台风、地震等灾害面前，总有他们最先出现的身影。在不同机构历年的各种职业危险度调查中，记者与军人、警察、消防员等一起名列榜单前列。就是在和平环境里，记者在报道揭露各种犯罪案件及腐败分子罪恶行径时，也常面临各种危险。因此，记者在学雄鸡有血性，敢斗精神时，也要注意善斗，注意自身安危，保护好自己。

禽有禽德，人有人格。我国新闻前辈、民国时期的《申报》总经理史量才留给后人的名言：“人有人格，报有报格，国有国格，三格不存，人将非人，报将非报，国将不国。”美国著名报人普列策曾提醒记者：“新闻事业最难之处就是既要保持新鲜报道的生命力，又要使其受到精确和良心的约束，而不是随心所欲。”长期以来，“无冕之王”的称号，一直被相当多的记者所认可和陶醉，而对应履职的责任和遵守的法规，没有保持一个清醒的认识。于是“新闻侵权”“职业越界”“有偿新闻”等时有发生，媒介寻租、职责腐败案例屡见不鲜。无数沉痛的事例表明，在市场经济社会中，记者只有用德行抗拒金钱的诱惑，严格自律，不越底线，才能保持记者的操守，才能保护职业的良知。

记者的德行，在当前就是要认真贯彻落实习近平总书记多次指出的“政治家办新闻”“弘扬主旋律”“传播正能量”的思想。贯彻落实习总书记 2016 年 2 月 19 日在党的新闻舆论工作座谈会上的重要讲话：“高举旗帜、引领导向，围绕中心、服务大局，团结人民、鼓舞士气，成风化人、凝心聚力，澄清谬误、明辨是非，联接中外、沟通世界。”不忘初心，砥砺前行，为实现中国梦而不懈地鼓与呼，为祖国的繁荣强大，书写出时代华章。

① 郑保卫：《勉励后学，寄语业界，抒怀言志，自勉励人》新闻爱好者 2017 年第 2 期。

作者自述与抒怀

一、七十自述

我从小热爱看书写作，中学时就在报刊上发表处女作。坚信“热爱是成功之母”的名言。

信奉爱因斯坦说的：“人的差异在于业余时间。”我把自己的大部分业余时间，都用于看书学习和写作了。

甘坐冷板凳。静心钻研自己所喜爱的写作。为了它，我曾多次谢绝调升到行政部门工作。

一个人的力量总是很有限的。我只能是有所为，有所不为。人的一生能做好一两件自己喜欢又能做好的事，就足矣！

人生的道路就像一条河，既有溪水潺潺，又有激流汹涌。我这一生，既经历过轰轰烈烈，波澜万丈，又尝尽平淡孤寂，艰难前行。从天上到地下，从基层到上层，从顶层到底层。“宠辱不惊”让我受益匪浅。我由衷地感谢生活给予我的磨砺。没有这些阅历，我不会有本书中的某些见解。

我是性情中人。自觉坦诚直率，还喜爱篮球等运动，喜欢同真诚的人交朋友。弹指一挥七十载，华章焕彩自水流。有人说我活得潇洒自在，动静自如。自己倒感觉是“无权无势无烦恼，有书有球有故交。”

退休后仍坚持看书写作。有一首小诗佐证：

退休不忘奋耕耘，
爱书爱字乐晚晴；
心血文章千百篇，
自学成才勉后人。

二、八十抒怀

斗转星移八十年，
一生经历不平凡；
人生贵在心气正，
顺境逆境亦坦然。

寒来暑往日悠悠，
一纸一笔写白头；
枪杆笔杆各廿载，[①]
侠肝义胆度春秋。

辛勤耕耘权钱淡，
无欲则刚腰不弯；
花开花落梦常做，
心存万物顺自然。

① 指在部队从事军事工作和在大学从事新闻教育工作各二十年。